Witt
Handelscontrolling

W0049582

Handelscontrolling

von

Prof. Dr. Frank-Jürgen Witt

Verlag Franz Vahlen München

CIP-Titelaufnahme der Deutschen Bibliothek

Witt, Frank-Jürgen:
Handelscontrolling/von Frank-Jürgen Witt. –
München: Vahlen, 1992
  ISBN 3-8006-1608-4

ISBN 3 8006 1608 4
©1992 Verlag Franz Vahlen GmbH, München
Satz und Druck: Appl, Wemding
Gedruckt auf alterungsbeständigem (säurefreiem) Papier,
gemäß der ANSI-Norm für Bibliotheken

Vorwort

Erlebnisorientierung ist zum Schlag- und Zauberwort im Handelsmarketing geworden. Draufspringen auf das Handelsrad und ein Zurückrollen des „Wheel of Retailing" gehören inzwischen zum Positionierungsalltag. Klar abgegrenzte Betriebstypen, Kundengruppen und Sortimente sind keineswegs mehr vorhanden. Der Zusatznutzen, der nicht mehr aus der Ware und dem Gesamtsortiment resultieren muß, entscheidet über die Kundenakzeptanz. Investive (Produktionsverbindungs)händler agieren z. T. schon wie konsumtive Händler in Einkaufspassagen. Daneben gibt es Kostensteigerungen und grundlegende Kostenstrukturänderungen. – Damit wird sehr deutlich: Das Handelscontrolling muß auf solche grundlegenden Veränderungen nicht nur reagieren, sondern aktiv eine marketingnahe Position im Handelsunternehmen innehaben. Darüber hinaus verknüpft es klassische rechnungswesennahe Ansätze mit qualitativen Marketingaspekten. Wege zu einem so verstandenen Handelscontrolling sowie Anwendungs- und Erfahrungsbeispiele dazu will das vorliegende Buch aufzeigen.

Das eigenständige „Controlling im Handel" weist in der praktischen Anwendung und ebenfalls in der Literatur noch große Lücken auf. Das vorliegende Buch ist daher ein Lückenbüßer und hat die wesentlichen **Ziele**, pointiert – und aus didaktischen Gründen mitunter in scharfer Formulierung –

- die grundsätzlichen strategischen Gestaltungsmöglichkeiten, -spielräume und -potentiale des Handelscontrolling aufzuzeigen
- anhand ausgewählter Bereiche konkrete und z. T. in den operativen Bereich hineinreichende Detailgestaltungen im Handelscontrolling vorzustellen.

Damit sollen primär den beiden **Zielgruppen**

- Handelspraktikern
- wissenschaftlich und auch generell interessierten Lesern (z. B. Studenten)

Anreize für die eigene (Weiter)arbeit gegeben werden. Insgesamt geht es dabei mehr um praktische Umsetzungsmöglichkeiten und Anwendungen denn um eine nur wissenschaftlich-theoretisch orientierte Sichtweise. Aus diesem Grund werden auch gemeinhin schon bekannte Controllingstandards, die nicht handelsspezifisch sind, in der vorliegenden Veröffentlichung deutlich untergewichtet – was keineswegs heißen darf, daß sie nicht ebenfalls für die Controllingpraxis im Handel wichtig sind (beispielsweise eine hinreichend genaue Kostenartenerfassung, eine Gap-Analyse im Rahmen der strategischen Planung u. ä.). Deshalb nimmt das vorliegende Buch notwendigerweise eine scharfe **Gratwanderung** vor zwischen

- einer allgemeinen Handelsbetriebslehre, die das Buch gerade nicht bieten will
- spezifischen und stark praxiorientierten Controllingbasics für den Handel.

Daher muß dem Leser klar sein, daß die aufgezeigten Controllingbausteine notwendigerweise kein vollständig eingerichtetes Ladenlokal sein können, in dem sich ein jeder Handelsbetrieb sofort und ohne jegliche Anpassung niederlassen könnte. Vielmehr geht es eher um **Leitlinien und Beispiele für das Handelscontrolling**. Diese können allerdings durchaus z. B. einen engen Bezug zum Handelsmarketing aufweisen, da sich generell –

nach einer durchaus immer ernster zu nehmenden integrierenden Vogelperspektive –
Marketing und Controlling als die beiden wesentlichen Säulen eines modernen Management etablieren, die nur zusammen und mit einem verbindenden horizontalen „Mauer-
joch" tragfähig sind. Vielfach wird sich daher gerade in der Handelspraxis doch ein „All-
round"-Controller finden, der verschiedene betriebswirtschaftliche Aufgabenstellungen
bearbeitet bzw. notwendigerweise zu bearbeiten hat und dabei auch in manche Detail-
und Tagesgeschäftskleinigkeiten „herabsteigen" muß. Das heutzutage gängige Bild des
Controllers als Lotse oder als Informationsmanager muß deshalb angesichts der spezifischen, mitunter doch noch überaus und ausschließlich traditionell orientierten Manage-
mentsituation in der Handelspraxis eher in die Richtung **„Handelscontroller als betriebswirtschaftliches Gewissen des Handelsmanagement"** koloriert werden, der einerseits
rechnungswesennah arbeitet, andererseits aber auch in der Lage ist, qualitative Aspekte
und „soft facts" in seine Controllingarbeit zu integrieren und daraus gesamtheitliche
Analysen und Maßnahmenvorschläge abzuleiten. Aus diesem Grund wird

- zum einen das Handelscontrolling im 1. Buchteil nach generellen und eher strategischen Perspektiven abgeklopft, während im 2. Buchteil das Filialcontrolling exemplarisch für eine sich im Handel stärker durchsetzende Sichtweise „kleiner Einheiten"
  (z.B. auch Konzerntöchter mit verschiedenen Standorten, rechtlich ausgegliederten
  Spezialläden mit maßgeschneidertem Zielgruppensortiment etc.) in den Vordergrund
  tritt, wo der Filialcontroller ein umfangreiches Aufgabenspektrum vor sich sieht und
  das zugleich aber auch Anstöße für das grundsätzliche Handelscontrolling erhält
- zum anderen implizit eine Unterscheidung in ein traditionelles und „nur" rechnungswesennahes sowie ein eher auf weiteren Analysen – speziell auf Marktforschungsdaten
  – aufsetzendes Handelscontrolling vorgenommen, die sich in der praktischen Controllingarbeit ergänzen müssen. Anhand mancher bewußt ausführlicher referierter
  Beispiele und empirischer Ergebnisse aus dem leicht nachvollziehbaren konsumtiven
  Lebensmittelsektor wird demonstriert, was derzeit schon „machbar" und an Informationen erhältlich ist. In diesem Zusammenhang werden daher auch durch Feldforschung gewonnene Ergebnisse zusammenfassend vorgestellt, die – soweit nicht anders
  genannt – aus eigenen Erhebungen stammen. Sie sollen dem Handels- und Filialcontroller als Anregung für eigene Aktivitäten dienen, zugleich aber durchaus auch schon
  als erste „sichere" – wenn auch pauschale – Informationsgrundlage dienen, auf die er
  sich zunächst stützen kann und die er erst im nächsten Schritt in bezug auf seine konkreten Unternehmensverhältnisse durch eigene Informationsbeschaffung modifiziert.
  Aus diesem Grund geht es bei der Darstellung weniger um das eher nur den Wissen-
  schaftler interessierende Untersuchungsdesign im Detail, sondern vielmehr um die
  Untersuchungsergebnisse und Controllingkonsequenzen für die Handelspraxis.

Angesichts der in jüngerer Zeit aufgekommenen Ansätze von Funktions- und Bereichs-
controllings (z.B. Personal-, FuE-, Logistik-, Export-, Bestände-, Investitions-, Erlös-,
Sparten- und Abteilungs-, Prozeß-, Fertigungs-, Beschaffungs-, Marketingcontrolling)
geht es in diesem Buch nicht um eine vollständige und lückenlose Kombination des bran-
chenspezifischen Handelscontrolling mit all diesen Funktions- und Bereichskonzepten,
gemäß denen dann beispielsweise das Handelspersonal-, Handels-FuE-, Handelslogi-
stik-, Handelsbeständecontrolling etc. sämtlich zu behandeln wären. Vielmehr werden
ausgewählte, d.h. im Handelsbereich besonders wichtige und zudem spezifische, sich
von anderen Branchen und Unternehmenstypen deutlich abhebende Detailcontrolling

vorgestellt, während manche anderen Detailansätze hingegen eher untergewichtet bleiben. Eine solche schwerpunktlegende Auswahl unter dem Primat

„rechnungswesen- und marktforschungsgestütztes Handelscontrolling"

stellt selbstverständlich eine subjektive Gewichtung dar, die sich jedoch – nicht zuletzt auch in Abstimmung mit der Handelspraxis – durch praktische Erfahrungen, d. h. Erfordernisse rechtfertigen läßt. Das Grundanliegen des vorliegenden Buches – quasi die **Message** – lautet also: Handelscontrolling ist deutlich mehr als nur Rechnungswesen und bezieht insbesondere auch Marketing- und Marktforschungsperspektiven im Rahmen des qualitativen Controlling mit in die Arbeit ein, die z. T. auch in den Niederungen des filialbezogenen Detail- und Tagesgeschäfts vollzogen werden muß! Das vorliegende Buch gibt dazu jeweils Beispiele. Trotz aller rosigen Zukunftsausblicke, das Controlling mittels moderner Informations- und Kommunikationstechniken vereinfachen zu können, sieht die Realität – nicht nur im Handel – derzeit noch deutlich grauer aus. Daher orientiert sich der **Buchaufbau**

- nicht primär an den verschiedenen Informatiktools,
- sondern vielmehr an den stets wesentlicheren betriebswirtschaftlichen Grundlagen für das Handelscontrolling, wobei in diesem Zusammenhang dann allerdings sehr deutlich auf die benötigten Datengrundlagen und Datenbeschaffungsmöglichkeiten bzw. -probleme eingegangen wird.

Bei dieser daher notwendigen Gratwanderung zwischen verschiedenen und z. T. auch diffus divergierenden betriebswirtschaftlichen Aspekten, die speziell für den Handel zu einer integrierten Sichtweise von Controlling und Marketing führen sollte, haben mich viele **Handelspraktiker** unterstützt, denen ich sehr danke, und zwar

- sowohl für den Austausch von Informationen im Rahmen so mancher Beratungs- bzw. Consultingprojekte
- als auch für die Teilnahme und den Meinungsaustausch bei einschlägigen Tagungen, Sitzungen etc. Konkret gab die *Freiburger Tagung „Handelscontrolling"*, die im Mai 1990 erstmals veranstaltet wurde, wesentlichen Anlaß für das Entstehen dieses Buches.

Insgesamt basiert das vorliegende „Handelscontrolling" damit auf drei **Säulen**, nämlich auf

- praktischen Erfahrungen im Handelscontrolling aufgrund von Beratungsaktivitäten und z. T. auch einschlägigen Tagungsveranstaltungen, wobei manche Realisationsbeispiele aus der Praxis aufgezeigt werden
- der Umsetzung von Controllingstandards konkret in bezug auf den Handelssektor, wobei die „Marketingnähe" des Controlling oftmals im Vordergrund steht und ein bloßes rechnungswesengestütztes Controlling gerade angesichts des Fernziels „strategisches Handelscontrolling" als zu einseitig angesehen wird
- zahlreichen Vorarbeiten in Teilfeldern des Handelscontrolling. In diesem Zusammenhang soll der Dialog zwischen Wissenschaft und Praxis durch einen **Arbeitskreis „Handelscontrolling"** aufrecht erhalten und noch intensiviert werden. Interessenten melden sich bitte beim Verfasser (über den Verlag zu erreichen).

Um gerade auch dem Leserkreis der Handelspraktiker gerecht zu werden, wurde bei den **formalen Standards** des vorliegenden Buches

- auf monographisch-umfassende Literaturnachweise verzichtet, so daß regelmäßig nur ausgewählte und vor allem deutschsprachige Quellen – ohne unbedingten Anspruch

auf Vollständigkeit – genannt werden, um auf diese Weise gerade dem „Praktikerleser"
entgegenzukommen und ihm Leseanregungen zu geben sowie ihn auf Beispielrechnungen hinzuweisen, die deshalb im vorliegenden Buch nicht noch einmal ausführlich
referiert werden, sofern es sich dabei nämlich um allgemein bekannte „Rechenstan-
dards" handelt

- die Textgestaltung in Richtung auf eine flache Gliederungshierarchie und auf check-
  list-ähnliche Aufzählungen – so wie die gerade gelesene Textpassage – gelenkt, um auf
  diese Weise die vielfach vorhandene „Aspektenfülle" für den Leser auch optisch zu sy-
  stematisieren

- einerseits zwar auf die umfassende Darstellung vieler generell schon bekannter Con-
  trollingaspekte verzichtet (z.B. auf die inzwischen gängige Controllingdefinition
  durch das „Steuermann/Kapitän"-Bild), die als bekannt vorausgesetzt werden

- andererseits jedoch bewußt z.T. redundant vorgegangen, indem nämlich insbesondere
  alle Abbildungen – drucktechnisch durch eine andere Schriftart und Rahmung möglichst in unmittelbarer Nähe der Abbildung selbst – kurzkommentiert sind. Überdies
  steht jedem größeren Kapitel eine Kurzzusammenfassung („Summary") voran.

Meinen Mitarbeitern danke ich für das engagierte Zuarbeiten sowie insbesondere auch
Herrn Dipl.-Vwt. *Dieter Sobotka* vom *Vahlen-Verlag* für die reibungslose und angeneh-
me Zusammenarbeit und Koordination! Meine Frau hat zwar auch durch viele fachliche
Anregungen geholfen; sie hat jedoch überhaupt erst das Entstehen dieses Buches ermöglicht!

Im Herbst 1991   *Frank-Jürgen Witt*

Inhaltsverzeichnis

Abbildungsverzeichnis

1. Teil:
Strategisches Handelscontrolling

1 Basics im Handelscontrolling

Das Kapitel 1

- veranschaulicht die Notwendigkeit eines eigenständigen Handelscontrolling
- gibt Hinweise auf strategische Bausteine des Handelscontrolling
- zeigt Entwicklungslinien auf.

Insbesondere werden einzelne Controllingdefizite offengelegt, so vor allem das Preis- und Erlöscontrolling, strategische Komponenten im Handelscontrolling sowie innovative Gestaltungen im Rechnungswesen. Diese Controllingergänzung ist um so wichtiger, als das Handelsmarketing seit einiger Zeit – gerade auch für die Praktikerzielgruppe – bereits beleuchtet wird und nun einer Komplettierung durch das Controlling bedarf.

1.1 Besonderheiten des Handelscontrolling

1.1.1 Controllingdefizite im Handel

Es gibt derzeit zwei starke Meinungsrichtungen, die auf den ersten Blick eher gegen ein spezifisches Handelscontrolling sprechen:

- Zum einen wird sogar behauptet, ein spezielles „Controlling im und für den Handel" sei gar nicht notwendig. Vielmehr ließe sich doch das „allgemeine" – was immer das konkret denn auch sein mag – Controlling ohne große Modifikationen auf den Handel übertragen. Da nämlich dem derzeitigen Controlling(selbst)verständnis mitunter – und mangels einer endgültigen Controlling- und letztlich auch ABWL-Theorie z.T. zu Recht – vorgehalten wird, die Allgemeine – oder vielleicht sogar noch weiter: die gesamte – Betriebswirtschaftslehre werde damit nur als alter Wein in neuen, nun mit „Controlling" etikettierten Schläuchen vermarktet,[1] müssen der Controllingnutzen und die **Controllingevidenz im Handel** in den Vordergrund treten.
- Zum anderen erkennt man zwar durchaus schon bestimmte und weitreichende Controllingdefizite in Handelsunternehmen, ohne sie aber als gefährlich einzustufen. Der **Controlling„luxus"** sei doch eigentlich gar nicht notwendig und doch nur teuer, hört man häufig als Grundtenor!

Beide Auffassungen zeigen sehr eindringlich, daß das Handelscontrolling derzeit noch deutlich unterentwickelt ist. Dies belegt zudem auch ein Blick auf den doch überaus spärlichen Umfang der spezifischen **Literatur zum Handelscontrolling**: Selbst die meisten – der insgesamt jedoch recht wenigen! – einschlägigen Beiträge[2] rücken dabei noch allgemeine Controllingtools in den Vordergrund, ohne also stets ein konkretes Handelscontrolling zu skizzieren. Viele Lehrbücher zum Handelsbereich gehen nur sehr spärlich auf das spezifische Handelscontrolling ein bzw. nennen das Wort „Controlling" kaum oder gar nicht und heben allzu einseitig auf die Kostenseite ab.[3]

Ist also überhaupt ein spezifisches Handelscontrolling notwendig, oder reichen generelle Controllingansätze aus? Um diese Frage zugunsten eines eigenständigen Handelscontrolling zu beantworten, muß man einen Blick auf die Charakteristika des Handelsbereich werfen, die sich dann in einzelnen **Controllingbesonderheiten** konsequent niederschlagen:[4]

- Die **Grundsatzprobleme des Handels** liegen derzeit – wie auch schon vor einiger Zeit – im Marketingbereich (höherer Konkurrenzdruck, Zusatzpositionierungen und -profilierungen angesichts von Käuferwandlungen etc.), keineswegs jedoch so sehr allein nur

---

[1] *Günther* 1989, 7.
[2] Vgl. insbesondere die explizit mit einem Controllingtitel versehenen Beiträge von *Voss* 1979; *Kuhn* 1982; *Biel* 1984; *Schmidt* 1985; *Routil* 1986; *Schach* 1987; *Neubürger* 1988; *Günther* 1989; *Schach* 1989a; *Schach* 1989b; *Witt* 1989d; *Lorentz* 1990; *Witt* 1990a; *Voßschulte / Baumgärtner* 1991; *Witt* 1991f.; *Witt* 1992.
[3] Vgl. z.B. *Tietz* 1985; *Barth* 1988; *Falk / Wolf* 1988.
[4] Siehe zusammenfassend auch *Peemöller* 1990, der sich wiederum auf einige ältere Quellen bezieht, in denen sich bereits die Controllingnotwendigkeit abzeichnet, nämlich insbesondere *Biel* 1984 und *Kuhn* 1984.

im warenwirtschaftlichen Sektor,[5] so daß ein dementsprechend umfassenderer Controllingansatz zu wählen ist.

- Allein schon das klassische interne Rechnungswesen im Handelssektor ist im Vergleich zu industriebetrieblichen Rechnungswesen-Stylings deutlich antiquiert. Insofern gibt es eine klare **generelle Modernisierungsnotwendigkeit im Rechnungswesen von Handelsunternehmen**.[6] Sieht man nämlich das interne Rechnungswesen als ein wesentliches Controllingroot an, so zeigen sich hier allzu traditionelle Verhaltensweisen, die einem gesamtheitlichen innovativen Handelscontrolling im Wege stehen: Die vielfach anzutreffende bloße Vollkostenorientierung sowie ebenfalls die Dominanz einzelner Rechnungsschritte – zuungunsten eines gesamtheitlichen Rechnungskonzepts – sprechen hier für sich. Beispielsweise ist der sog. Rohertrag (= Umsatz abzüglich Wareneinstandspreis bzw. Wareneinstandskosten) eine Kennziffer, der überaus hohe Bedeutung beigemessen wird. Dies ist einerseits zwar durchaus verständlich, weil nämlich die Kostenart „Wareneinsatz" dominantes Gewicht aufweist und insofern der Rohertrag gleichwie eine besonders wichtige Deckungsbeitragsstufe darstellt. Andererseits verbaut man sich mit dieser singulären Hervorhebung andere Perspektiven, die in strategisch-längerfristiger Hinsicht durchaus ebenfalls extrem wichtig sein können: Beispielsweise nehmen andere Kostenarten (z.B. Standortkosten, Kundenbindungskosten) im quantitativen Bedeutungsgewicht zu, und auch der Umsatz in der Berechnungsformel des Rohertrags wird oftmals zu undifferenziert und allzu vordergründig-eindeutig einer einzelnen Warengruppe zurechnungsbar gesehen. Aufgrund von Verbundeffekten (= Nachfrage- bzw. Kaufverbunden), von denen ja gerade der Handel „lebt", muß eine solche Zuordnung keineswegs eindeutig sein; man denke nur an die Sog- und Imagewirkung von Lockvogelangeboten.
- Daher kann und darf sich das Handelscontrolling keineswegs lediglich auf die im Handel seit langer Zeit gängigen "**strategischen Parameter**" beschränken. Denn der Umsatz (als Handelsoutput) einerseits sowie die (Regal)flächen und der Personaleinsatz (als wesentliche Inputs in Handelsunternehmen) andererseits stellen auf eine zu pauschale Betrachtung ab: Es gibt deutlich mehr strategische Größen für das Handelsmanagement!
- Deshalb ist eine **Ergänzung des primär quantitativ ausgerichteten Rechnungswesens durch qualitative Sichtweisen** notwendig. Auf diese Weise wird der Besonderheit Rechnung getragen, daß sich der Handel insbesondere auch durch eher dienstleistungsorientierte Marketingaktivitäten im Wettbewerb profiliert (z.B. erlebnisorientierte Sortimentsgestaltung, bei der der Kaufvorgang selbst – und nicht nur der erworbene Artikel – für den Kunden Nutzen stiftet).[7] Deshalb muß der Handelscontroller zwar schon versuchen, solche Effekte durch die Rechnungsweseninstrumente abzubilden (etwa durch ein innovatives Erlöscontrolling, mit dem er beispielsweise auch

---

[5] Vgl. statt mancher *Falk / Wolf* 1988, 29–31; *Gerken* 1989. Siehe zu einem eher nur logistischen Ansatz von Warenwirtschaftssystemen mit deutlich untergewichteter Controllingkomponente *Sova / Piper* 1985; *Schulte / Steckenborn / Blasberg* 1981; *Schiffel* 1984; *Fontaine* 1986; *Voßschulte / Baumgärtner* 1991, 259. Hingegen gibt es durchaus wichtige Controllingkomponenten innerhalb der Warenwirtschaft, so etwa das Warenbestandscontrolling; vgl. dazu *Schach* 1987, 9/376–9/379; *Schinnerl* 1986.

[6] Ähnlich *Voßschulte / Baumgärtner* 1991, 260, die indes keine Notwendigkeit zur eigenständigen Erlösrechnung sehen und eher lediglich kostenorientiert und dann aber sofort wieder „nur" erfolgsorientiert ansetzen, ohne die positive Erfolgskomponente „Erlös" hoch zu gewichten.

[7] Vgl. statt mancher die spezielle Praktikerperspektive von *Oehme* 1983.

die Frage des Standardisierungsgrades[8] sowie der Effizienz von Marketinginstrumenten zu klären versucht). Darüber hinaus ist das klassische interne Rechnungswesen jedoch durch qualitativ ansetzende Tools (z. B. Portfolios) zu ergänzen. Gerade diese Ergänzung wird im Handelssektor indes häufig untergewichtet bzw. als nicht hinreichend operational und greifbar eingeschätzt.

• Aber selbst wenn man zunächst einmal innerhalb des Rechnungswesens verbleibt, so zeigen sich – neben der häufigen und einseitigen Vollkostenorientierung – bereits hier konkrete Controllingdefizite. **Mehrgleisige, d. h. parallel und gleichgewichtig herangezogene Kalkulationsobjekte** bilden nämlich die Ausnahme. Gerade die vielfältigen Aktionsmöglichkeiten des Handels legen es jedoch nahe, zusätzlich zum traditionellen Kalkulationsobjekt bzw. Kostenträger „Artikel" bzw. „Warengruppe" weitere Hierarchien aufzubauen. Denn es lassen sich beispielsweise verschiedene Kundensegmente und Kundentypen identifizieren, so daß dann wiederum das Kalkulationsobjekt „Kunde" als Erlösquelle und möglicher Kostenträger in den Vordergrund tritt. Auf entsprechende Weise können als Kalkulationsobjekte wichtig werden:
  – Marktgebiete bzw. Standorte (etwa bei Filialsystemen)
  – Vertriebswege (z. B. beim Versandhandel, der nebenbei z. T. Franchisenehmer, teils aber auch „echte" Filialen zur Schaffung einer Kundenpräsenz einsetzt)
  – Auftragsgrößen (beispielsweise im Produktionsverbindungshandel,[9] der über die Marketingrelevanz leistungsbezogener Rabattierungen gegenüber seinen investiven Kunden nachdenkt).

• Insbesondere ist es allzu einseitig, die Dekomposition des monetären Handelserfolgs lediglich auf der Kostenseite detailliert durchzuführen. Vielmehr kommt der **Eröffnung eines Erlösblickwinkels** speziell im Handel eine große Bedeutung zu. Denn da ein Handelsunternehmen sich vergleichsweise weniger durch eine Produktpolitik als hingegen durch andere Marketinginstrumente positionieren kann, muß die Effizienz solcher Marketinginstrumente hinterfragt werden: Welche Erlöseffekte sind tendenziell – bzw. sogar konkreter: in welchem Ausmaß – auf welche Instrumente des Handelsmarketing zurückzuführen. Vor allem bei der Aufgliederung der Erlösseite zeigt das derzeitige Handelscontrolling noch überaus große Schwächen, weil auf innovative Erlösabweichungsanalysen weitestgehend verzichtet wird.

• Gleichwohl genügt bereits ein Blick auf die Kostenseite, um auch hier noch deutliche Verbesserungsmöglichkeiten im **Kostenmanagement** offenzulegen. Z. B. ist eine Prozeßkostenrechnung in der Lage, die Vielzahl handelsinterner Leistungen bzw. Prozesse (etwa Logistikleistungen, Verwaltung mit einer Fülle von Teilprozessen)
  – offenzulegen, d. h. transparent zu machen
  – in Bandbreiten hinsichtlich ihres Kostengewichts zu kalkulieren.

Viele Handelsunternehmen lassen indes ihren Gemeinkostenbereich unzergliedert und verzichten damit im Handelscontrolling auch auf die Möglichkeit, solche internen Prozesse etwa bestimmten Kundengruppen anzulasten und/oder damit etwa Rabattierungsentscheidungen anders als bisher zu treffen.

• Die **Bereitstellung entscheidungsrelevanter Controllinginformationen** konkretisiert sich in verschiedenen Aspekten, die das (strategische) Handelscontrolling besonders

---

[8] Dazu generell *Boyens* 1981 sowie speziell in bezug auf Filialstandards *Overtheil* 1983.
[9] Siehe zum Begriff auch *Engelhardt / Kleinaltenkamp* 1988, 4–6.

berühren. Dabei muß man die speziellen Rahmenbedingungen für das Handelscontrolling bedenken, daß nämlich vielfach nur relativ „unausgebaute" – oder auch gar keine – Controllingphilosophien und -konzepte vorhanden sind. Vor diesem Hintergrund kommen insbesondere folgende Problemfelder in Betracht, die die Informationsbereitstellung seitens des Handelscontrolling vergleichsweise schnell verbessern können:

– Die Kosten- und Erlösstellenbildung ist eine wesentliche Voraussetzung für ein internes Rechnungswesen, das nach parallelen und verschiedenen Entscheidungsdimensionen bzw. Kalkulationsobjekten ausgewertet. In der Handelspraxis ist vielfach noch eine zu grobe Kostenstellen- und mitunter überhaupt keine differenzierende Erlösstellenbildung anzutreffen.

– Die Beurteilung der Sortimentspolitik bezieht sich sowohl auf die Sortimentsstruktur als auch auf die Neuaufnahme und Elimination von Artikeln bzw. evtl. sogar von ganzen Warengruppen. Damit ist ein „klassisches" Betätigungsfeld des Handelscontrolling berührt, das jedoch meist zu einseitig ausgefüllt wird:[10] So mangelt es beispielsweise oft an einer Synthese von qualitativem und quantitativem Denken, und einseitige – wenn auch „für sich" durchaus wichtige – Perspektiven dominieren (beispielsweise die Handelsspanne oder die Umschlagsgeschwindigkeit eines Artikels), ohne das z.B. Folgeeffekte (etwa Artikelrückzugsstrategien) entworfen werden.[11] Daher muß das Handelscontrolling gerade hier „kombinierte" Entscheidungshilfen bereitstellen, indem die Entscheidung z.B. über die verschiedenen Planungsebenen hinweg „hierarchisiert" wird (etwa mittels strategisch ansetzenden Handelsportfolios, mit Artikel/Kunden-Erfolgsrangfolgen auf der taktischen sowie auf der eher operativen Entscheidungsebene mit Deckungsbeiträgen[12] und Verbundkoeffizienten, die die einseitigen Renner/Penner-Listen mit Hilfe zusätzlicher Rankingkriterien ordnen).

– Die Preisgestaltung stellt im Handel ein wesentliches Marketinginstrument dar. Deshalb verdient das Preismanagement eine angemessene Controllingunterstützung, die über übliche Erfolgsrechnungen (z.B. Handelsspannenrechnungen) deutlich hinausgeht. So ist es beispielsweise sinnvoll, verschiedene Rahmensituationen für die Preisentscheidung zu erhellen und damit den einseitigen Rechnungswesenbezug des Handelscontrolling zu verlassen. Typische Fragestellungen sind daher „Wie preisbewußt kauft der Durchschnittskunde?", „ Welches Preisgedächtnis hat der Durchschnittskunde?", „Welches sind die preisempfindlichen Warengruppen bzw. Artikel?".

– Das Controlling von (Sonder)aktionen muß aufgewertet werden. Denn speziell mittels Sonderaktionen profiliert sich der Handel, so daß dementsprechend solche Aktionen auch in ihrem isolierten sowie in ihrem verbundbezogenen Erfolg eingestuft werden sollten. Darüber hinaus profiliert der Handel sich aber auch durch seine generelle Positionierung im Wettbewerb. Auch diese muß der Handelscontroller hinterfragen und beurteilen (etwa durch Stärken/Schwächen-Profile, in die Einzelkriterien wie Preisgünstigkeit, Verläßlichkeit der Einkaufsquellen/Lieferanten, Image der Warenpräsentation u. ä. eingehen).[13]

---

[10] *Kuhn* 1985b.
[11] Vgl. dazu z.B. *Witt* 1986a.
[12] Siehe historisch dazu erste Ansätze bei *Hahn* 1972.
[13] Vgl. zu einem marketingbezogenen Beispiel *Berekoven* 1990, 397.

– Die Flächenkalkulation und -wirtschaftlichkeit stellt eine zentrale Größe im Denken von Handelsmanagern in den Vordergrund. Sie kulminiert in der Frage: „Wie ‚rentabel' sind einzelne Regal-m^2 (= Laufmeterproduktivität) insbesondere hinsichtlich ihrer Umsatzkraft, und wo liegen besonders erfolgsträchtige Standorte innerhalb eines Ladenlokals?". Der Handelscontroller kann solche Fragen etwa mit Hilfe von Einzelkosten-Erwägungen zu beantworten suchen und darüber hinaus auch unzweckmäßige Fragen relativieren und umwidmen (so z. B. die pauschale Frage der m^2-Rentabilität in eine konkretere Frage nach den Einzelkosten und den Erlösstrukturen auf einer bestimmten Fläche des gesamten Ladenlokals). Hier zeigt sich ein deutliches Engpaßdenken im Controllingansatz, indem man nämlich mit Hilfe eingängiger Kennzahlen, die die Engpaßgröße im Nenner haben (m^2, Personalstunden u. ä.) und häufig als relative Erfolgsgrößen (etwa als Deckungsbeiträge)[14] angesetzt werden, vermutete Engpaßkapazitäten steuern will (= Deckungsbeitrag/m^2 als Vorstufe einer Kapazitätsverteilungsrechnung, die etwa – zumindest theoretisch – genauer mit Hilfe der linearen Programmierung erfolgen könnte).[15]

– Damit hängt unmittelbar eine derzeit im Handel generell wichtige Problematik zusammen, für die das Handelscontrolling Hilfestellung geben kann, nämlich das Problem der Größe einzelner Filialen hinsichtlich Fläche und Sortimentsumfang. Daran schließt sich ein weiteres Problem an: Wie zentralistisch sollen einzelne Filialen geführt werden, bzw. umgekehrt: Wie groß ist die Selbständigkeit des Filialmanagers? Der Handelscontroller muß hier durch eine Filialbewertung Hilfestellung geben, indem er beispielsweise mehrere Bewertungskriterien mittels eines Scoringverfahrens zusammenfaßt.

– Die Effizienzbeurteilung einzelner Instrumente des Handelsmarketing ergänzt das Preis- und Sonderaktionscontrolling. Erste Ansätze für ein solches Marketingcontrolling gibt z. B. das Erlöscontrolling, indem die Erlösabweichung geschickt aufgespalten wird und somit einen tendenziellen Einblick in die Wirkungskraft eines einzelnen Marketinginstruments gibt.[16]

– Das Erfolgsranking in bezug auf einzelne Kundengruppen ist bislang deutlich unterentwickelt. Analog wie hinsichtlich der Beurteilung von Marketinginstrumenten geht es um die Kundenbewertung gemäß ihres monetären Erfolgsbeitrags sowie ihres qualitativen Erfolgsbeitrages (z. B. Anteil bestimmter Käuferschichten, die durch ihre Präsenz positive, z. T. aber durchaus auch negative Imageeffekte in bezug auf andere Kundenkreise auslösen; man denke z. B. an hochpositititonierte Einkaufspassagen, die für manche Kundenkreise aufgrund des dort – gemäß subjektiver Meinung – verkehrenden Publikums generell anziehend, vielleicht aber konkret doch eher kaufabweisend – weil für manche Kundenschichten überteuert positioniert – wirken).

• Die **Controllingrandbedingungen** sind z. T. auch auf Softwareunzulänglichkeiten zurückzuführen bzw. bedingen sich damit gegenseitig. Im negativen Sinne nennenswert sind:[17]

   – die eingeschränkte Softwarefunktionalität, allein schon bei der Datenhaltung

---

[14] Statt mancher *Witt* 1991a, 462–464; *Falk / Wolf* 1988, 373.
[15] Beispiel etwa bei *Müller-Hagedorn* 1984, 159–164; *Gümbel / Brauer* 1969.
[16] Vgl. ausführlicher Kapitel 5.3.3/4.
[17] Siehe auch *Voßschulte / Baumgärtner* 1991, 253.

– eine meist unterproportionale Softwareauslastung und die relativ geringen Controlleranforderungen an die Datenhaltung

– eine gerade auch im Vergleich zu vielen Industriebetrieben überkommene Soft- und speziell auch Hardware (beispielsweise fehlende Schnittstellen zum Scanningbereich, keine konsequente und strategisch definierte Nutzung moderner Informationstechniken).

Wenn man die bisher genannten Controllingbesonderheiten auf wesentliche **aktuelle Spezifika** verdichten will, so stechen insbesondere diese Charakteristika in's Auge:[18]

• Verkaufsflächenexpansion mit entsprechender Controllingnotwendigkeit einer „Flächenproduktivität" und „Sortiments-" bzw. sogar Artikeleffizienz"

• Kostendruck durch Personal- und Prozeßkosten (speziell durch Kosten von Logistikprozessen)

• veränderte und sich auch weiterhin noch verändernde Kunden- und Marktstrukturen.

Insgesamt wird damit deutlich: Der derzeitige Stand des Handelscontrolling erfordert umfangreiche Verbesserungen sowohl im strategischen als auch im operativen Ansatz. Abbildung 1 zeigt zusammenfassend auf, wo die Handelspraxis z.Zt.

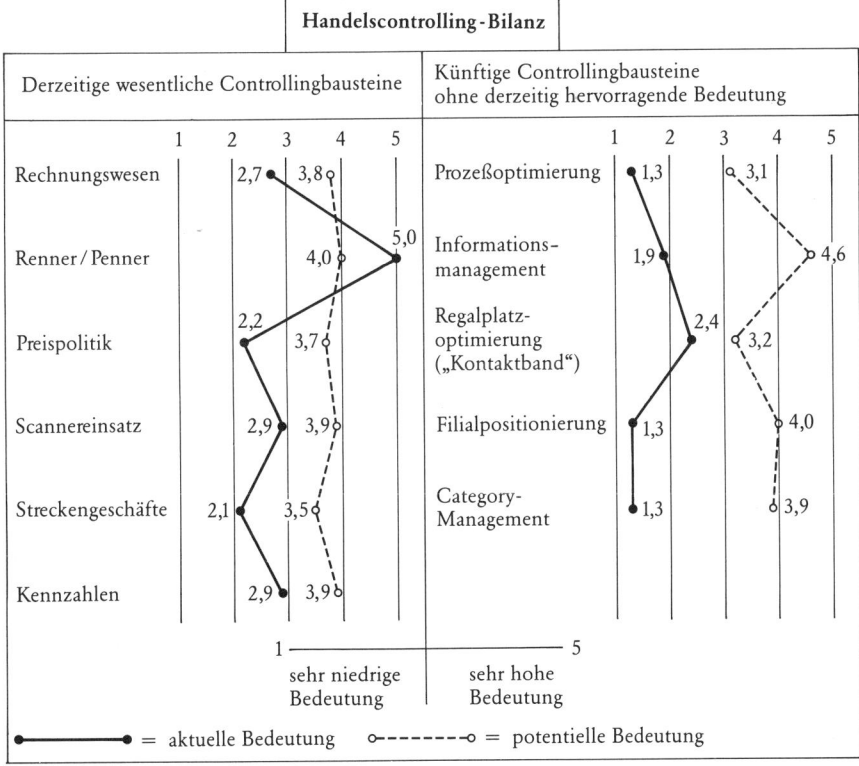

Abb. 1: Derzeitige Positionierung des Handelscontrolling aus Sicht der Praxis

---

[18] Ähnlich *Voßschulte / Baumgärtner* 1991, 255 f.

- Defizite sieht (Angaben in %)
- welche generelle Akzeptanz und welche konkrete Anwendungs- bzw. Einführungsabsicht des Handelscontrolling bei unterschiedlichen Unternehmensgrößen vorhanden ist (Angabe auf Indexbasis).

> Die Lücken im derzeitigen praktischen Handelscontrolling legen sehr deutlich eine etwas eingeschränkte Praxisperspektive offen. Denn zwar werden durchaus schon das aktuelle Rechnungswesen sowie bestimmte fehlende strategische Ansätze hervorgehoben. Jedoch mangelt es offenbar an einem umfassenden richtungsweisenden Konzept („Leitlinie"), wo das Handelscontrolling denn nun zu verbessern ist. Vielmehr werden lediglich einzelne Bausteine unsystematisch genannt. Dagegen sieht man potentiell durchaus wesentliche Controllingbausteine als wichtig an (vgl. auch die spätere Abbildung 4 sowie die abschließende Abbildung 94, die Zukunftstrends aufzeigt). Der konkrete Anwendungswille ist indes ungleich verteilt. Insgesamt steht das Handelscontrolling damit noch stark „defizitär" dar.

Speziell die **Controllingdefizite im Handelsbereich** lassen sich zusammenfassend so charakterisieren:

- Moderne Informations- und Kommunikationstechniken werden noch nicht hinreichend eingesetzt und genutzt, so daß das marktforschungsnahe Handelscontrolling mitunter ohne entsprechende Datengrundlagen operieren muß.
- Die Kostenartentransparenz läßt zu wünschen übrig, weil nur recht grobe Kostenarten unterschieden werden. Insbesondere fehlt es an einer hinreichenden Differenzierung handelsinterner Kostenarten.
- Deshalb wird die oftmals nur produktorientierte Kostenträgerrechnung ebenfalls weniger gut unterstützt.
- Zudem werden als Kostenträger bzw. als Kalkulationsobjekte zwar vermehrt einzelne Flächen im Ladenlokal, Truhen, Warengruppenstandorte u. ä. herangezogen. Sie werden regelmäßig jedoch nur vollkostenbezogen beurteilt. Das Konzept der Direkten Produktrentabilität (DPR)[19] ist dabei vielfach lediglich vordergründig teilkosten- und deckungsbeitragsorientiert.
- Die Hervorhebung eines bloßen produkt-, artikel- bzw. warengruppenbezogenen Controllingdenkens hängt sehr stark mit der derzeitigen eher „technisch", d.h. am physischen Warenfluß orientierten Dominanz von Warenwirtschaftssystemen zusammen, die in ihren Funktionsmoduln insbesondere logistische Aspekte hervorheben (z.B. Bestellwesen, Inventur, Auftragsbearbeitung, Lagerbestandsführung)[20] und faktisch auf marketing- und controllingrelevante Funktionalitäten (beispielsweise Aufbau eines HIS = Handelsinformationssystems)[21] verzichten bzw. solche Aspekte innerhalb der Warenwirtschaftssoftware untergewichten.

---

[19] Vgl. ausführlicher Kapitel 2.1.4.

[20] Statt mancher – z.T. auch uneinheitlicher – Definitionen von Warenwirtschaftssystemen, die sich in den betriebswirtschaftlichen Funktionalitäten unterscheiden, siehe etwa *Leismann* 1990, 15–22; *Hartmann* 1990; *Kirchner / Zentes* 1984; *Zentes* 1985; *Zentes* 1988, die stärker auch die nicht-logistischen Funktionalitäten betonen und damit in die HIS-Richtung zielen.

[21] *Schenk* 1990, 312; *Simmet* 1990, 91. Vgl. zu einem inzwischen überholten, jedoch für die Entwicklung interessanten Ansatz *Voss* 1979.

- Trotz mancher Handels(sonder)aktionen (etwa Lockvogelangebote mit der Extremposition „Verkauf unter Einstandspreis")[22], die an sich ja eine intensive Deckungsbeitragsanalyse erfordern, denkt das durchschnittliche Handelsunternehmen weitgehend nur vollkostenorientiert, weil angeblich und vordergründig wesentliche Kostengrößen doch unbeeinflußbar seien (Einstandskosten) und die übrigen Kosten doch gedeckt werden müßten. Diese traditionelle Vollkostenperspektive charakterisiert sehr eindringlich und exemplarisch den generellen Controllingstatus im Handel.

- Das Kostenstellendenken im Handel bezieht sich häufig wiederum auf eine artikel-, d.h. produktbezogene Analyse. So werden beispielsweise warengruppenorientierte Kostenstellen geschaffen (etwa Frischwarenabteilung), ohne daß indirekte Bereiche als eigenständige Kostenstellen erkannt werden (z.B. die Prozeßkostenstelle „Beschwerdemanagement").

- Ein Filialmanagement ist in der Weise noch deutlich unterrepräsentiert, daß die – beispielsweise am Umsatzgewicht gemessene – Bedeutung einzelner Filialen und/oder Standorte sich nicht im Controlling widerspiegelt. Es gibt insofern oftmals kein eigenständiges dezentrales Filialmanagement und dementsprechend auch noch kein spezifisches Filialcontrolling.

1.1.2 Positionierung des Handelscontrolling

Da die Handelspraxis primär rechnungswesennahe Bausteine des Handelscontrolling fokussiert, die es – zwar auch, aber nicht einseitig – auszubauen bzw. zu optimieren gilt, kommt dem traditioneller Rahmen im **rechnungswesenbasierten Handelscontrolling** besondere Bedeutung zu. Im einzelnen resultieren daraus folgende Ansatzpunkte für den traditionellen Baustein „Rechnungswesen" im Handelscontrolling:

- Die bisherige Vollkostendominanz muß wenn nicht vollkommen ersetzt, so doch zumindest durch eine Deckungsbeitragsrechnung ergänzt werden.

- Die eingleisige artikelbezogene Sichtweise ist durch parallele Kalkulationsobjekte zu erweitern.

- Die gerade im Handel meist sehr hohen Fix- und Gemeinkosten, die speziell in bezug auf einzelne Warengruppen als Gemeinkosten zu betrachten sind, müssen z.B. mit Hilfe einer Prozeßkostenrechnung transparenter gestaltet werden, die sich in eine Deckungsbeitragsrechnung integriert und den Rückfall in ein bloßes Vollkostendenken vermeidet. In diesem Zusammenhang geht es auch um eine Vor- und Nachkalkulation, bei der oftmals – aufgrund herstellerseitig im Vertriebskanal „durchgedrückter" Preise – gar nicht so sehr die eigenständige Preisfindungsfunktion, sondern eher eine „Kostenzuordnungsgerechtigkeit" im Vordergrund steht.[23] Damit ist die Frage gemeint: Wurden Prozeßkosten angemessen und „richtig" verteilt? Diese für eine typisch im Vollkostendenken steckengebliebene Prozeßkostenrechnung berührt damit eine weitverbreitete derzeitige Sichtweise im Handel, gemäß der primär die Erfolgsträchtigkeit von Artikeln, z.T. auch schon von Sonderaktionsperioden u.ä. als Maßstab für die (Gemein)kostenzuordnung angesehen wird. Ein gesamtheitliches Aktionscontrolling mit mehrdimensionalen Kalkulationsobjekten fehlt

---

[22] *Schneider* 1982; *Marquard* 1984.
[23] *Voßschulte / Baumgärtner* 1991, 260 f.

indes. Überdies werden die „Prozeßbelastungen" einzelner Kalkulationsobjekte oftmals nur geschätzt bzw. dann anhand des Kriteriums „Erfolgskraft" bzw. „Umsatz"
zugeordnet, so daß entsprechend auch die Prozeßkostenrechnung verwässert wird.

- Im Handel dominieren z. Zt. vielfach nur grobe Planrechnungen (etwa im Zuge von
  jahresbezogenen Rahmenverträgen und -vereinbarungen zwischen Hersteller und
  Händler), so daß dem Handelscontroller vielfach die Plan/Ist-Abweichung aufgrund
  fehlenden Datenmaterials erschwert ist. Aber auch schon im Rahmen der Erfassung
  von Istdaten mangelt es regelmäßig an einer hinreichenden Differenzierung. So gibt es
  durchaus recht viele Handelsunternehmen, die lediglich halbjährige Isterfassungen –
  und auch da lediglich unvollständig – durchführen. Nur wenige Kostenarten (z. B.
  Personalkosten) sind dann in bezug auf kürzere Auswertungsperioden (etwa monats-
  weise) bekannt. Durch Warenwirtschaftssysteme läßt sich hier zumindest ansatzweise
  eine Zusatztransparenz erreichen. Allerdings darf man den diesbezüglichen Nutzen
  von Warenwirtschaftssystemen keineswegs überschätzen: Eine hinreichend genaue
  Kontierung unterbleibt auch hier mitunter noch bzw. ist gar nicht einmal software-
  technisch möglich!
- Der Umsatz bzw. der Erlös als strategische Bezugsgröße muß stärker aufgespalten
  werden. Denn den modernen Handelscontroller interessiert nicht nur der Zusammenhang „Erlös/Kosten", wie er beispielsweise durch eine Produktivitätskennzahl „Personalkosten pro 1.000 DM Umsatz" zum Ausdruck kommt. Vielmehr ist bereits
  innerhalb des bislang recht undifferenziert betrachteten Erlöses eine größere Struktu-
  rierung vorzunehmen.

Zusammenfassend kann man feststellen: Die Rechnungswesenfundierung des Handelscontrolling läßt sehr zu wünschen übrig, weil

- zum einen das Datenmaterial nicht hinreichend verfügbar ist, um differenzierte Auswertungen vorzunehmen
- zum anderen die Evidenz und die Akzeptanz eines umfassenderen Handelscontrolling
  – trotz mancher Mahnrufe aus der Praxis selbst[24] – vielfach fehlen.

Daher liegt der Gedanke nahe, eine Art „Controllingbasis" zu schaffen, die als **Daten-
pool** dient und die in späteren Entwicklungsphasen um einen **Methodenpool** erweitert
wird. Gerade das notwendige Datengerüst erleichtert dann spezifische Auswertungen
und hebt insofern evtl. auch die generelle Controllingakzeptanz im Handel. Zwar ist in
einem Handelsunternehmen in keinem so großen Maße eine Realtime-Datenverarbei-
tung – wie etwa bei Industrieunternehmen aus der Betriebsdatenerfassung zumindest
potentiell gegeben – möglich. Aber immerhin deuten Warenwirtschaftssysteme ja zumindest in diese Richtung (z. B. zeitaktuelle Bestandsführung). Außerdem geht es beim
Handelscontrolling vielfach auch eher um eine strategische Sichtweise und insofern auch
beispielsweise um eine strategisch-längerfristigere Kalkulation als hingegen mitunter bei
Industrieunternehmen, die z. B. einen Einzelfertigungsauftrag in seiner Entstehung be-
gleiten und das Einhalten einer aus bestimmten Erwägungen festgesetzten Fertigungs-
kosten-Obergrenze überwachen: Stattdessen hat ein Handelsunternehmen in vielen Fällen den Vorteil, daß die Rahmenbedingungen besser bekannt und zumindest in ihrer
Schwankungsbreite „sicherer" als bei manchen Industrieproblemen sind. Eine handelsbetriebliche Preis(untergrenzen)entscheidung etwa im Rahmen von Sonderaktionen

---

[24] *Aehringhaus* 1990.

kann im allgemeinen auf weniger risikobehafteten Rahmenbedingungen aufsetzen, während ein Einzelfertiger z.B. mit Faktorpreisschwankungen noch während des Fertigungsprozesses, mit Mengenabweichungen aufgrund zu ungenauer Projektierung etc. rechnen muß. Daher liegt im Handel eine begrenztere Zahl von Entscheidungsfeldern innerhalb von dann „in sich" aber durchaus sehr komplexen Problemsektoren vor.[25] Insofern gibt es aber dann im Einzelfall und im Vergleich zu Industriebetrieben vollkommen unterschiedliche **Risikokonstellationen**, die sich beim Handel regelmäßig eher aus dem Absatz- und Beschaffungsmarkt, im Industriesektor hingegen zusätzlich noch aus unternehmensinternen Einflußgrößen herleiten. Diese übliche Unterscheidung zwischen verschiedenen Risikoklassen wird jedoch in neuerer Zeit deshalb immer mehr hinfällig, weil der Handel aufgrund interner Entscheidungen mehr Managementrisiko auf sich lädt (z.B. Aufbau von Fixkosten durch Standortentscheidung, Umgestaltung von Ladenlokalen in Richtung auf eine Erlebnisorientierung[26]).

Aufgrund solcher Risikozusammenhänge liegt es nun nahe, ein industriebetrieblich sich immer mehr bewährendes Datenkonzept auch auf den Handelssektor zu übertragen, nämlich die auf *Riebel* zurückgehende **Grundrechnung**.[27] Sie soll es dem Handelscontroller ermöglichen, aus einer flexiblen Datenstruktur mit Hilfe von **Sonderrechnungen** individuelle Auswertungen durchzuführen, d.h. verschiedene Analyseaspekte spontan und einzelfallbezogen zu kombinieren. Die dazu notwendige Datenbankunterstützung ist inzwischen durch **relationale Datenbanken** gegeben und hat inzwischen generell dem *Riebel*schen Konzept eine vergleichsweise deutlich zunehmende Praxiorientierung und -akzeptanz eingebracht. Bleibt man innerhalb der verschiedenen grundlegenden Deckungsbeitragskonzepte, so entsteht damit eine fruchtbare Konkurrenz zum Gedanken der **Grenzplankostenrechnung**. Diese wiederum ist im Handel bislang in einer spezifischen Variante verankert, bei der sich erneut das typische traditionelle Denken eines Handelscontrollers offenbart: Der Umsatz als Output wird regelmäßig in Planungsrechnungen durch vergleichsweise wenige Inputs („Bezugsgrößen") erklärt, so namentlich durch den Personaleinsatz und durch Standortflächen.

Eine am Einzelkosten/Einzelerlös-Denken orientierte **Grundrechnung im Handelscontrolling** muß nun eine Vielzahl handelsspezifischer Einflüsse berücksichtigen, die wiederum zu verschieden möglichen Kontierungen auf die jeweiligen Kalkulationsobjekte führen: Jede Kosten- und auch jede Erlösart wird gerade so einem Kalkulationsobjekt als Einzelkosten bzw. als Einzelerlös zugeordnet, daß insgesamt keine Gemeinkosten entstehen und daß insofern auf eine willkürlich-verzerrende Gemeinkostenschlüsselung verzichtet werden kann: Die umfangreich und diversifiziert bereitstehenden Kontierungsmöglichkeiten auf alternative Kalkulationsobjekte führen also dazu, daß sämtliche Kosten „irgendwo" als Einzelkosten verbucht werden und demnach keine dann noch willkürlich zu verteilenden Gemeinkosten entstehen; entsprechendes gilt für die Erlösseite. Abbildung 2 gibt dazu ein Ausgestaltungsbeispiel, in dem wesentliche handelsspezifische Kalkulationsobjekte, d.h. Kontierungsmöglichkeiten aufgeführt sind. Das Beispiel ist in einem Handelshaus bereits realisiert.

---

[25] Ähnlich auch *Voßschulte / Baumgärtner* 1991, 252.
[26] Siehe statt mancher z.B. *Weinberg* 1986; *Banning* 1987; *Diller* 1987; *Heinemann* 1989; *Ahlert / Schröder* 1990; *Bost* 1991.
[27] Vgl. zusammenfassend *Witt* 1991a, 31–34 m.w.N.

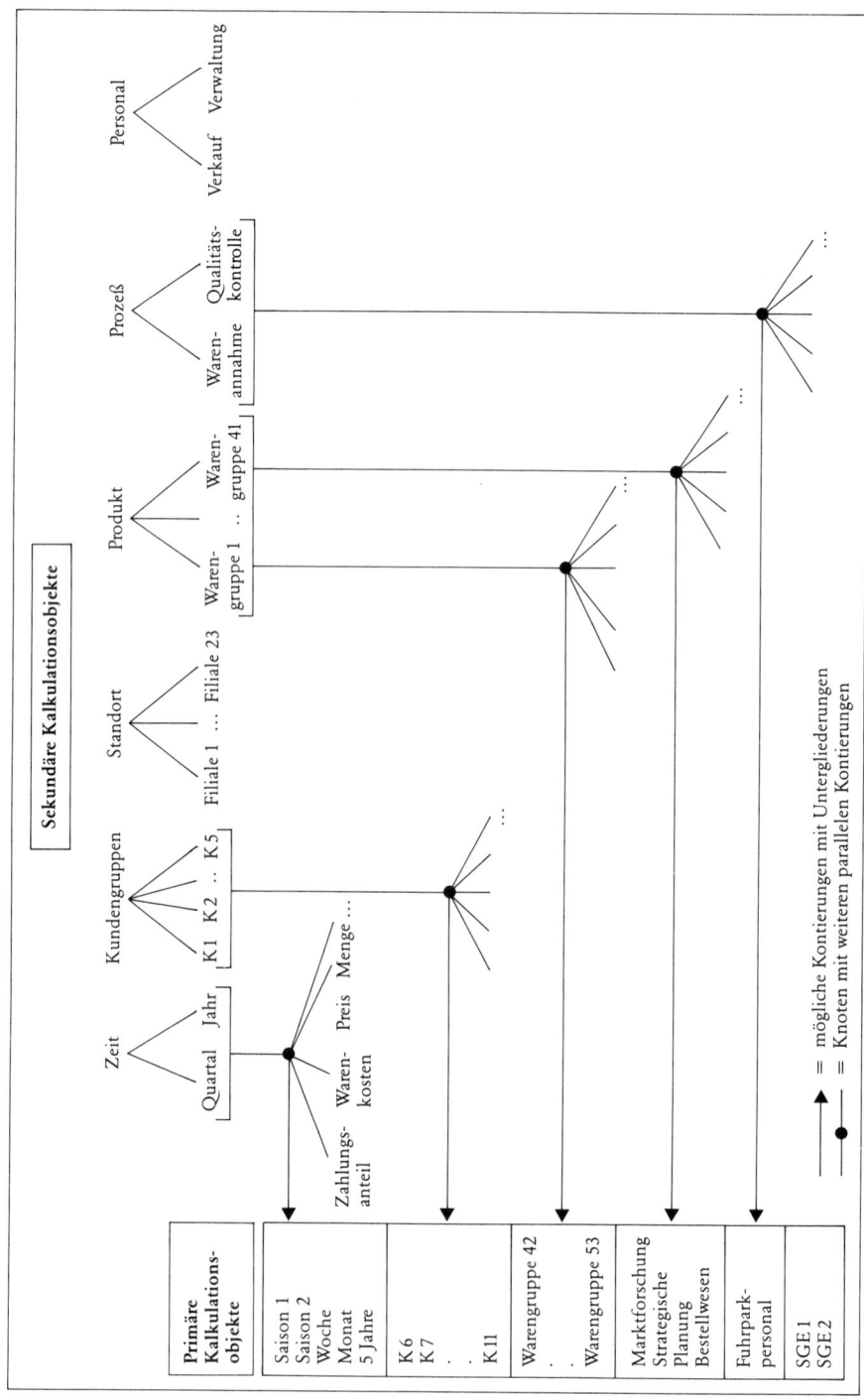

Abb. 2: Grundrechnung für das Handelscontrolling

Die handelsspezifische Grundrechnung nimmt Bezug auf die Besonderheiten des Handelssektors und bietet eine Datenbasis bzw. eine relationale Datenbank, in der flexible und spontan freidefinierbare Auswertungen für den Handelscontroller möglich sind. Die hier vorgestellte Grundrechnung unterscheidet sich von „allgemeinen" Grundrechnungen[28] durch ihre speziellen Kalkulationsobjekte, die für Handelsunternehmen besonders wichtig sind. Traditionelle Kostenstellengliederungen reichen für solche Grundrechnungen, die weit über die bloße Kostenstellenbetrachtung hinausgehen und eher eine Controllingdatenbank bilden, keineswegs aus.[29] Die hier aus der praktischen Anwendung übernommene Bezeichung in primäre und sekundäre Kalkulationsobjekte hat nichts mit den bekannten Begriffen „Primärkosten" und „Sekundärkosten" gemein. Hier bedeutet die Unterscheidung vielmehr: Es werden Prioritäten gesetzt, welche Dateninputs primär (= besonders wichtig") geliefert werden müssen, während die sekundäre Ebene eine feinere Unterteilung darstellt, die nicht in jedem Fall zu bebuchen ist, um auf diese Weise Vereinfachungen zu schaffen und damit Zugeständnisse an den Datenerfassungsaufwand zu ermöglichen.

Eine solche Grundrechnung bietet damit dem Handelscontroller eine Datenbasis, mit der einzelne Controllingbasics durchaus ausgeführt werden können. Zudem ist der Handelscontroller in der Lage, diese Basics zu wiederholen und sich damit **Controllingstandards** aufzubauen, die er etwa beim Reporting einsetzt. Insbesondere kann der Handelscontroller sich wesentliche Kalkulationsobjekte herausgreifen und sie im Sinne der „Rechenschieber-Technik" kombinieren.[30] Abbildung 3 gibt dazu ein Beispiel

Die aus einer Grundrechnung „herausziehbaren" Einzel- bzw. Sonderauswertungen können sich am Rechenschieber-Prinzip orientieren, indem nämlich verschiedene Auswertungsmöglichkeiten vom Controller flexibel eingestellt, d. h. ausgewählt und kombiniert werden. Durch eine entsprechende DV-Stützung dieses Vorgehens – wie etwa in der Controller's Toolbox auf PC-Ebene gängig bzw. geplant – kann sich der Handelscontroller Auswertungsstandards schaffen, die ihm besonders wichtig erscheinen und mit denen er – weitgehend frei und situativ – verschiedene Auswertungsebenen kombinieren kann. Darüber hinaus gibt es bestimmte Standardanalysen (z. B. Ursachen- und Symptomanalyse, die jeweils auf verschiedene Weise Erfolgsabweichungen und/oder Abweichungen bei den einzelnen Erfolgskomponenten „Kosten" und „Erlöse" aufzeigen können; vgl. dazu auch Kapitel 5.3). Eine spezielle, „quer" zu allen anderen Betrachtungs- bzw. Auswertungsebenen liegende Perspektive stellt der Prozeßaspekt dar. Der Handelscontroller muß daher überlegen, für welche „üblichen" Auswertungen er zusätzlich eine Prozeßbetrachtung anstellen will (z. B. Zuordnung von Prozeßkosten zur Verkaufsebene oder zur Produktebene). Der generelle Controllingtrend zur PC-Ebene wird im Handel auch nicht durch die Existenz bestimmter Warenwirtschaftssoftwares[31] gebrochen, die – eher auf anderen (Groß)rechnerklassen laufend – z. Zt. ebenfalls angeboten werden. Zumindest wird das PC-gestützte Handelscontrolling sich als ein eigenständiges Glied innerhalb vernetzter Rechnerarchitekturen etablieren und dabei eine spezielle (End)anwendungsnähe aufweisen, während – gemäß dem Prinzip der nicht-redundanten Datenhaltung – auf vorgelagerten Rechnerkreisen und Hosts vorbereitende systemnahe Anwendungen laufen.

---

[28] Siehe zu einem Beispiel *Riebel* 1990, 42 f.

[29] Siehe exemplarisch zu solchen traditionellen Ansätzen der Kontierung und des damit zusammenhängenden internen Rechnungswesens etwa *Routil* 1986, Abschn. 2 und Abschn. 3 sowie z. T. auch *Ziegler* 1967; *Hecker* 1968; *Schneider* 1968; *Hasenauer* 1970; *Passardi* 1970; *Schwarz* 1973; *Barth* 1973; *Derz / Brenker / Goer* 1976; *Hennning et al.* 1976; *Metz* 1976; *Pade* 1979 sowie derzeit noch *Röhrenbacher* 1985; *Issler* 1986; erste innovativere Ansätze bei *Schmitz* 1974; *Tietz* 1980.

[30] Ausführlicher *Witt* 1991a, 343, mit Hinweis auf die *Controller's Toolbox*, die ein solches Rechenschieber-Prinzip auf PC-Ebene favorisiert.

[31] *Bullinger* 1990 (mit einer Marktübersicht des Softwareangebots).

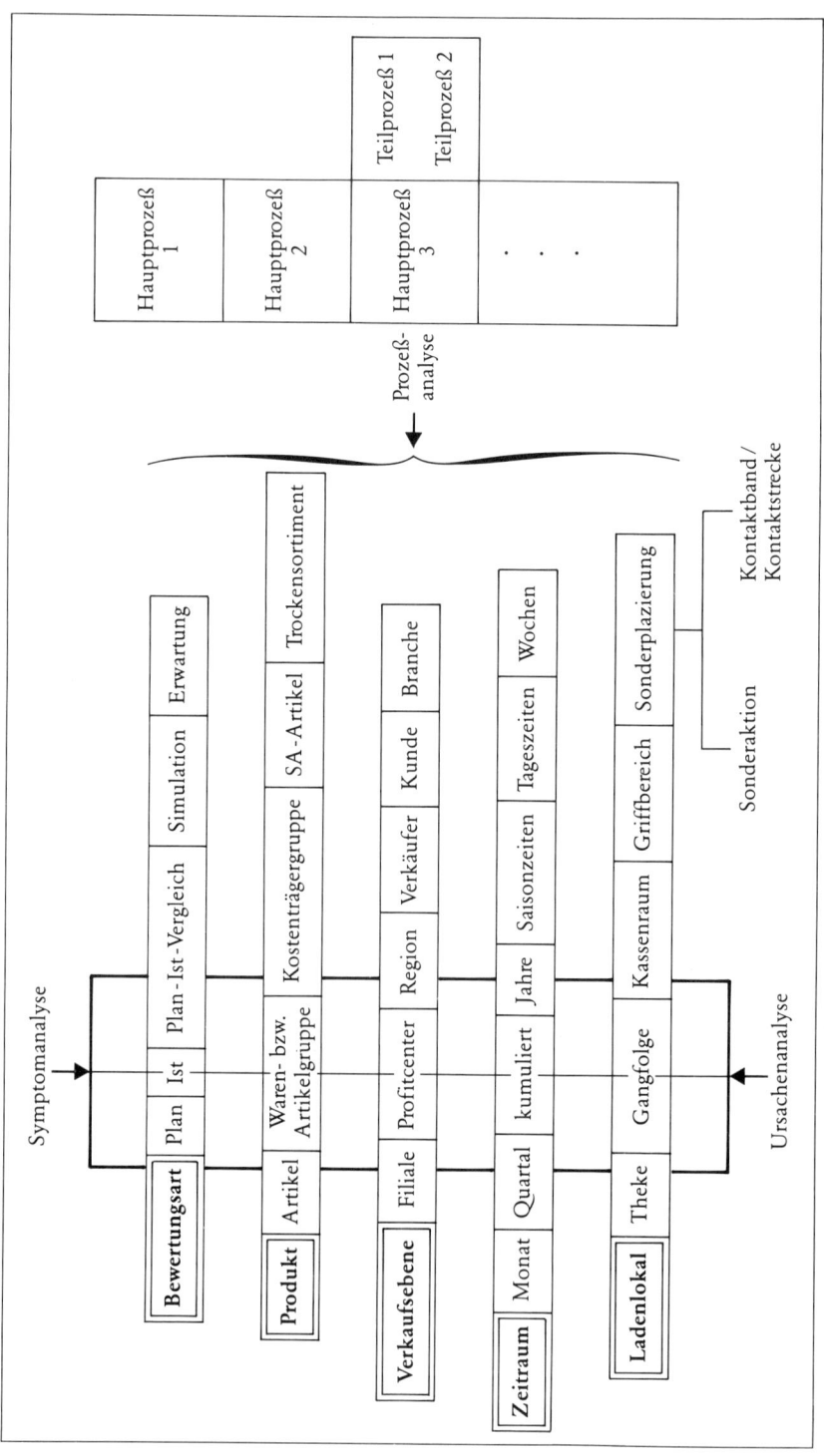

Abb. 3: Rechenschieber-Prinzip innerhalb des Bausteins „Rechnungswesen" von Controllingsoftware für den Handel (nach Witt 1991a, 343)

Insgesamt ist mit der Grundrechnung für das Handelscontrolling eine Datenbasis vorhanden, die das quantitative Controlling weitgehend unterstützt. Für das qualitativ orientierte Handelscontrolling ist es indes erforderlich, innovative Anforderungen umfassender zu diskutieren, weil sie über die Aufwertung des Rechnungswesens deutlich hinausgehen. Zudem ist gerade im qualitativen Handelscontrolling die Abgrenzung zum allgemeinen Handelsmanagement fließend. Daher ist es in der Praxis erforderlich, Controllingaufgaben zu definieren und zuzuordnen, um auf diese Weise das generelle Handelsmanagement durch Controllerspezialisten abzudecken; eine personelle Zuordnung „des" Handelscontrollers für „den" Handelsmanager erscheint zu pauschal.

1.2 Innovative Anforderungen und Leitlinien für das Handelscontrolling

Die verschiedenen Aufgabenstellungen gerade im qualitativen Handelscontrolling sind so vielfältig, daß konkret ein Blick auf die praxisseitig gesehenen Notwendigkeiten sinnvoll erscheint. Diese Praktikermeinungen dürfen aufgrund der traditionellen und langjährigen Controllingabstinenz zwar keineswegs idealisiert werden; sie geben jedoch konkrete Hinweise auf Praxisbedarfe. In Abbildung 4 sind wesentliche, empirisch erhobene Bausteine im **Radarchart** zusammengefaßt.

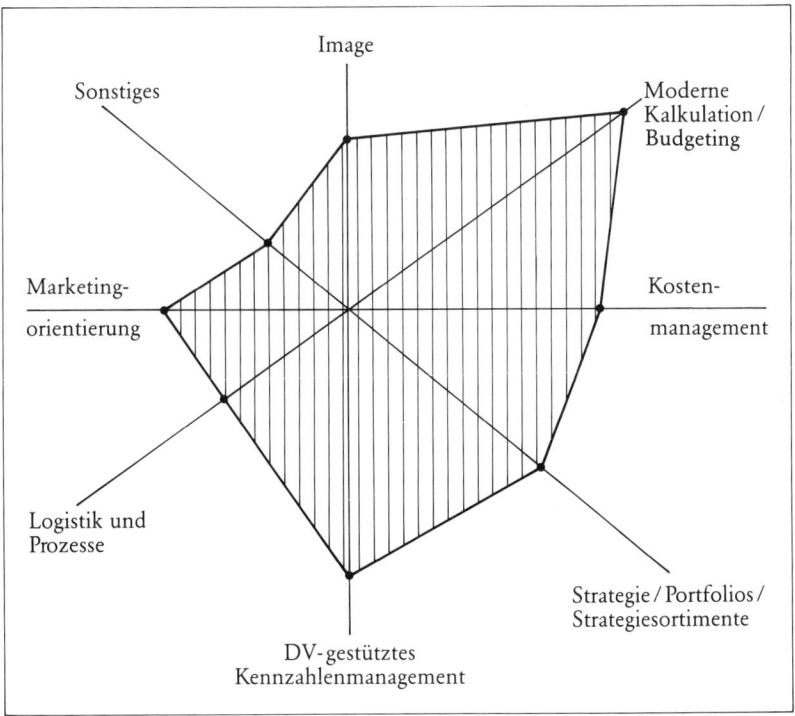

Abb. 4: Radarchart der innovativen Bausteine des qualitativen Handelscontrolling

Die Handelspraxis sieht zwar generell durchaus verschiedene und vielfältige Auswertungs-
dimensionen, untergewichtet aber manche strategisch wichtigen Komponenten. Auffallend
ist dabei die Tatsache, daß auch in bereits etablierten Ansätzen (etwa „Kalkulation/Budge-
ting") Nachholbedarf, also eine Notwendigkeit zur Innovation gesehen wird und damit keineswegs nur neue Bausteine hinzukommen, sondern auch traditionelle Komponenten auf-
gefrischt werden.

Gerade bei den **neueren Bausteinen** stehen folgende Teilbereiche im Vordergrund:

- Die Strategieentwicklung, -beurteilung und -begleitung, so z. B. hinsichtlich der Frage,
  ob ein stationärer Händler zusätzlich in das Versandhandelsgeschäft einsteigen soll,
  und umgekehrt[32]
- Die strategische Handelsplanung u. a. in bezug auf Zielgruppen, Diversifikation und
  Betriebsformenpolitik
- Das strategische Positioning des Unternehmens und ggf. einzelner Filialen
- Das Controlling hinsichtlich der Marketing- und Erlebnisorientierung, die ein Han-
  delsunternehmen bietet, da durch ein entsprechendes erlebnisorientiertes Marketing
  Kaufatmosphäre geschaffen wird, die wesentlich zum Erfolg beitragen kann
- Im Rahmen des Unternehmens-Positioning die vier P's, nämlich nun auch das Positioning des Sortiments hinsichtlich seiner
  – Preisattraktivität („Pricing" in bezug auf den Kunden)
  – räumlicher Plazierung („Picking" des Kunden)
  – sonstigen Ausstrahlung („Promoting" in bezug auf den Kunden)
- Die Gestaltung von Preishierarchien, etwa im Vergleich verschiedener Betriebstypen
  innerhalb eines Handelskonzerns, aber ebenso auch
  – im Verhältnis verschiedener Warengruppen zueinander
  – in Verbindung mit Doppel- und Drittplazierungen (= räumliche Positionierung im
    Ladenlokal)
  – Doppel- und Drittpositionierungen (= markenbezogene Positionierung mit einer
    Ergänzung der Hersteller- durch Handelsmarken[33])
  – ein damit verbundene Preis- und Erlöscontrolling und der Aufbau einer „Preisar-
    chitektur"[34] (= Preislagenstruktur im Sortiment)
- Der generelle Aufbau eines Prozeßmanagement, damit handelsinterne Leistungen (=
  Prozesse, so z. B. Logistikleistungen, Marktforschung) eigenständig betrachtet und
  hinsichtlich ihrer Notwendigkeit und ihres Umfangs hinterfragt werden
- Insbesondere dabei das Logistik- und Warenwirtschaftscontrolling einschließlich eines kundenbezogenen Servicecontrolling
- Die Konzipierung und Betreuung filialspezifischer Marktforschungstechniken, um
  damit das Filialmanagement zu unterstützen und um den generellen Nachfragewandel

---

[32] Siehe zu einigen Beispielen etwa *Göppert* 1991, der sich auf den *Kaufhof-* sowie auf den *Kar-
stadt*-Fall bezieht (= Einstieg des stationären und etablierten Einzelhandels in den Versandhandel durch Zukauf von bzw. Beteiligung an Versandhändlern, wie etwa *Oppermann Versand AG*
und *Neckermann KGaA*).
[33] Siehe zu verschiedenen Markenartikeltypen, die sich vor allem hinsichtlich Preislage und (elitä-
rer) Positionierung unterscheiden, *Tietz* 1985, 140–145; Beispiel bei *Witt* 1985b.
[34] *Bost* 1991, J21.

zu berücksichtigen, so z.B. das filial- oder regionenbezogene Make der Marktforschung („Direktmarktforschung")[35]

- Unternehmenskulturcontrolling einschließlich der Schnittstellen zum Human-Resourcing, um damit das Personalmanagement zu unterstützen, da sich insbesondere der stationäre Handel durch die „Performance" seines Personals gegenüber dem Kunden präsentiert und damit Imagepolitik betreiben kann (beispielsweise Verkäuferkompetenz im Kundengespräch, Verkäufer"aggressivität" aufgrund eines hohen handelsinternen Erfolgsdrucks)

- Das Controlling betriebswirtschaftlicher Softwareanwendungen etwa in bezug auf das Filialmanagement, so daß gerade hier der Handelscontroller als des Handelmanager's Speerspitze in spezifischen Pilotanwendungen zu sehen ist (z.B. Einsatz von Softwares zur Portfoliogenerierung).

Wie dieser doch recht umfangreiche Aufgabenkatalog sich im Einzelfall in einem konkreten Aufgabenprofil des Handelscontrollers niederschlägt, kann durch praktische Erfahrungen bislang noch nicht abschließend beurteilt werden. Dennoch läßt sich bereits jetzt – trotz eines vergleichsweise derzeit erst „schwach entwickelten" Handelscontrolling in der Praxis – feststellen: Aufgrund der relativ **schwachen Controllingorientierung** bleibt der Handelscontroller

- entweder im bloßen Rechnungswesen stecken
- oder übernimmt sehr viele betriebswirtschaftliche Aufgaben gleichzeitig, betätigt sich also in vielen der o.g. Controllingbausteine „parallel".

Aufgabenprofile mit tendenziell nur durchschnittlichem Volumen sind eher seltener als gerade diese **Extrempositionierungen hinsichtlich der Handelscontrolleraufgaben** anzutreffen.

1.3 Grundlegende Bausteine des Handelscontrolling

Aus den prinzipiellen Controllingtendenzen im Handelssektor mit entsprechenden Aufgabentrends lassen sich nun konkrete einzelne Controllingbereiche ableiten, die gewissermaßen als **Standards im Handelscontrolling** bezeichnet werden können, da sie sich weitgehend auf das interne Rechnungswesen stützen. Solche wesentlichen Controllingkomponenten sind etwa die folgenden Bereiche:

- Die Transparenz hinsichtlich der verschiedenen **Erlös- und Kostenarten** bildet einen ersten Controllingeinstieg. Denn vielfach werden lediglich wenige ausgewählte Kostenarten eigenständig betrachtet (etwa Wareneinstandskosten), während andere Kostenarten zusammengefaßt werden und damit nicht mehr isoliert „controlable" sind (z.B. Logistikkosten).

- Damit hängt – exemplarisch für die negative Erfolgskomponente, also für die Kostenseite – unmittelbar eine **Kostenplatzrechnung** und Kostenplatzabgrenzung zusammen, wie sie analog aus dem industriebetrieblichen Rechnungswesen bekannt ist. Mit einer solchen detaillierten Kostenstellenrechnung läßt sich nämlich eine wesentliche Grundlage für den Einsatz des Prozeßmanagement schaffen: Aufgrund der tiefgeglie-

---

[35] *Witt* 1986b.

derten Kostenstellenstruktur gelingt es dann leichter, einzelne Prozesse mit eigenständig kontierten Prozeßkostenstellen zu verknüpfen (z. B. die Prozeßkostenstellen „Wareneingangskontrolle" und „Regalpflege").

- Die **Erlös- und Kostenträgerrechnung** ergänzt als üblicher Rechnungswesenbaustein die Kostenarten- und die Kostenstellenrechnung. Hinsichtlich der Kostenträgerrechnung hat bereits die Grundrechnung in Abbildung 2 gezeigt, daß eine strikte „klassische" Trennung in Stellen- und Trägerrechnung sinnvollerweise aufgeweicht wird, wenn man auch Kostenstellen als eigenständig kalkulierbare Objekte ansieht und – ähnlich wie den traditionellen Kostenträger „Artikel" – nunmehr ebenfalls als Entscheidungsobjekt ansieht (z. B. Fremdvergabe von bestimmten internen Services, d. h. Prozessen, wie etwa die Regalpflege). Insgesamt kommt man mit der Perspektive, daß es sich stets um sog. „Kalkulationsobjekte" handelt, dem integrierenden Ansatz ein deutliches Stück näher. Die Trennung in Stellen- und Trägerrechnung ist lediglich dann – und auch nur mit Vorbehalten – weiterhin sinnvoll, wenn im Zuge einer Vollkostenrechnung Kosten geschlüsselt und eben nicht verursachungsgerecht zugeordnet werden sollen.

Die **Erlösrechnung** ist generell – und so denn auch im Handel – im Vergleich zur Kostenrechnung unterentwickelt. Da der Handel jedoch kaum „Produktionskosten" hat – von bestimmten Kosten der sog. handelsüblichen Manipulation einmal abgesehen (Umpacken, Portionieren etc.) –, kommt der marketingnahen Erlösrechnung eine vergleichsweise noch höhere Steuerungsfunktion zu, da sich der Handel mehr durch sein Beschaffungs- und Absatzmarketing denn durch seine „Produktion" profilieren kann. Eine solche Erlösrechnung muß beispielsweise berücksichtigen:

- Welche Ursachen für Erlösabweichungen gab es?
- Wie haben einzelne Marketinginstrumente dazu beigetragen; wie effizient waren sie jeweils?
- Welches quantitative Ausmaß haben die Erlösabweichungen in bezug auf einzelne Sortimentsbestandteile?
- Welche erlösstarken Kalkulationsobjekte gibt es, so z. B. die wichtigen erlösstarken Filialen und Kundengruppen?

- Die **Relativkosten- und Relativverlösrechnung**[36] bildet einen wesentlichen „Detailbaustein" der handelsbetrieblichen Kosten- und Erlösrechnung und stellt weiterhin eine spezifische Ausprägung des übergeordneten und daher zunächst hier kurz vorzustellenden sog. **Target-Costing** dar, das an sich eigentlich aus dem industriebetrieblichen Bereich heraus entstanden ist.[37] Mit dem Target-Costing (= Zielkostenmanagement) soll prinzipiell eine marketingnahe Kostenkalkulation in der Weise erfolgen, daß – z. B. an der Konkurrenz und deren vermuteten Absatzpreisen orientierte – eigene Kostenobergrenzen für das Gesamtprodukt sowie weiterhin auch für einzelne Bestand- und Bauteile festgelegt werden. Akzeptiert und verkürzt man die Perspektive daher auf eine kostenorientierte Preisfindung – bzw. im Handel: auf eine absatzpreisorientierte Kostenzuordnung im Zuge der Nachkalkulation und Prozeßkostenverteilung[38] –, so sollen bestimmte Absatzpreis(ober)grenzen nicht überschritten werden,

---

[36] *Witt* 1990b.
[37] Siehe generell dazu *Seidenschwarz* 1991 m. w. N. sowie zu Beispielrechnungen *Brockmann* 1991, 131.
[38] Siehe generell zu verschiedenen Verfahren der Preisfindung statt mancher *Witt* 1991a, Kapitel 5.

die Alt- und Neukunden (etwa bei Produktinnovationen) abschrecken könnten. Ein solches Zielkostendenken stellt indes keine grundsätzlich neue Perspektive dar, sondern findet sich bereits im allgemeinen Marketing- und Preismanagement wieder – falls und sofern es up-to-date ist: Dort spielen nämlich verschiedenste Einflüsse eine preisfindende Rolle, so etwa der Kunden- und Zusatznutzen, die direkten technischen Qualitätsauslegungen, der Konkurrenzdruck, rechtliche Preisrestriktionen und selbstverständlich auch – aber eben keineswegs nur allein – die Kosten, um sich insgesamt mit diesem Wettbewerbsinstrumentarium von der Konkurrenz zu differenzieren bzw. sich ihr gegenüber wettbewerbsattraktiver darzustellen. Der im Konzept des Zielkostenmanagement dominierende Preiswettbewerb – bzw. der in die Unternehmensinterna vorgelagerte Kostenwettbewerb – ist nun in der Handelspraxis aber keineswegs immer der Regelfall, sondern es herrschen vielfach andere Wettbewerbsausprägungen vor, wie dies insbesondere im gesamtheitlichen erlebnisorientierten Marketingansatz zum Ausdruck kommt. Wenn man nun also versucht, mittels des Target-Costing gleichwie eine Bündelung dieser verschiedenen Preiseinflußgrößen vorzunehmen, so mag dies evtl. jedoch dann sinnvoll sein, wenn es um eher marketing „ungewöhnte“, stark nur kostenrechnerisch beeinflußte Praktiker geht, die bei der Preisfindung mitwirken. Darüber hinaus kann der vergleichende Blick auf die Absatzpreise der Konkurrenz bislang aber auch nicht genutzte Kostensenkungsreserven offenlegen, d. h. zur Kostenrationalisierung anreizen. Darin besteht das eigentliche Anliegen der Zielkostenrechnung, nämlich neue **wettbewerbsattraktivere Kostenziele** zu definieren und denn auch durchzusetzen. Damit kommt der Zielkostenrechnung zumindest ein verhaltensbezogener Zielvereinbarungseffekt zu (etwa in bezug auf die neue „schärfere“ Kostenziele fokussierende Logistikabteilung, die nun Prozeßkosten senken will bzw. muß). Akzeptiert man unter diesem Primat das alte-neue Konstrukt des Zielkostenmanagement, so besteht das wesentliche Problem nun indes in der Operationalisierung der Kostenobergrenzen, also in der Ermittlung der Zielkosten bzw. des Zielkostenkorridors.

Man kann sich dabei etwa – auch in Kombinationen – orientieren an
- Deckungsbeitragszielen
- durch Marktforschung ermittelten Preisakzeptanzen in verschiedenen Kundenzielgruppen
- Konkurrenzpreisen
- Kosteneinflußgrößen-Rechnungen, die verschiedene Kosteneinflüsse (z. B. Innovationsgrad der technischen Produktgestaltung, projektspezifisches FuE, Sitz des Kunden, Umfang von Services, Anteil der Personalkosten, Garantieleistungen u. ä.) aufgrund von Expertenmeinungen gewichten und dann in eine – meist lineare – Kostenfunktion einbringen.[39] Dabei kann man verschiedene Kostenniveaus unterscheiden (z. B. Kostenniveau bei sehr großen Bemühungen um eine Reduktion der Produktkosten vs. lediglich begleitendes Kostenreduktionsbemühen vs. derzeitige Kostensituation).

Das Target-Costing weist eine sehr enge Verbindung zum **Prozeßkostenmanagement** auf, das ebenfalls – mit seiner nicht nur vollkostenrechnerischen, sondern mit der auf die Lenkung unternehmensinterner Leistungen zielenden managementorientierten

---

[39] Beispiel bei *Witt* 1991a, 274–276, m. w. N.

Variante – den Zusammenhang zwischen unternehmensinterner Kostenbeeinflußung und Marktorientierung schaffen will.[40] Eine solche Verknüpfung zwischen verschiedenen Betrachtungen des Target-Costing und des Prozeßkostenmanagement will nun konkret in bezug auf die Handelsbelange das Relativkonzept leisten, indem nämlich
- **kostentreibende Produktgestaltungsmaßnahmen** (etwa logistikintensive Verpackungen, die die Logistikkosten, also die Kosten des Prozesses „Logistik" beim Abnehmer – etwa aus Herstellersicht: beim Handel als Abnehmer – erhöhen)
- sowie manche – allerdings sicherlich nicht alle – **erlösbeeinflussenden Aspekte** (etwa Image- und Akquisitionsbedeutung von Verpackungen)

bereits in frühen Phasen beachtet und gelenkt werden. Mit dem Ziel, bereits bei der herstellerseitigen Produktgestaltung die **Neuproduktakzeptanz im Handel**[41] zu verbessern (etwa durch produktgestaltungsbedingte geringere Logistikkosten, verbesserte Recyclingmöglichkeiten und evtl. damit sogar verbundene ökologisch orientierte und damit marketingrelevante Umpositionierungen), werden also dem Produktgestalter wesentliche Gestaltungsalternativen in ihren jeweilig vermuteten Kosten- und Erlöswirkungen angezeigt, und zwar stets in bezug auf ein bekanntes Basisprodukt (= Basis-Gestaltungsalternative), das den Relativkosten- und auch den Relativerlöswert „1" erhält. Dann zeigen andere Werte weiterer Gestaltungsalternativen höhere oder geringere Kosten bzw. Erlöse in bezug auf die Basisalternative an; so sagt der Relativkostenwert „1,5" etwa aus, die neue Gestaltungsalternative sei 50 % teurer als bei der Basisalternative. Durch solche Kennzahlen kann der meist betriebswirtschaftlich nicht vollends geschulte Produktgestalter wesentliche Hinweise erhalten, die seine eher technische bzw. designbezogene Perspektive ergänzen. Abbildung 5 zeigt exemplarisch ein Relativkosten- und Relativerlösblatt für verschiedene Gestaltungsalternativen im Verpackungsbereich auf. Insgesamt geht es beim Relativkonzept als Teilbereich des Zielkostenmanagement also um eine Veränderung der Rahmenbedingungen (etwa der einzusetzenden Prozesse) sowie um eine **frühzeitige Kosten- und Erlösbeeinflussung.** Wenn auch die Operationalisierung dieses Gedankens mit Hilfe sehr komprimierter Kennzahlen geschieht und damit komplexe Zusammenhänge etwas zu stark simplifiziert erscheinen, so muß man bedenken, daß gerade bei betriebswirtschaftlich weniger geschulten Technikern, die an der Prozeß- und Produktgestaltung beteiligt sind, solche einfachen Relativkennzahlen immerhin noch als „second best" anzusehen und einem bloßen Nichtstun vorzuziehen sind.

Das Grundproblem solcher Relativkosten- und Relativerlöskennzahlen besteht in der **Ermittlung der Daten.** Speziell bei den Relativerlösen muß man subjektiv den sich in Erlösen niederschlagenden Marketingeffekt neuer Gestaltungsalternativen abschätzen. Trotz aller damit verbundenen Schätzbandbreiten hat sich die Relativbetrachtung im Handel bislang gut bewährt. Der Handelscontroller hat daher die wesentliche Aufgabe, verschiedene Produktneuheiten hinsichtlich ihrer Kosten- und Erlöseffekte zu bewerten. Überdies stellt er in dieser Hinsicht ein Bindeglied zur Herstellerebene dar, um in Kooperationsgesprächen (etwa Jahresplanungsrunde) auf die herstellerseitige Produktgestaltung Einfluß zu nehmen.

---

[40] Siehe zum Prozeßkostenmanagement ausführlicher Kapitel 4.3 und 4.4.
[41] Generell statt einiger *Pfeiffer* 1981; *Bauer* 1982.

Relativkosten- und Relativerlöskennzahlen – als Ausprägung des bei geschulten Betriebs- wirten stets schon vorhandenen Marketing- bzw. Kosten/Markt-Denkens, das sich derzeit auch im neuen Modewort „Target-Costing" wiederfindet – zeigen dem Handelscontroller und dem Produktgestalter auf der Herstellerseite die Kosten- und Erlöseffekte einer Gestal- tungs- und/oder Designalternative in bezug auf ein Basisprodukt an. Im Abbildungsbeispiel sind solche auf der Ordinate aufgetragenen Kennzahlen für verschiedene Verpackungsfor- men (vgl. Abszisse) dargestellt, nämlich konkret die Relativkostenkurven für drei Packungs- größen und eine Relativerlöskurve für die Packungsgröße „1 kg". Das Relativkonzept bildet einen wesentlichen Baustein des „darüber stehenden" Gedankens der DPR (= Direkte Produkt-Rentabiltität),[42] mit der die einzelne Produkte/Artikel/Warengruppen hinsichtlich ihrer – verursachungsgerecht zuordnungsbaren – Kosten und Erlöse beurteilt werden sollen. Wenn es dabei faktisch auch zu einer Abkehr vom Teilkostendenken hin zur Vollkostenper- spektive kommt, so liegt im DPR-Ansatz jedoch grundsätzlich schon ein recht innovatives Denken vor, das zumindest im Handelssektor in jüngerer Zeit (wieder)entdeckt worden ist. Insofern verwundert es nicht, daß man bestimmte Produktvariationen (etwa Kompakt- waschmittel) u. a. auch auf die DPR-Sichtweise zurückführen kann (= Erhöhung etwa des m^2-Deckungsbeitrags einer Regalfläche aufgrund höherer „Packungsdichte" von Artikeln je m^2). Das Relativkosten/Relativerlöse-Konzept macht damit deutlich, welche produktge- staltungsbedingten DPR-Veränderungsmöglichkeiten ausgeschöpft werden könnten und bildet demnach eine gedankliche Vorstufe der DPR. Inzwischen werden in der Handelspra- xis speziell Verpackungs- und Packungspolitik via spezifische DPR-Ansätze gesteuert, in- dem nämlich beide Aktionsbereiche hinsichtlich ihrer Wirkung auf Regalplatz(kosten), Handlingkosten und marketingnahe Abverkaufsziele untersucht werden.[43] Die inhaltliche Nähe zum Bereich der Relativkosten/Relativerlöse ist damit offensichtlich.

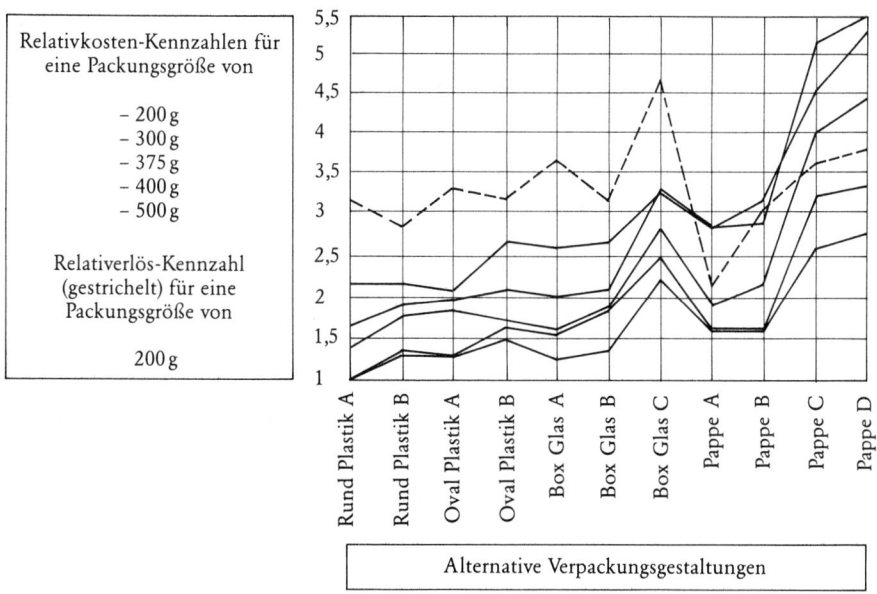

Abbildung 5: Relativkosten und Relativerlöse für verschiedene Verpackungsalternativen (nach Witt 1990b, 20)

---

[42] Vgl. ausführlicher die Erläuterungen zu Abbildung 24. Vgl. als theoretischen Background z.B. *Barth* 1980.
[43] *Herstatt* 1991.

- Die **handelsinternen Leistungen** können durch Portfolios sowie durch Prozeßkostensätze positioniert gegeneinander und im Vergleich zu externen Angeboten positioniert werden. Dies ist ein wesentlicher Baustein des Handelscontrolling, der die Schnittstelle zwischen dem Pozeßmanagement und eher traditionellen warenwirtschaftlichen und logistischen Sichtweisen darstellt.

- Eine wesentliche Aufgabe kommt dem Handelscontroller in bezug auf **Parallelrechnungen** zu. Denn aufgrund einer bisherigen relativen Controllingabstinenz im Handel ist eine Deckungsbeitragsrechnung – etwa auf Basis des *Riebel*schen Einzelkosten/Einzelerlös-Konzepts – in aller Regel für viele Handelsmanager noch „zu hoch angesetzt". Vielmehr muß der Handelscontroller „seinen" Manager an verschiedene parallele Denkweisen erst gewöhnen. Gerade deshalb sind gleichzeitig vorhandene Rechenwerke – insbesondere eine Vollkostenrechnung und eine Deckungsbeitragsrechnung – meist gar nicht so verwirrend, sondern eher nützlich. Allerdings sollte eine Deckungsbeitragsrechung nicht nur als Alibi für ein innovatives Controlling verwendet werden, während faktisch dann doch allein die Vollkostenrechnung zum Zuge kommt.[44]

- Das **Zielcontrolling** ist im Handel besonders wichtig, weil sich viele Handelsmanager traditionellerweise nur auf sehr wenige Ziele beziehen, die sich dann aufgrund der Verengung des Zielspektrums durch sehr griffige Kennzahlen quantifizieren lassen. So spielen eine besondere Rolle:
  - Erlös bzw. Umsatz pro Mitarbeiter oder je Mitarbeiterstunde
  - Erlös bzw. Umsatz je Fläche (insbesondere je Regalfläche, gemessen in m²)
  - Lagerumschlagsgeschwindigkeit.

Das Zielcontrolling muß solche recht einseitigen – wenn auch wichtigen – Ziele insgesamt in ein schlüssiges Zielsystem eingliedern, in das weitere eingehen, so etwa:
  - Erlösziele je Filiale oder je Sonderaktion
  - Entsprechende Deckungsbeitragsziele
  - Einzuhaltende Preisniveaus bei verschiedenen Warengruppen
  - Gleichgewichtige Abverkaufszahlen im Artikelvergleich
  - Imageverschiebungen z. B. einzelner Filialen im Eigenschaftsraum.

Abbildung 6 veranschaulicht wesentliche Zielebenen im Handelscontrolling und gibt exemplarisch einige Indikatoren zur Zielmessung an. Im Vergleich der Unternehmensziele zwischen Industrieunternehmen, Warenhauskonzernen und der Facheinzelhandelsebene zeichnen sich weitere Besonderheiten der Zielbildung ab.[45] So sind beispielsweise auf der Facheinzelhandelsebene strategische Ziele relativ nachrangiger als bei großen Warenhäusern positioniert. Überdies deutet die Präferenz einzelner Ziele auch sehr darauf hin, daß im Facheinzelhandel noch vergleichsweise stärker vollkostenorientiert als in Warenhauskonzernen gedacht wird. In bezug auf konkrete Aktivitäten des Handelscontrolling ist diese Unterscheidung jedoch vernachlässigbar, da auch in Warenhauskonzernen die oberen Unternehmensziele hinsichtlich einzelner Standorte „heruntergebrochen" werden. In diesem Fall zeigt sich dann aber sehr deutlich die Nähe zur Vollkostenorientierung, die üblicherweise auf der Facheinzelhandels- und eben gerade auf der Filialebene anzutreffen ist. Prinzipiell gibt es zwei Ansatzpunkte für rechnungswesennahe Zielhierarchien im Handelscontrolling:[46]

---

[44] *Witt* 1991a, 117.
[45] Siehe die empirischen Ergebnisse bei *Fritz / Förster / Raffée / Silber* 1985.
[46] Vgl. auch *Meffert* 1988b, 231.

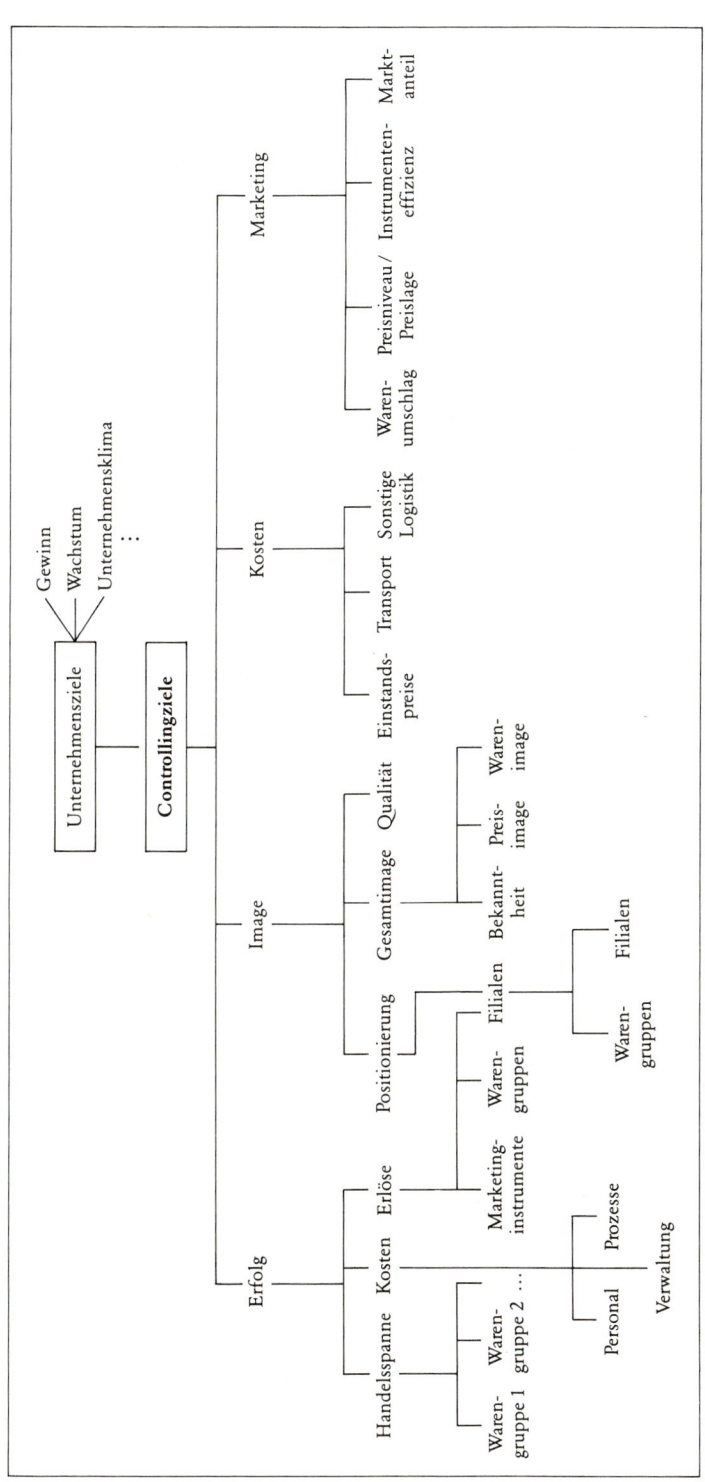

Abb. 6: Ziele im Handelscontrolling

- Zum einen geht es um die **Handelsspannenoptimierung** (als Saldobetrachtung von Kosten und Erlösen), die aus marketingorientierter Sicht namentlich beeinflußt wird durch Einstands- und Absatzpreis und Sortimentsattraktivität (Zusatznutzen durch erlebnisorientierte Präsentation, Grundnutzenangebot mit entsprechenden Preisschienen etc.).
- Zum anderen spielt die **Gemein- und Fixkostenproblematik** eine Rolle, da sie die handelsinterne Sphäre – ergänzend zur marketingorientierten Beschaffungs- und Absatzebene – beeinflußt. Teilziele sind hier speziell die Kostenniveausenkung (etwa Fixkostenreduktion) sowie die Kostenstrukturverschiebung (z.B. nicht-vollkosten-, sondern vielmehr prozeßorientiert-einzelkostennahe Kalkulation handelsinterner Services), so daß auf diese Weise sich ein weites Spektrum von Kosten-Unterzielen im Handelscontrolling auffächert. Beispielsweise kommen in Frage: Reduktion der Kosten im Wareneingang (als Teilbereich der Handelslogistik) um x %; Verschiebung von Personalkosten in einer Filiale in Richtung auf eine variablere Kostenstruktur (etwa durch Forcierung von Aushilfspersonal); Einführung einer Prozeßkostenrechnung innerhalb von y Monaten; Reduktion der Verwaltungsgemeinkosten durch Einsatz eines spezifischen Kostenmanagementkonzepts (etwa Gemeinkostenwertanalyse) innerhalb der nächsten z Jahre.

Die verschiedenen Zielebenen im Handelscontrolling können hinsichtlich ihres strategischen/operativen Charakters sowie in bezug auf die Meßbarkeit der einzelnen Zielausprägungen unterschieden werden. Das hier exemplarisch aufgezeigte Zielsystem wurde zusammen mit Geschäftsleitung und Filialmanagement designed und entstammt einer filialisierten Handelsorganisation. Die unterschiedlich große, subjektiv beigemessene Gewichtung einzelner Ziele zeigt sich auch darin, daß beispielsweise der Bereich „Kosten" auf derselben Ebene wie der „an sich" theoretisch höherstehende Bereich „Erfolg (= Saldo von Erlös und Kosten bzw. Ertrag und Aufwand) angesiedelt ist.

- Das Zielcontrolling schlägt sich damit unmittelbar in der Bildung von **Kennzahlensystemen** nieder. Die Unterstützung des Handelsmanagement durch ein „wohlproportioniertes" Kennzahlensystem stellt einen zentralen Controllingbaustein dar. Abbildung 7 zeigt exemplarisch einen Ausschnitt aus einem in der Praxis realisierten Kennzahlensystem dar.

Das Kennzahlensystem berücksichtigt in Abbildungsteil A verschiedene monetäre Oberziele und löst sich daher von mitunter allzu einseitig ausgerichteten Zielen, die sich lediglich auf „Erlös pro Kopf oder Fläche" u. ä. erstrecken. Vielmehr zeichnet sich das hier ausschnittsweise (= linker Teil von Abbildung 6) vorgestellte Zielsystem durch verschiedene Zielebenen aus, die jeweils horizontal unterschiedliche „parallele", d. h. alternative Teilziele verknüpfen (z. B. ein faktisch eher vollkostenorientiertes DPR-Ziel vs. ein Deckungsbeitragsziel) und überdies in vertikaler Sicht weitgehend schlüssig abgeleitet sind. Das in der Abbildung dargestellte Zielsystem wurde in Zusammenarbeit mit einem Handelsunternehmen praktisch entwickelt und eingesetzt. Es berücksichtigt spezifische Praktikerwünsche, die einer reinen Deckungsbeitragsrechnung (noch) nicht vollends aufgeschlossen sind und berechnet daher z. B. auch einen „Vollkosten-DB" (= konventionell ermittelter Deckungsbeitrag zzgl. anteiliger Gemeinkosten zzgl. anteiliger Prozeß(voll)kosten).
In Abbildungsteil B werden ergänzend wesentliche Controllingbereiche anhand von Kennzahlen beleuchtet, die insgesamt die Unternehmenssituation aus verschiedenen Blickwinkeln betrachten.

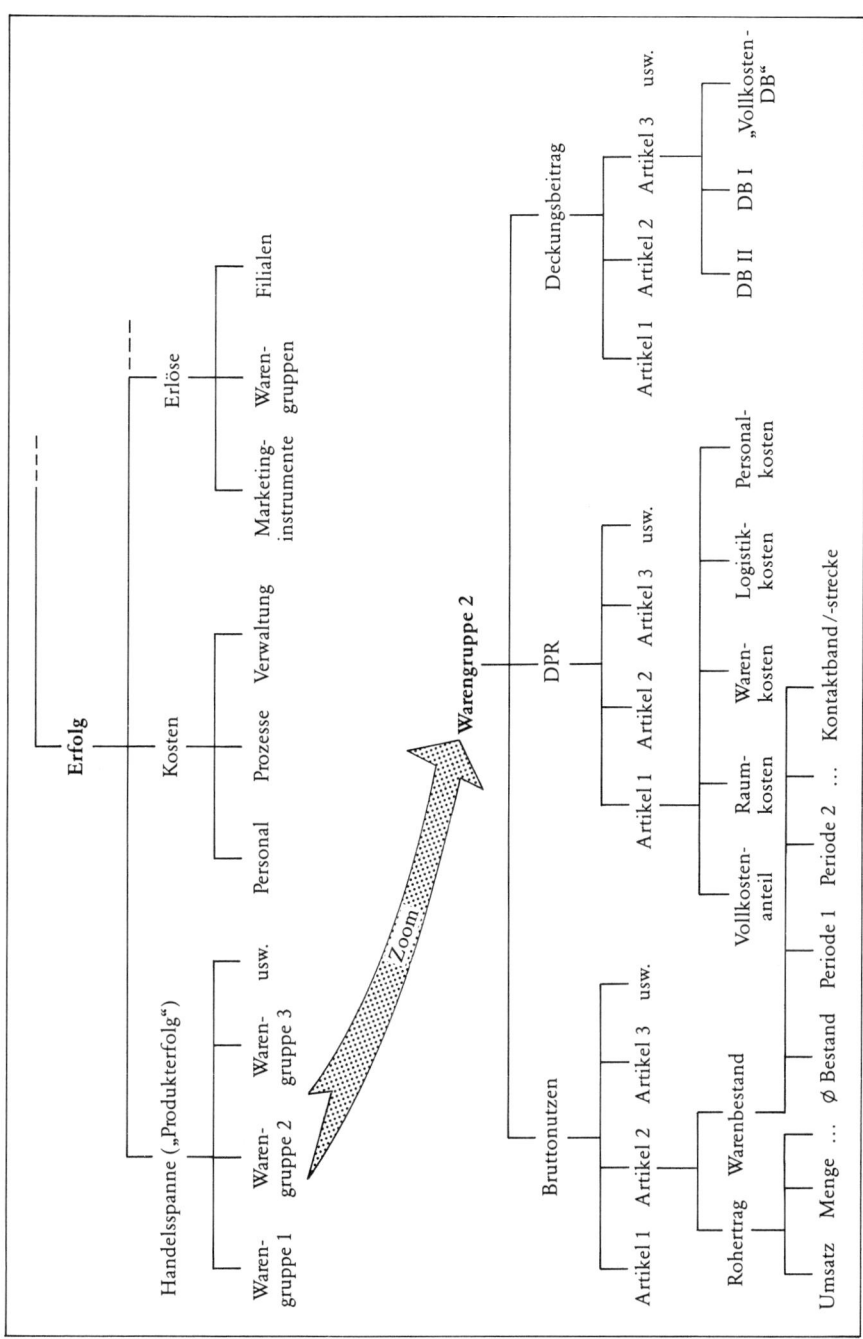

Abb. 7 a

Markt	Präsentation	Prozesse	Investing	Finanz

DB
 Umsatz ←
 Erfolgsposition
 	
 Δ Marktanteil
 Δ Marktvolumen
   ← Markt-
     position
 	
 Δ Coverage
 Δ Marktvolumen
   ← Markt-
     position
 	
 Δ Marktvolumen$_t$
 Δ Marktvolumen$_{t-1}$
   ← Markt-
     attraktivität
 	
 Anzahl „Me-too"-s
 der Konkurrenz$_t$
 Anzahl „Me-too"-s
 der Konkurrenz$_{t-1}$
 	
 Erlös Neuprodukte
 des letzten Jahres
 Gesamterlös
   ← strateg. Zukunft
 	
 Erlös Neuprodukte
 der letzten 5 Jahre
 Gesamterlös
   ← strateg. Zukunft
	Freifläche
	 Gesamtfläche
	   ← Reserve
	
	 Aktionsfläche
	 Gesamtfläche
	   ← Aktivität
	
	 Anzahl Substitutionsprodukte
	 Gesamtfläche
	   ← Potentiale
	
	 Umschlag$_t$
	 Umschlag$_{t-1}$
	   ← Auslastung
	
	 Anzahl eigener
	 Handelsmarken
	 Anzahl aller
	 Marken
	   ← Auslastung
	
	 Kosten
	 Rack-Jobbing
	 Gesamte
	 Rack-Kosten
	   ← Kosten
		Prozeßkosten
		 Neuprodukte
		 Gesamte
		 Prozeßkosten
		   ← Prozeß-
		     intensität
		
		 Personalkosten
		 lt. DPR
		 Gesamte DPR-
		 Kosten
		   ← Warenwirt-
		     schafts-
		     intensität
		
		 Per Warenwirt-
		 schaft erfaßte
		 Artikel
		 Gesamt-
		 artikelzahl
		   ← Waren-
		     wirtschafts-
		     intensität
			Instandhaltung
			 Kalk. Abschreib.
			   ← Reinvesting
			
			 Sonderaktions-
			 kosten je
			 Warengruppe
			 Kalk. Abschrei-
			 bungen je
			 Warengruppe
			   ← Aktions-
			     investing
				Gesamtkapital-
				rendite
				
				 Eigenkapital-
				rendite
				 .
				 .
				 .

Abb. 7: Ausschnitt aus Handelscontroller's Kennzahlensystem

- Mit der **Budgetierung** setzt der Handelscontroller Rahmenbedingungen. Insbesondere konkretisiert sie sich etwa
  - in der sog. Limitplanung, mit der dem Einkäufer des Handelsunternehmen je Warengruppe bestimmte Budgetlimits gesetzt werden, um auf diese Weise die Beschaffung – in Abhängigkeit von Umsatzzielen auf der Absatzseite – zu steuern[47]
  - bei der Festlegung von Abteilungs- und Verwaltungsbudgets, die beispielsweise im Rahmen des Prozeßkostenmanagement als Kosten- und/oder Budgetobergrenzen je Prozeßkostenstelle festgelegt werden.[48]
- Solche Controllingaktivitäten bleiben meist recht wirkungslos, wenn sie nicht durch ein verhaltensorientiertes Controlling flankiert werden. Dies sorgt durch eine an der Managerhierarchie des Handelsunternehmens ausgerichtete Information für eine Seg-

---

[47] Siehe dazu etwa generell *Tietz* 1985; *Ebert* 1986.
[48] Siehe zur Budgetierung etwa *Radke* 1989, 180.

mentierung der **Controllingaktivitäten** (z. B. hinsichtlich unterschiedlich tief gegliederter Reportings).

• Das **Sondercontrolling** bezieht sich aktuelle Kalkulationsobjekte, die für bestimmte Zeiträume entscheidungsrelevant sind. Vor allem sind hier als „temporäre" Kalkulationsobjekte zu nennen:
  – Sonderangebotsaktionen als Kombination einer Artikel- und Zeitperspektive
  – Ausgewählte Warengruppen, die eine Testfunktion übernehmen (z. B. im Rahmen eines Testmarkteinsatzes)
  – Interne Prozeßkostenstellen, nämlich im Rahmen der Make-or-Buy-Entscheidung für spezifische Warenwirtschaftsteilleistungen.

• **Qualitative Controllingansätze** ergänzen die hier grob skizzierten eher quantitativ ausgerichteten Controllingstandards für den Handel. Sie beziehen sich z. B. auf
  – Imageanalysen von Filialen
  – Lebenszyklusbetrachtungen von Warengruppen
  – Typisierungen von Kundensegmenten
  – Stärken/Schwächen-Analysen einzelner Betriebsformen
  und dürfen keineswegs als zweitrangig erachtet werden. Vielmehr ergänzen sie die rechnungswesengestützten Controllingstandards im Sinne von qualitativen Handelscontrolling-Standards.

Insgesamt liegt damit ein Set von Controllingbausteinen für den Handelssektor vor, das nun zur Ausgestaltung ansteht. In Kapitel 2 werden ausgewählte Ausgestaltungen aufgezeigt.

1.4 Controllingtypen und -strategien im Handel

Typisierungsansätze haben im Handel eine lange Tradition. Immer wieder wurden speziell verschiedene Betriebstypen systematisiert, um auf diese Weise handelsbetriebliche Aussagen möglichst typengerecht – und damit konkreter und realitätsnäher – treffen zu können.[49] Wenn es jedoch um die Typisierung von Handelsunternehmen hinsichtlich ihrer spezifischen controllingrelevanten Unterscheidungen geht, versagen solche eher allgemein ansetzenden Typisierungen bzw. treffen nur teilweise zu, da sie beispielsweise regelmäßig nicht die handelsinterne Managementeinstellung zum Controlling, die vorhandenen Tools etc. berücksichtigen. Deshalb wurde in einer empirischen Studie, die die Controllingbesonderheiten in den Vordergrund rückte, untersucht, welche Merkmale aus Controllersicht verschiedene Handelstypen unterscheiden. Dabei wurden im Zeitraum 1988 bis 1991 Manager und Controller bzw. „controllerähnliche" Mitarbeiter aus rd. 150 vorquotiert ausgewählten Handelsunternehmen des deutschsprachigen Raums – überwiegend schriftlich – befragt. Die Befragung fokussierte, welche Einzelkriterien jeweils für wichtig gehalten wurden; diese z. T. vorgegeben, z. T. „offen" anzugebenden Items wurden durch die Befragten mittels einer 7er Ratingskala gewichtet (1 = sehr geringe Bedeutung; 7 = sehr hohe Bedeutung). Auf dieser Basis konnten diese Einzelkriterien dann mittels multivariater Methoden (speziell hier: mittels einer Faktoranalyse)

---

[49] Vgl. statt mancher aus allgemeiner Sicht *Behrends* 1962; *Algermissen* 1985; *Schenk* 1990, 152–166.

gebündelt, d. h. zur besseren Dateninterpretation zusammengefaßt werden. Mittels dieser Faktoranalyse konnten immerhin rd. 90 % der controllingrelevanten Typisierungseigenschaften „erklärt" werden, so daß lediglich 10 % der Varianz unerklärt bleiben. Abbildung 8 zeigt die **extrahierten Faktoren** mit ihrem jeweiligen, sich zu 100 % addierenden Bedeutungsgewicht auf.

Mittels einer Faktoranalyse wurden sechs verschiedene Faktoren generiert, die mit ihrem jeweiligen prozentualen Bedeutungsgewicht angegeben sind und die zur controllingrelevanten Typisierung von Handelsunternehmen beitragen. Damit zeigt sich sehr deutlich, daß insbesondere marketingbezogene Aspekte eine hervorragende Rolle spielen. Darüber hinaus sind eher handelsinterne Rahmenbedingungen (Konzernstruktur mit entsprechenden Zuständigkeiten und Reportingpflichten etc.) ebenfalls von Bedeutung.

Marketingbedingte Gesamtpositionierung	24
Sortimentsumfang	23
Konzerneinbindung	21
DV-Philosophie	19
Coverage	8
Organisation	5

Abb. 8: Prozentuales Bedeutungsgewicht controllingrelevanter Faktoren zur Typisierung von Handelsunternehmen

Aus Abbildung 8 wird deutlich:

• Eine wesentliche Bedeutung kommt **marketingbezogenen Kriterien** zu, so insbesondere, wie sich das Handelsunternehmen am Markt generell positioniert. So wird eine eher nur versorgungs- statt erlebnisorientierte Positionierung das Controlling in bezug auf manche dann nur rudimentär vorhandene Marketinginstrumente zumindest aktuell überflüssig machen. Der Handelscontroller hat „lediglich" potentiell darauf zu achten, ob das Positioning verschoben werden muß. Vielmehr liegt ein Controllingschwerpunkt dann eher auf handelsinternen Aktivitäten, so z. B. auf der Logistiksteuerung des Warenflusses. Speziell die bisherige DV-Intensität (beispielsweise hinsichtlich des Einsatzes einzelner softwaregestützter Warenwirtschaftsmoduln) bestimmt in erheblichen Maße, wie das Handelscontrolling als neu(er)e Idee und Konzeption aufgenommen wird. Denn aufgrund des (nicht) vorhandenen Warenwirtschaftssystems steht für das Handelscontrolling eine Datenbasis (nicht) bereit. So ist in der Praxis generell festzustellen: DV- und Controllingphilosophie und -bereitschaft hängen sehr stark miteinander zusammen und korrelieren.

• Die Stellung eines Unternehmens innerhalb eines **(Handels)konzerns** bestimmt im wesentlichen Umfang die tatsächlich anzutreffende und ebenfalls auch die subjektiv für notwendig erachtete Controllingintensität. So gibt es beispielsweise innerhalb eines Handelskonzerns verschiedene Betriebstypen, die aufgrund ihrer jeweiligen Marktund Marketingpositionierung einerseits unterschiedlich „to be controlled" sind. Andererseits führt die Konzerneinbindung regelmäßig dazu, daß die Betriebstypen in bezug auf manche Warengruppen verschiedene Vertriebswege darstellen und insofern sogar das Warengruppencontrolling konzerntöchter-übergreifend ansetzen muß. Es entstehen dann gewisse konzerninterne Controllingstandards, die sich etwa beziehen auf

– das Reporting
– konzernzentrale Leistungen (etwa Scanningdienst, der als konzernzentrale Markt-
forschungabteilung Scanningdaten auswertet und damit für einzelne Konzerntöchter Marktforschungsberichte und Strategiempfehlungen – zusammen mit dem Controller – erarbeitet)
– den Umfang des kalkulatorischen Ausgleichs, wie nämlich z. B. bestimmte Preiskorridore festzulegen sind, die einzelne Artikel oder Warengruppen im gesamten Konzern nicht verlassen dürfen. Auf diese Weise soll ein generelles Preisimage gewährleistet bleiben (= imagebedingte Begrenzung des kalkulatorischen Ausgleichs) bzw.
sollen damit einzelne Konzerntöchter auch gemäß dem jeweiligen Preis"range" hinreichend in Augen des Kunden differenziert erscheinen (= imagebezogener Min-
destintensität des kalkulatorischen Ausgleichs).
• Daneben beeinflussen wiederum und weitere Marktaspekte die Controllingausrichtung, nämlich die **Coverage**, d. h. die erreichte oder angestrebte Marktabdek-
kung. So gibt es beispielsweise Unternehmen, die nur auf recht wenige Standorte oder
Kundengruppen ausgerichtet sind, während andere Handelshäuser eher ein „Massengeschäft" betreiben. Hieran zeigt sich in der Handelspraxis eine deutliche Trennlinie in
der Controllingintensität, da offensichtlich die quantitativ – und damit z. T. auch qualitativ – unterschiedliche Datenflut das Controlling beeinflußt. Mitunter führt das
„Massengeschäft" zu einer Beschränkung auf wenige ausgewählte Controllingstandards aus dem Rechnungswesen, während spezialisiertere Anbieter – eine entsprechend aktive Controllingeinstellung vorausgesetzt – deutlich eher in's „Control-
lingdetail" gehen.

Generell konnten in der empirischen Studie verschiedene Controllingtypen identifiziert
werden, die in der weiten Spanne jeweils eine markante Controllinghaltung des Handelsunternehmens repräsentieren (vgl. Abbildung 9, abnehmende Controllingintensität von
Typ 1 nach Typ 6). Manche andere Handelsunternehmen ließen sich indes keinem dieser
sechs Typen zuordnen.

> Insgesamt lassen sich sechs „typische" Controllinghaltungen bei Handelsunternehmen er-
> kennen. Mit Hilfe eine empirischen Studie konnten unterschiedliche Controllingintensitäten
> und -merkmale identifiziert werden. Trotz aller vielberedeten Warenhaus- und Kaufhauskri-
> sen[50] (oder vielleicht auch gerade deswegen): In solchen Handelsunternehmen mit starkem
> Wettbewerbsdruck und tendenziell (wiedererstandener) Marketingorientierung sind – inzwi-
> schen! – auch die Controllingintensität bzw. zumindest die Controllingeinführungsabsicht
> vergleichsweise hoch.

Zusammenfassend zeigt die Typologie noch deutliche Nachholbedarfe im Handelscontrolling. Insbesondere fehlt es generell an einem strategischen Controlling, so daß man
sich – wenn überhaupt vorhanden – eher auf ein Kosten-, Erlös- und Erfolgscontrolling
beschränkt. In diesem Zusammenhang hängt es sehr wesentlich davon ab, wie die **Bene-
fits des Handelscontrolling** in der Praxis gesehen werden. Wenn auch die grundlegenden
Nutzenkomponenten des Controlling,[51] also etwa die empirisch als praxisrelevant erfaßten Nutzenkomponenten

---

[50] *Meffert* 1988b; siehe den interessanten Rückblick bei *Strohmeyer* 1980.
[51] *Witt / Witt* 1990c.

Typ 1: Warenhaus und ähnliche Anbieter
Beschreibung: Starke Controllingorientierung, jedoch oft faktisch beschränkte „Controlling-performance" (z. B. Verzicht auf lokale und regionale Positionsanalysen); eher zentrale Controllingstellen, so daß standortbezogene Controllingansätze des „Filialcontrolling" untergewichtet sind.

Typ 2: Versandhandel mit hohem Umsatzvolumen
Beschreibung: Relativ weitgehende Controllingkonzepte, die indes meist nicht eingehalten werden (z. B. Verzicht auf Controllingdetails wie Ursachenanalyse beim Erlöscontrolling, parallele Auswertungshierarchien in der Kostenstruktur); zentral etabliertes Controlling.

Typ 3: Bundesweit engagierter Discounter
Beschreibung: Controllingstandards dominieren (vor allem warenwirtschaftlich gestütztes Controlling); vergleichsweise geringe Controllingorientierung hinsichtlich qualitativer Aspekte (Servicecontrolling etc.); zentrale Controllingstellen dominieren.

Typ 4: Regional filialisiertes Haus mit Schwerpunkt im Lebensmittelbereich
Beschreibung: Controlling bislang nicht als Notwendigkeit erkannt; derzeit langsam steigende Controllingevidenz speziell in bezug auf das Kosten- und Erlöscontrolling; kaum eigenständige Controllerstellen vorhanden.

Typ 5: Produktionsverbindungshandel mit regionaler Bedeutung
Beschreibung: Sehr stark warenflußorientiertes Controlling, kaum indes ein wirklich umfassendes Controlling – nicht einmal im Kosten- und Erlösbereich; qualitative Ansätze fehlen meist völlig; wenige zentrale Controllerstellen.

Typ 6: Nischenanbieter
Beschreibung: Vielfach auf der spezifischen – meist: kleineren – Unternehmensgröße sehr defizitär im Controlling; Warenbewegungsdateien und Finanzbuchhaltung als Pseudo-Controllingelemente bei i. d. R. fehlender Controllingevidenz.

Abb. 9: Markante Unternehmenstypen im Handelscontrolling

- Transparenzschaffung
- Aufzeigen neuer Rationalisierungsobjekte
- direkte Wirtschaftlichkeitseffekte
- Veränderungen des Managementklimas,

„theoretisch" den Praktikern bekannt sind, so liegt es der (Handels)praxis doch sehr stark am konkreten Erfolgsnachweis des Handelscontrolling und an der tatsächlichen **Controllerperformance**, die sehr stark einzelfallbezogen und personenbedingt ist.[52] Deshalb wurde in der Vergangenheit mit mehreren Unternehmen, die das Handelscontrolling „professionell" betreiben, ein „Erfolgszirkel" gebildet, der den Bereich „Controllingnutzen und Controllerperformance" etwas objektivieren soll. In diesem Zusammenhang werden verschiedene Indikatoren in zeitlicher Entwicklung betrachtet, so je Unternehmen

- ein subjektiver allgemeiner Zufriedenheitsindex
- drei weitere spezifische Zufriedenheitsindizes in bezug auf die strategische Planung, das Erlöscontrolling und das Filialcontrolling
- vier ausgewählte Kostenarten, die in ihrer zeitlichen Entwicklung in Indizes „übersetzt" werden.

---

[52] *Witt / Witt* 1991a.

Auf diese Weise gelingt es (mit Vorbehalten), die Controllingbenefits zu operationalisie-ren. Abbildung 10 zeigt den aus diesen Teilindizes gebildeten Gesamtindex im Zeitver-gleich, der ein hinreichendes aktuell-tatsächliches und auch ein potentielles Handelscon-trollingbenefit anzeigt.

Der Gesamtindex faßt verschiedene Teilindizes zusammen, die in sechs verschiedenen Un-ternehmen erhoben wurden und werden. Damit soll der Controllingnutzen – gleichwie als Referenz für andere interessierte und unentschlossene Unternehmen – operationalisiert werden. Hinter den Indizes stehen einzelne konkret meßbare Größen (z. B. Kostenentwick-lungen aus einzelnen Bereichen), die zwar selbstverständlich keineswegs ausschließlich ei-nem verbesserten oder intensivierten Handelscontrolling zugeschrieben werden können; aufgrund des Zeitvergleichs zeigen sich gleichwohl gewisse Trends auf. So verstanden, zeigt der Gesamtindex ein deutliches Controllingbenefit auf.

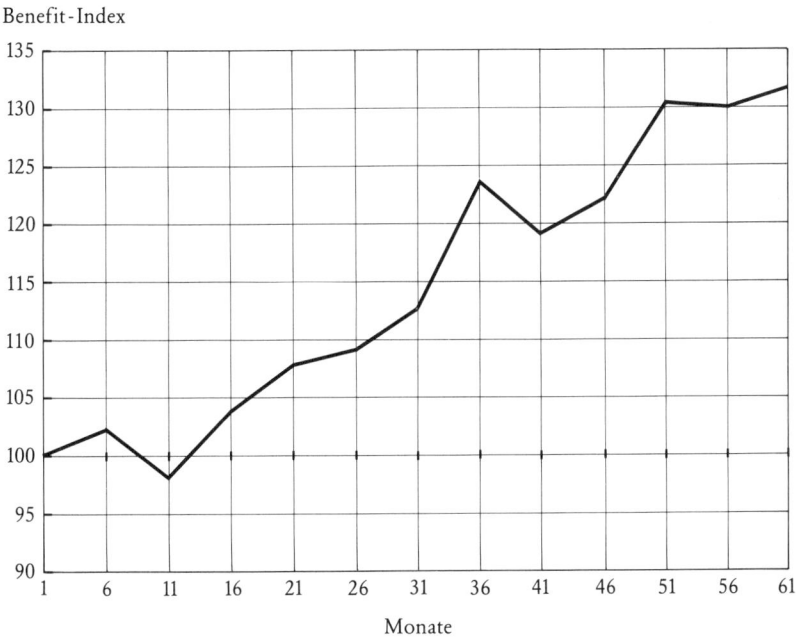

Abb. 10: Gesamtindex für das Handelscontrollingbenefit

2 Strategische Tools im Handelscontrolling

Dieses Kapitel 2 legt exemplarisch die Schwerpunkte auf

- Handelsportfolios als Instrument der strategischen Handelsplanung bzw. der Positionsplanung, weil damit sowohl Wettbewerber- als auch Sortimentsanalysen möglich sind
- Lebenszyklusanalysen, um auf diese Weise ein klassisches Instrument des Marketingcontrolling in seiner handelsspezifischen Ausprägung vorzustellen.

Es zeigt sich, daß es situative Portfolioansätze gibt. Sie ermöglichen es dem Handelscontroller, verschiedene Problemstellungen mit jeweils spezifischen Portfoliomodellen zu analysieren (z. B. Konzernportfolio, Sortimentsportfolio). Die Lebenszyklusanalyse hat generell gewisse Schwächen, stellt indes ein breit akzeptiertes Controllingtool dar, während hingegen – gerade im Handel – die Portfoliotechnik noch mitunter Akzeptanzhürden nehmen muß.

2.1 Handelsportfolios

2.1.1 Spezifika der Handelsportfolierung

Grundsätzlich unterstützen Portfolios den Controller bei

- der Perspektivenschaffung im Vergleich zu herkömmlichen Analyseinstrumenten
- der Positionierung von Objekten und Aktivitäten – üblicherweise strategischen Geschäftseinheiten, d. h. SGEs – anhand zweier strategischer Einflußgrößen (= Portfoliodimensionen)
- der Analyse, ob einzelne SGEs ausgewogen zueinander stehen und damit eine insgesamt für das Unternehmen abgesicherte SGE-Streuung erreicht ist
- der Weiterentwicklung klassischer – und z. T. inzwischen sogar antiquierter – Portfolios (z. B. Relativer Marktanteil / Marktwachstum), da sich aus traditionellen Portfolios durch Achsentausch jeweils neue Portfolios flexibel generieren lassen.

Inzwischen ist sogar ein Portfolioboom zu verzeichnen, da immer neue Portfoliodimensionen als jeweils situativ „richtig" bzw. zweckmäßig bezeichnet werden.[53] Generell sind solche innovativen Portfoliodimensionen nicht mehr in dem Sinne umfassend empirisch abgesichert, daß beispielsweise eine statistisch hinreichend gute Korrelation zwischen einer strategischen Portfoliodimension und einem Unternehmensoberziel vorab ermittelt wurde. Vielmehr werden im Zuge einer „second-best"-Absicherung neue Portfoliodimensionen regelmäßig „nur" durch Praktiker- und speziell durch **Expertenbefragungen** ermittelt, indem dann nämlich viele Einzelkriterien gewichtet werden und einen bündelnden, d. h. zusammenfassenden Faktor (= die neue Portfoliodimension) bilden. Trotz dieser Einschränkung hinsichtlich ihres empirischen Gehalts ist die Portfolioanalyse in der Praxis allgemein inzwischen generell akzeptiert und angewendet, während speziell im Handel sehr häufig noch strategische Denkweisen unterentwickelt sind.[54]

Die **Besonderheiten bei der Anwendung der Portfoliomethode** in Handelsunternehmen liegen primär in folgenden Aspekten:[55]

- Eigenständige Geschäftseinheiten, so wie sie im „ursprünglichen" Portfolioansatz zu positionieren waren, sind im Handel vergleichsweise selten anzutreffen (etwa nur bei Handelskonzernen, die die verschiedenen Betriebstypen ihres Konzerns positionieren wollen). Statt dessen benötigt der Handel vielmehr eine Portfolioanalyse, mit der er z. B. einzelne Warengruppen strategisch einordnen kann. Entsprechend müssen daher die Portfoliodimensionen gewählt werden.
- Die „an sich" sinnvolle Unabhängigkeit der Portfoliodimensionen ist nicht immer gewährleistet, da durch die hohe Interdependenz von Detailentscheidungen und -zielen im Handel auf logischem Wege nur „einigermaßen" unabhängige Dimensionen extrahiert werden können.

---

[53] Überblick bei *Witt* 1992b. Handelsspezifische Sicht bei *Kube* 1991, 252.
[54] Siehe als positive Ausnahmen z. B. vor allem *Dambmann* 1986; *Krulis-Randa / Ergenzinger* 1990, wo gleichwohl der Controllingbegriff nicht einmal im Stichwortzeichnis auftritt.
[55] Generell auch *Drexel* 1981, *Kube* 1991.

• Bestimmte wichtige Dimensionen basieren auf einer mitunter allzu großen Zahl von Einzelkriterien (z. B. die Dimension „Attraktivität eines Betriebstyps", für die sich bei Praktikerbefragungen rd. 50 verschiedene Einflußkriterien ergaben). Der Handelscontroller muß daher im Zuge eines Cutting-off die Kriterienanzahl reduzieren, um es nicht zu unüberschaubaren Rechenexempeln bei der Bewertung und Gewichtung kommen zu lassen, die dann zwar rechentechnisch exakter, kaum aber aus Sicht des Anwenders aussagekräftiger sind. Abbildung 11 gibt ein Beispiel, wie die Portfoliodimension „Kundenattraktivität" aus verschiedenen Einzelkriterien generiert wird. Anhand dieser Einzelkriterien kann man nun aber auch verschiedene Geschäftsfelder (in Abbildung 11: Geschäftsfelder A bis F) anhand von Ratingskalen bewerten (= Bewertung jedes Einzelkriteriums bezüglich jedes Geschäftsfeldes, wobei jedes Einzelkriterium zuvor ein bestimmtes Bedeutungsgewicht zugewiesen bekommen hat; vgl. die Spalte „Gw."). Damit gelingt es dann, jeweils einer SGE einen gesamten Ratingwert zuzuordnen (etwa 2,3 für SGE A) und damit einen Achsenwert für die graphische Positionierung der jeweiligen SGE in der Portfoliomatrix zu erhalten (= Positionierung der sog. Bubbles in der Portfoliomatrix).

Die Portfoliodimension „Langfristbedeutung der Kundenbeziehung bzw. Kundenattraktivität" wird für jedes Geschäftsfeld A bis F durch verschiedene Einzelkriterien generiert. Diese Kriterien werden zuvor auf einer Ratingskala durch Experten aus der Handelspraxis einzeln bewertet und dann gewichtet (Spalte Gw.). Auf diese Weise fließen somit verschiedene Perspektiven in die Portfoliodimension und die hinsichtlich dieser Dimension bewerteten Geschäftsfelder ein und rechtfertigen deren „strategischen Chararakter".

	Gw.	A	B	C	D	E	F
Kundenattraktivität							
Auftragsgröße	3	3	6	8	7	3	4
Auftragszahl je Quartal	1	2	6	7	6	2	4
Auftragsregelmäßigkeit	2	1	8	7	8	3	5
Wachstum	5	1	8	7	6	2	5
Durchsetzbarkeit des Preisniveaus	4	3	8	8	7	6	5
Vorliegen von Rahmenverträgen	2	3	8	9	8	4	4
Umfang von Verhandlungen	1	4	8	8	3	5	6
Termindruck bei Aufträgen	1	4	8	7	2	5	5
Länge der Geschäftsbeziehung	1	1	7	9	2	6	2
Individualwünsche	1	3	8	7	8	5	4
Kennzahlen							
Summe	21	48	159	161	132	80	96
Durchschnitt		2,3	7,6	7,7	6,3	3,8	4,6

Abb. 11: Rechenbeispiel zur Ermittlung der Portfoliodimension „Langfristbedeutung der Kundenbeziehung bzw. Kundenattraktivität"

• Manche praxisrelevanten Portfoliodimensionen sind zwar in der Weise „logisch", daß sie ein wichtiges Ziel darstellen (z. B. „Deckungsbeitrag je m²"). Gleichwohl werden sie nicht aus Einzelkriterien generiert und müssen daher sich die Frage gefallen lassen, ob hier nicht ein – wenn auch wichtiges – Einzelkriterium statt einer strategischen Größe in den Vordergrund gerückt wurde. Gerade bei Handelsunternehmen sind solche verengten Perspektiven nicht selten, wenn nämlich traditionelle Einzelkennzahlen dominieren.

Trotz dieser Einschränkungen stellt der Portfolioansatz prinzipiell ein adäquates Controllingtool für den Handel dar. Handelsportfolios lassen sich auf verschiedene **Analyseprobleme** anwenden, nämlich beispielsweise auf

- die Positionierung im Wettbewerbsvergleich zu anderen (Handels)unternehmen oder im Hinblick auf verschiedene Strategieorientierungen
- die Durchleuchtung von Konzernstrukturen
- das Ranking von Kalkulationsobjekten, so insbesondere Warengruppen oder Kunden.[56]

Generell lassen sich **verschiedene Strategieebenen** unterscheiden, so etwa[57]

- die Betriebstypensegmentierung innerhalb eines Handelskonzerns
- die darauf aufsetzende Marktpositionierung und Profilbildung
- geschäftsfeldbezogene Strategiemaßnahmen.

Alle drei Analyse- und Entscheidungsbereiche können durch Portfolios unterstützt werden, wobei in der praktischen Anwendung insbesondere die Geschäftsfeldanalyse durch Portfolios bevorzugt wird, weil man daraus spezifische **Normstrategien** abzuleiten versucht. In Analogie zu den inzwischen als „klassisch" zu bezeichnenden pauschalen Desinvestions-, Wachstums-, Konzentrationsempfehlungen etc. werden für den Handel daraus abgeleitet nun z. B.

- Ladenerneuerungsstrategien
- Verkaufsflächenoptimierungen
- Spezialisierungsstrategien im Sortiment etc.

unterschieden.[58] Angesichts der nur groben Klassifizierungsmöglichkeit sind solche Handlungsempfehlungen in der praktischen Beurteilung und situativen Umsetzung indes sehr behutsam zu handhaben und stets zu hinterfragen. Mit dieser Einschränkung sind daher auch die im folgenden dargestellten Portfolioansätze zu sehen, ob sie nämlich neben der Analysemöglichkeit auch direkte und eindeutige Strategie(aktions)implikation beinhalten; dies wird regelmäßig gerade nicht immer der Fall sein.

In den folgenden Abbildungen 12 bis 17 werden verschiedene solcher Portfoliotypen vorgestellt. Zugleich sind exemplarisch je Portfolioquadrant einige ausgewählte Verhaltensweisen oder Beispielpositionierungen aufgelistet. Die „Normstrategien" je Portfoliosituation beruhen auf praktisch eingesetzten Strategien von Handelsunternehmen, die mit einigen der hier dargestellten Portfolios arbeiten.

2.1.2 Strategieportfolios

In Abbildung 12 geht es zunächst um das **Strategieportfolio 1**. Denn hier sind verschiedenste Handelsunternehmen, die sich im generellen Wettbewerb um die Kundenkauf-

---

[56] Siehe auch *Witt* 1991 f.
[57] Siehe auch *Drexel* 1990, 142.
[58] *Drexel* 1990, 149 f.

kraft befinden, hinsichtlich ihrer Marketingorientierung miteinander verglichen. Die beiden Portfoliodimensionen sind:[59]

- Preisorientierung (= Wie stark wird der Preis als primäres und aggressives Wettbewerbsinstrument eingesetzt; wie stark ist das gesamte Marketingmix also durch die Preispolitik dominiert?)
- Versorgungs- vs. Erlebnisorientierung (= Wie sehr bemüht sich das Handelsunternehmen, eine Kaufatmosphäre zu schaffen, in der u.a. nicht nur die zu erwerbende Ware, sondern der Kaufakt selbst schon (Zusatz)nutzen stiftet; oder steht statt dessen das bloße versorgungsorientierte Abverkaufen im Vordergrund, ohne daß man den Kunden durch weitere dominante Anreize binden will?).

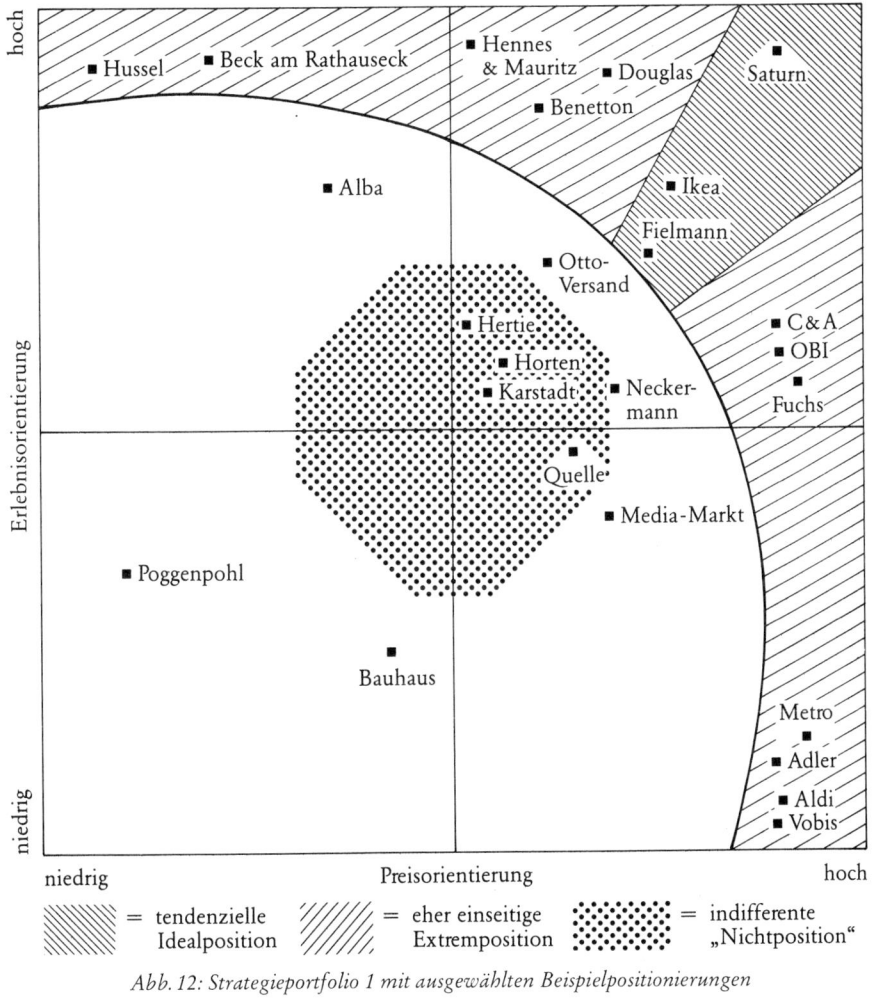

Abb. 12: Strategieportfolio 1 mit ausgewählten Beispielpositionierungen

---

[59] Dieser Portfolioansatz geht zurück auf *Meffert* 1987, 32, sowie *Meffert* 1988b, 232, und wurde von dort modifiziert übernommen.

Das Strategieportfolio zeigt verschiedene Marketing- und damit auch Wettbewerbshaltungen auf, mit denen sich Handelsunternehmen profilieren. Wenn auch die Reduktion des gesamten Marketingmix auf die zwei Basiskomponenten „Preis" und „Erlebnisnutzen" zunächst recht grob erscheinen mag, so werden dadurch immerhin doch grundlegende Marktperformances und daher evtl. auch Einflußgrößen des Unternehmenserfolges verdeutlicht. Genau darin besteht die Aufgabe des Handelscontrollers, solche Positionierungen im Wettbewerbsvergleich zu analysieren.

Ein solches Strategieportfolio gibt daher Anregung, welche Basis-Marketingstrategie eingesetzt werden kann, um sich generell und speziell auch im Vergleich zu ähnlich positionierten direkten Konkurrenten zu differenzieren. Darüber hinaus zeigt es starkbelegte Positionen auf und ermöglicht dem Handelscontroller daher auch Aussagen über den wahrscheinlichen Erfolg mancher einzelnen Positionierung und auch über mögliche Nischenpositionen. Inzwischen gibt es verschiedene Modifikationen eines solchen Strategieportfolios. Vor allem durch die **Konkretisierung der einzelnen Portfoliodimensionen** gelingt es, brancheninterne Detailpositionen offenzulegen. Anhand der drei Dimensionen

- Attraktivität des Preis/Leistung-Verhältnisses
- Präsentationsgüte und -performance
- Qualität und Service einschließlich insbesondere des Verkäuferservice

kann man z. B. verschiedene Möbelhäuser in ihren Wettbewerbspositionen zueinander erkennen. Abbildung 13 gibt dazu ein Beispiel (= **Strategieportfolio 2**).[60]

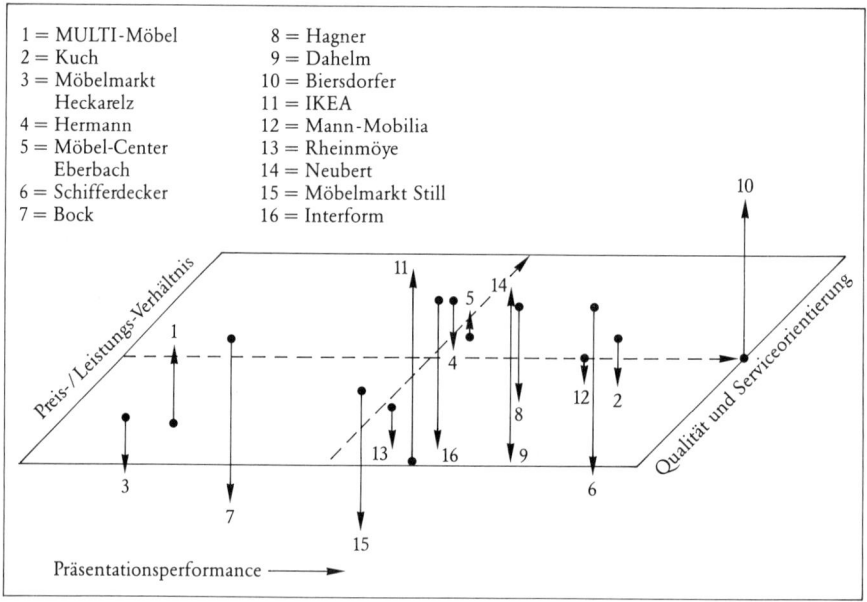

Abb. 13: Erweitertes und detaillierendes Strategieportfolio 2

---

[60] Die Abbildung bezieht sich auf eine Diplomarbeit an der *Wissenschaftlichen Hochschule für Unternehmensführung* (Koblenz).

Mit Hilfe eines dreidimensionalen Portfolios werden innerhalb einer Branche (hier: Möbel-einzelhandel) verschiedene Wettbewerber gegeneinander positioniert. Die Wahl der Portfo-liodimensionen erfolgte mit dem Ziel, dem Handelscontroller konkrete Positionierungsmög-lichkeiten aufgrund operationaler Dimensionen an die Hand zu geben. D. h.: Selbst wenn beispielsweise die Dimension „Preis/Leistung-Verhältnis" immer noch inoperational ist, kann sie gleichwohl durch viele Praktiker dennoch eindeutig in bezug auf bestimmte Wett-bewerber mittels einer Ratingskala subjektiv quantifiziert werden. Daher zielt diese Dimen-sionswahl speziell auf das „Handling" durch den Handelscontroller in der Praxis ab.

2.1.3 Konzernportfolios

Das **Betriebstypenportfolio** (= Konzernportfolio 1) als besondere Ausprägung eines Konzernportfolios stellt hingegen auf die Positionierung verschiedener Betriebstypen bzw. -formen ab, die in einem Handelskonzern vorhanden sind (z. B. Verbrauchermärk-te, C&C-Märkte, Discounter, Facheinzelhandelsfilialen, Großmärkte). Es will dem Handelscontroller Hinweise geben, welche Betriebstypen zu forcieren sind und wie dementsprechend die Konzernstruktur zu gestalten ist. Sieht man darüber hinaus einzel-ne Betriebstypen im Handelskonzerns zugleich als alternative bzw. meist parallel einge-setzte Vertriebswege zumindest für einige Warengruppen an, so tritt an dieser Stelle er-neut der Marketingansatz in den Vordergrund, den der Handelscontroller hinsichtlich der Erfolgsträchtigkeit beurteilen soll. Die beiden Portfoliodimensionen sind:

- **Betriebstypenattraktivität.** Diese Dimension beinhaltet als Einflußgrößen z. B.
  - die Kundenanzahl je Öffnungsstunde
  - den durchschnittlichen Deckungsbeitrag aller Warengruppen
  - das prognostizierbare Umsatzwachstum
  - die tatsächliche und ebenfalls die potentielle Konkurrenzintensität an einem Stand-ort mit ähnlichen Betriebstypen.

  Mit dieser Portfoliodimension soll also zum Ausdruck kommen, wie sehr sich eine strategische Ausrichtung auf spezifische Betriebstypen lohnt:
  - Wie attraktiv ist ein Betriebstyp aus Sicht der Handelsorganisation (etwa gemäß sei-ner Erfolgskraft)?
  - Wie attraktiv ist ein Betriebstyp aus Kundensicht (etwa bezüglich seiner „Erlebnis-kraft" für den Kunden), weil damit wiederum auch die Erfolgskraft des jeweiligen Betriebstyps beeinflußt wird?

  Damit ist evident, daß sich die Betriebstypenattraktivität nicht generell, sondern nur einzelfallbezogen festlegen läßt, da sie in aller Regel z. B. von den dominant geführten Warengruppen eines Betriebstyps abhängt. Deshalb kommt indirekt ebenfalls auch der Aspekt der Warengruppenportfolierung in dieser Portfoliodimension zum Ausdruck.
- **Relative Wettbewerbsvorteile.** Diese Portfoliodimension rückt die spezifischen Wett-bewerbsvorsprünge in den Vordergrund, die ein Betriebstyp gegenüber der Konkur-renz generell oder auch im Vergleich zu tatsächlich am Markt agierenden Konkurren-ten aufweist. Als Einzelkriterien sind u. a. zu nennen:
  - Kundenbindung
  - Standortvorteile
  - Größe des Einzugsgebiets
  - Preis- und Marketingimage bei den Kunden
  - Wettbewerbsintensität.

Damit wird deutlich, daß die Porfoliodimension „Relative Wettbewerbsvorteile" sich in ihren Einzelkriterien z. T. mit den Einzelkriterien der anderen Portfoliodimension „Betriebstypenattraktivität" überschneidet oder zumindest ähnelt. Obwohl man insofern die vollkommenen Unabhängigkeit („Orthogonalität") dieser beiden Dimensionen sicherlich in Frage stellen kann, kommt diesem Portfolio eine wesentliche praktische Bedeutung im Rahmen der Konzernplanung zu, so insbesondere im Rahmen der Betriebstypendiversifikation; dort hat es sich inzwischen hinreichend bewährt.

Abbildung 14 gibt zusammenfassend ein Beispiel für ein solches **Konzernportfolio 1.**

> Das Konzernportfolio 1 will verschiedene Betriebstypen eines Handelskonzerns positionieren. Die dazu verwendeten Portfoliodimensionen sind nicht vollständig unabhängig voneinander; dennoch liefert dieses Portfolio in der Praxis hinreichend gute Controllingergebnisse.

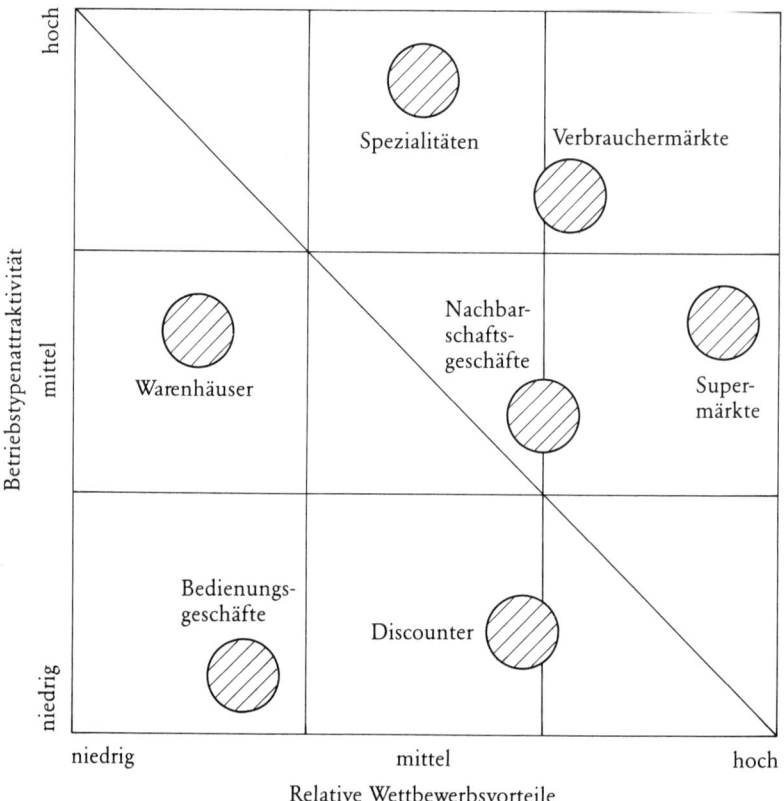

Abb. 14: Betriebstypen innerhalb eines Konzernportfolios (= Konzernportfolio 1)

Als Variante dieses Konzernportfolios kommt man mittels eines Dimensionswechsels zu einem modifizierten **Konzernportfolio 2,** wie es Abbildung 15 zeigt. Exemplarisch sind je Portfolioquadrant jeweils einzelne Betriebstypen positioniert, so wie sie sich bei einem Handelshaus konkret ergaben.

Das Konzernportfolio 2 nimmt explizit die Deckungsbeitragskraft als eigenständige Portfoliodimension mit in die Betrachtung hinein, um auf diese Weise spezifischen Praktikerwünschen entgegenzukommen, die auf „greifbare" Portfoliodimensionen Wert legen. Dabei tritt aber die bereits erwähnte Gefahr auf, daß eine einzelne Dimension faktisch Übergewicht erhält oder auch daß ein Unterkriterium zur eigenständigen Dimension „hochgespielt" wird.

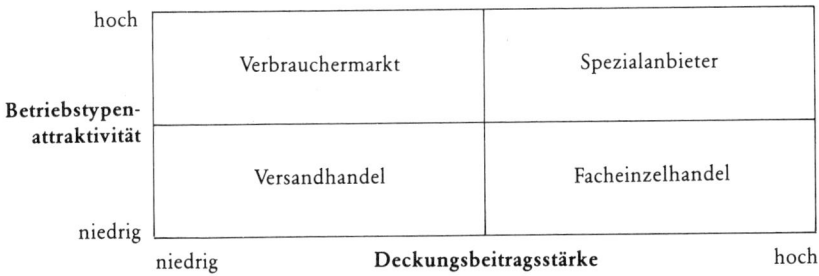

Abb. 15: Betriebstypen innerhalb eines Konzernportfolios (= Konzernportfolio 2)

Durch einen Risikoansatz gelingt es, einzelne Betriebstypen innerhalb einer größeren Handelsorganisation in einem Rendite/Risiko-Portfolio zu positionieren, um auf diese Weise ein Ranking der Betriebstypen zu ermöglichen. Würde man diesen Ansatz um Risikonutzen-Betrachtungen erweitern (= Hinzufügen von Risikopräferenz-Funktionen, so wie in Abbildung 16 durch Nutzenkurven tatsächlich geschehen), so läge sogar ein Portfolio-Selection-Ansatz vor, wie er aus dem Finanzmanagement zu Wertpapier- bzw. Anlagendiversfikation bekannt ist.[61] Für die praktische Anwendung im Handelscontrol-

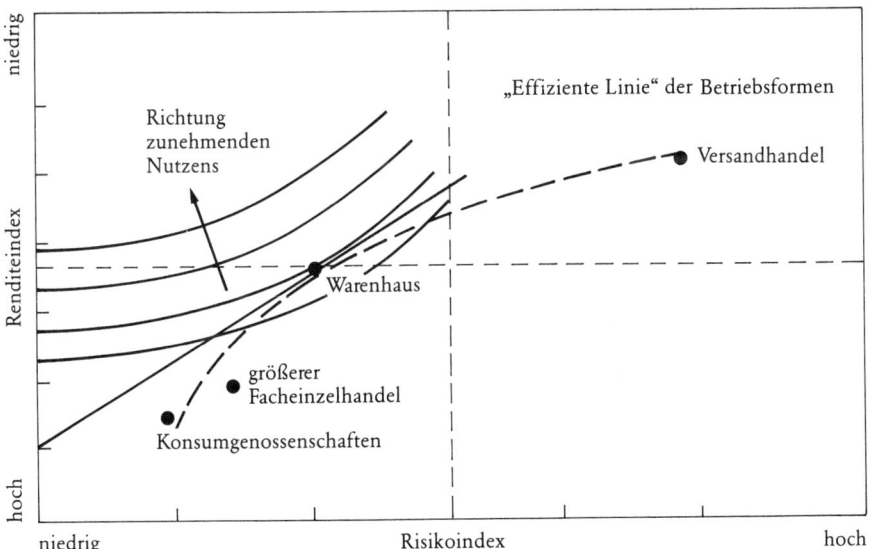

Abb. 16: Rendite/Risiko-Portfolio zum Betriebstypenvergleich (= Konzernportfolio 3)
(nach Weis 1985, 218)

---

[61] Weis 1985.

ling scheint das Portfolio-Selection-Modell indes (noch) zu unhandlich und unakzeptiert zu sein. Daher kommt es meist lediglich zum Betriebstypen-Ranking (= **Konzernportfolio 3**).

Verschiedene Betriebstypen werden gemäß ihrer Rendite/Risiko-Konstellation geordnet, wobei es sich jeweils um eine subjektive Schätzung von Zukunftswerten handelt. Allerdings läßt sich z. B. die Renditesituation aus Vergangenheitswerten tendenziell extrapolieren, so daß man – vereinfachend – von empirisch gestützten Trenderwartungen ausgehen kann. Dieses Rendite/Risiko-Portfolio stellt damit eine weitere Möglichkeit dar, die Aktivitäten eines Handelskonzerns zu strukturieren (= Konzernportfolio 3).

2.1.4 Sortimentsportfolios

Im Zuge des **Warengruppenmanagement**[62] versucht der Handel derzeit sehr viel stärker, einzelne Warengruppen marktsegmentspezifisch zu positionieren, um auf diese Weise ein strategisches Denken auch bereits innerhalb der Sortimentsstrategie zu verankern, wenn es beispielsweise um Sortimentstrukturverschiebungen geht.[63] Für eine solche Analyse sind jedoch die bei den Strategieportfolios aufgezeigten Dimensionen in aller Regel zu grob, da man beispielsweise nicht nur einer einzelnen Warengruppe alleine ein spezifisches Erlebnis- oder Versorgungsimage zuordnen kann, das vielmehr erst durch vielfältige Verbundbeziehungen aufgebaut wird und eher auf das gesamte Ladenlokal oder Filialsystem bezogen ist. Daher entstehen gemäß ihren Ursprungsdimensionen modifizierte Sortimentportfolios. Damit wird sehr deutlich, daß bei diesem Analysebereich die Handelspraxis besonders interessiert ist und parallele Portfolierungen bevorzugt. Im folgenden werden daher verschiedene Portfolioausprägungen vorgestellt, wobei aber stets die Frage zu klären ist, ob man warengruppenspezifische Ausprägungen der Dimensionen signifikant unterscheiden kann und der jeweilige Portfolioansatz denn auch tatsächlich hinreichend „strategisch" ist.

- Das **Image/Erfolgskraft-Portfolio** will verschiedene Warengruppen – etwa eines Warenhauses[64] – in ein zweidimensionales Ranking bringen. In der Portfoliodimension „Erfolgskraft" spiegelt sich dabei regelmäßig primär nur die Kennzahl „Deckungsbeitrag/m^2" wider, so daß diese Dimension kaum als bündelnder Faktor verschiedener Erfolgsperspektiven angesehen werden kann. Das Image – gemäß Kundensicht – als zweite Portfoliodimension ist hingegen ein sehr komplexes Konstrukt, in das sehr viele Einzelkriterien eingehen (können),[65] das aber gleichwohl eine zentrale Zielgröße im Handel darstellt, weil viele Kunden die Fülle von Detailinformationen (z. B. aufgrund verschiedener Mischkalkulationen, Mengengebinde beim Sonderangebot, Sonderangebotsfülle als solche) häufig weniger Einzelimages bilden, sondern vielmehr ein Globalimages eines Händlers aufbauen.[66] In der praktischen Anwendung zeigen

---

[62] *Biehl* 1991, J8.
[63] *Witt* 1986c.
[64] *Wehrle* 1981; *Wehrle* 1984, 126 ff.; *Meffert* 1988*a*, 210; *Meffert* 1988b, 236 f.; ähnliche Ansätze auch bei *Bernhardt / Maximow* 1986.
[65] Siehe zur grundsätzlichen Quantifizierungsmöglichkeit etwa *Trommsdorff* 1989, 139–146.
[66] *Bürger / Berlemann* 1987, 187. Gerade *Gümbel* 1985, Vorwort und 25–28, weist auf Negativ-

sich hier jedoch deutliche Defizite: Meist wird die Imagepositionierung der Warengruppen, d. h. die Festlegung von Imagewerten auf der Portfolioordinate durch den Handelscontroller recht willkürlich und grob – „per Augenmaß" – vorgenommen, ohne auf einer marktforscherischen Fundierung aufzusetzen. So sehr sich daher in der Image-Portfoliodimension der Erfolg des erlebnisorientierten Marketing niederschlagen könnte, so sehr wird dieser Vorteil durch eine „Positionierungsungenauigkeit" mitunter wieder aufgegeben. Insbesondere sind die in solchen Portfolios enthaltenen Strategieempfehlungen oftmals zu grob bzw. allzu irrealistisch, weil sie – beinahe eher schon trivial – lediglich Selbstverständlichkeiten ausdrücken (vgl. z. B. in Abbildung 17 die Empfehlung „Positionsverbesserung", die für den vierten Portfolioquadranten definitionsgemäß in Frage kommt, allerdings den Handelscontroller hinsichtlich konkreterer Maßnahmenvorschläge gleichwohl noch weiterhin allein läßt). Weiterhin kann man an diesem Sortimentsportfolio 1 exemplarisch einige grundlegende Besonderheiten und Probleme der Handelsportfolierung verdeutlichen:

– Es gibt keineswegs immer und eindeutig einen spezifischen **Zielquadranten** im Portfolio, wie dies hingegen bei „klassischen" Portfolios regelmäßig der Fall ist (etwa im *Boston*-Portfolio „Marktwachstum/Marktanteil", bei dem der Produkt- oder der SGE-Lebenszyklus vom „Fragezeichen" bis hin zur „Cash Cow" indirekt abgebildet ist und damit einen „normalen Weg" beschreibt). Denn es kann beispielsweise durchaus sinnvoll sein, eine Warengruppe mit gutem Image und niedriger Erfolgskraft in dieser spezifischen Position zu belassen, um auf Kaufverbunde zu anderen Warengruppen zu setzen. Damit wird die Bedeutung des kalkulatorischen Preis- bzw. Deckungsbeitragsausgleichs zwischen Warengruppen und Artikeln im Handel berührt, der eine generelle Basisstrategie bildet. Strategieempfehlungen in bezug auf einzelne Portfoliofelder sind damit stets zielabhängig und keineswegs immer „objektiv" zweckmäßig.

– Die Portfoliodimension „Erfolgskraft" (bzw. operationalisiert: Deckungsbeitrag/m²) berücksichtigt zwar einerseits, daß manche Warengruppen **unterschiedliche m²-Erfolge** aufweisen, weil sie – je Artikel – grundsätzliche Besonderheiten haben (so etwa die Warengruppe „Schmuck" im Vergleich zu bestimmten Foods). Ist damit auf den ersten Blick so manche Warengruppe stets „benachteiligt", so relativiert sich diese Perspektive bei Betrachtung nicht eines einzelnen Artikels, sondern der gesamten Warengruppe mit ihrer beanspruchten Fläche innerhalb eines bestimmten Zeitraums. Dann nämlich können sich aufgrund der unterschiedlichen Warenumschlagsgeschwindigkeiten bzw. Mengendurchsätze durchaus vergleichbare Erfolgskraft-Kennzahlen ergeben, so daß keineswegs „David" und „Goliath" miteinander verglichen werden, wenn es um das Erfolgsranking von Warengruppen geht. Die Portfoliodimension ist dann genaugenommen „Deckungsbeitrag/m²/Zeiteinheit".

– Die Portfoliodimension „Image" bezieht sich auf jeweils spezifische, einzelne Warengruppen. Daher wird es angesichts der **Verbundbeziehung** von Warengruppen regelmäßig Schwierigkeiten bereiten, isoliert ein spezielles Warengruppenimage zu identifizieren. Der Handelscontroller muß hier – z. T. willkürlich – ein grundlegendes Problem lösen: Der Handel positioniert sich einerseits gegenüber dem Kunden meist durch die Gesamtsortimentspräsentation, wobei er nur vereinzelt (etwa bei

---

images aufgrund – vielfach fälschlicherweise – überhöht eingeschätzter Handelsspannen aus Kundensicht hin.

Sonderaktionen) bestimmte Sortimentsteile separat hervorhebt; andererseits will er artikel- oder doch zumindest warengruppenspezifische Einzelerfolge isoliert ausweisen. Bei diesem „Dilemma" muß man Verbundbeziehungen willkürlich zerschneiden bzw. bestimmte Verbundstärken entweder als relevant oder eben als irrelevant einstufen. Genau aus diesem Grund der zerschnittenen Verbunde kann es zu Problemen kommen, Einzelimages zu bestimmen.

– Die im Idealfall unabhängigen Portfoliodimensionen „Image" und „(monetärer) Erfolg" werden jedoch gerade im Handel und dort wiederum auf Filialebene keineswegs unabhängig sein. Denn es ließ sich empirisch ein deutliches **Trading-off**, also eine gegenläufige und intensive Beziehung zwischen diesen beiden Portfoliodimensionen feststellen: Aus Handelssicht (in einer entsprechenden empirischen Untersuchung konkret: aus Filialleiterperspektive) orientiert man sich häufig an – vermeintlichen – Vollkosten bzw. einem damit verbundenen Vollauslastungsdenken (z.B. anhand der Kennzahl „Kundenbedienung/Personalstunde"). Dies führt beispielsweise dazu, daß zusätzliche Kunden explizit abgelehnt bzw. durch zu lange Wartezeiten verärgert werden und abwandern; langfristig – und bei manchen Kundentypen sogar beim Erstkontakt – resultieren daraus Imageverschlechterungen und sinkende Erlöspotentiale. Diese Sichtweise bleibt indes beim bloßen Vollkostendenken, das sich etwa in Durchsatzkennzahlen manifestiert, verborgen. Erst ein Deckungsbeitragsdenken läßt die Wichtigkeit eines Erlös/Kosten-Abgleichs hervortreten. In der empirischen Studie war nun aber konkret festzustellen, daß die bloße (Voll)kostensicht seitens des Filialmanagement bevorzugt wird; dies deutet auf eine subjektive Unabhängigkeit von Erfolg und Image hin. Bei Befragung und Beobachtung von Kunden war hingegen eine deutliche Interdependenz von Filialimage und pro Filiale erzielten Erlösen und Deckungsbeiträgen zu konstatieren: So wurden beispielsweise über mehrere Monate (z.T. sogar: bis zu drei Jahren) das Filialimage sowie die Erlös- und Deckungsbeitragsentwicklung erhoben sowie mit wiederholten Kundenbefragungen abgeglichen. Es zeigte sich dabei, daß – selbst eingedenk aller Separierungs- und Isolierungsprobleme von Teileffekten – kurzfristige Filialmaßnahmen (Hinweise zur Eingangs- und Taschenkontrolle, abteilungsbezogene Verkaufshinweise in alternativen Sprachformulierungen – wie z.B. zum Verhalten im Selbstbedien-Frischwarenbereich –, die werbliche Positionierung in Tageszeitungen) einen erheblichen Einfluß auf das Image und ebenfalls auf die Kundenfrequenz und den Stammkundenanteil haben. Die damit zusammenhängenden Erlös- und Deckungsbeitragspotentiale konnten sogar in tatsächlichen DM-Werten ansatzweise operationalisiert werden; dabei ergaben sich imagebedingte Erlösänderungen bis zu 23% sowie Deckungsbeitragsvariationen in ähnlichen Größenordnungen. Die Abhängigkeit von Image und Erfolg ist damit nicht nur theoretisch evident, sondern auch faktisch belegt und gibt einerseits Anlaß, den Einsatz des Image/Erfolg-Portfolios zu überdenken. Andererseits zeigt sich hier eine klare Perspektivenschwäche des Filialmanagement, das solche Verbunde tendenziell ignoriert sowie weiterhin nicht einmal auf die isolierte Imagekomponente allzu großen Wert legt (vgl. etwa die mannigfaltigen Aufforderungen zur Einkaufswagenbenutzung in Befehlstonarten u.ä., die alle einen Imagebeitrag liefern und ohne zusätzliche Kosten – geschweige denn Auszahlungen – verändert werden könnten). Die Nähe zum Service- und Atmosphärencontrolling speziell im Filialbereich ist daher sofort einsichtig.

Das Sortimentsportfolio 1 zieht zwei sehr gängige Portfoliodimensionen heran, die beide in der Handelspraxis akzeptiert sind. Sie sind jedoch in mancher Hinsicht gleichwohl problematisch:

- Die Erfolgskraft wird durch die Kennzahl „Deckungsbeitrag/m^2" operationalisiert. Durch die rechentechnische Umlage eines Warengruppendeckungsbeitrags auf einen einzelne Standort- oder Regal-m^2 kommt jedoch implizit ein Vollkosten- und Vollerlösdenken mit in die Betrachtung hinein, da der Deckungsbeitrag meist nicht verursachungsgerecht einem einzelnen m^2 zugeordnet werden kann. Daher ist diese Kennzahl mit Willkür behaftet.
- Das Image einer Warengruppe wird meist ohne empirische Fundierung vom Handelscontroller geschätzt. In der praktischen Anwendung hat es sich deshalb bewährt, diese Positionierung durch Hinzuziehung von Produktmanagern, Filialleitern und Consultants vorzunehmen.

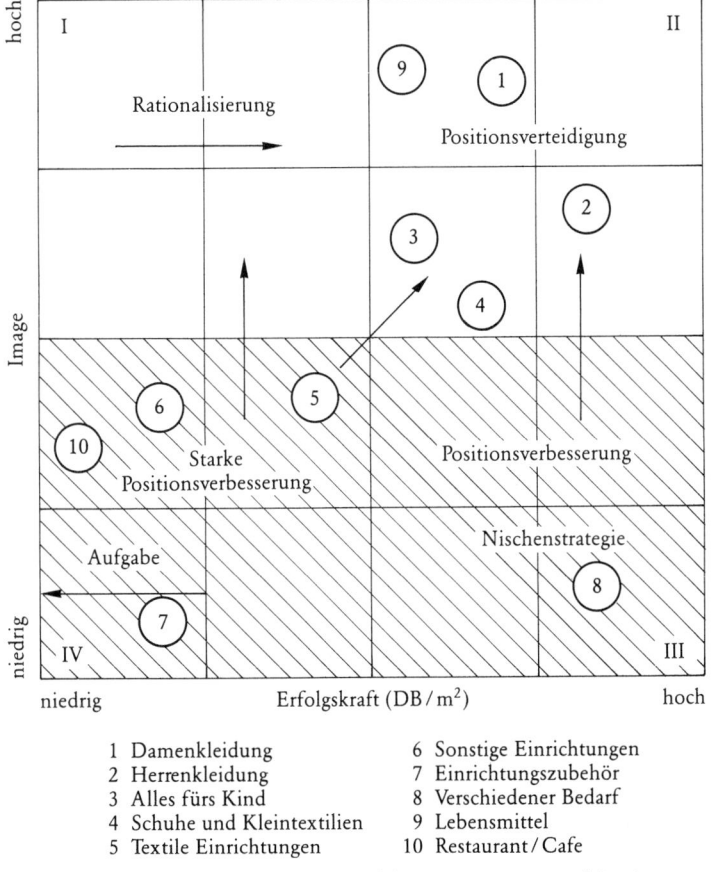

Abb. 17: Image/Erfolgskraft-Portfolio (= Sortimentsportfolio 1)

1 Damenkleidung   6 Sonstige Einrichtungen
2 Herrenkleidung   7 Einrichtungszubehör
3 Alles fürs Kind   8 Verschiedener Bedarf
4 Schuhe und Kleintextilien 9 Lebensmittel
5 Textile Einrichtungen   10 Restaurant / Cafe

- Das **Lebenszyklus/Wettbewerbsposition-Portfolio** will die konventionelle Perspektive des Produkt- bzw. des Warengruppenlebenszyklus in die Portfolierung integrieren. Es entsteht dann ein Sortimentsportfolio 2 gemäß Abbildung 18. Ein solches Portfolio kommt den Anforderungen der Handelspraxis sehr entgegen, da auf diese Weise die altersbedingte Eliminierungsentscheidung von Artikeln oder Warengruppen explizit unterstützt wird. Jedoch muß man sich generell davor hüten, die Wettbewerbsposition einzelner Warengruppen oder sogar Artikel hinreichend exakt angeben zu können. Vielmehr liegen in aller Regel Verbundeffekte vor (etwa aufgrund eines grundsätzlichen Images des betreffenden Händlers), die die jeweilige Wettbewerbsposition eines Portfolioobjekts stark mitbeeinflussen. Daher sind Analysen mit Hilfe dieses speziellen Portfoliotyps eher als „Bandbreiten-Analysen" zu sehen, bei denen eine eindeutige Positionierung lediglich willkürlich, kaum aber objektiv eindeutig erfolgen kann.

Dieses Portfolio bezieht den Lebenszyklus mit ein. Eine Basiskritik tritt hier allerdings wieder auf: Die Wahrscheinlichkeit ist recht hoch, daß beide Portfoliodimensionen nicht vollkommen unabhängig voneinander sind. Überdies ist die exakte Zuordnung der Dimensionswerte auf die einzelnen Warengruppen keineswegs unproblematisch und vielmehr mit einiger Willkür verbunden. Dennoch ist dieser Portfoliotyp für den Handelscontroller wichtig, weil damit praxisakzeptierte Betrachtungen vorgenommen werden.

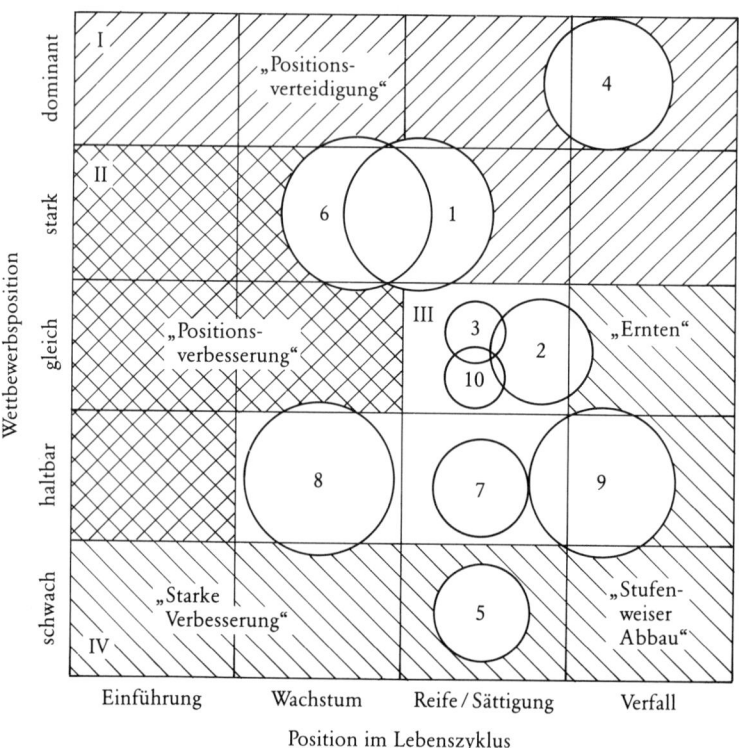

Abb. 18: Lebenszyklus/Wettbewerbsposition-Portfolio (= Sortimentsportfolio 2)

- Das **Kundenbindung/Umsatzanteil-Portfolio** (= Sortimentsportfolio 3) ist zwar mit einer ähnlichen Problematik bei der exakten Ermittlung der Positionswerte verbunden wie das Sortimentsportfolio 2. Vorbehaltlich dieser generellen Einschränkung bei der Handelsportfolierung ist das Sortimentsportfolio 3 als Konkretisierung des Image/Erfolgskraft-Portfolios anzusehen: Die „Kundenbindung" stellt einen wesentlichen Unterfall des generellen Images dar. Das Umsatzgewicht bzw. der Umsatzanteil als zweite Portfoliodimension operationalisiert die Erfolgskraft (bzw. die Kennzahl „Deckungsbeitrag/m²"), weil damit auf Schlüsselungen weitgehend verzichtet werden kann. Abbildung 19 zeigt ein solches Portfolio. Exemplarisch sind weiterhin einige Maßnahmenvorschläge in bezug auf die jeweiligen Portfolioquadranten aufgelistet. Im einzelnen:

- Im Feld 1 ist die Kundenbindung hoch, das Umsatzgewicht hingegen niedrig. Hier stehen evtl. etablierte Langsamdreher, die „nur" Imageeffekte ausstrahlen. Sie ermöglichen daher ein „Skimming" mit hoher Handelsspanne. Weiterhin bietet sich die Möglichkeit, Dachmarken zu bilden, so daß solche „Dachprodukte" als Leitprodukte für das Image darunter anzusiedelnder Warengruppen – mit größerem Umschlag – sein können.

- In Feld 2 sind beide Portfoliodimensionen hoch ausgeprägt. Das Marketing sollte gemäß den Empfehlungen des Handelscontrollers „absichernd" beibehalten bzw. nur vorsichtig und eher allgemeinen Trends folgend angepaßt werden. Allenfalls sind Einzelaktionen (z. B. im Saisonturnus) möglich, um auch hier eine Abnutzung zu vermeiden und solche Warengruppen weiterhin als innovativ-attraktiv zu positionieren.

- In Feld 3 ist die Kundenbindung eher niedrig, der Umsatzanteil hingegen hoch. Um hier Laufkundschaft längerfristig zu binden oder auch um weitere Laufkundschaft anzuziehen, empfiehlt sich eine generelle Profilierung (etwa durch erlebnisorientierte Ansätze, wie Verkaufsraumgestaltung und Sortimentspräsentation).

- In Feld 4 befinden sich Waren, die in jeder Hinsicht ein „Underdog" sind, da das Umsatzgewicht und auch die Kundenbindung gering ausfallen. Daher liegt hier ein Sortimentsbereich vor, mit dem man – innerhalb von Bandbreiten – experimentieren sollte. So kommen z. B. intensive (Preis)sonderaktionen, räumliche Zweitplazierungen aufgrund vermuteter Verbundbeziehungen[67] u. ä. in Betracht.

Dieses Portfolio bildet durch eine operationalere Definition der Portfoliodimensionen einen konkreten Unterfall des Sortimentsportfolios 1. Damit gelangt man endgültig weg von einer Betrachtung größerer strategischer Geschäftsaktivitäten und vielmehr hin zu einer detaillierten Warengruppen- und sogar Artikelanalyse.

---

hoch		
Kunden-	• Abschöpfen	• Absichern
bindung	• Dachprodukte bilden	• Zyklusaktionen starten
	• Riskieren	• Profilieren
niedrig	• Aktionsbereich bilden	• Sortimentsbreite und -tiefe
	niedrig　　　**Umsatzanteil**　　　hoch	

Abb. 19: Kundenbindung/Umsatzanteil-Portfolio (= Sortimentsportfolio 3)

- Das **Verbundintensität/Erfolg-Portfolio** (= Sortimentsportfolio 4) fokussiert ein Kernproblem des Handelscontrolling: Welcher Erfolgsanteil kann verursachungsgerecht, d. h. nicht-willkürlich einer Warengruppe zugeordnet werden, da zwischen verschiedenen Warengruppen unterschiedlich intensive Verbunde vorhanden sind? Damit sind

---

[67] Siehe dazu empirisch *Heidel / Müller-Hagedorn* 1989.

in diesem Sortimentsportfolio 4 zwar zwei wesentliche und praxisgängige Perspektiven verknüpft, ohne indes Aussagen über die Verbundstärke vornehmen zu können. Dazu müssen vielmehr zunächst Annahmen über die Verbundintensität getroffen werden. Regelmäßig ist dies auf eine verläßliche Art nur durch Marktforschungsaktivitäten möglich. Der Einsatz von Scannerkassen erlaubt mittlerweile das Ziehen einer hinreichenden Stichprobe, um einigermaßen verläßliche Aussagen treffen zu können. Bei solchen Marktforschungsaktivitäten sind einige Besonderheiten zu beachten:

- Die Ausgangsdaten sind oftmals nicht hinreichend verfügbar, weil z. B. veraltete Datenbankkonzepte weiterhin benutzt werden.

- Es erfolgt lediglich eine warengruppen- denn artikelgenaue Aufzeichnung, die dann – oftmals mühsam – im Zuge einer weiteren Stichprobe (= physische Warenkorbanalyse) auf einzelne Artikel „umgerechnet" werden muß.

Bei der Ermittlung der Verbundintensität muß der Handelscontroller einige Vor- und Parallelüberlegungen miteinbeziehen, die bereits manche Portfoliodimension berühren, die in den vorhergehenden Abbildungen bereits zum Tragen kamen. Im einzelnen:

- Verschiedene Artikel und/oder Warengruppen können anhand ihrer Umsatzanteile und ihrer anzahlbezogenen Kaufhäufigkeit je Kaufakt eines Kunden miteinander in eine – zugegebenermaßen: noch recht vage – Verbundbeziehung gebracht werden. Man kann von verschiedenen ausgewählten Einzelartikeln (im Sinne von Beispielartikeln) ausgehen. Diese sind:[68]

1. Pils-Sixpack, je 0,33 l
2. Cola, Dose mit 0,33 l
3. Milch, 1 ltr.
4. Scheiben-Toastkäse
5. Apfelmus
6. Kaffee, Pfund-Packung
7. Cornflakes
8. Toastbrot
9. Zigarettenschachtel
10. Plastikstecker.

Weiterhin kann man – neben diesen Beispielartikeln – das Gesamtsortiment in verschiedene **Warengruppen** aufteilen. Eine beispielhafte Aufgliederung ist etwa die folgende, bei der einige der 78 Warengruppen gelistet sind:[69]

1. Gefrierfleisch
3. Schinken
10. Obst, Gemüse, Blumen
12. Wurst
13. Milch und Molkerei
14. Käse
16. Butter
17. Öle und Fette
20. Sonst. tiefgefrorene Artikel
22. Mehl
23. Nährmittel

---

[68] *Häusel* 1990, 22. Die Numerierungssprünge sind im folgenden durch die Notwendigkeit zur gewissen Anonymisierung der Unternehmensdaten bedingt; es sind also nicht sämtliche Warengruppen genannt (= fehlende fortlaufende Numerierung).

[69] *Häusel* 1990, 29 f.

24. Zucker und Einweckprodukte
25. Diät- und Babynahrung
27. Suppen und Fertiggerichte
28. Gewürze und Feinkost
29. Brotaufstrich
30. Fleisch- und Fischkonserven
31. Fisch- und Feinkost (lose)
32. Obst- und Gemüsekonserven
34. Schokolade
35. Süßwaren
36. Gebäck
37. Weihnachts- und Osterartikel
39. Weine
40. Sekt
41. Spirituosen
42. Bier
43. Alkoholfreie Getränke
45. Tabakwaren
47. Kaffee
48. Tee und Kakao
50. Backwaren
53. Waschmittel
54. Putz- und Reinigungsmittel
56. Haarpflegemittel
57. Mundpflegemittel
58. Seifen, Deos, Hautpflege
59. Sonst. Körperpflege
61. Hygiene, Babypflege
62. Papierwaren u. ä.
65. Tierfutter u. zoologische Artikel
66. Druckereierzeugnisse
71. Strümpfe
72. Spielwaren, Camping
73. Elektrotechnische Erzeugnisse
74. Hobby und Autozubehör
75. Haushalt
76. Schreibwaren
77. Photo
78. Verschiedene Non-Foods.

Auf der Basis dieser Listungen von Einzelartikeln und Warengruppen zeigt Teil A von Abbildung 20 eine Kontrastierung der empirisch ermittelten Größen „Umsatzanteil", „Kaufhäufigkeit" und „Artikelzahl je Warengruppe", und zwar ausschnittsweise für die Warengruppen 53 bis 78 eines speziellen Handelskonzerns im Lebensmittelbereich.

Die Abbildung verdeutlicht, daß die drei strategischen Größen „Umsatzgewicht", „Kaufhäufigkeit" und „Artikelanzahl" zwischen verschiedenen Warengruppen schwanken. Eine Korrelationsanalyse zeigt weiterhin, daß diese drei Größen gleichwohl in Bandbreiten – also korrelationstechnisch ausgedrückt: „einigermaßen positiv" – zusammenhängen. Dies legt die Existenz ausgeprägter Verbundbeziehungen nahe (Abbildungsteil A). Weiterhin ist exemplarisch anhand der aufgelisteten Beispielartikel 1 bis 10 eine ABC-Gruppierung dieser Artikel vorgenommen worden. Damit wird fast schon ein eigenständiges Portfolio zur Warengruppenpositionierung möglich (Teil B)!

Teil A: Warengruppenanalyse

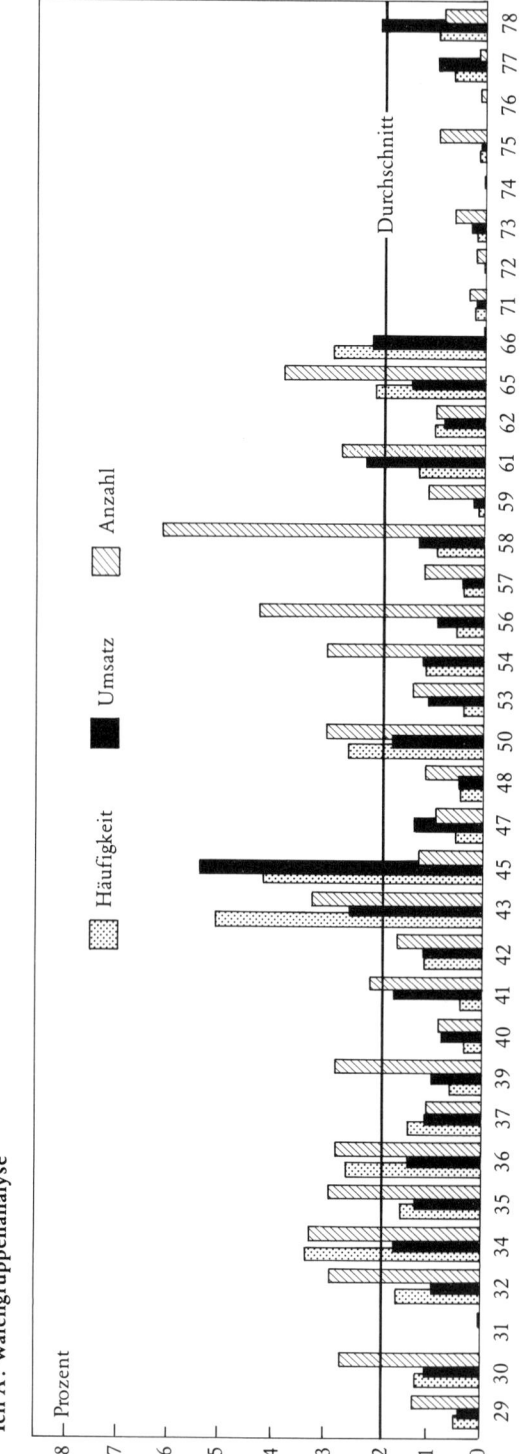

Abbildung 20: Empirisch ermittelte prozentuale Kaufhäufigkeit, Umsatzanteil und Artikelanzahl bei verschiedenen Warengruppen des Lebensmitteleinzelhandels (LEH) (Teil A) sowie artikel- und warengruppenbezogene ABC-Analyse (Teil B) (nach Häusel 1990, 39, 77)

**Teil B: Artikelanalyse von zehn ausgewählten Produkten
sowie eine Gesamtanalyse**

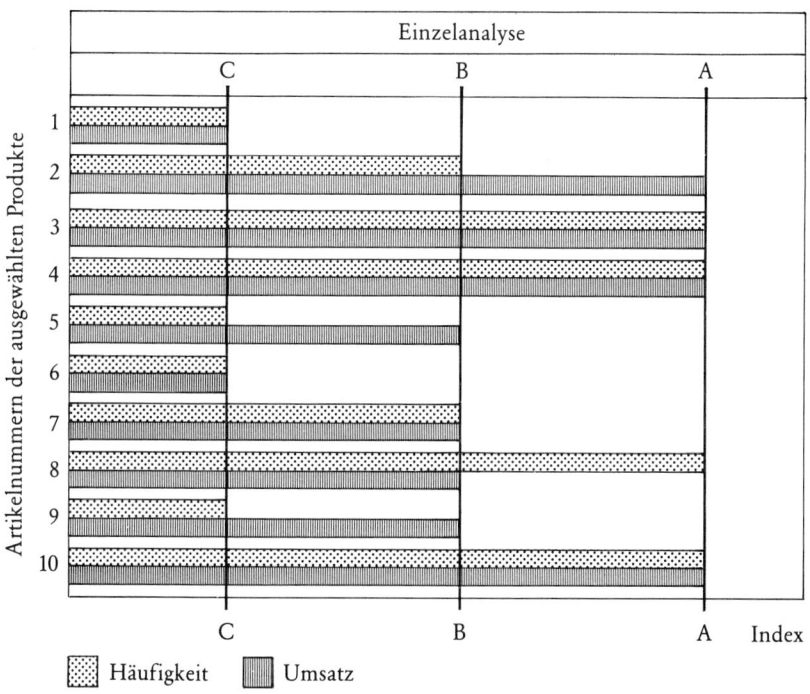

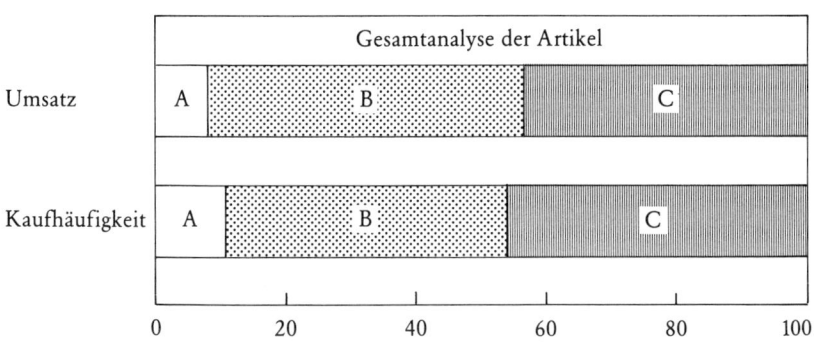

- Weiterhin können Flächenanteile bzw. Umsätze je Fläche herangezogen werden, um damit die in Abbildung 20 dargestellten Größen jeweils auf eine Bezugsbasis zu stellen. Auf diese Weise entstehen Controllingkennzahlen, wie etwa Kaufhäufigkeit je Fläche, Artikelanzahl je Umsatz/m^2.
- Das wert- oder evtl. auch das mengen- bzw. artikelbezogene mäßige Kaufvolumen, das pro Kunde und Kaufakt aufkommt, gibt als Indikator Hinweise, wie stark das Gesamtsortiment vom Kunden akzeptiert wird. Eine hohe generelle Sortimentsakzeptanz wiederum deutet auf das Bestehen intensiver Verbundbeziehungen innerhalb des Sortiments hin.

– Die konkreten Verbundintensitäten lassen sich durch sog. Kaufhäufigkeitsmatrizen ermitteln. Gestützt auf den maschinenlesbaren Kassenbon, der im Idealfall den Warenkorb eines Kaufakts und eines Kunden artikelgenau widerspiegelt, sagen die Koeffizienten in einer solchen Matrix aus, wie oft Artikel m gleichzeitig mit Artikel n gekauft wurde (= sog. Bonanalyse).[70] Da nun aber die insgesamt je Kaufakt erworbene Artikelanzahl ebenfalls die paarweise zwischen zwei Artikeln bestehende Verbundstärke relativiert, muß eine solche Häufigkeitsmatrix modifiziert werden. Dazu haben sich verschiedene Kennzahlen bzw. sog. Verbundkoeffizienten etabliert, die hier indes nicht ausführlich dargestellt werden.[71] So müssen z. B. die zusätzlich berücksichtigt werden: die Einzelkaufwahrscheinlichkeit, die Artikelanzahl je Warenkorb, das DM-Gewicht eines jeweiligen Artikels.

Es zeigen sich in empirischer Betrachtung des Sortiments eines großen deutschen LEH-Filialisten bei Teil A der Abbildung spezifische Verbundbeziehungen zwischen den Artikeln im Lebensmitteleinzelhandel, die evtl. „erwartbar" sind (z. B. zwischen Zigaretten und Cola). Hingegen gibt es aber durchaus auch ungewöhnliche, d. h. nicht prognostizierbare und vielmehr nur mittels konkreter empirischer Marktforschung erkennbare Verbunde (so beispielsweise zwischen Milch und Zigaretten). Überdies sind in der Abbildung (Teil B) noch Verbunde zwischen einzelnen Warengruppen dargestellt, so daß damit die gesamte Betrachtung des Handelscontrollers artikel- oder auch warengruppengenau erfolgen kann. Hinsichtlich der praktischen Anwendbarkeit sollte man diese aus der Bonanalyse ermittelten Erkenntnisse zwiespältig sehen:
• Sie erfordern einerseits eine umfassende, heutzutage im Zuge des Scanning jedoch „machbare" Datenbereitstellung.
• Der DV-gestützte Rechenaufwand ist bei großen Dateninputs doch sehr beträchtlich! Der Handelscontroller kann mit kleineren Stichproben – bei vertretbaren Informationsverringerungen – den Rechenaufwand indes regelmäßig reduzieren und inzwischen sogar u. U. via PC abwickeln.

– Abbildung 21 zeigt exemplarisch verschiedene der empirisch ermittelten Verbundbeziehungen auf: Einerseits steht der Verbund zwischen den zehn bekannten Beispielartikeln im Vordergrund, indem dabei zusätzlich noch zwischen aktiven und passiven Verbunden unterschieden wird. Ein aktiver Verbund zeigt, wie stark ein der Verbundanalyse unterzogener Artikel die übrigen Artikel mitzieht; hingegen bezieht sich der passive Verbund auf die Frage, wie stark ein einzelner Artikel durch die übrigen Warenkorbartikel insgesamt mitgezogen wird. Andererseits kann man entsprechend ganze Warengruppen hinsichtlich ihrer Verbundbeziehungen untereinander vergleichen (siehe Teil B von Abbildung 21). Dann werden Verbundkoeffizienten zwischen Warengruppen sowie weiterhin Einzelkaufwahrscheinlichkeiten in bezug auf einzelne Warengruppen dargestellt.

---

[70] *Häusel* 1990; *Simmet* 1990, 106 f., jeweils m. w. N.
[71] Vgl. z. B. *Merkle* 1981 sowie grundsätzlich zum Verbundproblem in seiner Systematisierung *Engelhardt* 1977; *Hauzeneder* 1975 sowie *Stahl* 1977. Darüber hinaus gibt es in neuerer Zeit weitergehende Ansätze, die indes den Handelscontroller aufgrund des notwendigen Dateninput und aufgrund der Methoden- und Interpretationsprobleme vielfach überfordern dürften; vgl. etwa *Hruschka* 1991. *Heidel* 1990, 92–99, operationalisiert die verschiedenen ein- oder mehrseitigen und -stufigen Verbundbeziehungen anhand ähnlicher Kennzahlen, wie sie von *Häusel* 1990 eingesetzt werden.

Teil A: Verbundanalyse ausgewählter Artikel

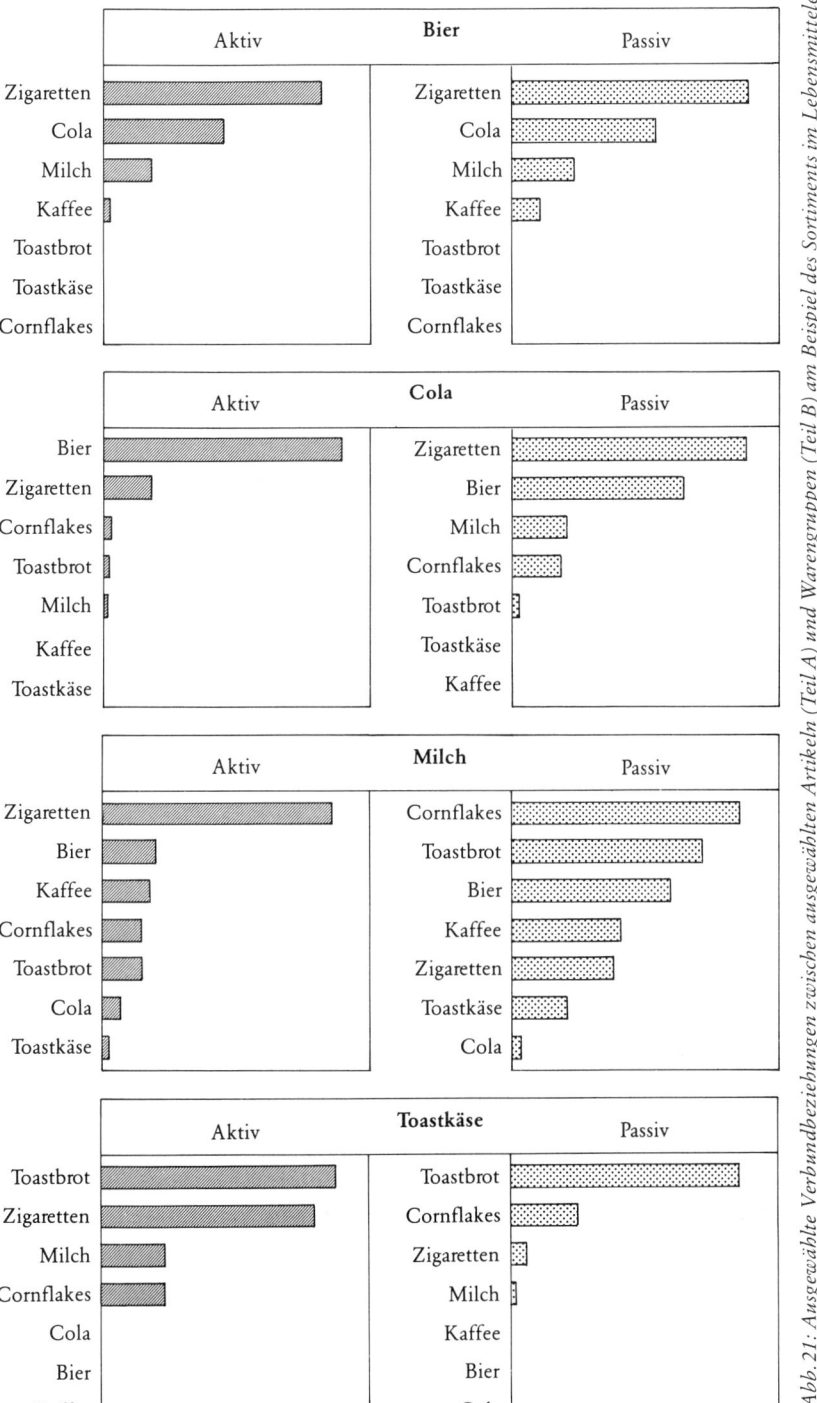

Abb. 21: Ausgewählte Verbundbeziehungen zwischen ausgewählten Artikeln (Teil A) und Warengruppen (Teil B) am Beispiel des Sortiments im Lebensmitteleinzelhandel (nach Häusel 1990, 111–114, 125)

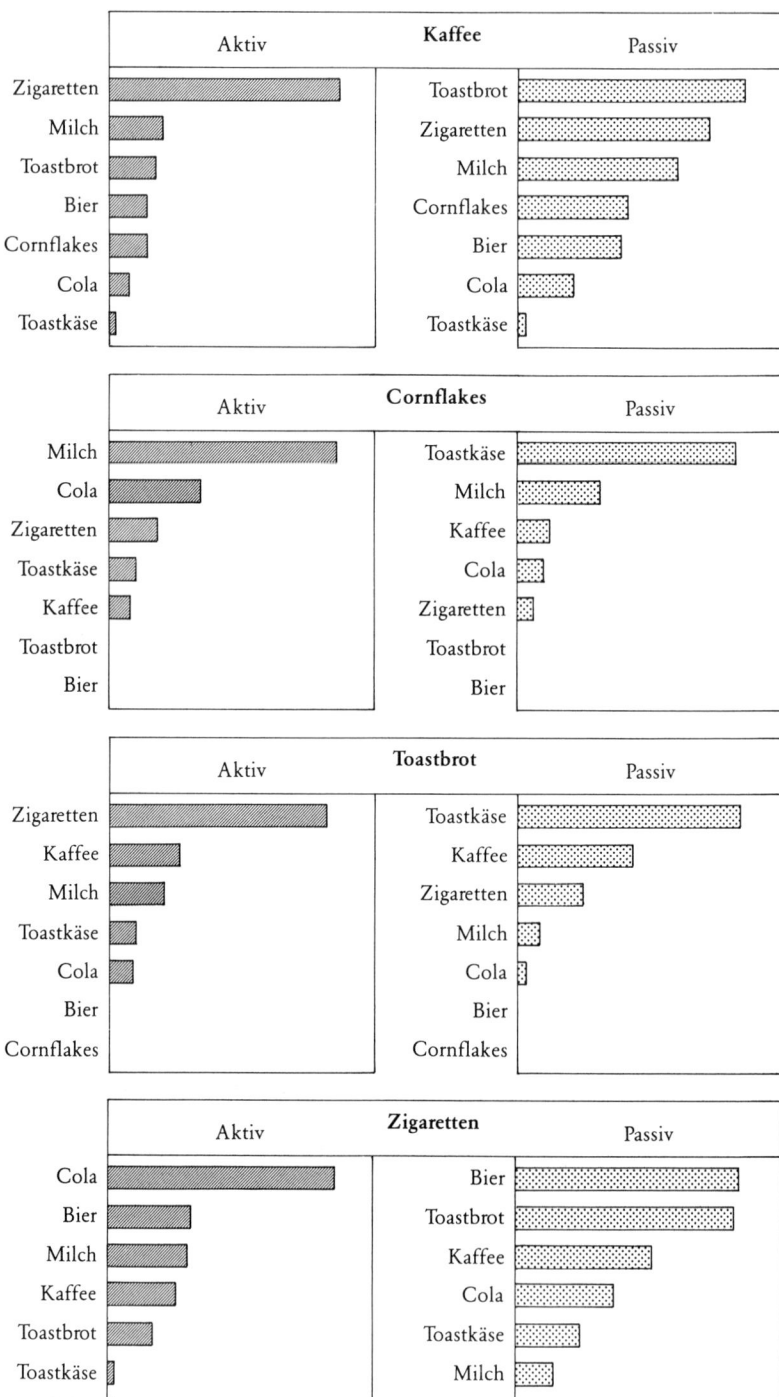

Teil B: Verbundanalyse ausgewählter Warengruppen
anhand von Verbundeffizienten

von WG i nach WG j	10	11	12	13	14	Verb. koeff.
10	0,028	0,066	0,072	0,08	0,073	3,59
11	0,007	0	0,005	0,005	0,004	0,33
12	0,017	0,011	0,015	0,016	0,028	0,81
13	0,119	0,071	0,103	0,081	0,12	5,17
14	0,031	0,015	0,052	0,035	0,032	1,5
Einzelkaufwahr- scheinlichkeit	0,024	0,293	0,016	0,016	0,007	

Auf der Basis solcher erkannten Verbundbeziehungen lassen sich dann die einzelnen
Warengruppen im Portfolio positionieren. Hinsichtlich der zweiten Portfoliodimension „Erfolg", die in der Praxis insbesondere durch „Deckungsbeitrag/m²" operationalisiert wird, gelten die bereits angesprochenen Vorbehalte. Dennoch ist dieses Sortimentsportfolio 4 für das Handelscontrolling besonders wichtig, weil dadurch
wesentliche strategische Größen berücksichtigt werden. Selbst wenn die Positionierung nur „unscharf", d.h. innerhalb von Bandbreiten erfolgen kann, lassen sich aus
diesem Portfoliotyp wichtige tendenzielle Erkenntnisse ziehen. In Abbildung 22 sind
wiederum für die vier Portfolioquadranten einzelne Strategievorschläge aufgelistet.

Das Sortimentsportfolio 4 hat mit der Verbundstärke (= Verbundintensität) einerseits sowie
der Erfolgsstärke andererseits zwei besonders wichtige strategische Größen. Innerhalb von
gewissen Korridoren kann der Handelscontroller – z. T. gestützt auf Warenkorbstichproben
oder Kassenbonanalysen – Verbundbeziehungen zwischen einzelnen Warengruppen des
Handelssortiments erkennen und gewichten. Dann stellt dieses Portfolio ein wesentliches
Controllingtool dar.

hoch **Verbund-** **stärke** niedrig	• Spezialaktionen durchführen	• Pflegen und schonen • Langzeiteffekte nützen
	• Experimentieren	• Zielaktionen • Verbundeffekte abschöpfen

| niedrig | **Erfolg (z. B. DB/m²)** | hoch |

Abb. 22: Verbundintensität/Erfolg-Portfolio (= Sortimentsportfolio 4)

Im einzelnen kann man die Portfolioquadranten so charakterisieren:
– In Feld 1 muß die Verbundstärke ausgenutzt werden; klassische Lockvogel- und
  Zugangebote sind dabei wichtig. Eine Verschiebung der hier positionierten Waren
  in Richtung auf eine bessere Erfolgsträchtigkeit wird meist nicht isoliert, sondern le-

diglich durch generelle Trends erfolgen können (etwa durch eine grundsätzliche Höherpositionierung des Sortiments im Zuge des Trading-up).[72] Die tendenzielle Sortimentsöffnung im Discountbereich für etablierte Herstellermarken gibt dazu ein Beispiel (vgl. etwa den Markenartikelanteil verschiedener Discounter, so z.B. von *Plus* im *Tengelmann*-Konzern, die sich recht frühzeitig werblich als Markendiscounter positioniert hat, sowie sogar den – leicht – gestiegenen Markenartikelanteil bei *Aldi*). Man kann dann insgesamt von einem starken Sortiments- und speziell Marken-Trading-up sprechen.

– In Feld 2 stehen die „Stars". Sie sollten nicht überansprucht werden und verdienen vielmehr eine kontinuierliche Pflege im Positioning. Insofern sollte die Erfolgsträchtigkeit nicht zu hoch angesetzt werden („Preisüberziehung"), sondern eine langfristige gemäßigte Erfolgsträchtigkeit ist oft sinnvoller.

– In Feld 3 müssen erfolgsträchtige Warengruppen als solche positioniert bleiben. Wie sich empirisch nachweisen läßt, strahlen konstant positionierte Warengruppen eher positive Image- und damit indirekt auch Verbundeffekte aus. Daher muß sich der Aktionismus auf ausgewählte Zielaktionen – nicht unbedingt: Sonderaktionen mit dann evtl. eher schädlichen Preisaktivitäten – beschränken.

– In Feld 4 lohnt sich das Experimentieren; man sollte sich hier nicht von geringeren Erfolgsaussichten abschrecken lassen. Vielmehr sind auch – wie bereits im Sortimentsportfolio 3 skizziert – z.B. räumliche Umplazierungen, Aktionsräume u.ä. sinnvoll, die dann auch die Kennzahl „Deckungsbeitrag/m^2" ändern können, wenn beispielsweise je m^2 nun eine höhere Abverkaufsrate erzielbar ist (etwa durch Umpositionierung zum Trading-down-Artikel, der dem Kunden Preisgünstigkeit signalisieren soll).

• Das **Kosten/Marktwachstum-Portfolio** (= Sortimentsportfolio 5) orientiert sich mit seinen Dimensionen an branchenübergreifenden Portfolioklassikern. So ist die Dimension „Marktwachstum" hinlänglich bekannt. Im konkreten Fall der Sortimentsportfolierung bezieht sie sich auf das prognostizierbare und potentielle Marktwachstum spezifischer Warengruppen. Die zweite Dimension „Kosten" will die warengruppenspezifischen Kosten berücksichtigen, die – neben dem Einstandspreis – speziell durch Logistikleistungen und in weitergehender Auffassung auch durch Erlösschmälerungen bedingt sind. Damit spaltet das Sortimentsportfolio 5 die allgemeine Erfolgskraft in bestimmte Einflußgrößen auf – nämlich in Marktwachstum und Kosten. Es stellt damit eine Konkretisierung derjenigen Portfolios dar, die die Portfoliodimension „Erfolg" verwenden, und es handelt sich daher in gewisser Weise um ein Subportfolio.[73] Allerdings besteht eine grundlegende Gefahr, daß insbesondere die Kostendimension bei der praktischen Anwendung dieses Portfoliotyps unzweckmäßig interpretiert wird: Die Kostenzuordnung auf einzelne innerhalb des Portfolios zu positionierende Warengruppen darf daher keineswegs mittels einer Vollkostenbetrachtung, sondern muß sinnvollerweise lediglich anhand von Teilkostenerwägungen erfolgen, um auf diese Weise Verzerrungen aufgrund der willkürlich-einseitigen Fix- und Gemeinkostenschlüsselung in bezug auf einzelne Warengruppen zu vermeiden. Besonders „gefährliche" Kostenarten, die in der Handelspraxis recht schnell und

---

[72] Siehe generell zum Trading-up und zur damit verbundenen sog. Betriebsformendynamik statt mancher *Müller-Hagedorn* 1984, 65–72; *Marzen* 1986.

[73] Siehe zu Subportfolios generell *Witt* 1989h.

fälschlicherweise dann rechentechnisch als Proportional- und/oder als Einzelkosten einer einzelnen Warengruppe zugeordnet werden, sind beispielsweise:
- Personalkosten im Logistikbereich
- Warengruppenübergreifende Transportgebühren
- Präsentationskosten (Regalfläche, Regalpflege bzw. Rack-Jobbing etc.)

Die vier Quadranten des Sortimentsportfolios 5 gemäß Abbildung 23 können mit jeweiligen Strategievorschlägen belegt werden:
- In Feld 1 müssen evtl. Warengruppen gestrafft bzw. hinsichtlich der Logistikkosten umpositioniert werden (z. B. weniger kostenintensive Präsentation).
- In Feld 2 muß den vergleichsweise hohen Kosten ein kontinuierliches Marktwachstum gegenübergestellt werden, um den Erfolg zu sichern. Dies wird in aller Regel nur durch marketingintensive Aktivitäten möglich sein. Die daraus resultierenden Mehrkosten dürften jedoch nur unterproportional mitwachsen.
- In Feld 3 sind langfristige „perspektivische" Maßnahmen notwendig, um eine Kostenexplosion zu vermeiden. Insbesondere ist hier an warenwirtschaftliche Maßnahmen zu denken (z. B. vereinfachte Bestellvorgänge bei den diesbezüglichen Lieferanten, Zusatz-Rahmenverträge im Einkaufsbereich).
- In Feld 4 sollen weitere Artikel und Warengruppen, die ähnlich kostengünstig positionierbar sind, für handelsinterne Verbundeffekte sorgen (beispielsweise hinsichtlich der Auslastung eines Warenwirtschaftssystems).

> Dieses Portfolio spaltet die höherstehende Portfoliodimension „Erfolg" in zwei wesentliche, jeweils auf eine spezifische Warengruppe zu beziehende Unterdimensionen auf, nämlich in „Kosten" und „Marktwachstum". Damit handelt es sich um ein Subportfolio, das insbesondere zur Analyse von Detailaspekten herangezogen werden kann. Beispielsweise stellt sich einem Handelsunternehmen die Frage, ob bestimmte logistikkosten-intensive Warengruppen (etwa aus dem Kühl- oder aus dem Frischwarenbereich) noch forciert werden sollen. Das Sortimentsportfolio 5 bezieht gerade aus diesem Grund handelsinterne Aspekte („Kosten") und Marketingaspekte („Marktwachstum") mit in die integrierte Betrachtung ein.

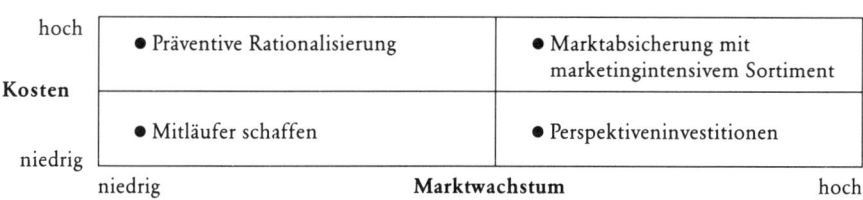

Abb. 23: Kosten/Marktwachstum-Portfolio (= Sortimentsportfolio 5)

- Das **Deckungsbeitrag/Warenbewegung-Portfolio** (= Sortimentsportfolio 6) zielt ebenfalls auf eine Konkretisierung von eher allgemeinen Portfoliodimensionen und ist daher als Subportfolio anzusehen. Dieses Portfolio bezieht eine im Handel inzwischen etablierte Sichtweise mit ein, nämlich die sog. direkte Produktrentabilität (DPR).[74] Die Grundidee besteht darin, die bereits beim Sortimentsportfolio 5 aufgezeigte Gefahr der willkürlichen Kostenschlüsselung zu umgehen, indem nämlich ein Deckungsbei-

---

[74] Vgl. dazu statt vieler generell *Behrends* 1988; *Herstatt* 1991. Mitunter findet man einige Rechenvarianten und Namensmodifikationen (etwa Realer Artikelertrag RAE statt DPR).

trag stufenweise ermittelt wird (vgl. Abbildung 24) und damit explizit der Einzelartikel bzw. zumindest die übergeordnete Warengruppe zum Kalkulationsobjekt auf-
steigt.[75] Konkret wird die DPR meist definiert als Nettoverkaufspreis (d. h. exklusive
USt.) abzüglich Nettoeinkaufspreis zzgl. sonstige herstellerseitige Vergütungen (z. B.
Werbekostenzuschüsse, artikelbezogene Rabatte) abzüglich sog. direkter Produktkosten.

Zur Deckungsbeitragsermittlung subtrahiert die DPR-Rechnung einzelne ausgewählte Kostenarten vom (Netto)erlös je Warengruppe und vermeidet pauschale Kostenzuordnungen
im Zuge einer willkürlichen Vollkosten(zu)rechnung. Das Rechenbeispiel zeigt die dabei je
Warengruppe I, II und III jeweils alternativ ermittelten Kosten und Deckungsbeiträge gemäß
der Gegenüberstellung beider Rechenverfahren. Trotz dieser an sich einzelkostenorientier-
ten Sichtweise der DPR kommt es in der praktischen Anwendung indes regelmäßig dennoch zu gewissen Vollkostenschlüsselungen: So besteht z. B. die große Gefahr, daß die
„Kosten der Verkaufsfläche" nur willkürlich einer Warengruppe zugeordnet werden, weil
beispielsweise die angemietete Gesamtfläche eines Ladenlokals Fix- und Gemeinkosten in
bezug auf einzelne m² – und damit auch hinsichtlich der dort plazierten Warengruppe(n) –
darstellen. Diese allgemein-betriebswirtschaftliche Einsicht ist indes bei vielen DPR-An-
wendern noch nicht etabliert.

	Warengruppe I		Warengruppe II		Sortimentsdurchschnitt	
	DPR	pauschale Kosten-zurechnung	DPR	pauschale Kosten-zurechnung	DPR	pauschale Kosten-zurechnung
Nettoumsatz	10 000	10 000	10 000	10 000	10 000	10 000
·/· Wareneinstand (DM)	7 500	7 500	6 600	6 600	7 200	7 200
= Warenrohertrag (DM)	2 500	2 500	3 400	3 400	2 800	2 800
·/· Kosten – pauschal 22,5 % vom Bruttoumsatz (DM)		2 565		2 408		2 453
– Warenbewegung (DM)	886		1 286		1 200	
= Deckungsbeitrag I (DM)	1 614		2 114		1 600	
·/· Kosten für Waren-präsentation – Verkaufsfläche	528		1 980		990	
– Bestandskosten	63		248		75	
– Werbekosten	110		270		188	
= Deckungs-beitrag II (DM)	913	– 65	–384	992	347	347
Umsatzbasis – nachgefragte Menge (St.)	950		2 675		2 180	
– Stückpreis inkl. MwSt. (DM)	12		4		5	

Abb. 24: DPR-Rechenschema als Basis eines DPR-Portfolios

---

[75] Siehe zur historischen Entwicklung (= Studien als Vorläufer der DPR) etwa *Küper* 1972, 375.

Auf den ersten Blick liegt das Problem der DPR-Ermittlung bei den verursachungsgerecht zugeordneten Kosten,[76] läßt sich aber sofort auch auf die Erlösseite ausweiten
(= Ermittlung von Einzelerlösen, Zurechnung von Werbekostenzuschüssen, Rabat-
ten, Transportkosten bei der Beschaffung als Bestandteil im Einkaufspreis u. ä.). Im
Idealfall geht das DPR-Konzept so vor:[77]. Statt der pauschalen Kostenzurechnung auf
eine einzelne Warengruppe werden schrittweise einzelne Kostenarten vom Nettoum-
satz subtrahiert. Dazu werden bereits in den Artikelstammdaten entsprechende –
meist logistiknahe – Daten (Abmessungen, Gewichte etc.) mitgeführt. Diese jeweiligen
Kosten je Warengruppe sollten „an sich" Warengruppeneinzelkosten sein. In der
praktischen Anwendung kommt es aber vielfach dazu, daß Vollkostensätze gebildet
und dementsprechend dann anteilige Vollkosten – statt Einzelkosten – abgezogen
werden: Der DPR-Aussagewert ist damit stark geschmälert! Insbesondere herstellerseitige DPR-Musterrechnungen, die den Handel zur (Neu)produktakzeptanz anreizen sollen, sind in dieser Hinsicht mitunter mit sehr großen Vorbehalten zu betrachten![78]Ein Blick auf Abbildung 24 zeigt dies sehr eindringlich, denn in aller Regel
werden die Kosten einer Warengruppe, die nur auf wenigen m^2 innerhalb eines Ladenlokals plaziert ist, als Fix- und Gemeinkosten bezüglich dieser Warengruppe anzusehen sein. Entsprechendes gilt meist auch für manche Werbekosten (etwa artikelüber-
greifende Firmenwerbung). Daher ist das DPR-Rechenschema nur mit einigen
Vorbehalten als „echte" stufenweise Deckungsbeitragsrechnung einzuschätzen. Nur
mit diesen Einschränkungen ist daher auch das Sortimentsportfolio 6 zu sehen, das –
mit der aus der DPR abgeleiteten Dimension „Deckungsbeitrag" (DB I und DB II) –
das Portfolio aufspannt. Die zweite Portfoliodimension ist die „Warenbewegung", die
sich ergibt als:

Warenbewegung = Warenumschlag/m^2 x Artikelanzahl in der Warengruppe.

Damit kommt eine traditionell-klassische Kennzahl des Handelsmanagement, nämlich
der Warenumschlag je Flächeneinheit, zum Tragen, die durch die Bedeutung der jeweiligen Warengruppe für den Händler relativiert wird (vgl. den Gewichtungsfaktor „Artikelanzahl"). Abbildung 25 veranschaulicht das dann aufgespannte Sortimentsportfolio 6.

Der aus der DPR übernommene Deckungsbeitrag I bzw. II bildet zusammen mit der „Warenbewegung" (= Warenumschlag/m^2 x Artikelanzahl innerhalb der Warengruppe) die beiden Portfoliodimensionen. Dieses Portfolio genießt im Handelscontrolling eine hohe Akzeptanz, weil es wesentliche Ziele bzw. strategische Größen beinhaltet. Bei etwas nüchternerer
Betrachtung muß man jedoch erkennen, daß die Ermittlung beider Portfoliodimensionen
sich faktisch – nicht unbedingt in theoretischen Grundkonzept! – aber an simplen Vollkostenschlüsselungen orientiert. Damit sinkt der „Gebrauchswert" für das aussagekräftige
Handelscontrolling jedoch deutlich.

---

[76] Vgl. statt mancher – allerdings insgesamt recht weniger – Kritiker, die oft zugunsten der Prakti-
kereuphorie untergewichtet bleiben, *Schenk* 1990, 198 f.
[77] Siehe auch das Beispiel bei *Berekoven* 1990, 120, 122, m. w. Hinweisen, namentlich auf das *ISB;*
vgl. *Behrends* 1988.
[78] So auch *Berekoven* 1990, 119.

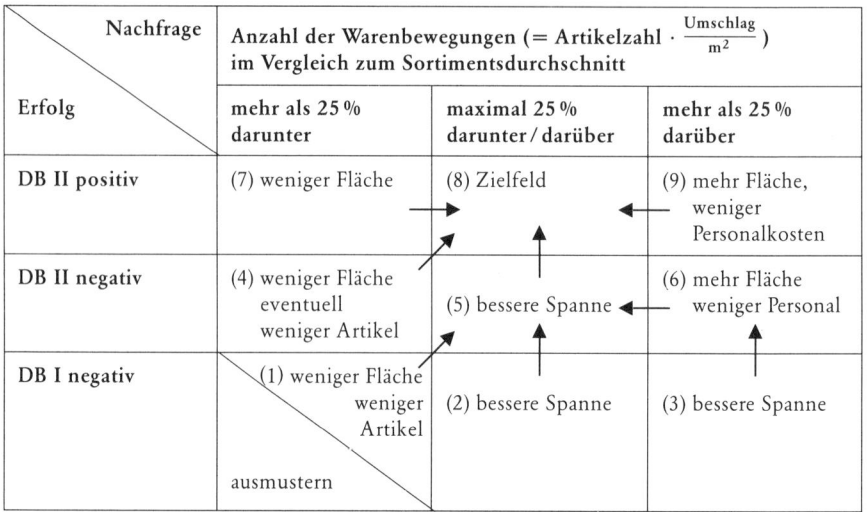

Nachfrage / Erfolg	Anzahl der Warenbewegungen (= Artikelzahl $\cdot \frac{\text{Umschlag}}{\text{m}^2}$) im Vergleich zum Sortimentsdurchschnitt		
	mehr als 25 % darunter	maximal 25 % darunter / darüber	mehr als 25 % darüber
DB II positiv	(7) weniger Fläche	(8) Zielfeld	(9) mehr Fläche, weniger Personalkosten
DB II negativ	(4) weniger Fläche eventuell weniger Artikel	(5) bessere Spanne	(6) mehr Fläche weniger Personal
DB I negativ	(1) weniger Fläche weniger Artikel ausmustern	(2) bessere Spanne	(3) bessere Spanne

Abb. 25: Deckungsbeitrag/Warenbewegung-Portfolio (= Sortimentsportfolio 6)

Der DPR-Ansatz läßt sich auch auf andere Kalkulationsobjekte übertragen, so daß beispielsweise die DPR einer Abteilung oder einer Filiale ermittelt wird. Hierbei ergeben sich analoge Kosten- und Erlöszurechnungsprobleme wie bei der produktbezogenen Sichtweise.[79]

In Abbildung 25 sind weiterhin verschiedene strategische Empfehlungen ausgesprochen, so wie sie meist Handelspraktikern zusammengefaßt gegeben werden. Dabei reduziert sich das „Strategie"spektrum auf drei wesentliche Maßnahmenbereiche, nämlich

– Spannenveränderungen (meist nicht durch Kosten-, sondern ausschließlich durch Preisanpassung) mit möglichen, im Portfolio noch nicht ausdrücklich berücksichtigten Folgeeffekten auf die Kundenakzeptanz und damit auch auf den Warenumschlag
– Personaleinsatz (als eine einzelne Möglichkeit der direkten Kostenveränderung)
– Flächenoptimierung. Gerade die Flächenanpassung stellt einerseits eine recht simple Maßnahme dar, um rechentechnisch den Deckungsbeitrag und die Warenbewegung anzupassen, ohne indes – neben diesen rechentechnischen „Symptomen" – auch die dahinterstehenden Marketing„ursachen" beachtet zu haben. Insofern bietet die Flächenoptimierung nach dieser Sichtweise keine wirkliche, sondern nur eine vordergründige Strategie, die mit weiteren Marketingmaßnahmen verknüpft sein sollte. Andererseits hat das sog. Ertragsgesetz ein Revival hinsichtlich seiner Anpassung auf die Besonderheiten von Handelsunternehmen erfahren:[80] Wenn auch mit Vorbehalten, so ist generell immerhin doch ein enger, empirisch überprüfter Zusammenhang zwischen Umsatz und Fläche vorhanden, der dem ertragsgesetzlichen Kurvenverlauf genügt. Aufgrund dieser empirischen Absicherung kann man dann doch wiederum von einer „wirklichen" Strategie in bezug auf die Flächenoptimierung sprechen.

---

[79] Siehe das Beispiel bei *Müller-Hagedorn* 1984, 157–159; *Tietz* 1985, 1148–1163 (= sog. Filialwirtschaftlichkeitsrechnung).
[80] Vgl. ausführlicher *Tietz* 1985; *Hedderich / Hedderich* 1987.

Darüber hinaus lassen sich weitere Maßnahmen je Portfolioquadrant finden, so beispielsweise[81]

– eine Veränderung der Rack-Jobbing-Intensität
– Preisaggressivität
– Auslisten, d. d. Eliminieren
– Sonderaktionsforcierung etc.

Insgesamt zeigt das Deckungsbeitrag/Warenbewegung-Portfolio noch einmal klar die grundlegende Vorteilhaftigkeit der Portfoliomethode im Handelscontrolling auf, nämlich das Controlling hinsichtlich ausgewogener, strategisch abgesicherter Aktivitäten. So kommt beim Sortimentsportfolio 6 keineswegs immer eine Orientierung zum Zielfeld 9, sondern eher zum Feld 8 in Betracht. Denn in Feld 9 ist die Warenbewegung so groß, daß Regallücken entstehen und Kunden deshalb verärgert werden könnten, wenn beispielsweise das Rack-Jobbing nicht angemessen funktioniert. Daher kommt durch die Zielbetrachtung indirekt eine weitere Dimension in's Spiel, nämlich die Risikokomponente. Sie bestimmt in wesentlichem Umfang, wie ausgewogensicher oder hingegen wie innovativ-risikoreich sich das gesamte Handelsunternehmen plazieren soll oder auch wie einzelne Warengruppen zu positionieren sind. Diese Risikobetrachtung kann man auch formal durch den Portfolio-Selection-Ansatz[82] miteinbeziehen, indem nämlich das Handelssortiment z. B. nach Rendite/Risiko-Überlegungen positioniert und auf Diversifikationsmöglichkeiten untersucht wird. Für die praktische Handelscontrollinganwendung scheint dieser Approach jedoch (noch) zu formalisiert und „unhandlich" zu sein, da er insbesondere sog. Risikonutzen-Funktionen des Controllers bzw. des Managers verlangt, die in der Praxis weniger gut quantitativ ermittelbar sind (vgl. auch das Konzernportfolio 3 in Abbildung 16).[83]

2.1.5 Weitergehende strategische Erfolgsanalyse

Weitere Portfoliodimensionen – speziell für die Generierung von Sortimentsportfolios – werden ebenfalls noch in der Handelspraxis diskutiert und mitunter angewendet. So sind beispielsweise noch folgende Dimensionen zu nennen:

• Sortimentsflexibilität hinsichtlich verschiedener Beschaffungsquellen bzw. Lieferanten (etwa von Handelsmarken, die von verschiedenen Herstellern bezogen werden könnten) sowie weiterhin hinsichtlich des Marketingaspekts, ob nämlich verschiedene Artikel aus Sicht des Konsumenten – ohne Imageeinbußen oder Preis- bzw. Erlösabschläge – austauschbar sind
• Preislage bzw. Preisniveau einer Warengruppe oder einer Betriebsform[84]
• Preislage bzw. Preisniveau, das ein Händler ohne Verschlechterung des Kundenimage realisieren kann (z. B. Preisgünstigkeitsimage im Rahmen der Versorgungsorientierung, elitäre Preispositionierung mit ausgrenzender Marktsegmentierung)
• Service- und Beratungsintensität von Warengruppen
• Substitutionsgefährdung durch andere Wettbewerber und/oder Betriebsformen aufgrund eines spezifischen „wechselfreudigen" Laufkundschaftsanteils

---

[81] Siehe auch *Berekoven* 1990, 124; *Simmet* 1990, 105, m. w. N.
[82] *Weis* 1985.
[83] Siehe dazu auch *Witt* 1991a, 160–165 m. w. N.
[84] *Hansen* 1990, 341.

- Markt- bzw. Vertriebskanalattraktivität und dortige Position des jeweiligen Unternehmens[85]
- Pflichtsortiment, das kaum Aktionen zuläßt, vs. das Profilierungspotential einer Warengruppe innerhalb eines „Sortimentsspielraums"
- Lieferantenqualität und -flexibilität, falls man besonders den Einkaufsbereich fokussiert.[86]

Solche Portfoliodimensionen sind zwar im Einzelfall durchaus sinnvoll einsetzbar. Generell fehlt es jedoch derzeit noch an **Portfoliostandards**, die allgemein akzeptiert sind. Damit soll nichts dagegen gesagt sein, daß ein Handelscontroller für seine eigenen Analysen mit individuellen Portfolios arbeitet. Jedoch zeigt sich immer wieder eine gewisse Verunsicherung in der Handelspraxis, welche Dimensionskombinationen – also nicht unbedingt: welche einzelnen Dimensionen – zweckmäßig sind. Die gerade aufgeführten einzelnen Dimensionen kamen vergleichsweise wenig zum Zuge, als es im Rahmen einer eigenen empirischen Studie um praxisakzeptierte Handelsportfolios ging. Vielmehr dominierten eindeutig die in Abbildung 12 bis Abbildung 25 aufgezeigten Portfolios. Darüber hinaus nennen gerade Praktiker, die mit dem Portfolioansatz nicht vollends vertraut sind, mitunter – vermeintliche – Portfoliodimensionen, die noch stärker als einige der bereits genannten Aspekte in den operativen Bereich abdriften. So kommen dann als **Pseudodimensionen** etwa in Betracht:[87]

- DM-Einkaufsbeträge bzw. Warenkorbwerte
- Kundenanzahl.

Als „Anregungsbasis" zur Dimensionsgenerierung dient u.a. eine Analyse der strategischen Erfolgspositionen und konkreter: der strategischen Erfolgsfaktoren im Handel, um auf diese Weise sog. **Strategiepfade** und **strategische Geschäftsfelder** zu identifizieren.[88] Eine solche empirische Analyse wird branchenbezogen ansetzen müssen (z.B. für den Lebensmittelsektor). Dennoch lassen sich gewisse erste Ansätze auch auf andere Branchen übertragen bzw. dienen dort zumindest als Anregung für den Handelscontroller. Aus diesem Grund sind im folgenden einige empirische **allgemeine Erfolgsfaktoren** aus dem Bekleidungssektor mit ihrem jeweiligen prozentualen Bedeutungsgewicht wiedergegeben, wobei ein großer Anteil nicht-erklärt bleibt (vgl. die sich nicht zu 100 % aufaddierenden Bedeutungsgewichte der referierten Studie):[89]

- Wettbewerbsstärke (27 %), die u.a. – gerade in bezug auf spezifische standortnahe Konkurrenten – bedingt ist durch
  – das Sortiment
  – Beschaffungsverhältnisse
  – Preis/Leistung-Ratio
  – Zielgruppenorientierung und dort vorherrschendes Globalimage
  – Personal-Know-how.

---

[85] *Specht* 1988, 161 f.
[86] Siehe dazu generell *Witt* 1986g; *Heege* 1987.
[87] Siehe mit einem entsprechenden Ansatz auch *Schach* 1989a, 12; *Schach* 1989b, 9/436.
[88] Siehe generell, eher handelsunspezifisch zur Pfad- und Feldidentifizierung *Hansen* 1990, 555–567, sowie als Beispiel im Rahmen der Diversifikationspolitik *Drexel* 1990, 139.
[89] Vgl. *Meffert* 1988a, 220–226, m.w.N., namentlich auf *Patt* 1988. Vgl. auch den Überblick bei *Kube* 1991 und *Wahle* 1991.

- Erlebnisorientierung (15 %), die die Einzelkriterien
  - Ladenraumgestaltung und Ladenatmosphäre
  - warenbedingtes Einkaufserlebnis
  - Auswahlmöglichkeit
  - Farb- und Lichtdesign
  - Sonderaktionsintensität
  zusammenfaßt.
- Systemnutzung (5 %), wobei speziell
  - die Nutzungsintensität von Informationssystemen
  - die – meist softwaregestützte – Personaleinsatzplanung
  - und das Warenwirtschaftssystem
  gemeint sind.
- Überschaubarkeit (4 %), die sich auf die handelsinterne Organisation und Führung bezieht und speziell die Parameter
  - einer geringen Hierarchieebenenanzahl und Standortanzahl
  - sowie die Mitarbeitermotivation
  bündelt.
- Leistungs- und Öffentlichkeitsorientierung (4 %), die sich bezieht auf
  - das Serviceangebot
  - die exklusiv positionierte Ladenlokalgestaltung
  - eine offensive Zugabenpolitik im Rahmen des Sales-Promoting
  - sowie eine intensive Öffentlichkeitsarbeit.

Neben diesen strategischen Erfolgsfaktoren ließen sich im Bekleidungssektor weiterhin auch **strategische Wachstumsfaktoren** (hier: Umsatzwachstum) empirisch ermitteln, so nämlich

- Personal (26 %), wobei als wesentliche Parameter eine Rolle spielen:
  - Mitarbeiteridentifikation mit dem Unternehmen
  - Käufer/Verkäufer-Matching
  - Stammkundenanteil
  - Verkäuferoutfit und Erscheinungsbild
  - Verantwortungsfreiräume für das Personal.
- Marktsegment- bzw. Zielgruppenstrategie (27 %), die durch die Umsatzanteile in verschiedenen Zielgruppen operationalisiert wird, so z. B.
  - „Damen: modisch-aktuell"
  - „Damen: qualitätsbewußt"
  - „Damen: preisgünstig".
- Unternehmens- und Filialgröße (11 %), die verschiedene Parameter umfaßt:
  - Verkaufsfläche
  - Wettbewerberanzahl
  - Coverage
  - Umsatzanteil in verschiedenen Zielgruppen (z. B. „Kinder: Baby")
  - Intensität von Sonderaktionen und TV-Werbung.

Weiterhin gibt es spezifische **strategische Ertragsfaktoren**, wobei in der referierten Untersuchung[90] „Ertrag" – wenn auch fachsprachlich ungewöhnlich – den monetären Er-

---

[90] *Meffert* 1988a, 224.

folg (Gesamtgewinn bzw. Gesamtdeckungsbeitrag eines Unternehmens) meint und wiederum durch verschiedene bündelnde, empirisch nachgewiesene Faktoren beeinflußt wird, so nämlich

- Präsentation (41 %), wobei hier etwa
  - die durch Dekoration beeinflußte Ladenatmosphäre
  - die Plazierung
  - die themenbezogene werbliche Warenpräsentation
  - Bündelangebote
  - Schaufensternutzung
  eine wesentliche Rolle spielen.
- Größe (18 %), die die Parameter zusammenfaßt:
  - Verkaufsfläche
  - Umsatz
  - Coverage
  - Plakatwerbung
  - Radiowerbung
  - Handelsmarkenanteil in spezifischen Zielgruppen (hier: „Kinder") etc.
- Stammkundenanteil (14 %), wobei
  - die Verantwortungfreiheit der Mitarbeiter
  - jeweils verschiedene Stammkundenanteile in einzelnen Zielgruppen eine unterschiedlich große Rolle spielen, so z.B. der Stammkundenanteil in der Zielgruppe „Herren: jung".

Losgelöst vom Bekleidungssektor gibt es weiterhin generellere Studien, die durch eine Aufspaltung des Zielsystems für die verschiedenen Komponenten der dann entstehenden Zielhierarchie diverse Einflußgrößen offenlegen.[91] Überträgt man diese Perspektive auf die entsprechende organisatorische Hierarchie, so gibt es jeweils **subjektive und hierarchiespezifische Einflußgrößengewichtungen des Handelsmanagers:**

- So sieht etwa die erste Ebene eher den Kundenaspekt (Stammkundenanteil, Neukundenanteil) als strategisch wichtig an.
- Hingegen dominieren auf der zweiten Ebene u.a. Wachstumsaspekte.
- Auf den nachgelagerten Hierarchieebenen diffundieren die Erfolgseinflußgrößen bzw. Teilziele: Es werden u.a.
  - die Sortimentsgestaltung mit ihren Teilfacetten
  - Standortfragen
  - Präsentation
  - Preislage
  genannt.

Andere empirische Untersuchungen[92] erklären den Unternehmenserfolg im Handel mit Hilfe von vorhandenen **Wettbewerbsbedingungen** und angewendeten **Wettbewerbsstrategien**, wobei diese Bedingungen und Strategien anhand von Indikatoren (z.B. Distributionsquote bzw. Coverage, Nachfragemacht, horizontale und vertikale Kooperation, relativer Marktanteil) operationalisiert werden. Insgesamt geben solche Analysen zwar

---

[91] *Haedrich / Kreilkamp* 1984, speziell 170–173.
[92] Siehe speziell den Ansatz von *Gaitanides / Westphal* 1990; vgl. ausführlicher Kapitel 3.4, wo dieser Ziel/Einfluß-Zusammenhang noch einmal aufgegriffen wird.

generelle Einsichten, sind in vielen Fällen jedoch für konkrete einzelunternehmensbezogene Controllinganalyse noch zu grob angesetzt. Gleichwohl führt die Analyse solcher strategischen Faktoren immer noch zu einer deutlichen Mehrtransparenz. Der einzelne Handelscontroller ist bei der Offenlegung solcher Zusammenhänge mittels komplexer statistischer Verfahren jedoch häufig überfordert. Daher bietet sich hier i. d. R. eine Aufgabenteilung an, bei der das Untersuchungskonzept und die Datenanalyse bzw. -interpretation in Kooperation mit externen Beratern, die Datenerhebung indes unter der Regie des Handelshauses selbst erfolgt. Die neben diesen Erfolgsfaktoren wichtige und daraus ableitbare Portfoliogenerierung erfolgt dann wieder kooperativ mit spezialisierten Beratern.

2.1.6 Vorteile und Nachteile von Handelsportfolios

Die wesentliche **Einzelvorteile** der Handelsportfolierung, die sich zum überwiegenden Teil aus dem Basisvorteil der ausgewogenen Darstellung von positionierten Objekten im Portfolio ableiten, lassen sich so zusammenfassen:[93]

- Hilfe bei der strategischen Positionierung
- (Optische) Anschaulichkeit der Darstellung, die bei den ansonsten im Handel üblichen Verfahren der Sortimentsanalyse kaum erreicht wird
- Flexibilität bei Sensitivitätsanalysen, so etwa bei der Zielprojektion von Umpositionierungen
- Polarisierung von strategischen Positionen im Handel
- Ergänzung klassischer Analysen
- Vergleichsweise hohe Praxisakzeptanz der Portfoliotechnik, die dementsprechend denn auch im Handel noch verstärkt zum Zuge kommen dürfte.

Entsprechend gibt es jedoch auch **Nachteile und Analysedefizite**, so insbesondere:
- Fehlende Detailimpulse für den Handelsmanager bei zu groben „hochangesetzten" Portfoliodimensionen, so daß er evtl. zusätzlich noch Subportfolios heranziehen muß
- Auswahlprobleme der handelsspezifisch „richtigen", d. h. zweckmäßigen Portfoliodimensionen
- Methodenunverständnis bei kleinen Unternehmen im Handel aufgrund fehlenden Know-hows
- Fehlende empirische und/oder praxisfundierte Absicherung, wenn man die in Abbildung 11 dargestellte Methodik zur Generierung von Portfoliodimensionen mittels Praktikerbefragung als nicht hinreichend validierend einstuft.

Bei Abwägung dieser Vor- und Nachteile bieten sich Handelsportfolios als strategisches Analyseinstrument gleichwohl deutlich an. Abbildung 26 zeigt exemplarisch die **Akzeptanz von Handelsportfolios** anhand einer Indexkurve im Zeitablauf, die auf der Basis von Praktikereinschätzungen durch Ratingbewertung ermittelt und dann in Indexwerte umgesetzt wurden (Anfangsindex gleich 100, das entspricht einem Wert von 3,3 auf einer 7er Ratingskala mit dem Bestwert 7). Insgesamt wird damit die controller- und ebenfalls auch die managerseitige Akzeptanz offensichtlich.

---

[93] Siehe ähnliche Aspekte bei *Müller-Hagedorn* 1984, 51.

Die Akzeptanz und Zufriedenheit hinsichtlich der Portfoliotechnik im Handel zeigt sich anhand von acht anwendenden größeren Handelsunternehmen. Damit wird zwar keineswegs eine repräsentative, jedoch durchaus schon eine tendenzielle Aussage über den Controllingnutzen von Handelsportfolios möglich. Die Abbildung veranschaulicht, daß die Akzeptanz von einer eher abwartenden Haltung ausgehend dann doch recht schnell ansteigt und auf vergleichsweise hohem Niveau verbleibt.

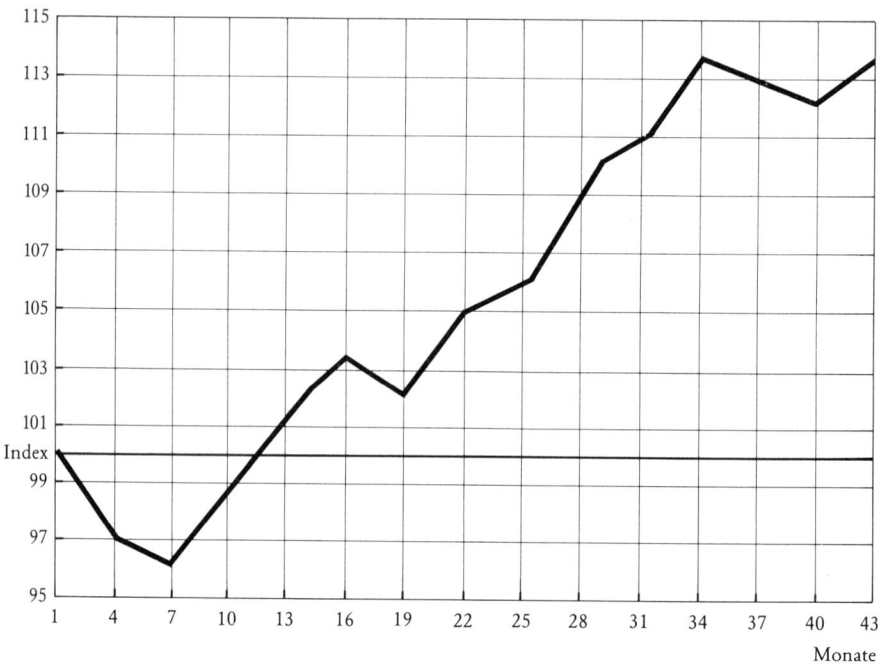

Abb. 26: Akzeptanz bzw. Zufriedenheit in bezug auf Handelsportfolios in der Praxis

2.1.7 Praktische Anwendbarkeit und Ausgestaltung von Handelsportfolios

Die Handelsportfolierung kann in der praktischen Anwendung durch verschiedene Maßnahmen unterstützt werden:

- Mittels der – wenigen – gängigen und am Markt verfügbaren spezifischen **PC-Softwares zur Portfolioerstellung** läßt sich das Handelscontrolling deutlich verbessern. Ein solches PC-gestütztes Handelsportfoliomanagement erlaubt insbesondere die flexible und alternative, d. h. „parallele" Darstellung verschiedener Positionierungen (z. B. graphische Kombination von Ziel- und Istportfolios; veränderte Gewichtung bei Generierung der Portfoliodimensionen).[94]
- Die Dimensionsanalyse kann durch **Stärken/Schwächen-Profile** unterstützt werden, die die Ausprägung der jeweiligen Bewertung der Einzelkriterien visualisiert.

---

[94] Vgl. beispielsweise die Softwares *Portfolio-Generator, Controller's Toolbox, Stratplan, Orgema, MBS-Portfolio*, die jeweils – unterschiedlich gut – ein spezifisches Portfoliomanagement erlauben. Bei der Softwareauswahl ist insbesondere Wert auf die freie Wahlmöglichkeit von Dimensionen sowie auf graphische Gestaltungsfeatures zu legen, die die Analyse sinnvoll unterstützen (z. B. Zoomen von Ausschnitten, Stretching der positionierten „Bubbles" im Portfolio).

- Das Arbeiten mit **Trend- und Zielportfolios** hat sich im Handelscontrolling deshalb bewährt, weil es – namentlich angesichts einer notwendigen Unschärfe bei der Dimensionsgenerierung – primär um Positionierungstendenzen geht, die der Handelscontroller erkennen soll. Vergleichsweise weniger wichtig – wenn auch für das „golden age" sehr wünschenswert – ist die (graphische) „millimetergenaue" Positionierung (= übergenaue Istportfolios): Aufgrund der Bandbreite, die einzelne handelsspezifische Portfoliodimensionen notwendigerweise erlauben (speziell vor dem Hintergrund der Messung und Quantifizierung von Kaufverbunden) wäre eine solche allzu pedantische Positionierung lediglich pseudoexakt.
- In der praktischen Anwendung hat es sich daher bewährt, die Bewertung bei Warengruppenportfolios nicht nur durch den Handelscontroller, sondern – unter methodischer Anleitung – vielmehr ergänzend auch durch „betroffene" Manager und Mitarbeiter vornehmen zu lassen und damit deren **Insider-Know-how** auszuschöpfen. Trotz aller Bedenken (beispielsweise hinsichtlich einer „Schönung") resultieren daraus in aller Regel insgesamt doch genauere Positionierungen.
- Weiterhin ist eine **dynamische Portfolioanalyse** nicht nur durch den Vergleich von Soll- mit Istportfolios innerhalb der Portfoliomatrix möglich. Ergänzend kann diese Dynamisierung auch durch eine detaillierende Betrachtung der einzelnen Positionierungseinflußgrößen (= Zeilen in Abbildung 11) erfolgen, die dann – im Sinne einer Sensitivitätsanalyse – in ihrer zeitlichen Entwicklung jeweils einzeln – und eben nicht nur zur übergeordneten Portfoliodimension verdichtet – betrachtet werden.[95]
- Grundsätzlich sollte der Handelscontroller das spezifische Controllingziel nicht aus den eigenen Augen verlieren und dies auch dem Handelsmanagement verdeutlichen: **Transparenzschaffung**, nicht indes so sehr und unmittelbar schon die direkte Maßnahmeneinleitung ist wichtig.

2.2 Lebenszykluscontrolling

2.2.1 Grundaussage von Lebenszyklen

Das Instrument des Produktlebenszyklus (PLZ) zur Beurteilung der Markt- und Wettbewerbsposition im Zeitablauf ist ein bei der Programm- bzw. Sortimentsanalyse altetablierter Controllingstandard. Trotz aller Einwände und **Einschränkungen bei der PLZ-Analyse**,[96] wie etwa

- nur idealtypischer Verlauf, der sich in der Praxis nicht immer so „passend" wiederfinden läßt,
- keine Berücksichtigung eines strategischen Denkens, wie dies hingegen im Portfolio zum Ausdruck kommt
- Vernachlässigung der Verbundproblematik zu angelagerten Warengruppen im Zuge der Abgrenzung des relevanten Marktes eines Produkts
- keine Maßnahmenempfehlung für einzelne PLZ-Phasen, so daß es in der praktischen Anwendung oftmals zu vergröberten Standardstrategien kommt (etwa Stützungswerbung statt zeitlich differenzierender Werbung),[97]

---

[95] Vgl. etwa das Beispiel bei *Radke* 1989, 313, der dazu zumindest erste Ansätze liefert.
[96] *Engelhardt* 1989, 1598–1600.
[97] *Witt* 1986e.

ist der PLZ immerhin geeignet, bestimmte Controllinganalysen zu unterstützen. Interpretiert man nämlich den PLZ in bezug auf Handelsunternehmen dann als Warengruppenlebenszyklus (WLZ) – oder sogar in bezug jeweils auf einzelne Artikel (ALZ) –, so läßt sich innerhalb eines Handelsunternehmens durchaus häufig ein entsprechender Phasenverlauf entdecken, der dem idealtypischen PLZ-Verlauf recht nahe kommt. Selbst wenn etwa der PLZ einer Produktinnovation auf dem Gesamtmarkt – z.B. aus Sicht des innovierenden Herstellers, der den jeweiligen Gesamtabsatz im Vertriebskanal „Handel" betrachtet – nur vage dem idealtypischen Verlauf nahekommt, so stellt ein einzelner Händler vielfach durchaus „klassische" WLZs fest, die dem Idealverlauf weitgehend entsprechend. Daher bietet sich gerade hier eine entsprechende Marktforschungsaktivität des Handelscontroller's an, um solche WLZs zu erkennen.

Bei den WLZs wird es sich regelmäßig um vergleichsweise kürzere Betrachtungszeiträume handeln, innerhalb derer er dann der einzelne WLZ verläuft. Dies ist vor allem auch durch das Produktinnovationsverhalten des Handels bedingt, gemäß dem die zeitliche Warengruppen- oder Artikelpräsenz in einem bestimmten Handelsunternehmen oft deutlich unter der Zeitdauer liegt, in der das Produkt generell am Markt verfügbar ist. Insgesamt lassen sich also mit WLZs und ALZs im Handelscontrolling – namentlich in Ergänzung zu Handelsportfolios -

- Tendenzen bezüglich des Absatz- und Umsatzvolumens einer Warengruppe oder eines Artikels im Zeitverlauf erkennen
- bestimmte phasenbezogene Verhaltensweisen des Handelsunternehmens ableiten.

2.2.2 Lebenszyklustypen

Die generelle PLZ-Technik konkretisiert sich im Handel in drei wesentlichen Ausprägungen, nämlich

- Warengruppenlebenszyklen (WLZ)
- Artikellebenszyklen (ALZ)
- Betriebstypenlebenszyklen (BLZ).

Abbildung 27 zeigt exemplarisch jeweils ein Beispiel für einen an Warengruppenkosten ausgerichteten Filiallebenszyklus sowie für einen umsatzorientierten Betriebstypenlebenszyklus.

Die Lebenszyklusbetrachtung bezieht sich im Handelssektor vor allem auf Warengruppen, Artikel und auf Betriebstypen bzw. einzelne Filialen. Im Sinne eines ganzheitlichen Controlling kommt dabei nicht nur den klassischen Größen „Umsatz" und „Absatz", sondern speziell auch den Lebenszykluskosten eine hohe Bedeutung zu. Anhand von drei Filialen wurden im Abbildungsteil A deren jeweilige Gesamtkosten (= Kosten von sechs ausgewählten Leit-Warengruppen) im Zeitvergleich dargestellt. Es ergibt sich ein Kostenlebenszyklus, der unterschiedliche Kostenbelastungen widerspiegelt (z.B. aufgrund eines hohen Mengendurchsatzes in den Monaten 25–43). Der Abbildungsteil B zeigt beispielhaft von drei Betriebstypen einer Handelsorganisation jeweils ausschnittsweise die anhand der Umsatzentwicklung dargestellten Lebenszyklen, die auf konkreten empirischen Werten basieren. Die Aufspaltung („Schichtung") des Lebenszyklus verschafft dem Handelscontroller detailliertere Einsichten. Die Lebenszyklusanalyse gibt damit zugleich Hinweise auf die Attraktivität einer einzelnen Filiale oder eines Betriebstyps.

Gesamtkosten (in TDM)

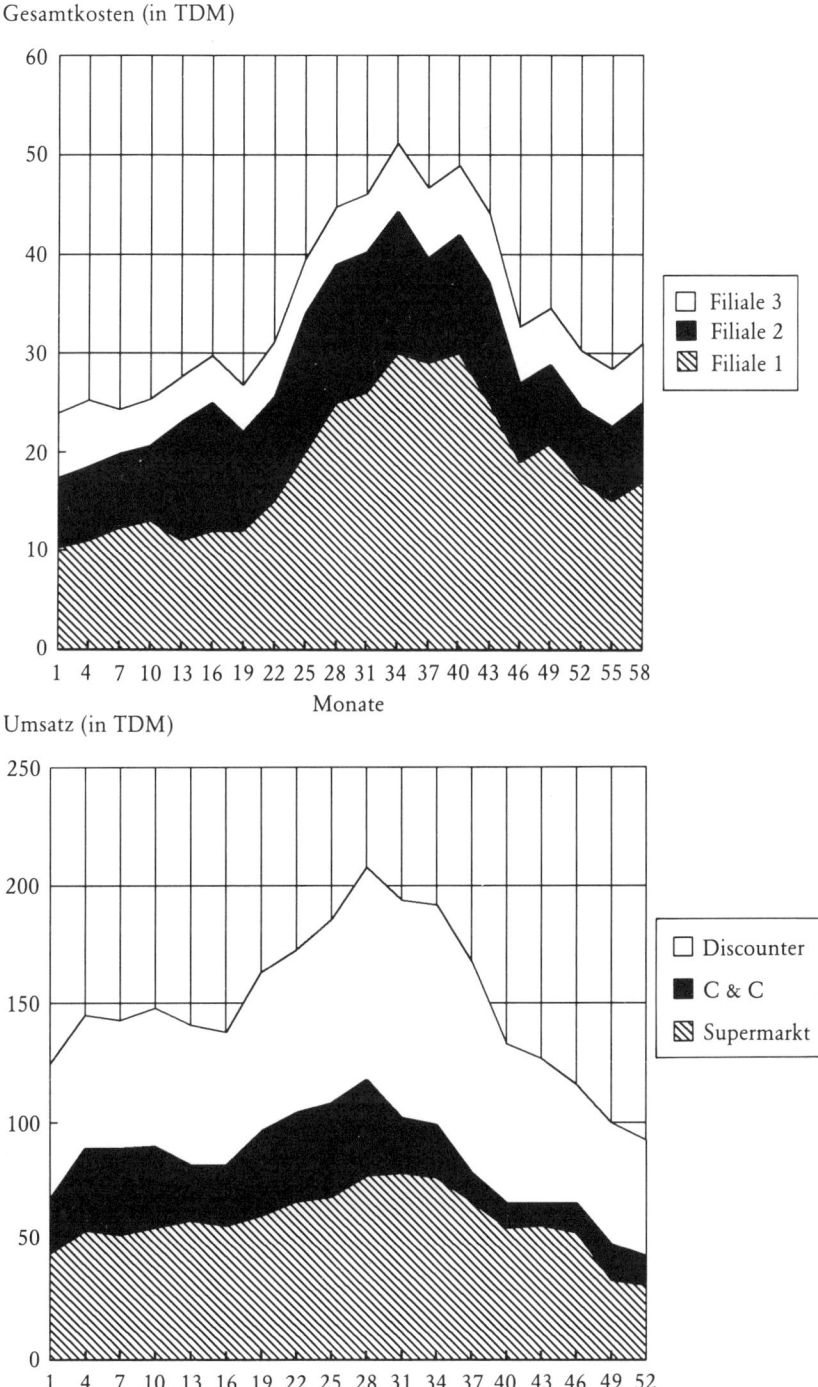

*Abb. 27: Beispiele von kosten- und umsatzorientierten Lebenszyklen bei verschiedenen Betriebs-
typen und Filialen eines Handelskonzerns*

Es kommt vor allem darauf an, ein **gesamtheitliches Lebenszykluscontrolling** zu realisieren.[98] Um dabei periodenübergreifend Umsatz bzw. Erlöse und Kosten zuzuordnen, empfiehlt sich speziell ein *Riebel*sches Rechnungskonzept, wie es in Abbildung 2 als Grundrechnung konzipiert wurde, auf der dann mittels individuellen Einzelauswertungen bzw. sog. Sonderrechnungen das Lebenszykluscontrolling aufbauen kann.

Die **Probleme der handelsspezifischen Lebenszyklusanalyse** dürfen gleichwohl nicht verkannt werden. Zu nennen sind insbesondere aus dem Blickwinkel der Anwendungspraxis:

- Zu starke Orientierung des Handelscontrollers am vermeintlichen Idealverlauf, so daß er „halbwegs hinreichende" Verläufe ignoriert bzw. falsch einschätzt
- Schlechte Prognosemöglichkeiten für zukünftige Lebenszyklusphasen, sofern keine gute Datenbasis (z. B. auf der Grundlage von Scannerdaten) bereitsteht, mit der kurzfristig Trendprognosen überprüft und ggf. korrigiert werden können
- Bislang unterentwickeltes Strategieinstrumentarium für einzelne Lebenszyklusphasen
- Mangelndes Know-how mancher Handelscontroller, äußere Einflüsse (beispielsweise Konkurrenzaktivitäten, Branchenpreisverfall) angemessen zu isolieren
- Mitunter nicht ausgenutzte Möglichkeiten, unternehmensinterne Einflüsse und Aktivitäten (z. B. Werbung, Sonderaktionen) eigenständig in ihrem Einfluß auf den jeweiligen Lebenszyklus zu betrachten.[99]

2.2.3 Ansätze eines Lebenszykluscontrolling

Grundsätzlich bezieht sich ein rechnungswesennahes Lebenszykluscontrolling auf den Kosten- sowie auf den Erlösbereich, die die beiden Teilbereiche des Erfolgscontrolling bilden. Daneben gibt es eher qualitative Ansätze, die vorwiegend **marktforschungsnahe Daten** berücksichtigen, so beispielsweise

- im Zeitablauf veränderte Einstellungen von Kunden in bezug auf das Filialimage oder in bezug auf einzelne Warengruppen
- sich verschiebende Käuferverhaltensweisen, so etwa hinsichtlich
  - der Bedeutung des Preises bei Kaufentscheidungen, insbesondere bei langen Kaufabständen (= Kauffrequenzen) einiger Warengruppen
  - der unterschiedlichen Laden- und Artikeltreue im Stadt/Land-Vergleich
- der Kundenakzeptanz von Sortimentserweiterungen, die von einem innovierten Basisprodukt ausgehen (z. B. Sortimentserweiterung im Zeitablauf durch eine aufgestockte Warengruppe „Öko- und Bioprodukte") und die sich speziell auch auf den Gestaltungsbereich „Sortimentstiefenveränderung im Zeitablauf" beziehen wird, damit auf diese Weise innerhalb einer Warengruppe ein Wildwuchs (= zu starke Sortimentsvertiefung) vermieden wird und vielmehr rechtzeitig „Renner" von „Pennern" unterschieden werden können.

---

[98] Siehe auch *Back-Hock* 1988; *Bielefeld* 1987 sowie – recht theoretisch – *Günther* 1989, Kapitel D.2, der den Lebenszyklus in bezug auf eine Betriebsformendynamik (= Trading-up im stationären Einzelhandel) interpretiert.

[99] Vgl. dazu etwa die Unterscheidung in eine symptomorientierte vs. ursachengerichtete Analyse von Erlös- und Deckungsbeitragsabweichungen. Siehe dazu *Witt* 1991e; *Witt / Witt* 1992 m. w. N. sowie im vorliegenden Buch Kapitel 5.3.3/4.

Die Quantifizierung der Umpositionierungskosten und -erlöse geschieht in der Praxis meist anhand eines sog. Eigenschaftsraums bzw. Portfolios. Zunächst werden im Portfolio die Ist- und die Zielposition identifiziert und graphisch dargestellt. Da sich die an den Achsen eingetragenen Eigenschaften bzw. Portfoliounterkriterien regelmäßig als bündelnde Faktoren ergeben haben, kann man nun in die Unterkriterien „einsteigen" und daran bestimmte Kosten- und Erlöseffekte abzuschätzen versuchen. Damit gelingt zwar noch keineswegs eine eindeutige und objektive Quantifizierung, wohl aber schon eine Annäherung „in Bandbreiten". Die Abbildung zeigt, wie bezüglich der Dimension „Image" die Kosten- und Erlöseffekte (= ΔK und ΔE) der Imageeinflußgrößen vom Controller geschätzt werden, indem im vorliegenden Fall die Bandbreiten dadurch in konkrete, dem Entscheider aus der Praxis gefälligere Werte so transformiert wurden, daß eine Mittelwertbildung sowie weiterhin auch eine Vollkosten- und Vollerlösschlüsselung erfolgte: Vorbehaltlich der Tatsache, daß auch in den „direkten" Kosten und Erlösen lt. Abbildung 28 selbstverständlich zuordnungsbedingte Gemeinanteile enthalten sein können, wurden immer die relativ leicht erkennbaren Gemeinbereiche „Quasi-Kosten" und „Quasi-Erlöse" separat ausgewiesen. Die errechnete Deckungsbeitragsdifferenz unterteilt sich dann in eine echte sowie eine unechte Deckungsbeitragsperspektive.

Im Grenzbereich zwischen einem eher qualitativen sowie dem rechnungswesennahen Handelscontrolling sind beispielsweise Überlegungen sinnvoll, wie sich verschiedene strategische Positionierungen – etwa von Warengruppen hinsichtlich ihrer Imagepräsentation, insbesondere aber auch verschiedene Positionierungen eines Betriebstyps, einer Filiale an einem Standort mit bestimmten Einzugsgebiet u. ä. – verändern lassen und welche vermutlichen Kosten- und Erlöseffekte dabei entstehen. Insofern geht es dem Handelscontroller also um die **kosten- und erlösbezogene Quantifizierung von (Um)positionierungseffekten.** Für diese Aufgabenstellung sind bislang recht wenige praktikable Ansätze entwickelt worden,[100] so daß man in der praktischen Anwendung meist auf ein eher einfaches, d. h. nicht methodisch-basiertes Schätzen zurückgreift. Abbildung 28 gibt ein Beispiel für diese Fragestellung.

In der Lebenszyklusanalyse geht es in rechnungswesennaher Perspektive um verschiedene Fragestellungen, die der Handelscontroller beleuchtet. Beispielsweise kommen diese Aspekte in Betracht:

- Auf der **Kostenseite** geht es insbesondere um die
  - Budgetierung in bezug auf einzelne Phasen (= Ermittlung und Vorgabe von Plankosten für einzelne Warengruppen, insbesondere für Werbemaßnahmen, Zuordnung von Werbekostenzuschüssen etc.)
  - Kostenabweichungsanalyse in einzelnen Lebenszyklusphasen (z. B. zu hohe Präsentationskosten in der Einführungsphase)
  - Senkung kalkulatorischer Kosten, um damit beispielsweise zugleich auch den Einzelkostenbezug zu intensivieren. Denn vielfach sind kalkulatorische Kosten im Rahmen einer Vollkostenrechnung zugeordnet worden, so daß eine Trennung von Grundkosten und kalkulatorischen Kosten parallel dann auch eine stärkere Teilkostenorientierung mit entscheidungs„relevanteren" Kosten mit sich bringt.
- Im **Erlösbereich** stehen neben den bereits erwähnten Erlöseffekten aufgrund von potentiellen und tatsächlichen Umpositionierungen vor allem im Vordergrund

---

[100] Siehe insbesondere den umfassenden, aber für praktische Anwendungen wohl (noch) zu komplexen Ansatz von *Albers* 1989c.

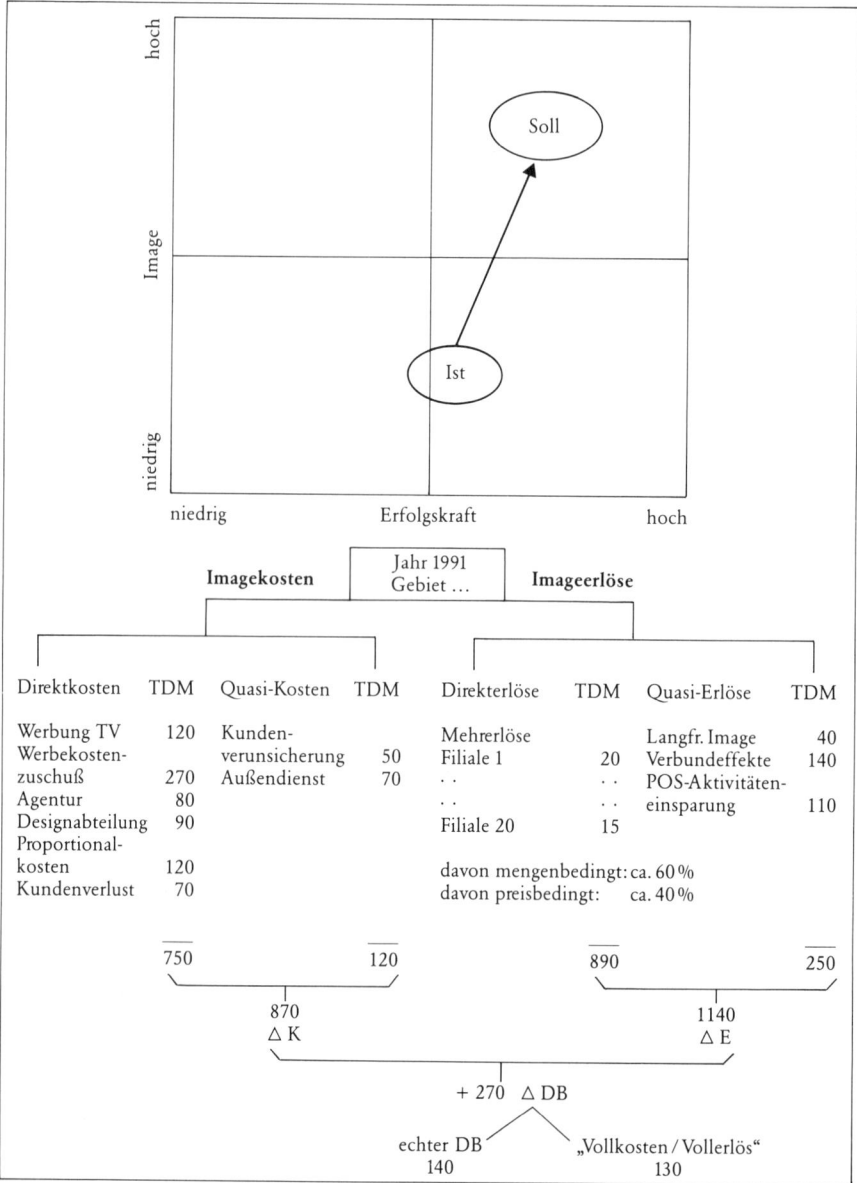

Abb. 28: Schätzung der umpositionierungsbedingten Kosten- und Erlöseffekte am Beispiel einer Warengruppe

– die Ermittlung und Offenlegung von Deckungsbeitragspotentialen im Zeitablauf, die primär erlösbedingt sind (z. B. Identifizierung von preisunempfindlichen Warengruppen und/oder Käuferschichten in verschiedenen Phasen mit entsprechenden Erlösrechnungen zur Quantifizierung solcher Erlöspotentiale)

Das Lebenszykluscontrolling wird – innerhalb des Einzelkosten- und Einzelerlöskonzepts – noch tiefergehend durch eine Separierung von sonderaktionsspezifischen Effekten unterstützt. Die Abbildung zeigt sehr eindringlich, wie intensiv diese Effekte – basierend auf Realdaten einer Warengruppe des LEH – im Einzelfall sein können. Mit dieser Isolierung von Sonderaktionseffekten gelingt es im Zeitablauf zugleich, den vermuteten WLZ-Verlauf zu korrigieren, indem nämlich der Erfolg bisheriger Sonderaktionen für den weiteren WLZ-verlauf berücksichtigt wird. Die Aufteilung der jeweiligen Gesamterlöse/Gesamtkosten in den Monaten 12–18 und 36–42 zeigt überdies die unterschiedliche Gewichtung der Kosten- und Erlöseffekte: In der zweiten Sonderaktionsphase 36–42 sind die Standardwerte prozentual deutlich höher als in der Erstphase (z. B. die geplanten, d. h. „standardmäßig" vorgesehenen Kosten mit 70 % vs. 40 % sowie entsprechend auch die Plan-, d. h. Planerlöse mit 80 % vs. vorher 70 % Bedeutungsgewicht am Gesamterlös). Dies belegt, daß im Zeitablauf zusätzliche Planerfahrungen gewonnen werden, die zu einer im Zeitvergleich divergierenden Aufteilung der Kosten und Erlöse führen.

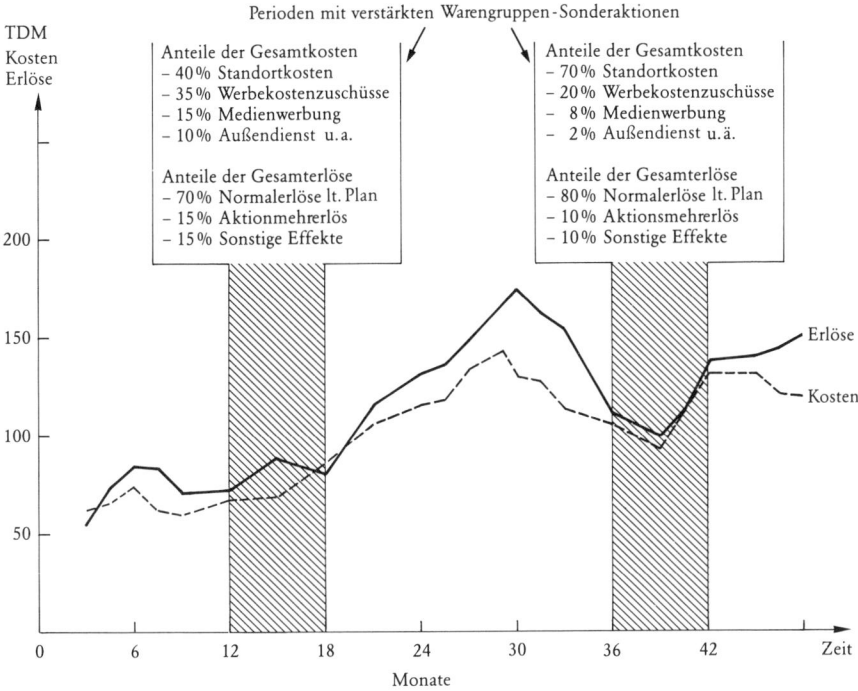

Abb. 29: Sonderaktionsanteil im WLZ

– das Erkennen von Sonderaktionspotentialen in verschiedenen Phasen eines WLZ oder ALZ, um damit eine systematisch-geplante Aktionspolitik vornehmen zu können. Häufig zeigt sich nämlich in der Handelspraxis, daß Sonderaktionen zu kurzfristig und sporadisch geplant werden und daß es vielmehr sinnvoll ist, sie strategisch über einen vermuteten ganzheitlichen WLZ oder ALZ hinweg zu planen. Die in der Handel/Hersteller-Kooperation vielfach üblichen Jahresplanungsgespräche, bei denen vor allem auch innerjährliche Sonderaktionen mit den dafür vorgesehenen Mengenkontingenten einzelner Artikel oder Warengruppen abgestimmt werden, sind jedoch für die spezifischen Wünsche des Handelscontrolling meist nicht hinreichend, weil sie periodenübergreifende Zusammenhänge zerschneiden. Dem Handelscontroller muß deshalb daran gelegen sein, nicht nur generell lebenszyklusspezifische Einzelkosten und Einzelerlöse zu separieren. Er hat vielmehr ebenfalls noch innerhalb dieser Kosten- und Erlöskategorien noch die sonderaktionsspezifischen Effekte isoliert auszuweisen. Abbildung 29 gibt dazu ein Beispiel: Die verschiedenen Sonderaktionen werden im Drei-Jahres-Turnus für die Warengruppe – hier: Teil einer Warengruppe, bestehend aus 19 Artikeln – geplant. Neben dem prognostizierten WLZ – gemessen durch Erlös und Kosten – sind weiterhin Prozentwerte innerhalb der Sonderaktionszeiträume angegenen, die den Bedeutungsanteil der jeweiligen Sonderaktion an der WLZ-Größen „Absatz", „Erlös" und „Kosten" anzeigen. Auf diese Weise wird transparent, wie stark Sonderaktionen den gesamten WLZ beeinflussen (können).

2.2.4 Einzelne phasenspezifische Aktivitäten im lebenszyklusorientierten Handelscontrolling

Aus solchen grundsätzlichen Controllingaktivitäten leiten sich nun bestimmte **Detailmaßnahmen** ab. Dabei sind vor allem wichtig:

> In einer Kosten- und Erlösgrundrechnung für ein spezifisches Kalkulationsobjekt – etwa für eine Filiale, eine Warengruppe etc. – werden die Lebenszykluseffekte als separate Auswertungsdimensionen geführt. Insofern stellt Abbildung 30 eine softwarebezogene Konkretisierung der generellen Forderungen einer möglichst vieldimensionalen Grundrechnung gemäß Abbildung 2 und Abbildung 3 dar. Die besonders markierten Felder sind speziell für das LZ-Controlling hinzugefügt worden.

- Die **Softwarestützung** stellt im Handelscontrolling eine zentrale Größe dar.[101] Neben der Notwendigkeit, innerhalb der informatikgestützten Deckungsbeitragsphilosophie primär eine Einzelkosten/Einzelerlös-Denkweise – zuungunsten etwa einer Grenzplankostenrechnung – zu bevorzugen, weil dadurch die oftmals periodenübergreifenden Effekte verursachungsgerechter berücksichtigt werden können, muß eine solche Software zusätzlich in der Lage sein, monetäre Lebenszykluseffekte zu separieren. Abbildung 30 zeigt deshalb verschiedene Modulen einer Grundrechnung, wie sie für Handelscontroller in Betracht kommt. Lebenszykluskosten und -erlöse werden dabei als eigenständige, die üblichen Kostenkategorien ergänzende Kontierungsmöglichkeiten eingeführt. Dies darf sich nicht nur auf die produktbezogene Sichtweise (Artikel, Warengruppe etc.), sondern muß sich auch auf andere Kalkulationsobjekte beziehen, die einen Lebenszyklus aufweisen (z. B. sich im Zeitablauf verändernde Filialattraktivität, Änderung des Kundenmix).
- Insbesondere sind **Verbundkosten** auszuweisen, die man regelmäßig als Gemeinkosten in bezug auf das spezifische Kalkulationsobjekt anzusehen hat. Der Handelscontroller schafft damit eine Transparenz innerhalb des gesamten Gemeinkostenblocks und hierarchisiert ihn. Denn es kommt im Zuge einer Warentypisierung gemäß dem Primat „Kaufverbunde"[102] sehr darauf an, verschieden weite Verbundbeziehungen in ihren je-

---

[101] Siehe auch Kapitel 7.4.
[102] Siehe generell dazu auch *Böcker* 1975; *Böcker* 1978.

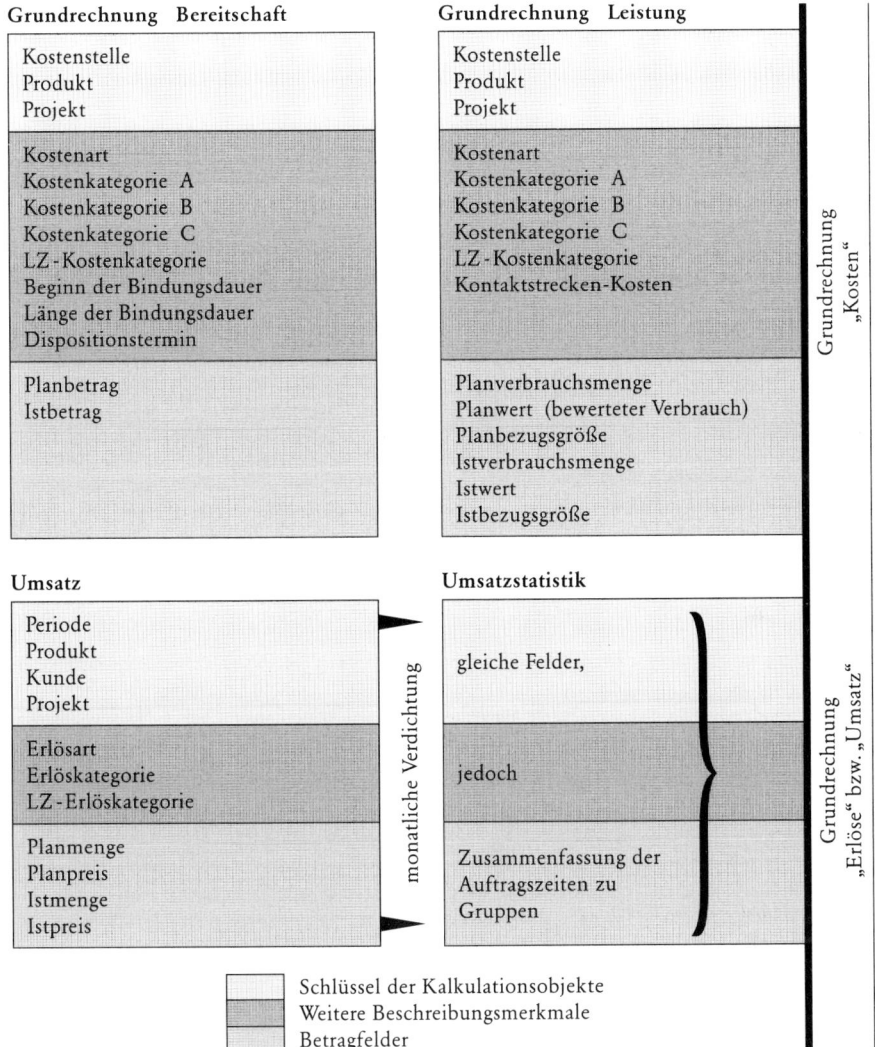

Grundrechnung Bereitschaft

Kostenstelle
Produkt
Projekt

Kostenart
Kostenkategorie A
Kostenkategorie B
Kostenkategorie C
LZ-Kostenkategorie
Beginn der Bindungsdauer
Länge der Bindungsdauer
Dispositionstermin

Planbetrag
Istbetrag

Grundrechnung Leistung

Kostenstelle
Produkt
Projekt

Kostenart
Kostenkategorie A
Kostenkategorie B
Kostenkategorie C
LZ-Kostenkategorie
Kontaktstrecken-Kosten

Planverbrauchsmenge
Planwert (bewerteter Verbrauch)
Planbezugsgröße
Istverbrauchsmenge
Istwert
Istbezugsgröße

Grundrechnung „Kosten"

Umsatz

Periode
Produkt
Kunde
Projekt

Erlösart
Erlöskategorie
LZ-Erlöskategorie

Planmenge
Planpreis
Istmenge
Istpreis

monatliche Verdichtung

Umsatzstatistik

gleiche Felder,

jedoch

Zusammenfassung der
Auftragszeiten zu
Gruppen

Grundrechnung „Erlöse" bzw. „Umsatz"

Schlüssel der Kalkulationsobjekte
Weitere Beschreibungsmerkmale
Betragfelder

Abb. 30: Berücksichtigung von periodenübergreifenden Lebenszykluseffekten im Softwarekonzept einer Handelscontrolling-Grundrechnung (nach Back-Hock 1988, 51)

weiligen Kosten- und ebenfalls auch Erlöseffekten zu erkennen (z. B. hinsichtlich der Imageeffekte sowie der Kaufverbundenheit). Daher eignet sich eine Stufung von Kalkulationsobjekten, wie sie am Beispiel von Warengruppen verdeutlicht werden kann – falls und sofern die Verbundbeziehungen bekannt sind:

– Einzelartikel
– Verbundene Artikel (z. B. y durch Marktforschung als verbunden identifizierte Artikel)
– Einzelwarengruppe
– Verbundene Warengruppen (mit empirisch identifizierten Verbundbeziehungen)
– Filiale.

Die Zusammenfassung von Artikeln zu Warengruppen kann nicht nur nach sachlichen („artikeltechnischen") Kriterien, sondern insbesondere auch nach Verbundeffekten erfolgen. Auf diese Weise gelingt es, gerade diejenigen Artikel hierarchisch zu aggregieren, die verbunden sind, um auf dieser Grundlage wiederum Kosten und Erlöse verursachungsgerechter zuordnen bzw. um Gemeinkosten und Gemeinerlöse erkennen zu können und die Willkürgefahr einer Vollkostenschlüsselung zu verringern. Die grundsätzliche Problematik dieses Vorgehens besteht allerdings darin, daß der Handelscontroller die Intensität einzelner Verbundbeziehungen kennen bzw. schätzen muß und dann – letztlich „willkürlich" – festlegen muß, ab welcher Stärke denn noch beachtenswerte Verbundbeziehungen zwischen einzelnen Kalkulationsobjekten vorliegen bzw. ab welchem Grenzwert hingegen nicht mehr. Die praktische Anwendung des Verbundkostenverfahrens (= Hierarchisierung der Artikel gemäß ihrer Verbundstärke zueinander) zeigt jedoch recht gute Ergebnisse: Anwendende Handelscontroller zeigen sich mit der gewonnenen Zusatztransparenz sehr zufrieden! Parallel zum traditionellen Vorgehen werden also im vorliegenden Beispiel Kosten und Erlöse auch zunächst den Verbundpäckchen „Verbundbeziehung 1", „Verbundbeziehung 2" und „Verbundbeziehung 3" zugeordnet, und zwar nach neudefinierten Schlüsseln, die sich von den üblicherweise in diesem Handelsunternehmen eingesetzten Schlüsseln stark unterscheiden. Dann noch nicht zugeordnete Kosten/Erlöse werden der nächsthöheren (= schwächeren) Verbundbeziehung zugeordnet, nämlich „Abteilung 1" etc.

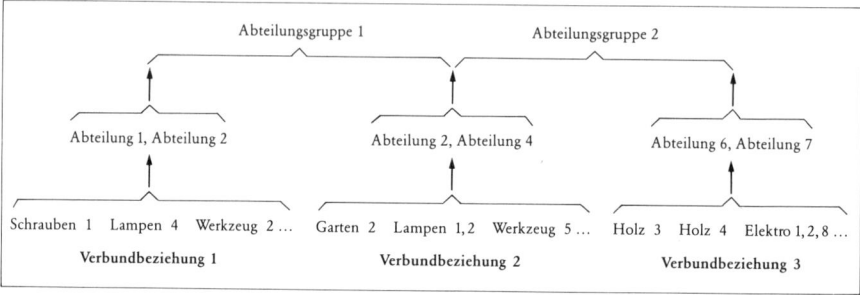

Abb. 31: Ausschnitt aus einer Warengruppenhierarchisierung im Lebensmitteleinzelhandel gemäß
der Kauf- und Kostenverbundenheit

Damit sind Kontierungsmöglichkeiten gegeben, um im Zuge des Lebenszykluscontrolling im Zeitablauf hinreichend genau zu differenzieren. Diese Aggregation zu bebuchbaren, d. h. kontierbaren „Verbundgruppen" stellt eine ergänzende Sichtweise zur handelsüblichen Warengruppenhierarchisierung dar: Während traditionellerweise nämlich sich sachlich nahestehende Artikel zu Warengruppen zusammengefaßt werden, geht es bei der Verbundbetrachtung darum, möglichst kauf- und/oder kostenverbundene Artikel zusammenzufassen, um auf diese Weise das Kosten- und Erlöszuordnungsproblem zu erleichtern. Abbildung 31 gibt ausschnittsweise eine solche Hierarchisierung wieder, wie sie in einem Lebensmitteleinzelhandels-Filialisten empirisch ermittelt wurde.

- Das **Flächencontrolling** stellt im Handel eine zentrale Aufgabe dar. Weil nämlich die Fläche – speziell im stationären Handel – einen wesentlich Input bildet, ist dieser „Produktions"faktor verständlicherweise controllingintensiv. Innerhalb der Lebenszyklusbetrachtung geht es daher vorwiegend um
  - die einem Kalkulationsobjekt in einzelnen bereitzustellende Fläche (= quantitative Flächenpolitik)

– eine zeitlich sich evtl. ändernde „Flächenproduktivität" (etwa Umsatz/m^2)
– die räumliche Zuordnung verschieden attraktiver Flächen auf einzelne Warengruppen (= qualitative Flächenpolitik).

- Das **Plazierungscontrolling** als Schwerpunkt dieser qualitativen Flächenpolitik bezieht sich beim Kalkulationsobjekt „Warengruppe bzw. Artikel" auf räumliche Sonder- und Zweitplazierungen, die im Zeitablauf wechseln können. Die im PLZ übliche Revivalstrategie, um eine Stagnation zu vermeiden oder zu verzögern, wird im WLZ oder ALZ z.B. in konkrete Aktionsplazierungen umgesetzt, die kundenattraktiv wirken. Der Handelscontroller muß anhand des WLZ erkennen bzw. abschätzen, ab welchem Zeitpunkt sich eine Aktionsplazierung anbietet.

- Entsprechend sind **zyklusorientierte Aktionen** zu sehen: Sie ermöglichen es, daß mittels des Sonderaktionscontrolling eine strategisch-langfristige Sonderangebotspolitik erfolgt, in die einzelne Sonderaktionen beispielsweise zyklisch eingebettet sind. Der Handelscontroller hat anhand von Rechnungswesendaten und qualitativen Informationen ein solches Timing zu planen. Z.B. sind stagnierende Absatzzahlen, die Veränderung von Deckungsbeitragsrelationen und veränderte Warenbewegungen jeweils Indikatoren, um Sonderaktionen entsprechend zu timen. Dabei geht es vor allem darum, über den gesamten Lebenszyklus hinweg solche möglichen „Milestones" zu planen (beispielsweise den Zeitpunkt einer möglichen Absatzstagnation). Diese Überlegungen beziehen sich keineswegs nur auf die Produktebene, sondern können sich auch auf die übrigen strategischen Kalkulationsobjekte des Handelscontrolling erstrecken (etwa auf den Kundengruppen- oder den Filiallebenszyklus, der jeweils eine Aussage über die Image- oder auch über die Deckungsbeitragsattraktivität des Kalkulationsobjekts im Zeitablauf ermöglicht).

- Damit geht ein **lebenszyklusorientiertes Preismanagement** einher. Analog zum industriellen Bereich, in dem man wesentliche Basisstrategien des Preismanagement unterscheidet, nämlich insbesondere[103]
 – das Abschöpfen („Skimming" mit Hochpreisen)
 – das Marktdurchdringen („Penetrating" mit Niedrigpreisen)
 – die Preisdynamisierung etwa durch ein Ausrichten an den Kostenvorteilen bzw. -senkungen gemäß der Erfahrungskurve („Trailing along the experience curve"),
 so gibt es entsprechende Möglichkeiten im Handelssektor. Diese werden sich allerdings weniger an unternehmensinternen Besonderheiten – etwa an den aus Management-Rationalisierungsstrategien gewonnenen Kostenvorteilen –, sondern eher an direkt marketingorientierten Perspektiven anlehnen. Dabei spielen insbesondere – jeweils im Zeitablauf –
 – das Ist/Ziel-Preisimage des gesamten Handelsunternehmens
 – die Erfolgskraft (vgl. z.B. die Portfoliodimension „Deckungsbeitrag/m^2")
 eine Rolle. Der Handelscontroller muß daher im Rahmen des Lebenszykluscontrolling auch zeitliche Preislinien, d.h. Preislagen planen und ein Abweichen davon analysieren.

Aus solchen lebenszyklusorientierten Controllingbausteinen leiten sich verschiedene **phasenorientierte Strategiebausteine** bzw. -vorschläge ab, die im folgenden in bezug auf den Betrachtungsbereich „Produkt bzw. Ware" kurz skizziert werden und beispielsweise so aussehen könnten:

---

[103] Vgl. statt vieler *Witt* 1991a, 138 f.

- **Einführungsphase**
  - Starke Beachtung des Deckungsbeitrag
  - Forcierung des Ziels „Zufriedenstellende Abverkaufsrate bzw. Warenbewegung" mit entsprechenden Abweichungsanalysen
  - Strategische Präsentation und Logistik zur Kundengewinnung
  - Aktions"pflege" im Sinne von hochpositionierenden Aktionen, die nicht nur dem Abverkauf, sondern auch dem Image dienen
  - Kundenwanderung und -bindung beeinflussen.

- **Wachstumsphase**
  - Weiterhin Deckungsbeitrag im Zielvordergrund stehend
  - Umschlag und Orderverhalten als in dieser Phase besonders wichtige Controllinggrößen
  - Plazierung von (verbundenen) Folgeprodukten sowie Versuch einer Sortimentsabrundung.

- **Reifephase**
  - Verstärkter Einsatz von Werbung und Sonderaktionen
  - Physische Präsentation im Rahmen des Sales-Promotion
  - Abverkaufsnahe Plazierung
  - Einsetzen einer aggressiveren Preispolitik.

- **Stagnationsphase**
  - Deckungsbeitragorientierte Abschöpfkonzeption, z. B. Mindestdeckungsbeitragsziele, um – im Vergleich zu anderen Sortimentsbestandteilen – noch erstrangige Flächen zugeteilt zu bekommen
  - Preispolitik, beispielsweise eine Preisnachlaß-Konzeption
  - Umpositionierung in Richtung auf einen altbewährten Traditionsartikel mit Imagewirkungen oder aber auch auf ein „Aktionssortiment"
  - Räumliche Plazierungsversuche mit „Experimentiermöglicheiten"
  - Revival mit preislicher Anhebung (z. B. Preis als Qualitätsindikator im Zuge einer elitären Positionierung und „Scheinveredlung" des Artikels).

Insgesamt zeigt das lebenszyklusorientierte Handelscontrolling also unterschiedliche Ansätze, die das eher periodenorientierte Controlling ergänzen. Im Zuge einer umfassenden Betrachtung werden dabei sowohl quantitative Methoden des Rechnungswesens als auch insbesondere marktforschungsgestützte Maßnahmen greifen, um den gesamten Lebenszyklus abgreifen zu können.

3 Handelscontroller's Profil

Kapitel 3 zeigt die Praxisanforderungen an den Handelscontroller, indem sein potentielles und tatsächliches Aufgabenspektrum beleuchtet werden. Im Vordergrund stehen dabei

- empirische Ergebnisse
- organsatorische Fragen
- das Handelscontroller-Marketing.

---

3   Handelscontroller's Profil

3.1   Handelscontrolleraufgaben

3.2   Aufgaben eines Filialcontrollers

3.3   Organisatorische Einbindung des Handelscontrolling

3.4   Verteilung der Controllingaufgaben zwischen Hersteller und Handel

3.5   Handelscontroller's Selfmarketing

3.1 Handelscontrolleraufgaben

Controlling ist in Handelsunternehmen noch deutlich unterentwickelt. Dementsprechend gibt es häufig auch keine konkreten **controllingspezifischen Aufgaben- und Funk-
tionsbeschreibungen**; an einer entsprechenden organisatorischen Aufhängung fehlt es
gleichfalls sehr häufig. Deshalb geht es zunächst einmal darum, die grundlegenden Con-
trolleraufgaben im Handel abzugrenzen. Neben eher theoretisch-logischen Erwägungen, welche Controllingausgestaltungen und welche Controlleranforderungsprofile
denn dann auch sinnvoll sind, hilft insbesondere ein Blick auf die Meinung der Handelspraxis. Denn damit zeigt sich sehr deutlich, mit welchen praktischen Hindernissen der
Handelscontroller evtl. zu kämpfen hat, wenn er neue Wege beschreiten und neue Aufgaben anpacken will. Abbildung 32 veranschaulicht deshalb – basierend auf eigenen empirischen Erhebungen[104] – die **Controlleranforderungen** aus Sicht
- des Handelsmanagement
- von Handelscontrollern und „ähnlich" positionierten Mitarbeitern (Rechnungswesen,
  Buchhaltung u. ä.)
- externer Berater,

die in der Stichprobe jeweils ungefähr gleichanteilig vertreten sind. Anhand einer 7er
Ratingskala erfolgt das Aufgabenranking (1 = sehr unwichtig; 7 = sehr wichtig), wobei
die verschiedenen Aufgaben gerade gemäß der Priorität geordnet sind, die die erste Spalte (= Handelsmanagement) angab. Prinzipiell besteht allerdings eine positive Korrelation zwischen den Meinungen der drei Gruppen.

Das Aufgabenspektrum und damit das Anforderungsprofil des „durchschnittlichen" und
„typischen" Handelscontrollers werden von Managern, Beratern und Controllern selbst teilweise recht unterschiedlich skizziert. Gleichwohl kristallisieren sich einige künftige Trends
heraus, so etwa:
- Der Handelscontroller ist stark marketingorientiert tätig (so beispielsweise auch beim Na-
  menscontrolling, das sich etwa auf die Beurteilung von Artikelnamen – z. B. von Handelsmarken – beziehen kann, oder bei der Mitgestaltung einer Ladenlokal-Atmosphäre oder
  auch der Recyclingkosten von Produkten) sowie evtl. sogar bei der Entwicklung und
  Auswahl konzeptioneller Marktbearbeitungen (etwa für regionale Filialschwerpunkte eines Handelskonzerns)[105]
- Der Handelscontroller übernimmt überdies generelle Rechnungswesenaufgaben und ist
  daher intensiv im Erfolgscontrolling tätig.
- Darüber hinaus ist er in hohem Maße für generelle betriebswirtschaftliche Aufgaben zuständig (so z. B. Teilnahme an Vertragsgesprächen mit der Herstellerebene, Warenwirtschaftscontrolling, eher technisch orientierte Produktgestaltung, Kontakt zu externen
  Dienstleistern[106]).
- Ein spezifisches Filialcontrolling (hier eher: zentrales Controlling der einzelnen Filialen,
  weniger innerhalb einer jeweiligen Filiale) ist etwas untergewichtet und manifestiert sich
  eher in Sonderaufgaben, so beispielsweise im Effizienznachweis von Scannern und deren Folgeeffekte (Mitarbeiterzufriedenheit, Kundenakzeptanz etc.)[107]

---

[104] Siehe aus allerdings nicht unbedingt immer handelsspezifischer Sicht auch *Günther* 1989, 65–68.
[105] Überblick über Marktbearbeitungsstrategien z. B. bei *Witt* 1985a.
[106] Etwa *Falk / Wolf* 1988, 43; *Petri* 1990, der das Beispiel des Buying von DV-Services behandelt.
[107] Siehe zu solchen Scanner- und DV-Aspekten z. B. *Witt* 1985d; *Witt* 1986h; *Simmet* 1990, 56–62.
Überblick über mögliche Hardware-Tools bei *Voßschulte / Baumgärtner* 1991, 256–258 (z. B.
POS-Banking, Scannerkassen, Mobile Datenerfassung, Btx).

• Controller- und Berateransicht sind hinsichtlich des Aufgabenvolumens eines Handelscontrollers ähnlicher als im Verhältnis zu den Ansichten aus dem Handelsmanagement.
Kontrastiert man indes dieses Wunschprofil der Praxis mit dem „state-of-the art" der
handelsbetrieblichen Controllingpraxis, so bleibt leider lediglich eine deutlich unterdurchschnittliche „Wunscherfüllung", also eine große Ist/Ziel-Divergenz festzustellen. Der derzeitige Handelscontroller betreut primär rechnungswesennahe Aufgaben und ist bislang
noch keineswegs intensiv im qualitativen Controlling tätig.

Neben diesen Einzelaufgaben, die offensichtlich und zumindest derzeit von verschiede-
nen Befragtengruppen unterschiedlich wichtig eingestuft werden, besteht indes grund-
sätzlich eine Übereinstimmung, daß der Handelscontroller die wesentlich und inzwi-
schen **„üblichen" Controllingaufgaben** übernehmen soll, nämlich:
• Navigationsfunktion im Sinne der Steuermanns- bzw. Lotsenaufgabe
• Sparringfunktion und Beratung für das Handelsmanagement
• Aufbau eines Informationsmanagement, so z.B. auch durch zentrale Marktfor-
schungskonzeptionen
• Innovatives Rechnungswesen
• Förderung des strategischen Denkens
• Hilfe bei der Sortimentspolitik
• Brückenbildung und Ausgleichsfunktion (etwa zwischen der Konzernzentrale und
der Regional- und/oder Filialebene)
• Hilfe bei operativen Entscheidungen des Handelsmanagement.

3.2 Aufgaben eines Filialcontrollers

Die Aufgaben des Filialcontrollers unterscheiden sich deutlich von den Aufgaben-
schwerpunkten des durchschnittlichen Handelscontrollers, der eher unternehmens-
oder sogar konzernweit tätig ist. Deshalb stellt die Position des Filialcontrollers im stationären Handel eine vergleichsweise neue und **eigenständige Funktion** dar. Damit soll
zweierlei erreicht werden:
• Im Zuge einer Aufwertung des Filialleiters zum Filialmanager bei mancher nun wieder
etwas dezentraler orientierten Handelsorganisation kommt dem Filialcontroller insbesondere die Aufgabe zu, das Filialmanagement durch Services zu unterstützen, die
bislang eher konzernzentral bereitgestellt wurden (z.B. Interpretation von Scanning-
auswertungen, die durch eine zentrale Marktforschungs(unter)abteilung filialspezifisch durchgeführt werden).
• Der Filialcontroller soll überdies das Bindeglied zwischen verschiedenen Ebenen einer
Handelsorganisation bilden und den „verlängerten Arm" des unternehmenszentralen
Controlling darstellen. Daher ist die Position des Filialcontrollers keineswegs lediglich
auf eine einzige Filiale beschränkt zu sehen; vielmehr kann er mehrere Filialen innerhalb einer Region betreuen und wird daher regelmäßig auch als Regionalcontroller bezeichnet werden. Er übernimmt also gewisse Koordinierungs- und Beratungsaufga-
ben, wie dies analog im DV-Bereich das sog. Information-Center tut.

Die Aufgaben des Filialcontrollers umfassen – soweit derzeit schon absehbar und verall-
gemeinerbar – folgende Bereiche, die damit als **Controllingstandards für Filialen** anzusehen sind:

	Handelsmanager	Berater	Handelscontroller
Allgemeines Kostencontrolling	6,3	6,1	6,1
Budgeting (außer Limitplanung)	5,9	6,1	5,7
Sortimentsmanagement	5,9	5,4	5,3
Portfoliotechnik	5,8	6,0	5,6
Lieferantengespräche	5,6	4,9	3,9
Limitplanung	5,6	5,9	4,8
Eigene Marktforschung	5,5	5,9	5,1
Detail-Marketingaktivitäten (z. B. Namenscontrolling)	5,4	4,3	4,0
Lieferantenauswahl	5,3	5,0	4,8
Bank- und Finanzgespräche	5,3	4,2	4,7
Personaleinsatzplanung	5,0	4,3	4,2
Strategische Planung (außer Portfoliotechnik)	4,8	6,0	5,8
Sonstige Personalplanung	4,7	3,2	2,2
Konzeption von Sonderaktionen	4,7	3,9	2,8
Kontakt zu nachgelagerten Handelsstufen oder Kunden	4,7	3,2	3,6
Bilanzanalyse u.ä.	4,4	4,0	5,1
Generelles Bindeglied zu Lieferanten	4,4	2,0	1,6
Sonstige Sonderaufgaben	4,3	4,9	6,0
Bindeglied zu externen Diensten (z. B. Marktforschung)	4,3	5,2	4,0
Warenwirtschaftscontrolling	4,3	5,9	3,2
Steuerliche Beratung	4,0	2,1	2,3
Plankoordination	4,0	6,4	3,9
Generelles Filialcontrolling	4,0	5,2	5,0
Logistikcontrolling	3,9	6,0	4,8
Sonstiges Treasuring	3,8	3,0	2,1
Sonderaufgaben im Filialcontrolling	3,8	5,0	4,7
Vertragsausarbeitung	3,8	2,0	2,2
Sonstige juristische Problembearbeitung	3,5	3,0	1,9
Produkt(gestaltungs)management	3,4	3,6	1,8
Sonstiges qualitatives Controlling	3,3	4,9	4,8
Finanzbuchhaltung	3,3	3,0	3,9
Sonstiges externes Rechnungswesen	3,3	2,4	3,8
Stärken/Schwächen-Profiling	3,2	4,7	4,9
Konzeption von Marketingstrategien	3,2	3,5	3,9
DV-Betreuung	3,0	1,9	3,8
Erlöscontrolling	2,9	3,8	4,9
Warenauswahl	2,9	2,8	1,7
Investitionscontrolling	2,9	2,8	1,9
(Interne) Revision	2,4	2,6	3,9

Abb. 32: Grundsätzliches Wunsch- und Anforderungsprofil bzw. Aufgabenspektrum des Handelscontrollers gemäß Praktikersicht

- Logistikcontrolling (z. B. Order- und Lieferpünktlichkeit, Pflege der filialbezogenen Warenwirtschaftsmoduln, Planung und Kontrolle der Regalpflege, Optimierung von Anlieferungsusancen einschließlich der Initiierung von Streckengeschäften außerhalb üblicher Anlieferungstouren)
- Personalcontrolling (beispielsweise Mitarbeiterzuordnung auf einzelne Flächen und Warengruppen, Personalproduktivitätscontrolling anhand von Kennzahlen, Koordination und Betreuung von quality-circle-ähnlichen Veranstaltungen)
- Planung und Kontrolle von Sonderaktionen (insbesondere hinsichtlich Timing, Artikel- und Warengruppenauswahl gemäß Positionierung, Verbundstärke und Erfolgskraft, Marktforschung für Sonderaktionen, filialbezogene Individualisierung des Filialsortiments durch Ergänzung des Pflichtsortiments um ein „Kürsortiment")
- Kosten- und Erlösmanagement (etwa Symptom- und Ursachenanalyse von Erlösabweichungen, so daß auf diese Weise die Erlösabweichungen quantitativ offengelegt werden und zugleich eine Beurteilung der eingesetzten Marketinginstrumente – anhand von Indikatoren – in bezug auf ihren jeweiligen Erlösbeitrag erfolgt)
- Servicecontrolling (vor allem die Image- und Qualitätsbeurteilung von kundennahen Services, wie Transport, Beratung, Bearbeitung von Individualwünschen und Sonderbestellungen)
- Preisaktionscontrolling (z. B. in Verbindung mit dem Sonderaktionscontrolling eine Analyse der Preisgewöhnung von Kundengruppen, die Festlegung der Intensität des kalkulatorischen Ausgleichs)
- Softwareeinsatz und handelscontrollingspezifische Softwareauswahl (insbesondere dabei Abstimmung mit der unternehmenszentralen DV- und Controllingebene, Durchführung einfacher informatikgestützter Auswertungen, wie etwa Erlöscontrolling anhand filialspezifischer Warenkorb-, d. h. Scannerdaten)
- Filialbezogene Marktforschung in bezug auf das Kunden- und Kaufverhalten (speziell hinsichtlich der Laden- und Artikeltreue, der Abweichung von durchschnittlichen Kaufverhaltensweisen zugunsten etwa eines stadt- oder landspezifischen Verhaltens,[108] bevorzugten Einkaufstagen, unterschiedlichen Wirksamkeiten von Kurzfristwerbung bei divergierenden Zielgruppen, die ihren Einkauf mit unterschiedlicher Intensität planen[109])
- Beschwerdemanagement (insbesondere dabei die Bearbeitung von – gewichtigeren – Kundenbeschwerden innerhalb einer Region sowie daraus resultierende strategische Maßnahmenvorschläge im Zuge des Service- und Atmosphärencontrolling, die beide um eine erlebnisorientierte Präsentation bemüht sind).

Insgesamt kommt auf den Filialcontroller also eine Vielzahl von Detailanalysen zu, mit deren Hilfe er eine filial- und regionalspezifische Steuerung ermöglicht. Eine damit verbundene dezentralere Orientierung der Managementaufgaben muß keineswegs das unternehmenszentrale Controlling schwächen. Vielmehr liegt regelmäßig eine sinnvolle **Aufgabenteilung** vor, indem der Filialcontroller „vor Ort" eher das Filialmarketing und -management unterstützt, während das zentrale Controlling einer Handelsorganisation für das generelle strategische und konzeptionelle Controlling zuständig ist. Insbesondere kristallisierten sich in einer eigenen empirischen Erhebung bei rd. 250 Managern aus der Handelspraxis bestimmte „idealtypischen" **Führungs- und Control-**

---

[108] Witt *1989c*.
[109] *Witt / Witt* 1990b.

Die Handelspraxis bevorzugt Filialcontroller, die einen sehr „praktischen" Background aufweisen. Daneben sollen solche Filialcontroller insbesondere ein Bindeglied zwischen den
verschiedenen Ebenen einer Handelsorganisation bilden, so daß auf diese Weise auch li-
niennahe Führungsaufgaben einbezogen werden. Die Ratingwerte beziehen sich auf eine
7er Ratingskala.

Filialcontroller's Background

Kaufmännische Ausbildung	6,6
Buchhaltungserfahrung	6,6
Praxiserfahrung	6,1
DV-Orientierung	5,7
Bevorzugt Stellung als stellvertretender Filialleiter	5,6

Filialcontroller's Führungsaufgaben

Ausgleichsfunktion zwischen den Unternehmensebenen	6,5
Beratungsfunktion für das Filialmanagement	5,9
Bindegliedfunktion: Teilnahme an (unternehmensinternen) Führungs- und Kommunikationsschulungen	4,2

Abb. 33: Anforderungsprofil für Filialcontroller aus Sicht von Handelsmanagern

lerqualitäten für Filialcontroller heraus (vgl. Abbildung 33), die auf einer 7er Ratingskala
abgegriffen sind (1 = sehr geringe Bedeutung; 7 = sehr hohe Bedeutung).

Zur **Auswahl von Filialmanagern und Filialcontrollern** kommt vor allem das Assessment-Center in Betracht, weil es durch realitätsnahe Mini-Arbeitsproben den Kandidaten jeweils zukunftsorientiert beurteilen will, anstatt lediglich traditionelle und nur
punktuell-rückblickend ansetzende Personalbeurteilungs- und -auswahlmethoden an-
zuwenden, wie etwa Lebenslaufanalyse, Vorstellungsgespräch, personalaktenbezogene
Mitarbeiterbeurteilungen aus der Vergangenheit. Solche „klassischen" und oft nur singu-
läre Aussagen ermöglichenden Verfahren werden damit bewußt untergewichtet, weil sie
nicht die tatsächliche „performance" widerspiegeln.[110]

Grundsätzlich werden regelmäßig folgende **Assessment-Anforderungen** an die Kandida-
ten gestellt und dann mit dem Stellen- oder mit dem Potentialprofil abgleichen:
- Allgemeinwissen, -fähigkeiten und -verhalten
- Kooperationsfreunde, Integrationsfähigkeit und Teamgeist, insbesondere aber auch
  Mitarbeiterführungsfähigkeiten
- Organisatorische Fähigkeiten (Organisation der eigenen Arbeit, insbesondere aber
  auch Einarbeitung in bestehende Ablauforganisationen, Dispositionsverhalten)
- Betriebswirtschaftliches Know-how
- Auftreten.

Abbildung 34 gibt exemplarisch einen Überblick, wie ein solches Anforderungsgrobra-
ster in konkrete einzelne Aufgabenbausteine umgesetzt werden kann. Aus dieser Aufli-
stung gemäß Abbildung 34 können also bestimmte Assessment-Einzelaufgaben ausgewählt werden, um damit einen spezifischen Assessing-Durchgang zu gestalten. Durch

---

[110] *Witt* 1990e. Assessments für andere Funktionsbereiche werden derzeit ebenfalls immer mehr situativ ausgestaltet; vgl. exemplarisch *Witt* 1990c. Neuere DV-gestützte Konzepte treten für traditionelle Verfahren (etwa Gespräch und Gesprächsrunden) hinzu, indem z.B. Gespräche soft-
waregestützt inhaltsanalysiert werden; vgl. *Witt / Witt* 1987b.

ein solches Assessing gelingt es dann ebenfalls, besondere Anforderungen – wie etwa Kundenkontaktfreudigkeit, Präferenz für bestimmte Aufgabengebiete innerhalb des Filialmanagement – zu berücksichtigen und so z. B. auch die **Serviceorientierung einer Filiale via Personalauswahl** mittelfristig und strategisch zu steuern. Darüber hinaus zeigt Abbildung 34 noch einen exemplarischen und praxiserprobten Assessment-Ablauf für die Auswahl eines LEH-Filialleiters.

Im Assessing werden realitätsnahe Aufgaben, die der Kandidat zu bearbeiten hat, als Beurteilungsbasis gewählt. Die Anwendung der in anderen Wirtschaftsbereichen sich immer besser etablierenden Assessment-Methodik kann auch für die Auswahl von Filialmanagern und z. T. auch von Filialcontrollern herangezogen werden, um auf diese Weise spezielle Personaleinsatzziele (etwa Forcierung der kundennahen Serviceorientierung) in den Vordergrund zu rücken. Abbildung 34 zeigt im oberen Teil verschiedene Anforderungskategorien und deren Operationalisierung, die im sog. Gruppen-Assessing zum Einsatz kommen können (= mehrere Kandidaten, die gleichzeitig Aufgaben bearbeiten und beurteilt werden und beispielsweise als „Quereinsteiger" nach dem Studium noch recht jung sind; vgl. auch die entsprechende Personalpolitik mancher bundesweit agierender Filial-Discounter). Insbesondere für die Filialmanagerposition wird indes mitunter doch ein Einzel-Assessing den Vorzug erhalten (z. B. bei älteren Mitarbeitern). Ein entsprechender Einzel-Assessingablauf ist im unteren Abbildungsteil veranschaulicht. Abbildung 34 basiert auf konkreten Assessment-Anwendungen in der Handelspraxis.

Beurteilungskriterien im Assessing für Filialmanager

- **Allgemeinwissen, -fähigkeiten und -verhalten**
  - Reporting über ein neues Produkt
  - Postkorb (Inhalt u. a.: Termin beim Vorgesetzten, Anfrage der Zentrale nach Abverkaufs- und Liefermengen, Kundenreklamation, Unfall des Ehepartners, vergessene eigene ESt-Erklärung, Gespräch mit Mitarbeitern)
  - Gruppenarbeit: Konzeption einer Befragung der Filialkunden
  - Gruppendiskussion: Räumliche Umorganisation der Filiale
- **Kooperationsfreunde, Integrationsfähigkeit, Teamgeist, Mitarbeiterführung**
  - Rollenspiel: Abwicklung einer Kundenrüge im Beisein des gerügten Mitarbeiters
  - Themenkonzeption einer Mitarbeiterbesprechung
  - Teilnahme an einer Arbeitskreissitzung mit dem Thema „Aufbau eines moderneren Warenwirtschaftssystems"
  - Terminabsprache mit mehreren Lieferantenvertretern
- **Organisatorische Fähigkeiten**
  - Postkorb: Unterschriften, Bestellvorgänge, Vertretungseinteilung, Gespräch mit dem Substituten
  - Urlaubszeitabstimmung
- **Betriebswirtschaftliches Know-how**
  - Konzept einer Auswertung von Scannerdaten
  - Preisbestimmung für Sonderaktionen
  - Artikelkalkulation und -kontrollrechnung
  - Disposition bei Bestellvorgängen
  - Buchhaltungsaufgaben und Filialcontrolling
- **Auftreten**
  - Streßgespräch mit Mitarbeitern und Vorgesetzten
  - Filialeröffnung und kurze Kundenansprache
  - Vorschlagsunterbreitung gegenüber dem Vorgesetzten
  - Rollenspiel: Verhandlungsgespräch mit Lieferanten bezüglich Termintreue
  - Führerlose Gruppendiskussion: Vor- und Nachteile des Ordersplitting

Beispiel eines Einzel-Assessing für Filialmanager	
08^{30} h	Begrüßung und kurze Einführung
09^{00} h	Gespräch mit einem „terminuntreuen" Lieferanten und Auslieferungsfahrer
10^{30} h	Kaffeepause
10^{45} h	Arbeitskreissitzung mit anderen Filialleitern: Vorschläge zur Qualitätskontrolle und Serviceverbesserung
12^{30} h	Mittagspause
13^{30} h	Gespräch mit Mitarbeitern: Unterbesetzung im Bedienungsbereich
14^{30} h	Tiefeninterview
15^{30} h	Kaffeepause
15^{45} h	Postkorb
16^{30} h	Reporting/Gespräch bei der Zentrale bezüglich Umsatzziele
17^{30} h	Mitarbeitereinstellungsgespräch einschließlich Getränkepause
18^{30} h	Endgespräch, Verabschiedung evtl. gemeinsames Abendessen

Abb. 34: Assessment-Bausteine für die Filialleiterauswahl

3.3 Organisatorische Einbindung des Handelscontrolling

Aufgrund eines bislang noch nicht sattelfest etablierten Handelscontrolling fehlt es noch an typischen organisatorischen Lösungen in der Handelspraxis, wie die Controllingaufgaben anzusiedeln sind. Bis auf eine Unterscheidung in verschiedene Controllingebenen, die sich regelmäßig an den gewachsenen Organisationsstrukturen einer Handelsorganisation anlehnen (z. B. Zentralcontrolling, Bereichscontrolling, Filial- bzw. Regionalcontrolling), gibt es kaum spezifische Controllingorganisationen, die noch zusätzlich differieren (beispielsweise in verschiedene Kundengruppencontroller u. ä.). Statt dessen schält sich z. Zt. lediglich die **organisatorische Unterscheidung in zwei Ebenen** heraus:[111]
- Der **strategische Handelscontroller** ist tendenziell auf der Zentralebene eines Handelshauses angesiedelt. Dort ist er insbesondere zuständig für:
  - die Plankoordination
  - die Abstimmung mit Filialcontrollern
  - die Entwicklung strategischer Perspektiven
  - das Konzernreporting
  - das unternehmensweite Erfolgscontrolling
  - das Entwickeln von Controllingstandards für das Handelshaus.
- Hingegen ist der Filialcontroller eher dezentral positioniert. Im Sinne einer Controlling- und Controllerhierarchie innerhalb einer Handelsorganisation wird diese Stelle vielfach von einem **Filialleiter-Stellvertreter** besetzt sein, der damit zugleich auch gewisse Linienfunktionen mitübernimmt. Er ist deshalb sehr eng an eine einzelne Filiale gebunden und leistet primär eine eingeschränkte, d. h. eine auf wenige „tiefgehende" Details beschränkte Controllingarbeit (z. B. Logistikcontrolling innerhalb der Filiale,

---

[111] Vgl. generell zur Controllingorganisation *Liessmann* 1990 m. w. N.

Auswertung von Scannerdaten mittels einfacher – beispielsweise univariater statt multivariater – Verfahren). Oder aber der Filialcontroller übernimmt stärker die Rolle des regional zuständigen Handelscontrollers. Im Gegensatz zum „klassischen" Filialcontroller ist ein solcher Regionalcontroller dann eher als verlängerter Arm des Zentralcontrolling zu sehen. Aus diesem Grund gibt es in der Praxis durchaus ernstzunehmende Vorbehalte der Filialebene gegen solche Regionalcontroller, weil vor allem die Identifikation des Regionalcontrollers mit spezifischen Filialproblemen bezweifelt und vielmehr eine „Zentralkontrolle" vermutet wird. Deshalb ist regelmäßig eine zusätzliche Controllingstufe zu empfehlen, die innerhalb einer einzelnen Filiale spezifische „Kleinaufgaben" übernimmt und eng mit dem Regionalcontroller zusammenarbeitet. Durch diese – mitunter vielleicht nur „optische" – Arbeitsteilung lassen sich manche Akzeptanzhürden abbauen. Insofern agiert der Reginalcontroller dann als eigenständiger Filialcontroller für mehrere Filialen (Bereichs-Filialcontroller), der „echte" Filialcontroller hingegen nur in bezug auf „seine" Filiale. Eine Aufgabenteilung sieht beispielsweise so aus:

– Der **Regionalcontroller** nimmt regionenspezifische Standardisierungen vor (z. B. in bezug auf Vertragsverhandlungen, Intensität des Beschwerdemanagement, Erfolgscontrolling mit den Teilbereichen jeweils des Kosten- und Erlöscontrolling, Marktforschung).

– Der **Filialcontroller** liefert insbesondere Daten an den Regionalcontroller und spezialisiert sich auf Details, so beispielsweise auf die Regalpflege, auf die Durchführung von filialbezogenen Marktforschungen (etwa Kundenbefragung kleineren Umfangs).

Abbildung 35 zeigt zusammenfassend, wie die befragten Praktiker aus sechs Handelsunternehmen im Zeitablauf die Bedeutung des Zentral- vs. des Filial-Bereichscontrollers einschätzten, und zwar auf Indexbasis (Anfangsindex = 100). Beiden Controllertypen kommt danach offenbar große Bedeutung zu, wobei aber der Zentralcontroler im Zeitablauf leicht an Gewicht verliert.

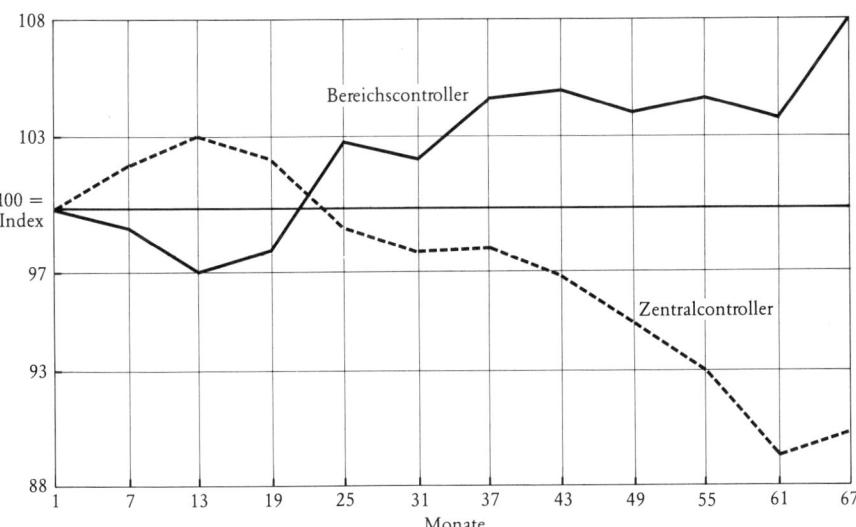

Abb. 35: Bedeutung von Zentral- und Filial-Bereichscontrollern in Handelsunternehmen

Die Abbildung zeigt deutlich, daß das Bereichscontrolling im Zeitablauf etwas an Gewicht gewinnt. Damit kommt eine im Handel generell festzustellende Tendenz einer dezentraleren Unternehmensführung auch hier noch einmal zum Ausdruck. In der empirisch erhobenen Managermeinung (N = 42) spiegelt sich weiterhin der Nutzen aus dem Bereichscontrolling wider, der sich speziell in tiefergegenden Filialanalysen manifestiert hat.

Die **organisatorische Einführung des Handelscontrolling** umfaßt verschiedene Bausteine. Wesentlich sind dabei vor allem:
- Vorbereitende strategische Überlegungen, so insbesondere
  - Verringerung von Akzeptanzschwellen und Verdeutlichung des Controllingbenefit, insgesamt also eine Kosten/Nutzen-Abschätzung des Handelscontrolling
  - Sichtung der kurzfristig verfügbaren sowie der längerfristig sinnvollen Datenbasis
  - Aufstellen eines Einführungsplans einschließlich Erstaufgaben des Handelscontrollers im Sinne einer Stärken/Schwächen-Analyse
  - Adressatendefinition und Reportbereiche im Controlling
  - Vorschlagskonzept zur Einführung des Handelscontrolling.
- Selektion ausgewählter „Erst"-Controllingbereiche, wie etwa
  - Servicecontrolling
  - Erlöscontrolling in bezug auf Warengruppen
  - Bezugsgrößen-, d.h. Cost-Driver-Identifikation für einzelne Kostenstellen
  - Verbesserte Kostenspaltung.
- Definition einer Stellenbeschreibung und organisatorischen Einbindung für den potentiellen Controller. Dies ist insbesondere dann extrem wichtig, wenn ein bereits im Unternehmen vorhandener Mitarbeiter (etwa aus dem Rechnungswesen) zum Handelscontroller „umfunktioniert und umpositioniert" werden soll, damit er nämlich nicht in bloßen Rechnungswesendimensionen stecken bleibt.
- Testweises Einführen von Controllingelementen in Problemfällen, um auf diese Weise einen Effizienznachweis zu erbringen. Beispielsweise sind Sortimentsanalysen mittels der Portfoliotechnik in der Praxis bislang ein „Eisbrecher" gewesen, wenn es um Sortimentsstrukturentscheidungen ging, die bislang eher nach eindimensional-traditionellen Kriterien, wie etwa
  - Altersstruktur
  - Lebenszyklusstellung
  - Handelsspanne bzw. Stückerfolg,
  entschieden wurden.
- Konkretere Nutzenoperationalisierung für einzelne Bausteine und Phasen des Handelscontrolling als hingegen in der frühen Phasen der Kosten/Nutzen-Grobschätzung.[112] So kann man beispielsweise versuchen, Kostensenkungen aufgrund eines Logistikcontrolling zu prognostizieren. Darüber hinaus können z.B. einzelne Controllingaufgaben selbst (etwa Intensivierung der strategischen Planung, verstärke Marketingorientierung) als Nutzenelemente gesehen werden, von denen sich das Management überzeugen läßt. Denn in der Handelspraxis ist häufig eine etwas zwiespältige Controllinghaltung festzustellen: Das Middlemanagement ist eher controllingabgeneigt(er), während das Topmanagement – gerade bei größeren Handelsorgani-

---

[112] Vgl. generell zu den empirisch ermittelten Controllingbenefits aus Sicht von Praktikern *Witt / Witt* 1990c.

sationen – durchaus ein Handelscontrolling akzeptiert, aber aufgrund der spezifischen Haltung des Middlemanagement nicht hinreichend forciert.

- Phasen- und bereichsspezifische Akzeptanzförderung. Sie dient parallel zur Nutzenoperationalisierung vor allem dem Abbau eines „Kontrollimages", indem etwa mit den „betroffenen" Filialleitern eine Aufgabenteilung zwischen Controllern und Filialmanagement abgestimmt wird.

Aus solchen Rahmenbedingungen und -maßnahmen für die organisatorische Etablierung des Handelscontrolling resultieren verschiedene **Basics und Tools im Handelscontrolling**, die bei der Einführung des Handelscontrolling in ein Unternehmen zu beachten, d. h. präsent und „in jedem Fall aktiv" sein müssen. Auf der Basis von Aussagen der Handelspraxis sind als Mindest-Controllingstandards vor allem zu nennen:

- Parallelrechnungen (Vollkosten- und Teilkostenrechnung)
- Mehrdimensionale Kalkulationsobjekte, so daß nicht nur warenbezogenen ausgewertet werden kann
- Kalkulationshilfen zur Preisgestaltung, selbst angesichts oftmals „nur" notwendiger Mark-ups in bezug auf Einstandskosten oder auch Mark-downs in bezug auf herstellerseitige Absatzpreisempfehlungen, so daß zumindest die Auf- und Abschläge als Teilinstrumente der Preispolitik transparent gemacht werden sollen
- Portfolios und Lebenszykluscontrolling
- Budgetierung einschließlich der Limitplanung, also der Einkaufsbudgetvorgabe für das Standardsortiment
- Servicecontrolling
- Reporting einschließlich Aufbereitung mittels statistischer Verfahren und Business-Graphics (z. B. Umsatztrends, Abverkaufsprognosen etc.).

Insgesamt zeigen sich damit gewisse Besonderheiten des Handelscontrolling im Vergleich zu üblichen Controllingstandards, da

- einerseits eine starke Marketingorientierung (= Nähe zum Marketingcontrolling) feststellen ist
- man andererseits doch den generellen Nachholbedarf im Controlling erkennt.

3.4 Verteilung der Controllingaufgaben zwischen Hersteller und Handel

Trotz in der Vergangenheit wesentlicher – und auch heute noch bestehender – gegensätzlicher Interessen in der vertikalen Absatzkette deutet sich derzeit ein neues Verhältnis zwischen Hersteller- und Handelsebene an: Zumindest der **Informationsaustausch** erfolgt vielfach kooperativ,[113] so daß beispielsweise manche Handelsorganisationen ihre artikelgenau erfaßten Abverkaufszahlen den entsprechenden Lieferanten und Herstellern – gegen Entgelt oder im Zuge von Gegenleistungen – übermitteln. Daneben gibt es **Funktions- und Aufgabenverlagerungen** (beispielsweise Übernahme koordinierender Herstellerfunktionen durch den Handel einerseits[114] oder andererseits in Gegenrichtung auch eine Ausdünnung der Handelsaufgaben, so daß der Handel nur noch verlän-

---

[113] Vgl. zu einigen Praxisbeispielen *Biehl* 1991, *Zentes* 1992.
[114] Siehe für den Produktionsverbindungshandel exemplarisch *Engelhardt / Kleinaltenkamp* 1988, 28.

gerter (Marketing)arm der Herstellerebene wird). So treten beispielsweise manche Händler – oder auch bisherige Hersteller, die nun eher eine handelsnahe Dienstleistungsfunktion übernehmen – inzwischen sogar als Franchisenehmer von Herstellern auf. Ein eingängiges und einfaches Beispiel dazu bietet oftmals das Bäckereigewerbe, wenn der einzelne Bäckereibetrieb nur noch Rezepturanwender von Rohstofflieferanten ist, die zugleich im Sinne des vertikalen Marketing nun Marketing- bzw. zumindest Werbe- und Kalkulationskonzepte, z.T. aber auch (Produkt)innovationen liefern, die der Bäckerei im Zuge einer Produktionsvereinfachung und Verlagerung der Innovationsfunktion auf den Rohstofflieferanten nur noch umsetzen muß. Dann nimmt die Service- und Akquisitionsfunktion der Einzelhandelsebene relativ zur bisherigen Produktionsfunktion deutlich zu. Darüber hinaus geht es um die generelle Frage, wie eng **vertragliche Vertriebssysteme** zwischen Handels- und Herstellerebene die jeweiligen Marktpartner binden sollen.[115]

Vor diesem Hintergrund, aber auch angesichts weiterhin bestehender Konfliktkonstellationen im vertikalen Absatzkanal aufgrund evtl. unterschiedlicher Preisinteressen, Markenpositionen, Werbestrategien,[116] Aufgabenverteilungen im Logistikbereich etc.[117] geht es im Handelscontrolling konkret um die Frage, wie eigenständig, d.h. herstellerunabhängig sich der Handelscontroller positionieren sollte. Für das **1. Prinzip: „Controllingeigenständigkeit"** spricht insbesondere der Informationsschutz, der subjektiv einzelnen größeren Handelskunden gewährt wird. Es geht dabei also nicht um die rein rechtliche Frage des Datenschutzes, sondern vielmehr um die Tatsache, daß manche Großkunden des Handels (etwa im Sektor des Produktionsverbindungshandels) sich klar gegen einen – wenn auch formal anonymisierten – Datentransfer an die Herstellerebene aussprechen, weil ein Hersteller daraus gleichwohl auf bestimmte Einzelkäufe schließen könnte. In einer solchen Situation kann der Handelscontroller meist nicht auf „Daten-Gegenlieferungen" seitens der vorgelagerten Hersteller hoffen und ist damit – gleichwie „zwangsweise" – eigenständig. Überdies hat der Handelscontroller häufig ein solches Detail-Know-how, daß eine über den Datentransfer hinausgehende Kooperation nicht notwendig erscheint. Diese Aussage trifft vor allem auf größere Handelsunternehmen zu. Wenn es jedoch um Einzelfragen oder auch um ein niederrangigeres Filialcontrolling geht, so zeigt sich in der Handelspraxis die Tendenz zur Lieferantenkooperation: So werden beispielsweise neue Produkte, die einen bestimmten Logistikaufwand bedingen oder etablierte (Substitut)produkte verdrängen (z.B. bei beschränktem m^3-Volumen von Tiefkühlschränken und -truhen), seitens des Herstellers mit einer Erfolgsrechnung „ausgestattet", die – oftmals als DPR-Ansatz konzipiert – die Erfolgskraft eines Artikels demonstrieren soll.[118] Solche Beispielrechnungen können dem Handelscontroller jedoch nur dann nutzen und ihm – nach etwaiger Aufnahme des Artikels in das Sortiment – die spätere Arbeit erleichtern, wenn

- die Berechnungsgrundlagen (= Prämissen) offengelegt werden. Dies ist in der Praxis keineswegs der Fall, da solche Demonstrationsrechnungen oftmals aus Anbietersicht („Pushing"-Wunsch) einseitig ausfallen (z.B. zu optimistisch angesetzte Durchsatzraten, d.h. Abverkaufszahlen eines Artikels als Rechenvoraussetzung).

---

[115] Grundsätzlich zu diesem Problemkreis statt mancher *Ahlert* 1981; *Ahlert* 1982; *Bergmann* 1988.
[116] Siehe zu einem werblichen Kooperationsbeispiel etwa *Pflaum / Eisenmann* 1988, 163–165.
[117] Weitere Beispiele etwa bei *Hansen* 1990, 134. Generell zur Handelskooperation *Zentes* 1992.
[118] Siehe zu einem Beispiel etwa *Müller-Hagedorn* 1984, 156.

- für andere Artikel ähnliche Berechnungen vorliegen oder zumindest ohne allzu gro-ßen Aufwand durch den Controller erstellbar sind, um auf diese Weise eine Vergleich-barkeit zu gewährleisten. Auch diese Bedingung ist in der Praxis nicht sehr häufig er-füllt.

In Kooperation mit der Herstellerebene kann der Handelscontroller demnach nicht un-bedingt sehr viel gewinnen; das Ausmaß des Kooperationsvorteils ist vielmehr einzelfall-abhängig zu beurteilen. Daher wird sich eine Hersteller/Handel-Kooperation im Con-trollingbereich vielfach auf bestimmte ausgewählte **strategische Größen** beziehen, die beide Marktebenen gemeinsam betreffen. So kommt dazu z. B. die Erfolgssicherung durch ein Positions- und Strategiecontrolling in Frage, wobei der Erfolg nicht nur rech-nungswesennah (= Saldo aus Erlösen und Kosten bzw. Ertrag und Aufwand), sondern vorwiegend auch mittels Kennzahlen betrachtet und beurteilt wird. Weiterhin werden dann verschiedene Erfolgseinflußgrößen E_1 bis E_3 identifiziert. In Frage kommen als Er-folgseinflußgrößen etwa:

- **Erfolgseinfluß E_1**: die vertikale Wettbewerbssituation mit den Einzelkriterien
  – ausgeübte Nachfragemacht
  – Abhängigkeit durch Marktanteils- und Umsatzkonzentration
- **Erfolgseinfluß E_2**: die horizontale Wettbewerbssituation mit wiederum ihren wesentli-chen Einflußgrößen
  – Substitutionsgefahr
  – Wettbewerberfusion
  – Relativer Marktanteil und Wettbewerbsstärke/-position
- **Erfolgseinfluß E_3**: die vertikalen Konkurrenzstrategien, die geprägt sein können durch
  – Opportunismus
  – Umgehungstendenzen etablierter Marktebenen und/oder Absatzkanäle
  – Gegenmachtbildung
  – Kooperationsbestrebungen.

Das Erfolgsziel kann nun operationalisiert werden, so z. B. durch
- die objektiv meßbare Distributionsquote (E_2)
- das eher subjektiv zu schätzende Coverage-Content, also die Managementzufrieden-heit mit der Marktabdeckung, die subjektiv aus Kundensicht vorhanden ist (E_2)
- klassische Kennzahlen, wie vor allen anderen die Umsatzrendite (E_1, E_2, E_3).

Die auf die drei genannten Teilbereiche des Erfolgsziels vermutlich dominant einwir-kenden Einflußgrößen E_1 bis E_3 sind je Teilziel in Klammern aufgeführt.[119] Mit einem solchen Erfolgseinfluß- und damit letztlich Zielsystem werden die jeweiligen Interessen der Kooperationspartner „anteilig" berücksichtigt. Insbesondere tragen beide zur Infor-mationsgewinnung bei, indem sie ihre Marktkenntnisse in die beispielsweise z. T. mit Ratingskalen vorgenommene Bewertung einzelner Erfolgseinflüsse einbringen. Das Zielsystem tendiert dabei sehr stark zu einem qualitativen Controlling, was aufgrund der strategischen Controllingausrichtung im Hersteller/Handel-Verhältnis naheliegt. Gleichwohl versucht man gerade im Zuge eines vertikalen Marketing, die den Koopera-tionspartnern nachgelagerten Markt- und insbesondere Handelsstufen[120] zu beeinflußen.

---

[119] Siehe die empirischen Ergebnisse bei *Gaitanides / Westphal* 1990.
[120] Siehe zu Beispielen der Handel/Handel-Kooperation etwa *Batzer / Greipl / Täger* 1982; *Romi-niski* 1991.

Dabei gibt es verschiedene Verfahren, die (nachgelagerten) Vertriebskanäle mittels **Kenn-zahlen** zu controllen, nämlich[121]

- die sog. Distributionskostenanalyse. Jedem Vertriebskanal werden dessen (Einzel)ko-sten und -erlöse verursachungsgerecht zugeordnet, so daß sich schließlich – im Ideal-fall – kanalspezifische Deckungsbeiträge ergeben, die die Erfolgsträchtigkeit des Kal-kulationsobjekts „Vertriebsweg" bzw. „Marktstufe" anzeigen. In der praktischen Anwendung kommt es indes häufig zu verzerrenden Kostenschlüsselungen.
- das Strategic-Profit-Model-Konzept (SPM). Hierbei handelt es sich um eine verfei-nernde Differenzierung des gängigen RoI-Baumverfahrens, bei dem die Renditeein-flüsse verschiedener Vertriebswege offengelegt werden sollen. Die Vollkosten- und Vollerlösbetrachtung ist hier beinahe immer anzutreffen und entwertet daher diese Analyse.
- die relative Umsatzbewertung. Es handelt sich hierbei um eine Verhältniskennzahl von aktuellen, d. h. tatsächlich realisierten Erlösen sowie potentiellen Erlösen, und zwar je Kunde und speziell je Vertriebsweg. Auf diese Weise soll die Marktdurchdringung ab-geschätzt werden.
- Kennzahlenkombinationen, die etwa mittels des Radar-Charting (vgl. Abbildung 4) zusammengefaßt visualisiert werden. So kommen etwa je Vertriebsweg in Frage:
  - Lagerbestandsquoten
  - Preisnachlaßquoten
  - Auftragsreichweite
  - Stammkundenanteil
  - Anzahl Kundenbeschwerden
  - Prozentbedeutung dubioser Forderungen.

Um solche Kennzahlen zu ermitteln, bedarf es oftmals einer engen Kooperation zwi-schen Hersteller- und Handelscontroller. Wenn jedoch der Handelscontroller nicht un-eingeschränkt mit der Herstellerebene kooperiert bzw. kooperieren kann und er eher zur Controllingeigenständigkeit neigt, so kommt insgesamt das **2. Prinzip: „Ausgewählte Kooperation"** zum Zuge. Neben den erwähnten strategischen Ansätzen des qualitativ orientierten Erfolgscontrolling geht es insbesondere um den Austausch ausgewählter Daten, so beispielsweise

- Branchendaten (z. B. Preisentwicklung in einem Vertriebskanal oder bei bestimmten Kundensegmenten, namentlich bei Investivkunden)
- Abgesprochene Sonderdaten (beispielsweise geplante und realisierte Abverkaufszah-len im konsumtiven Bereich, der weniger durch eine „informationshemmende" Nei-gung bei manchen Kunden als hingegen der investive Bereiche behindert ist).

3.5 Handelscontroller's Selfmarketing

Der Handelscontroller muß sich mit seiner Controllingdienstleistung etablieren. Des-halb hat er seinen **handelsinternen Service** entsprechend zu „vermarkten".[122] Dazu bieten sich folgende Möglichkeiten:

---

[121] Vgl. etwa *Specht* 1988, 239–246, m. w. N.
[122] Siehe generell zur intensivierten Betrachtung unternehmensinterner Leistungen statt inzwi-schen mancher *Witt* 1988a.

- Die inzwischen gängigen Kommunikationsinstrumente (Controller's Hausbesuch, Controller's Jour-fixé etc.) verdienen speziell im Handelssektor besondere Beachtung, weil aufgrund der räumlich zergliederten Struktur z.B. in stationären Filialsystemen das Controlling der „Institutionalisierung" und der „Personifizierung" bedarf.
- Der Handelscontroller muß seine Leistungen
  - transparent machen (z.B. Offenlegung der Portfoliodimensionen und gemeinsame Diskussion von Strategievorschlägen mit dem Filialmanagement)
  - evident werden lassen (beispielsweise durch Aufzeigen von Soll/Ist-Vergleichen).
- Die Kosten/Nutzen-Effekte einzelner Controllingmaßnahmen müssen für das Handelsmanagement verdeutlicht werden, um damit eine besondere Evidenz zu schaffen. So ist etwa der Kosten/Nutzen-Vergleich der scannergestützten Marktforschung wichtig, um damit die Berechtigung eines Scannereinsatzes zu betonen.
- Der Handelspraxis ist derzeit sehr viel an einer Operationalisierung und speziell an der „Rechenbarkeit" von Managementmaßnahmen gelegen. Deshalb hat sich der Handelscontroller insbesondere um die Einfachheit, Verständlichkeit und um die Visualisierung im Rahmen seines Reporting zu bemühen.

2. Teil:
Ausgestaltung des Facheinzelhandels- und des Filialcontrolling

4 Rechnungswesenwahl

Beim Filialcontrolling geht es um das Controlling
- von Filialsystemen (etwa auch aus Sicht des Konzerncontrolling)
- einer einzelnen Filiale und eines Facheinzelhändlers, das meist aus dezentraler Sicht filialspezifisch – auch durch eigenes Personal – vorgenommen wird.

Im zunächst folgenden Kapitel 4 werden filial- und facheinzelhandelsspezifische Ausgestaltungen des Rechnungswesens vorgestellt, nämlich – nach basisschaffenden Vorüberlegungen über Rechnungskonzepte – speziell
- die Prozeßkostenrechnung
- LOKKAS für das Logistik- und Warenwirtschaftscontrolling
- rechnungswesengestützte Kennzahlen.

Es zeigt sich, daß als Grundproblem die derzeit noch zu starke Vollkostenorientierung zurückgedrängt werden muß. Deshalb sind die hier vorgestellten Konzepte sofort dann tragfähig und einsetzbar, wenn sich der Filialcontroller um ein Teilkostendenken bemüht und Kostenaufspaltungen bzw. -zuordnungen „vorsichtig", d.h. möglichst verursachungsgerecht vornimmt – selbst wenn dabei einige Zuordnungslücken in den üblichen Rechenschemata entstehen sollten.

4	Rechnungswesenwahl
4.1	Handelsspezifische Rechnungssysteme
4.2	Kalkulationsobjekte
4.3	Prozeßkostenrechnung
4.4	LOKKAS-gestütztes Logistik- und Warenwirtschaftscontrolling
4.5	Rechnungswesengestütztes Kennzahlenmanagement im Filialcontrolling

4.1 Handelsspezifische Rechnungssysteme

Das interne Handelsrechnungswesen zeigt verschiedene Ausprägungen, so daß man lediglich einige zusammenfassende **typisierende Merkmale** erkennen kann, so namentlich

- die starke Vollkostenorientierung
- die Dominanz von Produkten bzw. Warengruppen oder Artikeln als Kalkulationsobjekte[123]
- der weitgehende Verzicht auf eine Erlösrechnung bzw. auf ein Erlöscontrolling
- das lediglich ansatzweise vorhandene – und dann vor allem im Zusammenhang mit Warenwirtschaftssystemen anzutreffende – Prozeßmanagement, mit dem die Vielzahl handelsinterner Services und (Dienst)leistungen controlable wird.

Speziell für die hier beispielhaft fokussierten Bereiche des Facheinzelhandels und der Filialsysteme zeigen sich weitere Besonderheiten im Detail, die zudem dazu führen, diese beiden Handelstypen zusammen als einen „Rechnungswesentyp" zu behandeln. Denn selbst wenn man durchaus wichtige Unterscheidungen bedenkt (so etwa die Einbettung eines Filialsystems in eine Handelsorganisation mit evtl. konzernweiten Rechnungswesenansätzen vs. manche traditionellen Facheinzelhändler mit einer Unternehmer/Eigentümer-Identität), die einer gemeinsamen Typisierung im Wege stehen könnten, so dominieren doch in bezug auf das Rechnungswesen die gemeinsamen Besonderheiten. Im einzelnen sind es nämlich folgende **rechnungswesenbezogenen Charakteristika:**

- nur rudimentär vorhandenes eigenes Rechnungswesen am Standort der Filiale oder des Facheinzelhändlers mit standortspezifischer Ausrichtung
- gleichwohl durchaus schon Insellösungen in dem Sinne, daß eine Zentrale – oder beim Facheinzelhandel etwa: ein Verband – lediglich pauschale Informationen bereitstellt, also keineswegs dem Filialmanagement von zentraler Seite aus individuelle Rechnungswesendaten zuliefert
- nicht evidente Controllingleistungen (z.B. Investitionscontrolling auf Basis ausreichend vorhandener Rechnungswesendaten), die sich mit dem Rechnungswesen verzahnen und es aufwerten könnten
- nicht organisatorisch und/oder personell fest institutionalisiertes Rechnungswesen
- Dominanz von „Stichprobenrechnungen", mit denen lediglich einzelne Warengruppen „ausschnittsweise" und zu bestimmten Zeitpunkten – also diskontinuierlich – in das Spotlight des Rechnungswesens gerückt werden
- bei der Kalkulation vielfach nur Konstanten- bzw. Aufschlagsrechnungen, mit denen – im Sinne eines Vollkostendenkens – Einkaufspreise durch Multiplikation mit warengruppenspezifisch konstanten Prozentsätzen (z.B. 320 %) in Soll-Absatzpreise umgerechnet werden – sofern man sich nicht im vorhinein generell an lieferanten- bzw. herstellerseitig empfohlene bzw. „durchgedrückte" Preise hält.

Angesichts dieser insgesamt doch recht einseitigen und engen Rechnungswesenorientierung läßt selbst die vordergründig große Vielfalt möglicher Kalkulationsschemata kaum ein innovatives Rechnungwesenkonzept erkennen. Denn wie Abbildung 36 zeigt, basieren die verschiedenen Kalkulationsrechnungen entweder auf der naiven Vollkostenphilosophie und/oder berücksichtigen lediglich ausgewählte Kostenpositionen, ohne indes

---

[123] Siehe etwa als Praxisbeispiel *Schmidt* 1985, der lediglich sog. „Absatzsegmente" als weiteres Kalkulationsobjekt listet.

Die verschiedenen Kalkulationsschemata zeigen trotz einer „Vielfalt auf den ersten Blick" gleichwohl eine recht traditionelle Denkweise in der Handelskalkulation, da die einzelnen Kalkulationsformen noch zu undifferenziert-pauschal sind.

Kalkulationsarten / Kalkulationsaufbau	Progressive Kalkulation			Retrograde Kalkulation			Differenzkalkulation
	Gesamtkalkulation	Bezugskalkulation	Absatzkalkulation	Gesamtkalkulation	Bezugskalkulation	Absatzkalkulation	
Einkaufspreis	= bekannt	= bekannt		= gesucht	= gesucht		= bekannt
+ Bezugskosten	+	+		–	–		+
= Bezugswert		= gesucht	= bekannt		= bekannt	= gesucht	Differenz sucht
+ interne Kosen	+		+	–		–	
+ Absatzkosten	+		+	–		–	–
= Selbstkosten							
+ kalkul. Gewinn	+		+	–		–	–
= Selbstkostenpreis	= gesucht		= gesucht	= bekannt		= bekannt	= bekannt

Abb. 36: Handelspezifische Kalkulationsschemata (nach Tietz 1985, 350)

in ein stringentes Einzelkostenkonzept zu passen, das dann solche Zuordnungslücken verständlich machte.

Klassischen Kostenrechnungssytemen – allen voran der überkommenen Vollkostenrechnung – mangelt es an einer spezifischen „Handelsorientierung", so daß sie meist nur mit mehr oder minder großen Anpassungen zur Anwendung gelangen sollten. Solche **Mängel** der Kostenrechnung – und erst recht einer Erlösrechnung – für die Zwecke des Handelscontrolling sind insbesondere:

- einseitige Produkt-, d. h. Warenorientierung
- keine „durchlaufende" Betrachtung des Warenflusses
- geringe Ausrichtung auf handelsübliche Usancen (z. B. bei den Kalkulationsschemata)
- mangelnde Aufsplittung einzelner Prozeß- und insbesondere Logistikkosten
- keine „inhaltlichen" und ebenfalls auch keine softwarebezogenen Schnittstellen zu gängigen, oftmals eher „technisch" ausgerichteten Warenwirtschaftssystemen, so daß häufig nicht einmal die wenigen warenwirtschaftsseitig bereitgestellten betriebswirtschaftlichen Daten problemlos übernommen werden können
- keine gradlinige und konsequente Ausrichtung auf handelsspezifische Fragestellungen im Controlling (z. B. bei der Erlösstrukturierung).

Aufgrund der einseitigen Rechnungswesenausrichtung in Filialbetrieben – im folgenden begrifflich zusammenfassend für den Gesamttyp „Facheinzelhandel und Filialen" verwendet – geht es zunächst daher um die Frage, mit welchen **grundsätzlichen Rechnungs-konzepten** das interne Handelsrechnungswesen aufgewertet werden kann. Dazu bieten sich verschiedene Konzepte an:

- Das Direct-Costing und die daraus ableitbare Grenzplankostenrechnung können durch eine zusätzliche Hierarchisierung („Schichtung") des Fixkostenblocks noch transparenter ausgestaltet werden.[124] Eine solche grenzplankosten-gestützte **Fixkostendeckungsrechnung** erlaubt es beispielsweise, die – überwiegend absatzmengen-fixen – Personalkosten in einer Filiale auf einzelne Abteilungen, Warenbereiche u. ä. zuzuordnen. D. h.: Der Fixkostenblock wird in abteilungs- und/oder warenbereichsspezifische Einzelkosten aufgeteilt. Auf diese Weise können dann jeweils abteilungs- oder warenbereichsbezogene Deckungsbeiträge ermittelt werden.
- Eine spezifische Ausprägung zeigt die **Grenzplankostenrechnung** im Handelsbereich noch auf eine andere Weise. Sieht man nämlich die Kostenplanung für einzelne Kostenstellen einer Filiale als besonders wichtig an, so geht es
  - einerseits um die Identifikation von Bezugsgrößen (= Kostentreibern), die die kostenstellenspezifischen Kosten wesentlich beeinflußen
  - andererseits um die konkrete Ermittlung eines Mengengerüsts, das dann mit einem DM-Wert zu bewerten ist.

Bezüglich der Identifikation von Bezugsgrößen kann man sich beispielsweise – mit mehr oder minder großer Genauigkeit – an quantitativ leicht faßbaren Indikatoren orientieren. Abbildung 37 gibt für den Nicht-Verkaufsbereich eines Handelshauses dazu ein Beispiel, indem nämlich die direkten Bezugsgrößen als allzu inoperational eingeschätzt und vielmehr durch indirekte, allerdings leichter meßbare Kostentreiber ersetzt werden.

Die Ermittlung von Kostentreibern wird sich regelmäßig an eher indirekten Bezugsgrößen orientieren, die dafür aber leichter meßbar und in ihrer Wertveränderung identifizierbar sind. Das aufgezeigte Beispiel basiert auf empirischen Ermittlungen im Handelssektor und stellt seitens der *Bundesarbeitsgemeinschaft der Mittel- und Großbetriebe des Einzelhandels e. V.* eine Empfehlung dar.

Hinsichtlich der Ermittlung des Mengengerüsts einer Filialkostenstelle wird häufig die Kostenart „Personalkosten" dominieren. Daher eignet sich ein aus dem Dienstleistungscontrolling entlehntes Verfahren zur Kostenplanung:[125] Die einzelnen Tätigkeiten auf einer Kostenstelle (z. B. Kundenberatung, Verkaufsgespräch, Ware einsortieren, Abrechnung durchführen) werden in der Weise etwa stundengenau geplant, daß man von Durchschnittswerten ausgeht. So hat man beispielsweise durch entsprechende Arbeitsstudien[126] erfahren, daß eine Kundenberatung durchschnittlich sechs Minu-

---

124 Vgl. das Beispiel bei *Kempe* 1980.
125 *Vikas* 1988; *Witt* 1991a, 300–302.
126 Es bietet sich hier das MTM-Verfahren an, mit dem für einzelne Tätigkeiten Normzeiten, die im Rahmen von Arbeitsstudien ermittelt werden, nunmehr addiert und mit Aufschlägen Verteilzeiten u. ä. korrigiert werden (MTM = Methods of Time Measurement). Allerdings sind diese MTM-Verfahren ursprünglich für die industrielle Fertigungswirtschaft entwickelt worden und arbeiten dort auf der Basis von Sekundeneinheiten, in die ein einzelner Arbeitsvorgang zerlegt wird. Im Handelsbereich indes dominieren zeitlängere Arbeitsgänge, so daß eine Zerlegung sich schwierig gestaltet und es insofern zu Bandbreiten bzw. Ungenauigkeiten kommt (etwa im Mi-

Bereich	Bemessungsgrundlage	
	unmittelbar	mittelbar
Erfrischungsraum	Kundenzahl	Umsatz oder Anzahl der Sitzplätze
Teesalon	Kundenzahl	Umsatz oder Anzahl der Sitzplätze
Packtischkassen	Artikelzahl	Umsatz
Kinderhort	Mindestbesetzung	Raumgröße
Kundenkreditbüro	Anzahl der Kreditanträge	Anzahl lebender Konten
Personalbüro	Anzahl der Mitarbeiter	
Lohnbüro	Anzahl der Buchungen	
Hauptkasse	Geldvolumen	
Zählraum	Geldvolumen	Anzahl der Kassen
Kassenkontrolle	Anzahl der Kassenabrechnungsbelege	Anzahl der Kassen
Auftragskontrolle	Rechnungszeilen	Rechnungen
Buchhaltung	Buchungen	
Statistik	Rechenvorgänge	
Schreibbüro	Anzahl der Anschläge	
Anmeldung	Anzahl der Anmeldungen	
Telefonzentrale	Anzahl der Anrufe	Anzahl der Amtsleitungen
Hausverwaltung	Arbeitsaufträge	Nutzfläche
Personal-Paketausgabe einschl. Kassieren und Einpacken	Anzahl der Personalpakete	Umsatz im Personalkauf
Dekoration	Anzahl der Dekorationen/ Fenster	m² der zu dekorierenden Fläche
Plakatmalerei	Anzahl der Plakate	Größe der Plakate
Gardinenatelier	Anzahl der Anfertigung	Umsatz der Abteilungen
Konfektionsatelier	Anzahl der Änderungen	Umsatz der Abteilungen
Radio-/Fernsehwerkstatt	Anzahl der Reparaturen	Umsatz der betreffenden Abteilung
Elektrowerkstatt	Anzahl der Reparaturen	Umsatz der betreffenden Abteilung
Möbelwerkstatt	Anzahl der Reparaturen	Umsatz der betreffenden Abteilung
Expedition/Fuhrpark	Anzahl der Kommissionen	Wert der Kommissionen/ Kunden-km
Warenannahme	Anzahl der Wareneingänge	Warenwert
Rampe	Anzahl der Kollis	
Auszeichnung	Anzahl der Artikel	
Fahrstuhlführer	Anzahl der Fahrstühle	

Abb. 37: Bezugsgrößen bzw. Kostentreiber im Nicht-Verkaufsbereich (nach Witt 1991a, 437 m. w. N.)

nutenbereich). Vgl. grundsätzlich zum MTM-Verfahren *Kühn / Monitor* 1989. Aufgrund der industriebetrieblichen Besonderheiten des MTMs haben sich nach eigenen Erfahrungen speziell multimoment-gestützte Verfahren besser bewährt, die aufgrund häufiger „Schnappschüsse" Prozenthäufigkeiten für das Vorliegen einzelner Teiltätigkeiten ermitteln, die zwar nicht „besser" als ein MTMing sind, dafür aber weitaus einfacher durchführbar erscheinen; vgl. zum Multimomenting z.B. *Müller-Hagedorn* 1984, 261–264; siehe zum MTM für den Verwaltungsbereich, wo ähnliche Probleme wie im Handel auftreten, beispielsweise *Witt* 1986.

ten, die Abrechnung 17 Minuten dauert usw. Nimmt man nun noch den durch Markt- und Arbeitsforschung ermittelbaren geplanten Mengenanfall (etwa zwei Verkaufsgespräche je Stunde, drei Kundenberatungen je Stunde etc.), so weiß man – eingedenk aller Ungenauigkeiten dieses Verfahrens im Nicht-Fertigungsbereich – um die insgesamt auf einer Kostenstelle benötigte Zeit. Bewertet man dieses Zeit- bzw. Mengengerüst nun noch mit einem Personalkostensatz, dann liegen die Plankosten einer spezifischen Kostenstelle vor. Sieht man einmal kurz von den durchaus nicht unerheblichen Bandbreiten bei der Zeitgerüstermittlung ab, so scheint dieses Verfahren zunächst recht gut für die Kostenstellenplanung im Handel geeignet zu sein. Jedoch gibt es zwei gravierende Einwände:

– Zum einen ist der Personalkostensatz in der praktischen Anwendung nicht selten als Vollkostensatz ermittelt worden, in den anteilig u.a. auch Kosten für soziale Einrichtungen des Unternehmens u.ä. eingehen.[127] Ein solch undifferenzierter Kostensatz für die filigrane Zeit- bzw. Mengenplanung wird das Analyseergebnis insgesamt herabsetzen.

– Zum anderen tut man durch die aufgezeigte Rechnung so, als seien die Personalkosten je Handelskostenstelle variabel, also nicht-fix. Dies dürfte aber nur z. T (etwa bei Springern, die für verschiedene Abteilungen und/oder Aufgaben zuständig und damit stets ausgelastet sind) zutreffen. Überwiegend jedoch besteht aufgrund der (ablauf)organisatorischen Zuständigkeit einzelner Mitarbeiter für bestimmte Aufgaben und Kostenstellen keine Personalflexibilität zwischen Kostenstellen. Daher handelt es sich regelmäßig um Personalfixkosten in bezug auf den Arbeitsanfall einer Kostenstelle, die durch o.g. Rechnung lediglich rechentechnisch zeitanteilig proportionalisiert werden. Insofern handelt es sich strenggenommen vielfach um eine besondere Variante der Fix- und Gemeinkostenschlüsselung, die in einer Deckungsbeitragsrechnung gerade nicht auftreten sollte.

• Die **relative Einzelkosten- und Einzelerlösrechnung** nach *Riebel* will sämtliche Schlüsselungen vermeiden. Speziell aus diesem Grund ist die handelsspezifische Grundrechnung erstellt worden (vgl. Abbildung 2). Das *Riebel*sche Rechnungskonzept stellt gerade bei Unternehmen, die auch intern verschiedenste Teilleistungen erbringen und eigenständig beachten müssen, einen adäquaten Kontierungsrahmen zur Verfügung. Ebenso wie die Grenzplankostenrechnung bzw. die um eine Fixkostenschichtung ergänzte Grenzplankostenrechnung geht es der relativen Einzelkostenrechnung bei ihrer konkreten Ausgestaltung für Filialen um eine Kostenstellenplanung, die sich am Verursachungsprinzip orientiert. Deshalb zeigen beide Rechnungskonzepte auch eine gewisse ziel-inhaltliche Nähe zur Idee des Prozeß(kosten)management, das interne Leistungen auf deren Effizienz hinterfragt.

Insgesamt müßte damit die relative Einzelkostenrechnung favorisiert werden. Ein Blick auf die Deckungsbeitragshierarchisierung in Abbildung 38 schreckt jedoch so manchen Handelspraktiker davon ab. Denn in vordergründiger Betrachtung schafft die Grenzplankostenrechnung aufgrund ihrer anzahlmäßig höheren Stufung zwar durchaus eine größere Transparenz. Ein Anwender übersieht dabei dann die Gefahren, daß

• er in die Vollkostenrechnung zurückfällt, indem er nämlich – das eigentliche Anliegen des Deckungsbeitragsdenkens hintanstellend – nunmehr höherliegende Fix-

---

[127] Ausführlicher *Witt* 1991a, 241 f.

kosten unteren Stufen rechentechnisch zuschlüsselt, weil er die Fixkostenhierarchisierung falsch interpretiert und als Einladung zum „durchgängigen" Vollkostenkalkulieren ansieht

- die Grenzplankostenrechnung in ihrer praktischen Ausgestaltung meist nur warengruppenorientiert ist, während sich das *Riebel*sche Konzept flexibler auch für andere Kalkulationsobjekte einsetzen läßt. Dies spricht nicht „theoretisch" gegen die Grenzplankostenrechnung, wohl aber faktisch.

Die Grenzplankostenrechnung schafft aufgrund ihrer höheren Stufungszahl zunächst eine größere Transparenz. Sie verführt einen unerfahrenen Anwender jedoch evtl. zur Vollkostenkalkulation sowie zur allzu einseitigen Warengruppenorientierung bei seiner Wahl der entscheidungsrelevanten Kalkulationsobjekte. Diese Aussage trifft auch dann zu, wenn man von der Deckungsbeitragsrechnung, die an sich ja auch Einzelerlöse ausweisen müßte, auf eine bloße Betrachtung der negativen Erfolgskomponente „Kosten" geht, um beispielsweise das Kostenvolumen einzelner Kalkulationsobjekte im Zeitvergleich zu betrachten. Der Verzicht auf die gerade im Handel und angesichts des Verbundproblems schwierige verursachungsgerechte Erlöszuordnung löst das Entscheidungsproblem, welches Rechnungskonzept denn besser sei, damit keineswegs. Vielmehr muß der Entscheider auch hier wiederum verschiedene Vor- und Nachteile der Rechnungssysteme gegeneinander abwägen (Transparenz, Datenerfassungsmöglichkeit, Aussagekraft, Vollkostennähe etc.).

4.2 Kalkulationsobjekte

Neben der Wahl des Rechnungskonzepts spielen die Kalkulationsobjekte eine herausragende Rolle: Worauf werden nämlich die Rechnungskonzepte angewendet? Diese Frage darf keineswegs losgelöst von der Wahl des Rechnungssystems betrachtet werden, da – wenn auch nicht vom Grundkonzept, wohl aber von der praktischen Ausgestaltung her – beispielsweise die Grenzplankostenrechnung eher waren- und kostenstellenorientiert angewendet wird und dabei manche anderen Kalkulationsobjekte nur deutlich nachrangig behandelt werden könnten.

Prinzipiell kommen – neben der Filiale selbst[128] – für das **Filialmanagement** diese Kalkulationsobjekte vorrangig in Betracht:[129]

- **Artikel- und Warengruppenhierarchien**, mit denen die „eigentlichen" Erfolgsträger betrachtet werden. Diese Sichtweise hat im Handel Tradition. Gleichwohl stellt man selbst derzeit noch immer wieder fest, daß ein artikelgenaues Controlling aufgrund unzulänglicher Warenwirtschaftssysteme nicht möglich ist (z. B. kurzfristige Analyse der Mengenbewegungen außerhalb von Inventuren). Überdies mangelt es an innovativen Analysekonzepten, die über die klassische Dekomposition des Erfolges – namentlich auf der Kostenseite – hinausgehen (beispielsweise verschiedene Erlösstrukturierungen nach Filialen, nach einzelnen Marketingaktionen etc., also letztlich eine Kombination der Artikelperspektive mit einem weiteren Kalkulationsobjekt). Neben

---

[128] Siehe dazu auch *Gluth* 1987, der Filialen beinahe schon als Profit-Centers ansieht; eine Frühform dieser Perspektive bei *Wurth* 1970.
[129] Siehe auch *Riebel* 1974; *Tietz* 1985, 1101; *Witt* 1991a, 288–291.

	Direct Costing	Relative Einzelkostendeckungsrechnung
DB I	Bruttoumsatz ∕. Rabatt	Bruttoumsatz ∕. Rabatt
DB II	Einnahme ∕. Mehrwertsteuer	Einnahme ∕. Mehrwertsteuer
DB III	Nettoumsatz ∕. primäre Kostenarten Löhne, Gehälter, Sozialaufwand, Abschreibungen, Material, Telefon, Porti, Gebühren, Zinsen, Steuern ∕. sekundäre Kostenarten Raum, Handwerker, Hausmeister, Auszeichnung, Ateliers	Nettoumsatz primäre Einzelkosten sekundäre Einzelkosten
DB IV	DB ∕. Variable Kosten des Verkaufs ∕. Variable Kosten des Einkaufs	(nicht ausgewiesen) (nicht ausgewiesen)
DB V	DB ∕. Fixkosten der Warengruppe	DB IV = DB V Einzelkosten der Warengruppe
DB VI	DB ∕. Fixkosten der Etagen	Einzelkosten der Etagen
DB VII	DB ∕. Fixkosten Einkauf ∕. Fixkosten Verkauf	Einzelkosten Einkauf Einzelkosten Verkauf
DB VIII	DB ∕. Fixkosten Betrieb Grundstücke, Handwerker, Versand	Einzelkosten Betrieb
DB IX	DB ∕. Fixkosten Versand, soweit nicht zurechenbar	
DB X	DB ∕. Fixkosten Leitung und Verwaltung	Einzelkosten Leitung und Verwaltung

Abb. 38: Grenzplankosten- und relative Einzelkostenrechnung im Vergleich ihrer Aussagetransparenz (nach Witt 1991a, 294, mit Hinweis auf Tietz 1985, 1108)

der reinen Produktsichtweise tritt das Kalkulationsobjekt „Partie" auf, mit dem Einmalbeschaffungen und -vermarktungen, Sonderbestellungen, Bündelverkäufe u. ä. abgedeckt werden.

- **Aufträge und Auftragsarten.** Sie rücken die bisherige Produktperspektive in ein kundennäheres Licht, indem der Zusammenhang zwischen Artikel und Marktvorgang geschaffen und zudem die daran angeknüpften Prozesse verdeutlicht und rechnerisch abgebildet werden. Darüber hinaus können interne Maßnahmen (z. B. via Streckengeschäft absolvierte Aufträge, Bedarfsdeckung aus Lagerbeständen usw.) separat kontiert werden. Auf diese Weise kommt ein prozeßnaher Ansatz zusätzlich zum Tragen.

- **Sonderaktionen.** Da selbst bei vielen – wenn auch etablierten – Markenartikeln ein Großteil des Absatzes und damit auch des Erlöses auf der Handelsebene im Rahmen von Sonderaktionen erfolgt, ist es überaus wichtig, die Sonderaktionseffizienz abzuschätzen. Deshalb ist eine Aufteilung in verschiedene Sonderaktionstypen zu empfehlen, deren jeweiligen Kosten/Erlös-Situationen separat analysiert werden. In der praktischen Ausgestaltung eines solchen Sonderaktionscontrolling hat es sich bewährt, insbesondere die Typen

- in kürzeren Zeitabständen wiederkehrende Aktionen (z. B. das „Angebot zum Wochenende")
- in längeren Zeitabständen wiederkehrende Aktionen (beispielsweise Weihnachts-, Frühlingsaktion etc.)
- artikel- oder warengruppendominierte Aktionen
- unregelmäßig auftretende Aktionen, die jedoch Signalwirkung haben können (etwa bei Filialeröffnung)
- filialspezifisch vs. konzernzentral vorgegebene Aktionen

zu unterscheiden, d. h. mit den dadurch bedingten Kosten und Erlösen aufzuzeichnen. Wenngleich dabei Probleme der verursachungsgerechten Zuordnung selbstverständlich auftreten, so sind trotz der Ungenauigkeiten längerfristig angelegte Zeitvergleiche dennoch aufschlußreich, um grundlegende Trends und Tendenzen zu erkennen.

- **Flächen.** Dieses Kalkulationsobjekt kommt bereits derzeit in der Handelscontrollingpraxis zum Zuge. Allerdings beschränkt man sich häufig auf eine m²-bezogene Sicht, die demnach vollkosten- und vollerlösorientiert ist. Eine Perspektive, die die Schlüsselung von Gemeinerlösen und Gemeinkosten/Fixkosten zurückdrängt, ist die Betrachtung größerer Flächen (etwa Abteilungen). Hier liegen noch große Defizite im praktischen Handelscontrolling.

- **Kundengruppen.** Speziell für manche Handelsbranchen (z. B. für den Produktionsverbindungshandel) liegt die Notwendigkeit offen, einzelne (Groß)kunden und Teilgebiete zu betrachten, in denen Kundenschwerpunkte liegen. Eine solche Sichtweise, Einzelgeschäftsbeziehungen oder zumindest Kundengruppen separat zu analysieren, ist im konsumtiven Handel nicht so ausgeprägt. Daher ist hierfür anzuraten, spezifische Marktsegmente gemäß deren Kaufverhalten zu unterscheiden und entsprechende Kosten/Erlös-Zuordnungen zu versuchen. Bei solchen Segmentierungen ergibt sich beispielsweise:

- generelle Stammkundschaft
- Stammkundschaft für ausgewählte Warengruppen
- Laufkundschaft
- Kundschaft aus einem Einzugsbereich < x km vs. > y km.

Abbildung 39 veranschaulicht anhand empirisch gewonnener Daten, wie sich die Erlösanteile auf diese verschiedenen Gruppen verteilen. Wenn auch diese Kundensegmentierung nicht überschneidungsfrei ist und vielmehr aus Praktikabilitätsgründen zustande kam (z. B. mögliche Doppelzählung von Stammkunden im engen Einzugsbereich), so wird der Erlösstruktureffekt dennoch sehr deutlich. Bei den gleichfalls ausgewiesenen Kostenanteilen handelt es sich nicht um die Anteile global zugeschlüsselter Vollkosten, sondern vielmehr – in abgegrenzterer Sichtweise – um die verschiedenen sog. Marketingkosten in bezug auf einzelne Kundentypen (insbesondere Direct-Mailing, Insertionen u. ä.). Abbildung 39 verdeutlicht, daß sich durchaus verschiedene Erfolgsstrukturen – zumindest tendenziell – identifizieren lassen.

- **Zeiten.** Bei diesem Kalkulationsobjekt geht es primär um das Offenlegen des zeitlichen kurzfristigen Einkaufverhaltens (= zeitliche Erlösstrukturierung z. B. gemäß Tages-

Durch eine kundentyp-bezogene Erlös- und z. T. auch Kostenzuordnung wird die Notwendigkeit des Kalkulationsobjekts „Kundengruppe" bzw. „Kundentyp" evident. Die Abbildung veranschaulicht spaltenweise, wie in einer praktischen Filialanwendung (= filialisierter Baumarkt) des Kundencontrolling einzelne, grob abgegrenzte Kundentypen identifiziert und mit anteiligen, überwiegend verursachungsgerecht ermittelten Erlös- und Kostenarten kontiert wurden. Die Abbildung zeigt die jeweiligen Erlös- und Kostenanteile in Prozent und macht auf diese Weise die divergierende Kundenstruktur transparent. Im Lebensmittelbereich wurde ein ähnliches Vorgehen gewählt (vgl. zur dortigen Kundentypisierung Abbildung 79).

Kundentypen / Kosten- und Erlösanteile	Allgemeine Marketingkosten	Prozeßkosten	Direkte Marketingkosten	Direkte Erlöse	Quasi-Erlöse durch Kundenverbund-Effekte
Investive Kunden					
Handwerker	17	27	50	21	5
Sonstiges Gewerbe	8	17	3	12	6
Öffentliche Nachfrager	1	3	2	5	1
Konsumtive Kunden					
Profi	36	31	34	19	17
Familie	18	12	6	31	41
Gelegenheitskäufer	5	2	1	3	5
Interessierter Neuling	15	8	4	9	25
Summe	100	100	100	100	100

Abb. 39: Kosten/Erlös-Struktur bei verschiedenen Filial-Kundentypen

einkaufszyklen bzw. Zeitschwerpunkten je Tag). Überdies werden in manchen Fällen bestimmte Kostenelemente hinreichend verursachungsgerecht einzelnen Tageszeitblöcken zuordnungsbar sein (etwa bei der Präsenz von Sales-Promotion-Personal im Rahmen von Verkostungen). Abbildung 40 zeigt am Beispiel
– einer Filiale des Lebensmittelbereichs
– einer Non-Food-Warenhausabteilung
die Kosten- und Erlösschwankungen im Tageszeitablauf um den Tagesdurchschnittswert auf.

Am Beispiel des Lebensmittelsektors sowie anhand einer Warenhausabteilung wird deutlich, daß die Erlös- und auch die Kostenstrukturierung im Tageszeitablauf wichtige Controllingeinblicke schafft, so insbesondere für die Zeitplazierung von personalintensiven Sonderaktionen im Ladenlokal, für die Segmentierung von Kundengruppen im Tageszeitverhalten sowie für die Forcierung einzelner Artikel in bezug auf verschiedene „Zeitkäufer". Wenn die Erlösseite bei diesem Vorgehen via scannergestützte Datenerhebung noch weitgehend verursachungsgerecht bestimmten Zeitabschnitten zuzuordnen ist, so ist dies im Kostenbereich keineswegs möglich: Viele Kostenanteile (etwa Personalkosten als prinzipielle Fix- und Gemeinkosten) werden z. B. via Personalanwesenheitszeiten den kurzen Zeiträumen des Kalkulationstages zugeordnet; abgesehen von Kosten des Aushilfspersonals bewegt man sich hier im Bereich der Vollkostenversionen. Gleichwohl schafft auch eine solche vollkostennahe Betrachtung noch deutliche Zusatztransparenz.

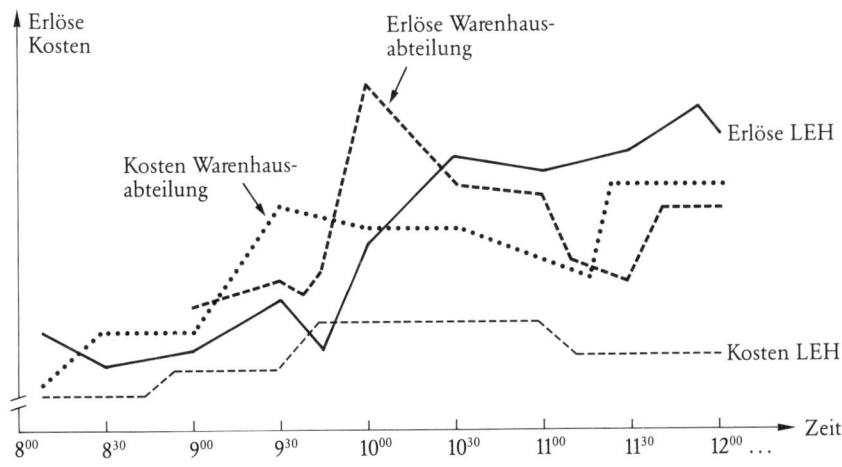

Abb. 40: Exemplarische Kosten/Erlös-Struktur im Tagesverlauf

- **Wochenzeiten und Saisoneffekte.** Die Unterscheidung nach verschiedenen weiteren Zeitdimensionen ist im Filialmanagement besonders wichtig und stellt daher eine eigenständige weitere Betrachtung dar, die die Tageszeitanalyse ergänzt. Interessant sind vor allem die genannten Saisoneffekte (etwa bei Filialen mit hohem Anteil an Touristikkunden als Laufkundschaft in Urlaubsgebieten) sowie eine Wochenanalyse, mit der zeitliche Einkaufsschwerpunkte (etwa Wochentage) separat beleuchtet werden.
- **Marketingnahe Kalkulationsobjekte.** Sie sollen es dem Filialcontroller ermöglichen, einzelne Marketinginstrumente hinsichtlich ihrer Effizienz zu beurteilen. Dieser Ansatz stellt z. Zt. noch Neuland dar, weil man nämlich insbesondere die marketingbedingten Kosten und Erlöse einzelnen Instrumenten zuordnen muß bzw. z. B. eine Gesamterlösabweichung in einzelne marketingbezogenen Ursachen aufzuteilen hat.[130]

Zusammenfassend zeigt Abbildung 41, welches **tatsächliche Bedeutungsgewicht** derzeit den einzelnen Kalkulationsobjekten in der Handelspraxis

- generell
- im Facheinzelhandel
- im Filialmanagement

zukommt.[131] Dabei wird deutlich: Im Detailcontrolling auf Filial- und Facheinzelhandelsebene sind nicht-warenorientierte Kalkulationsobjekte weitaus weniger vertreten als im gesamten Handelsdurchschnitt, der sich durch die Einbeziehung vergleichsweise in-

---

[130] Vgl. *Albers* 1989a; *Albers* 1989b; *Albers* 1990; *Witt / Witt* 1992; zu Akzeptanzproblemen siehe *Witt* 1990 f; *Albers* 1990, 34. Vgl. auch Kapitel 5.3.4.

[131] Siehe auch die Gewichtung seitens der Praxisliteratur, etwa bei *Neubürger* 1988, die sich nur langsam auf einem umfassenden Ansatz zubewegt.

novativerer Handelskonzerne positiver, d.h. hinsichtlich der angewendeten Kalkulationsobjekte vielfältiger gestaltet. Gleichwohl gibt es auch hier generell noch Nachholbedarf. Die Dominanz des Produktdenkens bei den Kalkulationsobjekten resultiert in hohem Maße aus einer Kostenperspektive. Hingegen wird die marketingnähere Erlösbetrachtung – mit entsprechenden Kalkulationsobjekten – offensichtlich (noch) nicht favorisiert. Hier besteht als noch ein großes Defizit im Filialcontrolling!

Mehrdimensionale Auswertungen, die sich im Heranziehen verschiedener Kalkulationsobjekte ausdrücken würden, sind in der Handelspraxis z. Zt. noch nicht allzu verbreitet. Weiterhin dominieren produktorientierte Kontierungen.

Kalkulationsobjekt	Handel generell	Facheinzelhandel	Filialebene
Artikel	5,8	5,7	4,7
Artikelgruppe	5,9	5,9	4,8
Warengruppe	5,8	5,9	4,9
Warenfamilie	3,2	4,8	2,1
Abteilung	3,4	2,1	1,5
Filiale	3,1	2,9	3,4
Standort	5,1	2,9	2,0
Logistikprozesse	3,1	1,5	1,2
Sonst. Prozesse	2,5	1,3	1,1
Klassische Kostenstellen	4,9	4,9	4,1
Marktsegmente	2,9	1,6	1,1
Kunden (gruppen)	2,5	1,5	1,1
SGEs	2,2	1,6	1,0
Vertriebsweg	2,5	1,6	entfällt

Basis: Ratingskala 1 = sehr geringe Bedeutung
7 = sehr hohe Bedeutung

Abb. 41: Empirische Bedeutung einzelner Kalkulationsobjekte

Abbildung 42 faßt wesentliche Rechnungskonzepte hinsichtlich deren dominanten **handelsspezifischen Vor- und Nachteile** noch einmal stichwortartig zusammen.[132]

Abbildung 42 faßt wesentliche Entscheidungsaspekte bei der Rechnungswesenwahl zusammen. In Verbindung mit der Auswahl adäquater Kalkulationsobjekte eignet sich als Einsteigerlösung die Vollkostenrechnung, auf der man allerdings keinesfalls verharren sollte. Als „mittlere" (Übergangs)lösung bietet sich dann die um eine Fixkostenschichtung erweiterte Grenzplankostenrechnung an. Als sehr anspruchsvolle Lösung und „Langfrist-Konzept" ist hingegen das Riebelsche Rechnungssystem anzusehen.

---

[132] Vgl. ausführlicher zu den generellen Vor- und Nachteilen *Witt* 1991a, 18–56.

Vollkostenrechnung
Vorteile:
- Strategischer Überblick bei unterentwickeltem Rechnungswesen („Second-best")
- Einfachheit und Handhabbarkeit
- Mit Vorbehalten anwendbar beim Filialvergleich, bei kleinen Ladenlokalen, bei engen Sortimenten
- Tendenzielle Offenlegung der „Deckungs"struktur im Rahmen des kalkulatorischen Ausgleichs, wenn – etwa bei Sonderaktionen – durch eine Veränderung der Schlüsselungsstruktur veränderte Handelsspannen und damit auch modifizierte Handelsspannenstrukturen entstehen, die mit der Normalsituation verglichen werden können (z. B. Vergleich der durchschnittlichen Spanne mit den spezifischen Warengruppen- und Artikelspannen, die jeweils durch sonderaktionsbezogene Gewinn- und/oder Kostenzuschläge – insbesondere auch divergierende Prozeßkostenzuschläge aufgrund sonderaktionsindividueller Prozesse und Prozeßintensitäten – entstehen)

Nachteile:
- Verzerrung durch Schlüsselung
- Kaum sinnvoll anwendbar in bezug auf einzelne (kleine) Flächen und Zeiten

Stufenweise Fixkostendeckungsrechnung
Vorteile:
- Fixkostentransparenz
- Auch auf nicht-produktorientierte Kalkulationsobjekte (etwa Abteilungen) flexibel anwendbar
- Deutlichere Deckungsstruktur (= keine Pseudodeckungsstruktur wie hingegen bei der Vollkostenrechnung)

Nachteile:
- Kernproblem: Datenbeschaffung, Kontierung und Datenpflege, so daß man als praktikable Lösung eher mit Bandbreiten arbeitet
- Gefahr der Vollkostenperspektive, nicht zuletzt auch aufgrund der Schlüsselung proportionaler Gemeinkosten

Relative Einzelkostenrechnung
Vorteile:
- Entscheidungsrelevante Informationen
- Flexible Grundrechnung für ein situatives Filialcontrolling
- Klare Transparenz im kalkulatorischen Ausgleich

Nachteile:
- Kernproblem: Aufbau und Pflege einer Grundrechnung insbesondere bei nicht-scanninggestützter Warenwirtschaft
- Subjektiv seitens mancher (Handels)praktiker als (zu) schmal empfundene Entscheidungsbasis bei hohen Deckungsbeiträgen aufgrund eines lediglich geringen Anteils verursachungsgerecht zugeordneter Einzelkosten (= Verbleiben eines hohen Gemeinkostenblocks, der dann durch die sich zwingend rechnerisch ergebenden hohen Deckungsbeiträge abzupuffern ist)
- Eingeschränkte Ermittlungsmöglichkeit klassischer Kennzahlen (Rohertrag etc.), die in der Praxis meist vollkosten- und vollerlösbezogen errechnet werden

Abb. 42: Rechnungskonzepte für das Filialmanagement im Überblicksvergleich

In der Unternehmenspraxis zeigt sich generell der Trend, sog. **Parallelrechnungen** einzusetzen. Dies liegt meist an verschiedenen Gründen, nämlich vor allem an
- der Unsicherheit, welches Rechnungssystem denn richtig bzw. zweckmäßig sei (insbesondere bei einem Ergänzungswunsch der Vollkostenrechnung- durch Teilkostensysteme)
- spezifischen Auswertungszielen, so daß man – mehr oder minder vermeintlich – verschiedene Rechnungskonzepte heranziehen muß

• der Ergänzung mehrdimensionaler Kalkulationsobjekte nun auch durch parallele Rechnungen, die unterschiedliche Rechnungskonzepte umfassen (z. B. Vollkostenrechnung zur Flächenkalkulation, Fixkostendeckungsrechnung zur Deckungsbeitragsvorgabe für Abteilungen und/oder Warengruppen).

So sehr man auch diese daraus generierbare Vielfalt einerseits begrüßen muß, so besteht doch die große Gefahr, daß dadurch die meist in solchen Parallelrechnungen vertretenen Vollkostenrechnung „durch die Hintertür" wieder salonfähig wird.[133] In Abbildung 43 ist abhängig von der am Jahresumsatz gemessenen Unternehmensgröße die derzeitige Akzeptanz von Parallelrechnungen im Handel abgetragen. Es zeigt sich, daß diese Akzeptanz recht hoch ist, weil man schwerpunktmäßig von Vollkostenrechnungen ausgeht, die man aufrüsten und ergänzen möchte.

> Parallelrechnungen sollen überkommene und derzeit noch dominante Vollkostenrechnungen ergänzen. Um das im Handel bekannte Rechnungssystem, das auf Vollkosten und Vollerlösen basiert, nicht zu schnell abzuschaffen, neigt der Handel zum schrittweisen Einführen modernerer Rechnungskonzepte via Parallelrechnungen. Faktisch kommt es dabei indes häufig zur Dominanz der Vollkostenrechnung. Die Abbildung zeigt, daß Parallelrechnungen im Vormarsch sind, eine isolierte und alleinige Vollkostenorientierung also erfreulicherweise an Bedeutung verliert. Diese empirischen Ergebnisse stellen lediglich Trends, aufgrund einer nicht hinreichenden Vorquotierung der Stichprobe indes keine unbedingt repräsentativen Ergebnisse dar. Im Zuge einer recht kleinen, allerdings vorquotierten weiteren Stichprobe bestätigten sich jedoch diese Ergebnisse. Das sinkende Akzeptanzniveau der Vollkostenrechnung darf indes nicht mit einer geringen Anwendung gleichgesetzt werden: Das Gegenteil ist gerade vielmehr (noch) der Fall!

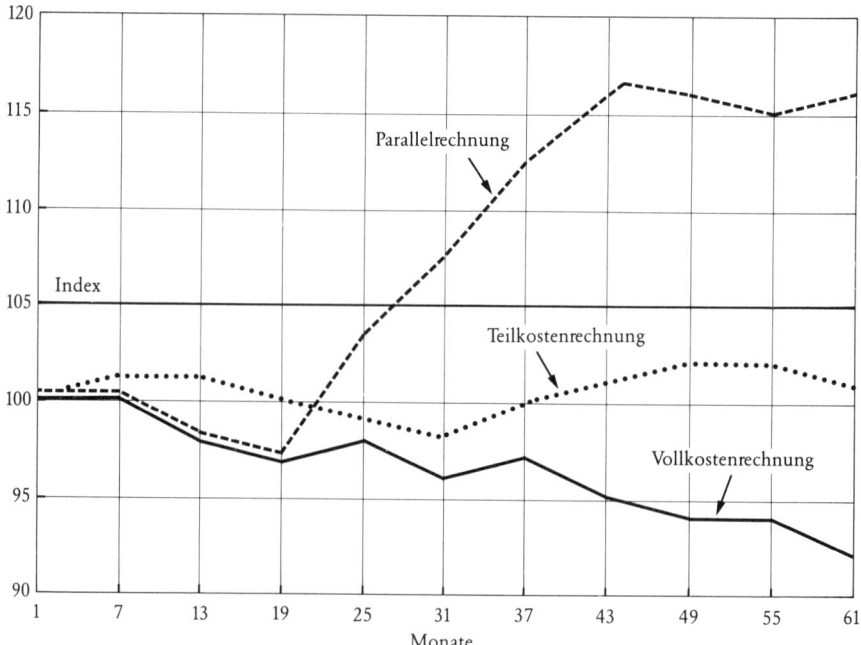

Abb. 43: Empirisch ermittelte Akzeptanz von Parallelrechnungen im Vergleich

---

[133] Ausführlicher *Witt* 1991a, 117.

4.3 Prozeßkostenrechnung

Die Prozeßkostenrechnung ist in jüngster Zeit als eines „der" Allheilmittel im Rechnungswesen diskutiert worden und wird z.T. sogar als „die" notwendige Rechnungswesenrevolution für den Handel apostrophiert.[134] Bei einer enteuphorisierenden und nüchternen Betrachtung lassen sich in kurzer und zusammenfassender Skizze zwei wesentliche **Anliegen der Prozeßkostenrechnung** erkennen, nämlich[135]

- die Verbesserung, d.h. die Verfeinerung der Fix- und Gemeinkostenschlüsselung innerhalb der Vollkostenrechnung, so daß gemäß dieser Sichtweise die Prozeßkostenrechnung „nur" zur veränderten (Kosten)kalkulation beiträgt
- das gesamtheitliche Management unternehmens-, d.h. hier: handelsinterner Leistungen, die nunmehr als eigenständig zu kalkulierende „Prozesse" gesehen werden. Diese Prozesse müssen sich
  - z.B. der Make-or-Buy-Problematik stellen
  - „kundennäher" am internen „Markt" positionieren
  - genau in das *Riebel*sche Rechnungskonzept einfügen, da solche Prozesse als eigenständige Kontierungsmöglichkeiten („Kostenträger") in des Handelscontroller's Grundrechnung eingehen. Die traditionell-überkommene Sichtweise, zwischen internen Kostenstellen einerseits und Kostenträgern andererseits – meist: Produkte, Artikel, Warengruppen u.ä. – zu trennen, verwischt dann zugunsten der umfassenderen Sichtweise „Kalkulationsobjekt", das sowohl aus der innerbetrieblichen Sphäre als auch als marketingnahes Kalkulationsobjekt (Kunde, Vertriebsstufe, Produkt etc.) herangezogen werden kann.

Das sog. **Komplexitätsmanagement** identifiziert einzelne Prozesse als Kostentreiber,[136] um auf diese Weise komplexe Unternehmensentscheidungen (etwa Einführung eines Warenwirtschaftssystems, Verdichtung des Filialnetzes mit einer Fülle von dazu jeweils notwendigen Einzelentscheidungen und -projektmaßnahmen) mit ihren Kosteneffekten transparent zu machen. Speziell geht es im Rahmen des Filialmanagement zukünftig daher weniger um die veränderte Kalkulation unter Zuhilfenahme der Prozeßkostenrechnung, da eine Vollkostenrechnung möglichst generell vermieden werden sollte. Vielmehr steht als Teilbereich einer Komplexitätsreduktionsstrategie die Optimierung interner Prozesse – namentlich Logistikprozesse – im Vordergrund. In diesem Zusammenhang kommt es dann eher „beiläufig" zwar auch zur – möglichst verursachungsgerechten – Zuordnung von Prozeßkosten (= verursachungsgerecht ermittelte Prozeßkostenanteile) auf einzelne beschaffungs- oder absatzmarktnahe Kalkulationsobjekte (z.B. Berechnung eines Kundendeckungsbeitrags unter Berücksichtigung spezifischer Logistik(einzel)kosten, die für diesen Kunden anfallen). Weiterhin ist gerade innerhalb von Handelskonzernen oder auch

---

134 Generell etwa *IFUA GmbH* 1991 sowie handelsspezifisch *Aehringhaus* 1990. *Gümbel* 1985, Kapitel 7, weist auf die interessante Verknüpfung zu dem im Grenzgebiet zwischen Betriebswirtschafts- und Volkswirtschaftstheorie diskutierten Transaktionskostenansatz hin, der die (Mehr)kosten je Handelsstufe aufzeigt und spezifische komparative (Kosten)vor- und -nachteile einzelner Marktpartner offenlegen soll. Dieser auf *Coase* zurückgehende Ansatz ist jedoch kaum praktikabel, weil er an der Kostenermittlung (= Dateninput) scheitert.

135 Siehe ausführlicher *Witt* 1991d.

136 Vgl. etwa *Schulte* 1991.

im Zuge des vertikalen Marketing, das verschiedene Aufgaben auf die jeweiligen vertikal zueinander stehenden Kooperationspartner verteilt, eine Prozeßkostenbetrachtung sinnvoll, um auf diese Weise die je Stufe zusätzlich angefallenen Kosten separat zu erfassen.[137] Aus diesem Grund gibt es – namentlich in Zusammenhang mit einer **prozeßorientierten DPR** – Ansätze zur marktstufenübergreifenden Erfassung von (Logistik)kosten.[138]

Eine wesentliche Voraussetzung für eine funktionierende Prozeßkostenrechnung – als Baustein des Prozeßmanagement im Handel bzw. konkreter: im Filialmanagement – ist eine **Identifikation der Prozeßhierarchie:**

- Dahinter verbirgt sich die Frage: „Wie lassen sich einzelne Hauptprozesse in Teilprozesse aufspalten, um auf diese Weise die Kosteneinflußgrößen („Cost-Drivers") besser offenzulegen?" Es gibt indes bislang keinen Verfahrensstandard zur Aufstellung solcher Prozeßbäume. Vielmehr unterscheiden sich einzelne Unternehmen und Berater in ihren dazu gewählten Ansätzen.

- Regelmäßig dürfte sich aber die Prozeß- und Kosteneinflußhierarchisierung durch folgende Frage vereinfachen lassen: „Welches Kostenvolumen würde sich ändern, wenn bestimmte Teilprozesse in einer Abteilung wegfielen/hinzukämen?" Auf diese Weise wird meist evident, welche Prozeßkosten – genauer: welche dann noch mehr oder minder pauschal zu bewertenden Prozeßmengen, d. h. Prozeßvolumina – durch spezifische kleinere Arbeitsgänge bzw. Verrichtungen verursacht werden – zumindest gemäß subjektiver Meinung des Befragten.

Insgesamt wird damit deutlich: Die Prozeßkostenrechnung will als Teil eines gesamtheitlichen Prozeßmanagement und Aktivitätscontrolling einzelne (handels)interne Dienstleistungen eigenständig kalkulieren bzw. als Vehikel zur Kostenzuordnung auf konventionell-klassische Kostenträger dienen. Bei der Ermittlung von Prozeßkosten steht jedoch zumeist – und auf eine Art denn auch verständlich – das Prozeßmengengerüst im Vordergrund. Dabei tritt für den unerfahrenen oder einseitigen Anwender jedoch die große Gefahr auf, daß er solche Mengen vermeintlich als proportional zum Arbeitsvolumen einer Prozeßkostenstelle ansieht (etwa mittels einer rein rechentechnisch ja durchaus möglichen Anteilsrechnung, daß ein durchschnittliches Kundengespräch x Minuten, eine Beratung eines Großkunden indes y Minuten beansprucht). Dann aber liegt der Fehlschluß schnell nahe, entsprechend ließen sich auch die dahinter stehenden Personalkosten kontinuierlich – und nicht vielleicht nur sprungfix – abbauen; eine Reduktion von Gesprächs- und Beratungsaktivitäten könnte also die Kosten bzw. sogar den Aufwand sofort verändern bzw. zumindest zu anderen Kostenschlüsselungen Anlaß geben (z. B. Veränderung der Schlüsselungsstruktur zugunsten des direkten Verkaufsbereichs im Ladenlokal, der tendenziell mit geringeren Fix- und Gemeinkosten belastet wird und zuungunsten des Außendienstes). Der Anwender der Prozeßkostenrechnung muß sich also sehr davor hüten, die aus Transparenzgründen geschaffenen Mengenbetrachtungen (= Arbeitsanfall) auf einer Prozeßkostenstelle unmittelbar durch Bewertung mit Kostensätzen in DM-Werte zu übersetzen und dann von arbeitsanfall-proportionalen Kosten auszugehen. Hier zeigt sich demnach die unmittelbare Analogie zum Vorgehen bei der Grenzplankostenrechnung,[139]

---

[137] Vgl. zu den Vorläufern dieser Sichtweise – nämlich u. a. auch *Schmalenbach* – und den damit zusammenhängenden Begriff „Kosten bis dahin" etwa *Küper* 1972, 385, und indirekt auch *Barth* 1988, 74 f.

[138] *Tietz* 1985, 764.

[139] Siehe Kapitel 4.1.

so daß beide Rechnungskonzepte sich hier gegenseitig ergänzen, ohne indes zu objektiv befriedigenden Ergebnissen kommen zu können. Daß indes ein Entscheider gleichwohl durch die Zusatztransparenz subjektiv zufriedengestellt wird, mag dennoch angehen – solange er nicht allzu blind und einseitig an die Prozeßkostenrechnung „glaubt".

In der konkreten **Praxisanwendung von Prozeßkostenrechnungssystemen** konnten verschiedene Prozeßhierarchien – und damit auch Aufgabenstrukturen im Zuge der Aufbau- und Ablauforganisation – identifiziert werden. Abbildung 44 gibt dazu ein Praxisbeispiel.

Die Hierarchisierung von Prozessen im Handelsunternehmen orientiert sich an der Notwendigkeit, einzelne interne Dienstleistungen sehr differenziert aufzuspalten, um auf diese Weise überhaupt (Teil)prozesse erst controlable zu machen; dann entstehen, sehr „verästelte" Bäume (linker Teil von Abbildung 44, „Logistik"). Daneben gibt es aber auch die Möglichkeit, eine nur sehr grobe Prozeßaufspaltung vorzunehmen (= „flacher" Baum), damit man erst einmal Erfahrung mit dem Prozeßmanagement sammeln kann; in einem solchen Fall wird lediglich ein Teilbereich exemplarisch weitergehend aufgespalten (vgl. den rechten Teil von Abbildung 44, „Verkauf"). Aufgrund der im Handel doch recht großen Controllingabstinenz ist ein solcher Soft-Approach mitunter besser als die „große" – und damit oft abschreckende – Lösung geeignet. Die beiden in Abbildung 44 dargestellten Prozeßhierarchien stellen in der Handelspraxis tatsächlich offengelegte Prozeßstrukturen dar. Dabei wird deutlich, daß sich die Prozeßhierarchisierung – und damit ebenfalls auch die Bildung von Prozeßkostenstellen – nur bedingt an den durch die übliche Organisationsstruktur des jeweiligen Handelshauses vorgegeben „klassischen" Kostenstellen orientiert und vielmehr nicht nur „tiefergehende", sondern insbesondere auch andere Aufsplittungen wählt.

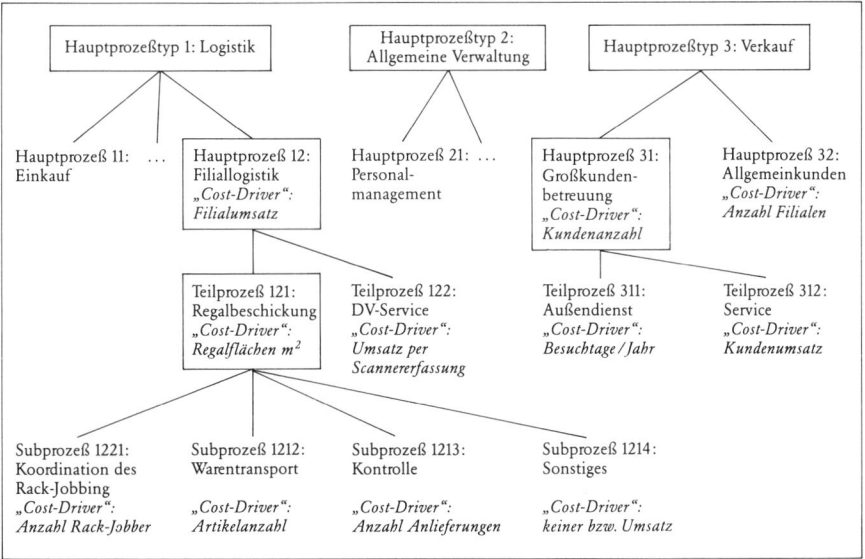

Abb. 44: Beispiel für Prozeßhierarchien im Handel

Nachdem solche Prozeßstrukturen aufgestellt worden sind, geht es im nächsten Schritt um die **Ermittlung des (Plan)mengengerüsts,** d. h. um die Quantifizierung des Arbeitsanfalls je Prozeßkostenstelle anhand von Cost-Drivers (= Kosteneinflußgrößen, so wie diese beispielsweise sehr ähnlich aus der Grenzplankostenrechnung als sog. Bezugsgrö-ßen bekannt sind). Dazu werden Planmengen geschätzt; speziell an dieser Stelle treten regelmäßig Schwachpunkte der Prozeßkostenrechnung auf. In der Handelspraxis hat es sich bewährt, die Mengenschätzung auf der Basis von Mitarbeiterbefragungen vorzu-nehmen und dann noch mittels Prozentauf- und -abschlägen zu korrigieren. Nach der kostenstellenindividuellen Ermittlung der Mengenvolumina geht es im nächsten Schritt um die **Kalkulation** selbst. Dabei werden

- die in bezug auf die klassische Kostenstellenstruktur als Fix- und/oder Gemeinkosten anzusehenden Kosten zunächst darauf hin geprüft, ob sie sich als Einzelkosten einer spezifischen Prozeßkostenstelle zuordnen lassen
- die noch verbleibenden Prozeßstellen-Fix- und/oder -Gemeinkosten im Sinne einer Vollkostenschlüsselung auf die einzelnen Prozeßkostenstellen zugeschlüsselt. Dann wiederum lassen sich – analog zur traditionellen innerbetrieblichen Leistungsverrech-nung – diese Kosten einer Prozeßkostenstelle auf die verschiedenen Beanspruchter ei-ner Prozeßleistung (vollkostenorientiert) zurechnen, indem nämlich das Mengenvolu-men eines „Kostenstellenbeanspruchers" als Schlüsselungskriterium herangezogen wird. Abbildung 45 gibt zusammenfassend ein Rechenbeispiel (mit vereinfachten Zah-len).

Das rechentechnische Vorgehen der Prozeßkostenrechnung orientiert sich am bekannten Vorgehen der innerbetrieblichen Leistungsverrechnung und hat demnach einen „Vollko-sten-Touch". Aufgrund der prozeßkostenstellen-spezifischen Mengenplanung, die wieder-um als Schlüsselungsgrundlage dient, wird die Kostenschlüsselung insgesamt zwar nicht unbedingt verursachungsgerecht(er), wohl aber differenzierter als manche pauschalen – z. B. am Gesamtabsatz einer Filiale ausgerichteten – Kostenschlüsselungen vorgenom-men. Das methodische Vorgehen läßt sich so zusammenfassen:

- Wichtige innerbetriebliche Leistungen („Prozesse") werden identifiziert und als eigen-ständige, nicht unbedingt mit den herkömmlichen Kostenstellen identische Prozeßko-stenstellen geführt, so beispielsweise
  - Beschwerdemanagement
  - Großkundenbetreuung
  - Lagerverwaltung
  bzw. im vorliegenden Fall die aus Abbildung 44 bereits bekannten Prozesse.
- Man schätzt – zumindest grob – die Gesamtkosten eines Prozesses (etwa die Plankosten des gesamten Bereichs „Filiallogistik") und bildet dann Prozeßkostensätze (Plankosten bzw. Budget, rechnerisch durch Division auf die Planmenge, d. h. den Arbeitsanfall einer Prozeßkostenstellen verteilt).
- Sofern das gerade genannte Vorgehen schon auf der Ebene von Hauptkostenstellen geschah, werden jetzt in den nächsten Schritten analog Prozeßkostensätze für in der Prozeßhierarchie tieferliegende Teil- und Subprozesse gebildet. Dann werden diese Pro-zeßkosten nun weiter auf einzelne Teilprozesse geschlüsselt, indem man als Schlüsse-lungskriterien die vermutete Arbeitsbelastung (etwa in Betreuungsstunden gemessen) heranzieht. Dieser Rechenschritt ist konkret in Abbildung 45 dargestellt. Generell unter-scheidet man bei der Prozeßkostensatzberechnung und den dabei notwendigen Plan-mengen sog. leistungsmengeninduzierte und -neutrale Kosten und demnach auch Men-gen (= „Prozeßcharakteristika" in Abbildung 45), indem nämlich die Plankosten als abhängig oder hingegen als unabhängig von der Arbeitsbelastung der jeweiligen Prozeß-kostenstelle eingestuft werden. Hier liegt der wesentliche Vorteil der Prozeßkostenrech-nung und die Verfeinerung einer herkömmlichen, eher an pauschaleren Schlüsselungskri-terien ausgerichteten Vollkostenrechnung; insofern zeigt sich durch die differenzierte Mengenplanung der Prozeßkostenrechnung eine deutliche Nähe zur Grenzplankosten-rechnung.

- Die leistungsmengenneutralen Kosten werden – ebenso wie evtl. vorhandene vollkommen prozeßunabhängige, im Abbildungsbeispiel aber nicht auftretende generelle Gemein- und Fixkosten – auf die einzelnen leistungsmengeninduzierten Subprozesse umgelegt (im Beispiel mittels einer simplen gleichanteiligen Schlüsselung). Hier zeigt sich der Vollkostencharakter der Prozeßkostenrechnung sehr deutlich, da sie – in vielen praktischen Anwendungen – gerade nicht nur Prozeßeinzelkosten, die oftmals verschwindend gering wären, sondern eben pauschalere Vollkosten ausweist. In diesem Bereich stehen für die Zukunft daher deutlich differenzierendere, teilkostennähere Rechenverfahren an, die spezifische Prozeßeinzel- und evtl. auch Prozeßproportionalkosten separat ausweisen. Im Rechenbeispiel der Abbildung 45 beeinflußt der leistungsmengenneutrale Kostenanteil den Gesamtprozeßkostensatz sehr stark. Bei der praktischen Anwendung dieser Prozeßkostenrechnung in einem Handelshaus wird daher inzwischen so vorgegangen, daß man mit zwei Prozeßkostensätzen parallel operiert: einem nur leistungsmengeninduzierten und einem gesamten Prozeßkostensatz, der auch leistungsmengenneutrale Kosten anteilig enthält.
- Wenn nun eine Leistung (etwa ein Warentransport) erfolgt, so werden anteilige Kosten, nämlich der Prozeßkostensatz (= rechnerisch ermittelte (Voll)kosten je Vorgang „Warentransport") multipliziert mit der tatsächlichen Anzahl der Transportvorgänge, in einer Lieferanten- oder auch einer Kundenerfolgsrechnung dem Lieferanten A oder dem Kunden B angelastet.

Prozeß	Prozeß-charakteristik	Cost-Driver	Planmenge Monat	Budget DM / Monat	Prozeß-kostensatz DM	Umlage DM	Gesamt-prozeßkostensatz DM/Monat
Koordination Rack-Jobbing	Leistungsmengeninduziert	Anzahl Rack-Jobber	100	20.000	20.000 : 100 = 200	1.666,$\overline{6}$	200 + 1.666,$\overline{6}$ = 1.866,$\overline{6}$
Warentransport	Leistungsmengeninduziert	Artikelanzahl	2.000	30.000	30.000 : 2.000 = 15	1.666,$\overline{6}$	15 + 1.666,$\overline{6}$ = 1.681,$\overline{6}$
Kontrolle	Leistungsmengeninduziert	Anzahl/ Anlieferungen	30	10.000	10.000 : 30 = 333,$\overline{3}$	1.666,$\overline{6}$	333,$\overline{3}$ + 1.666,$\overline{6}$ = 2.000
Sonstiges	Leistungsmengenneutral	·/·	·/·	5.000	·/·	·/·	·/·

Vereinfachte Umlage 1 : 1 : 1,
also gleichanteilig

Abb. 45: Rechenbeispiel zur Prozeßkalkulation

Im einem innovativen Handelsmanagement wird man eine Verknüpfung von internen Prozeßansätzen und marktnahen Kalkulationsobjekten versuchen. Im Rahmen einer verursachungsgerechten Kostenzuordnung werden daher **Markenfamilien** gebildet, die nicht nur im Marketingkonzept, sondern auch hinsichtlich ihrer internen Prozeßbedürfnisse homogen sind. Auf diese Weise können bestimmte Prozesse schwerpunktmäßig spezifischen Markenfamilien zu geordnet werden, die nicht unbedingt deckungsgleich mit einer eher nach technischen Kriterien abgegrenzten Warengruppe sein müssen.[140]

---

[140] Vgl. zu Markenfamilien generell auch *Balling* 1991.

4.4 LOKKAS-gestütztes Logistik- und Warenwirtschaftscontrolling

Die Dominanz von Logistikprozessen hat in der Vergangenheit zur Entwicklung logistikspezifischer (Kosten)rechnungssysteme geführt. Das System LOKKAS (= **Logistik-Kosten-Kalkulations-System**)[141] ist dabei eines der am weitesten entwickelten Konzepte, das sich zudem eng an der bereits vorgestellten **DPR-Perspektive** anlehnt bzw. dazu sogar eine wesentliche Basis bildet. Darüber hinaus kann man organisatorische Konsequenzen aus LOKKAS ziehen, so z.B. eine Umorganisation zur Kostenreduktion.[142] Auf diese Weise will LOKKAS zugleich auch das Warenwirtschaftscontrolling unterstützen, da die faktisch sehr stark mengenorientierte, also am physischen Warenfluß ausgerichtete Sichtweise konventioneller Warenwirtschaftssysteme durch Kostenmoduln ergänzt wird. Wenngleich damit noch kein integrierendes Warenwirtschaftssystem entsteht, das ebenfalls auch sehr prononciert den Marketingbereich berücksichtigen müßte (Warenkorbanalyse, Sonderaktionscontrolling, Preisresponses etc.), so geht es bei LOKKAS immerhin nicht nur allein um eine Mengen-, sondern zumindest auch um eine Kostenbetrachtung. LOKKAS umfaßt folgende **Stufen**, die bereits aus der grundsätzlichen Kostenrechnungsmethodik bekannt sind:[143]

- Kostenerfassung
- Mengenerfassung (= Identifikation der Kostenträger, die diese erfaßten Kosten anteilig tragen sollen)
- Kostenzurechnung auf die Kostenträger via mengenorientierte Schlüsselungsverfahren
- Ermittlung von warengruppen- und sogar artikelspezifischen „Kostenformeln", mit denen die Warengruppen- oder Artikellogistikkosten prognostiziert werden können.

Insgesamt handelt es sich bei LOKKAS also um eine **prozeßorientierte Vollkostenversion**. Denn trotz der an einzelnen Arbeitsgängen ausgerichteten Ermittlung von Schlüsselungskriterien werden letztendlich einem Artikel „seine" Logistikkosten zugerechnet. Diese beinhalten aber z.B. anteilig Energiekosten, Raummiete etc. Daher darf sich der LOKKAS-Anwender also nicht durch den hohen Differenzierungsgrad der Teilprozesse und der Ermittlung des Mengengerüsts täuschen lassen: Die eher pauschale Bewertung des Mengengerüsts mit globalen Kostensätzen einerseits sowie die Zuordnung von Mengen- bzw. Zeitanteilen auf einzelne Kostenträger andererseits ist – selbst angesichts aller *Refa*-gestützen Methoden – stark vollkostenlastig. Trotz dieser Einschränkung führt LOKKAS gleichwohl zur Zusatztransparenz im Vergleich zu herkömmlichen undifferenzierten oder oft auch gar nicht einmal vorhandenen Logistikrechnungen im Handel. Die LOKKAS-Ergebnisse dürfen allerdings nicht überinterpretiert werden. Ein Blick auf Abbildung 46 zeigt nämlich schon, daß aufgrund der spezifischen Logistikkostenstruktur im Handel der Personalbereich dominiert, dessen Lohn/Gehalt-Kosten oftmals Fix- und vielfach auch Gemeinkosten in bezug auf einzelne Logistikleistungen oder logistikleistungen-beanspruchenden Warengruppen darstellen.

---

[141] *Fehr* 1987; *Frerich-Sagurna / Jodin* 1988.
[142] *Fehr / Gossen* 1982.
[143] *Fehr* 1987, 107.

Bei den Logistikkosten des Handels dominieren typischerweise Personalkosten, die aufgrund ihres tendenziellen Fix- und Gemeincharakters die verursachungsgerechte Zuordnung auf manche Kalkulationsobjekte – namentlich auf Warengruppen oder Artikel – beinahe unmöglich machen.

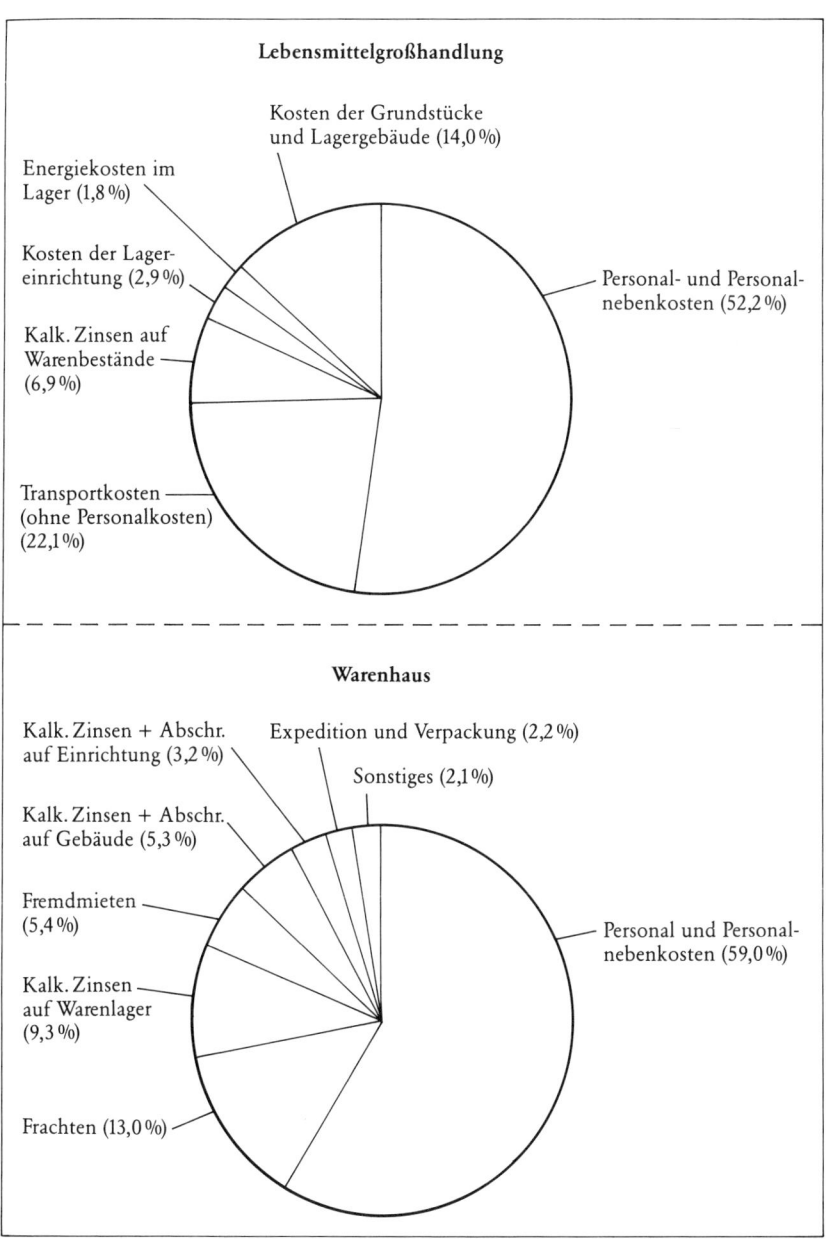

Abb. 46: Exemplarische Logistikkosten-Strukturen im Handel (nach Fehr 1987, 15 f. m. w. N.)

Drogeriewarenlager			
Tätigkeit	Mitarbeiter	Anteil an der gesamten Arbeitszeit	Anteil an der Arbeitszeit im Lager
Warenannahme	13,0	12,0	13,8
Ein- und Umräumen	11,7	10,8	12,4
Kommissionieren	53,8	49,8	57,1
Packstelle mit Warenausgangsbüro	5,4	5,0	5,7
Versand	3,7	3,4	3,9
Inventuren	1,6	1,5	1,7
Leergut	4,5	4,1	4,8
Retourenbearbeitung	0,6	0,6	0,6
Summe	94,2	87,2	100
Allgemeine Verwaltung und Sonstiges	13,8	12,8	–
Summe	108	100	–

Abb. 47 a

Molkereiwarengroßhandlung (Lager)		
Tätigkeit	Geleistete Stunden / Woche	Anteil der Tätigkeiten
Entladung	8,8	0,7
Annahme und Kontrolle	44,3	3,6
Einlagerung Hand	44,8	3,6
Einlagerung Stapler	13,2	1,1
Einlagerung I	6,7	0,5
Einlagerung II	6,3	0,5
Retouren	35,3	2,9
Einlagerung	159,5	12,9
Nachfüllen Hand	86,7	7,0
Nachfüllen Stapler	61,5	5,0
Nachfüllen Aufzug	6,7	0,5
Nachfüllen	154,8	12,5
Komm. Hauptlager	380,3	30,8
Komm. Sonderlager	78,7	6,4
Anbruch erstellen	68,5	5,5
Kommissionieren	527,5	42,7
Kontrolle	19,2	1,6
LKW-Beladung	44,2	3,6
Kontrolle und Laden	63,3	5,2
Sonstige Arbeiten	134,0	10,8
Arbeitsbereitschaft	121,7	9,9
Abwesenheit	74,3	6,0
Sonstiges	330,0	26,7
Summe	1235,1	100,0

Abb. 47 b

Die Mengengerüstanalyse bildet eine wesentliche Grundlage in LOKKAS und kommt dem Gedanken der Prozeßkostenrechnung recht nahe. Die Differenzierung geht auf der Basis von Arbeitsstudien so weit, daß etwa verschiedene Normzeiten für das Greifen unterschiedlich voluminöser Artikel ermittelt werden. Die Abbildung gibt dazu verschiedene empirische Beispiele aus unterschiedlichen Logistikbereichen. So sehr die Idee der Mengengerüstermittlung und darauf aufbauender Kennzahlen (z. B. Standzeit/Kunde im Fuhrparkbereich) einerseits zu begrüßen ist und sich zudem schlüssig mit der Idee des Relativkostenkonzepts verzahnt (= Ermittlung von verschiedenen Kosten und speziell auch von Logistikkosten aufgrund unterschiedlicher Produktgestaltungsmaßnahmen), so ist andererseits indes das Problem vorhanden, solche Vorgaben und Normzeiten zuverlässig ermitteln zu können. Bei zunehmender Akzeptanz solcher Arbeitsstudien im Handel dürften hier sicherlich noch Fortschritte – und damit höhere Genauigkeiten im Mengen- bzw. Zeitgerüst – zu erwarten sein.

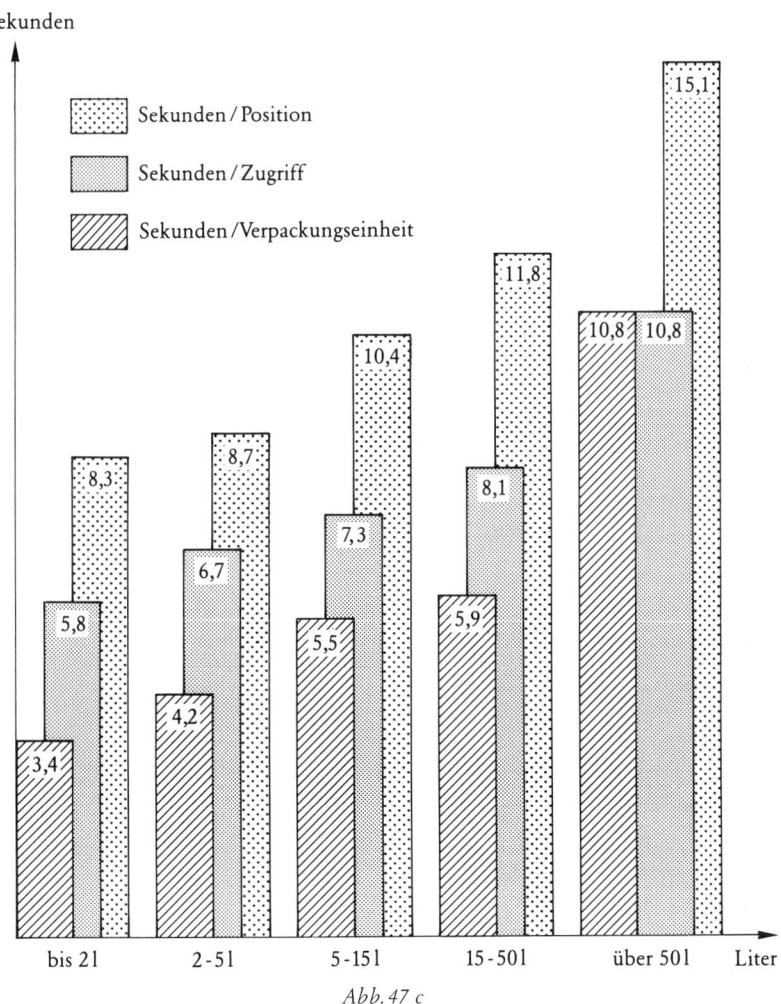

Greifzeiten in Abhängigkeit vom Artikelvolumen

Abb. 47 c

Vorgabezeiten für Fuhrparktätigkeiten	
Tätigkeit	Vorgabe
Beladen am Lager: Rüstzeit Beladezeit	6 Minuten / Tour 2 Minuten / Behälter / Palette
Ent- und Beladen beim Kunden: Rüstzeit Ladezeiten Zeiten für Auspacken	4 Minuten / Kunde 3 Minuten / Rollbehälter 4 Minuten / Palette 4 Minuten / TK-Behälter 3 Minuten / Rollbehälter 6 Minuten / Palette 6 Minuten / TK-Behälter
Entladen von Leergut am Lager: Rüstzeit Entladen	6 Minuten / Tour 2 Minuten / Palette / Behälter

Abb. 47 d

Fahrzeugstandzeiten		
	Trockensortiment (TS) und Tiefkühlkost (TK)	Frischwaren
Lieferungen (Kunden)	100	100
Zahl der Rollbehälter	431 (TS) + 35 (TK) 466	210
Zahl der Transporteinheiten (TE)	431 (TS) + 81 (TK) 512	210
Rollbehälter pro Lieferung	4,3	2,1
Anteil der Lieferungen mit Tabakwaren	46 %	–
Standzeiten (Min.)	2.198	503
Standzeit pro Kunde (Min.)	22	5
Standzeit pro Rollbehälter	4,7	2,4
Standzeit pro TE	4,3	2,4

Abb. 47: Exemplarische Mengengerüste in LOKKAS (nach Fehr 1987, 18, 20, 55, 72 f.)

Abbildung 47 gibt Beispiele für die Prozeßzerlegung und die damit verbundene **Mengengerüstermittlung** bzw. -schätzung in LOKKAS.

Die **Bewertung des LOKKAS-Mengengerüsts** erfolgt üblicherweise anhand von pauschalen Kostensätzen, die dadurch das differenzierte Mengengerüst als Unterbau etwas entwerten. Abbildung 48 gibt dazu ein Beispiel, wie nämlich verschiedene Lagerkostenarten in LOKKAS geschlüsselt werden.

Kosten	Differenziert nach Bereichen	Schlüsselung auf		Ausgelieferte Kolli	Sonstiges
		Lager-plätze (LP)	Rollbehälter (RB)		
Kosten für vom Lager überbau-tes Grundstück	Waren-bereiche	2/3	1/3		
Kosten für Verkehrsflächen	Waren-bereiche		1/1		
Kosten für Lagergebäude	Waren-bereiche Kühlung	2/3	1/3		
Kosten für Asphaltierung der Verkehrsfl.	Waren-bereiche		1/1		
Kosten der Lagereinrichtung	Waren-bereiche	1/1			
Kosten der Förderzeuge	Waren-bereiche		1/1		
Kosten der Ladehilfsmittel Rollbehälter Paletten Tiefkühlbeh.	Waren-bereiche	1/1	1/1 1/1		
Kosten der Warenbestände	Waren-reiche				1/1 Warenwert
Kosten durch Verderb	Waren-bereiche				1/1 Umsatz oder Ein-standskosten
Energiekosten Kühlung sonst. Strom Heizung	z.T. Waren-bereiche, Kühlung, Heizung	1/1 1/1	1/1		
Lagerpersonal Trocken-sortiment Wareneingang Gangpflege Kommissionier. Rollbehälter-transport Lagerbüro	Waren-bereiche, z.T. Arbeits-schritte	2/3 1/2 17,4% 1/1	1/3 1/2 82,6%		1/1
Leergut					1/1 (Leer-gutpaletten)
Obst, Gemüse und Frischwaren		22,7%	77,3%		
Tiefkühlkost		20%	80%		

Abb. 48: LOKKAS-Schlüsselungskriterien für Lagerkosten (nach Fehr 1987, 150 f.)

Die Schlüsselungskriterien für die verschiedenen Lagerkostenarten sind z. T. pauschal und grob, z. T. indes schon aufgrund entsprechender Zeitstudien recht differenziert. Innerhalb der Vollkostenperspektive mag man das aus verschiedenen Blickwinkeln kritisieren oder gutheißen. Aus dem Blickwinkel des Teilkostenrechners ist indes die eine Schlüsselung genauso unsinnig bzw. willkürlich wie eine andere, so daß aus diesem Aspekt heraus die LOKKAS-Schlüsselungskriterien lediglich eine Pseudotransparenz vorgaukeln. Hier gilt ähnliches wie für die generelle, derzeit meist nur vollkostenorientierte Prozeßkostenrechnung: Eine differenzierende Einzelkostenbetrachtung steht für die Zukunft an!

Auf dieser Basis werden in LOKKAS dann verschiedene Kalkulationsobjekte hinsichtlich ihrer spezifischen Logistik(voll)kosten kalkuliert. Abbildung 49 gibt dazu einige **Kalkulationsbeispiele**.

Die Logistikkostenrechnung ist in LOKKAS vollkostenorientiert. Zwar verfolgt LOKKAS „an sich" das Ziel, lediglich verursachungsgerechte einzelne Kosten zuzuordnen. Faktisch indes kommt es bei der LOKKAS-Anwendung – wie auch bei der DPR-Anwendung, die auf LOKKAS aufbaut – zu vielfältigen Vollkostenschlüsselungen. Mit anderen Worten: Die nicht als Stückkosten einem Kalkulationsobjekt zugeordneten Kosten sind in praxi vergleichsweise gering.[144] Daher sieht LOKKAS zwar vordergründig nach einer Deckungsbeitragsrechnung bzw. nach einem Baustein einer Deckungsbeitragsrechnung aus, während es sich faktisch aber um eine sehr vollkostennahe Betrachtung handelt. Deshalb trifft die bereits bei der DPR-Rechnung geäußerte Kritik hier analog zu.[145] Die Abbildung zeigt verschiedene Logistikbereiche mit den dort per LOKKAS ermittelten Kosten bzw. ausgewählten Kostenarten exemplarisch auf und mündet in einen sog. Artikel-Kostenbogen, der die vorher ermittelten Logistikkosten auf das Kalkulationsobjekt „Produkt" – vollkostenorientiert – zurechnet.

Insgesamt besteht LOKKAS also aus den vier **Bausteinen**
- Tabellierung, d. h. Standarderstellung z. B. von Normzeiten für einzelne Arbeitsgänge im Zuge der Handelslogistik
- daraus resultierend die Erstellung eines gesamtheitlichen Zeit- und Mengengerüsts, das anschließend mit – meist pauschalen – Kostensätzen bewertet wird
- vollkostennahe Kostenzuordnung auf diverse Kalkulationsobjekte
- auf diesem Analyseteil aufbauend: Strategieentwicklung bzw. Maßnahmenempfehlung aufgrund der ermittelten Kostensätze bzw. Deckungsbeiträge.

So sehr aus Sicht des Handelscontrollers eine aus entsprechenden Analysen abgeleitete Strategie bzw. ein Korrekturvorschlag zu begrüßen sind, so sehr muß man aufgrund der faktisch doch recht willkürlichen Kostenzuordnung im Analyseteil nunmehr die typischen LOKKAS-Empfehlungen kritisch betrachten. Insofern gratwandert der Handelscontroller zwischen einerseits der Notwendigkeit, durchaus konkrete und praxisnahe **Maßnahmenvorschläge** aus LOKKAS zu übernehmen oder analog selbst zu entwickeln, und andererseits dem berechtigten Mißtrauen in die allzu vordergründig-einseitige Kostenzuordnung, die überhaupt erst solche konkreten Maßnahmenvorschläge erlaubt. Exemplarisch gibt Abbildung 50 einige solcher Handlungsempfehlungen wieder. Überdies sind in Abbildung 50 einige Logistikstrategien A bis F (für den Aktionsbereich „Getränkeleergut im Einzelhandel") dargestellt und mit ihren Gesamtkosten bewertet. Die-

---

[144] Vgl. z. B. das Zahlenbeispiel bei *Fehr* 1987, 164.
[145] Vgl. Abbildung 24.

Personalkosten des Warenumschlags in Lägern verschiedener Branchen (Beispielunternehmen)

	Lohnkosten (Pfg.) je Versandeinheit in Lägern				
Branche	Lebensmittel (Trocken- sortiment)	Drogerie- waren	Molkerei- produkte	Rundfunk- und Fernseh- großhandel	Großhandel mit gemischtem Sortiment
Waren- annahme und Einlagerung	2,4	1,78[1]	3,9	51,7	8,1
Nachfüllen, Umlagern	6,5	1,61[2]	3,8	– [3]	4,9
Kommissio- nieren	12,3[4]	9,33	13,2	23,0	15,0
Kontrolle und Laden	– [5]	0,74	1,6	26,7[6]	– [5]
Sonstiges	4,8[7]	0,88	8,1	41,4	12,0
Summe	26,0	14,34	30,6	142,8[8]	40,0

1) Ohne Einräumen
2) Inkl. Einräumen
3) Kein Nachfüllen und Umlagern
4) Einschl. Rollbehältertransport
5) Die Fahrer laden
6) Inkl. zweite Stufe beim artikelweisen Kommissionieren
7) Ohne Leergutannahme
8) Wert gilt für die Saison

Abb. 49 a

Personalkosten in Obst-, Gemüse- und Frischwaren- sowie Tiefkühllägern eines Beispielunternehmens

	Obst und Gemüse sowie Frischdienst	Tiefkühlkost
Betriebszeit in Min.	862.245	227.610
Kosten / Min. (DM)	0,353	0,38
Kosten / Jahr (DM)	304.370	86.490
Löhne und Gehälter für Nachtschicht, Lagerleiter etc. (DM)	110.000	8.000
Personalkosten gesamt	414.370	94.490

Abb. 49 b

Personalkosten im Trockensortimentlager des Beispielunternehmens in DM

	Waren-eingang	Gang-pflege	Kommis-sionieren	Roll-behälter-transport	Leergut	Summe
Arbeitszeit in Min.	301.000	791.000	1.368.000	490.000	702.000	3.652.000
Lohnkosten/ Min.	0,322	0,322	0,387	0,326	0,292	–
Kosten / Jahr	96.920	254.700	529.420	159.740	204.980	1.245.760
Personalkosten der Lager-leitung und des Lagerbüros						160.000
Gesamte Personalkosten für das Trockensortiment						1.405.760

Abb. 49 c

Kosten des Leerguts pro Palette im Lager

	Kosten / Palette (Pfg)
Lagergrundstück	17,6
Verkehrsfläche	11,8
Lagergebäude	440
Belag der Verkehrsflächen	26,1
Förderzeuge	36,7
Energie	12,2
Personal	837
Gesamtkosten / Palette (Pfg)	1.371,4

Abb. 49 d

Sachkosten für den Transport eines Rollbehälters

Kapitalkosten pro Jahr	525.000 DM	
Sonstige Sachkosten pro Jahr	980.000 DM	
Sachkosten pro Jahr	1.505.000 DM	
– davon TS und TK	60 %	903.000,00 DM
Rollbehälter	174.000 DM	
Kosten pro Rollbehälter		5,19 DM
– davon Obst- und Gemüse-Touren	40 %	602.000,00 DM
Rollbehälter	102.000 DM	
Kosten pro Rollbehälter		5,90 DM

Abb. 49 e

Logistikkosten einer Schokoladensorte in Betrieb A

Berechnungsweise		DM / Kollo
DM 43,00 / Lagerplatz x 1/4 Lagerplatz = DM 10,75 : 621 Kolli	=	0,02
+ DM 13,85 / Rollbehälter : 50 Kolli / RB	=	0,28
+ direkt zurechenbare Kosten / Kollo	=	0,19
+ 10 % vom Durchschnittswarenwert von DM 600,00 = DM 60,00 : 621 Kolli	=	0,10
Logistikkosten / Kollo		0,59

Abb. 49 f

Artikel-Kostenbogen

Artikel: 1/1 Dose Erbsen extra fein

(1) Absatz (Kolli):	2 085	(6) Einstandspreis:		23,17 DM
(2) Rollbehälter / Kollo	2,5 %	(7) Verkaufspreis:		26,64 DM
(3) Rollbehälter (1) x (2):	52,1	(8) Durchschnittswarenwert		
(4) Durchschnittsbestand (Kolli):	215	= (4) x (6):		4.982,00 DM
(5) Durchschnittlich benötigte Lagerplätze:	3	(9) Umsatz = (1) x (7):		5.554,00 DM

Kostenformel	Kosten (DM)	Anteil an Kosten
DM 43,00 / Lagerplatz	129,00	7,4 %
+ DM 13,85 / Rollbehälter	721,60	41,4 %
+ DM 0,19 / Kollo	396,00	22,7 %
+ DM 10,00 / 100,00 Warenwert	498,20	28,6 %
+ DM ... / 100,00 Umsatz		%
+	....	.... %
(10) verrechnete Logistikkosten	1.744,80	100,0 %

Kennzahlen			
(11) Kosten / Kollo = (10) : (1)	0,84	(15) Überdeckung	
(12) Roherlös / Kollo = (7) – (6)	3,47	= (13) : (11)	
(13) Deckungsbeitrag / Kollo = (12) – (11)	2,63	313,0 %	
(14) Deckungsbeitrag / Artikel = (13) x (1)	5.484,00		

Abb. 49: Logistik(voll)kostenrechnung für einzelne beispielhafte Kalkulationsobjekte in LOKKAS (nach Fehr 1987, 26, 131 f., 155, 159, 163, 172)

ses typische LOKKAS-Beispiel, das auf Vorläuferstudien zu Beginn der '80er Jahre zurückgreift und als Kalkulationsobjekt die Einzelflasche hat, verdeutlicht trotz der angegebenen Kostenkorridore („Bandbreite") die Fragwürdigkeit solcher niederrangiger Kalkulationsobjekte (hier: Einzelartikel), die mit angeblich verursachungsgerechten Logistikkosten zu belasten sind.

Aus der detaillierten, zeitstudienbasierten (Voll)kostenzuordnung in LOKKAS resultieren vordergründig spezifische Kostenhierarchien einzelner Kalkulationsobjekte, die dann bestimmte Maßnahmenempfehlungen nahelegen. Exemplarisch sind einige solcher „Handlungstips" wiedergegeben. Überdies ist die Bewertung verschiedener Logistikmaßnahmen A bis F für das Handling von Getränkeleergut dargestellt. Die Beurteilung dieser Logistikmaßnahmen hängt primär von der fragwürdigen LOKKAS-Kennzahl „Logistikkosten je Einzelflasche" ab und ruft bei Vertretern der Teilkostenrechnung regelmäßig – mehr als berechtigte – Bedenken hervor.

Methode	Typisch für:	Gesamtkosten pro Flasche in Pfg.	
		Durchschnitt	Bandbreite
A: Annahme und sofortige Verrechnung an der Kasse	Kleine SB-Geschäfte	5,65	5,35 – 6,19
B: Annahme im ersten Ladendrittel	Supermärkte und mittlere SB-Geschäfte	5,40	4,80 – 5,77
C: Annahme im Getränke- oder Lagerraum	Verbrauchermärkte mit Getränkeshop und Supermärkte ab ca. 800 m^2	2,86	1,53 – 3,52
D: Abgabe und Chipsentnahme durch Kunden	SB-Läden und Supermärkte	7,03	6,38 – 7,43
E: Annahme im ersten Ladendrittel und Transport per Förderband in den Keller	Supermärkte	6,17	5,80 – 6,52
F: Annahme durch Automaten	Warenhäuser und Supermärkte	5,85	5,61 – 6,09

Möglichst ganze Paletten einer Ware bestellen.
Darauf dringen, daß die Paletten nicht zu hoch beladen sind.
Möglichst artikelrein palettiert anliefern lassen.
Artikel mit hohem Stückumschlag sollten bevorzugt in der unteren Kommissierungsebene gelagert werden.
In der Regel ist eine Tiefeinstapelung von Europaletten kostengünstiger als eine Quereinstapelung.
Um den Kommissionierfluß nicht zu stark zu hemmen, empfiehlt sich daher, die Umkartons möglichst schon im Wareneingangsbereich oder beim Einräumen aufzuschneiden.

Abb. 50: Exemplarische LOKKAS-Maßnahmenempfehlungen und Strategiebewertung
(nach Fehr 1987, 37 f., 50 f., 65, 89 f.)

Aufgrund der insgesamt doch recht einseitigen Betrachtung von LOKKAS ist es sinnvoll, daß der Filialcontroller den Logistikbereich durch ein Logistikcontrolling abdeckt, das die Unzulänglichkeiten des Rechnungswesens durch eher qualitative Indikatoren stützt. Man gelangt damit zu **Logistikleistungsberichten** innerhalb des Handels- und speziell im Filialcontrolling. Solche Logistikreports integrieren verschiedene Aspekte, nämlich vor allem[146]

- eine Bereichsgrundrechnung („Logistikgrundrechnung"), da auf diese Weise die unternehmensweite Grundrechnung, die derzeit meist kaum in ansprechendem Umfang vorhanden ist, konkret für einen abgegrenzten Bereich ausgestaltet werden kann. Eine solche **Logistikgrundrechnung** wird nicht selbst in den Logistikbericht eingehen, bietet indes aber die in aller Regel notwendige Grundlage zur Erstellung von Sonderreports u. ä. Abbildung 51 gibt beispielhaft einen Ausschnitt einer in der Handelspraxis realisierten Logistikgrundrechnung wieder.

Mit einer Logistikgrundrechnung im Handel wird nicht nur das Logistikcontrolling selbst, sondern auch das darauf aufbauende Reporting unterstützt. Gerade z. B. bei Handelsunternehmen, die etwa mehrere Lieferantenquellen pflegen und es dabei zu verschiedenen Warenstromflüssen kommen lassen, ist ein Sonderreporting – in Ergänzung beispielsweise zum monatlichen Logistikbericht – oftmals erwünscht. Eine solche Logistikgrundrechnung wird sinnvollerweise als relationale Datenbank konzipiert sein, aus der mit Hilfe einschlägiger Abfragesprachen (etwa SQL) flexible Sonderrechnungen und damit auch Sonderreports resultieren. Der in Abbildung 51 aufgezeigte Grundrechnungsausschnitt ist in einem internationalen Handelskonzern realisiert und eingesetzt. Die Symbole „ + + " bis „--" zeigen die tatsächliche Kontierungsintensität an. Es fällt auf: Der Kontenbereich „Transportmittel", der noch nach drei Transportmitteltypen tiefer differenziert ist, wird intensiv bebucht, während hingegen beispielsweise das Kalkulationsobjekt „Palette" eher unterdurchschnittlich bebucht wird. Dies liegt im konkreten Fall gar nicht so sehr nur an mangelnden Dateninputs, sondern vielmehr auch an konkreten, situativ dominierenden Auswertungszielen und damit an spezifischen Controllingperspektiven. Ergänzend zum dargestellten Grundrechnungsausschnitt wird eine Erlösrechnung kontiert, da manche Logistikleistungen auch verrechnungspreist werden (etwa beim Mengenaustausch zwischen zwei Filialen) und z. T. auch extern vermarktet werden. Darüber hinaus enthält diese spezielle Grundrechnung noch eine herkömmliche Unterteilung nach verschiedenen Kostenarten sowie weiterhin eine tiefere Differenzierung der primären Kalkulationsobjekte (= Kopfzeile), so z. B. nach verschiedenen Warengruppen.

- **Berichtselemente.** Diese werden regelmäßig sein
  - Kernkennzahlen
  - Leistungsberichte
  - Kostenberichte
  - reportingunterstützende Graphics und ähnliche Visualisierungen.
- **Ziele des Handelslogistikreporting.** Sie liegen meist in zwei Bereichen, nämlich
  - der Eigensteuerung des Logistikbereichs
  - dem Nachweis einer handelsbetrieblichen Logistikeffizienz insbesondere gegenüber der Geschäftsleitung, wenn es beispielsweise um die Frage der Prozeßrationalisierung oder um eine Make-or-Buy-Entscheidung geht.

Während sich die Eigensteuerung häufig auch auf Kennzahlen beziehen wird, die insbesondere im Rahmen von Verfahren des Operations-Research als Dateninputs benö-

---

[146] Siehe generell *Weber* 1991, Kapitel 6.

Basisrechnung „Kosten-Logistik"					
Transport-mittel	Palette	Regal	Artikel	Waren-gruppe	Filiale
Kunden K 1 K 2 . . . ++	+		++	++	+
Zeitraum Monat 01 : ++		++	++	++	+
Quartal 01 : +	–	– –	++	+	+
Jahr 01 : +			++	++	+
Vertriebsgebiet V 1 . . V 4 ++	– –		–	0	+

Abb. 51: Ausschnitt aus einer Grundrechnung für den filialbetrieblichen Logistikbereich

tigt werden (z. B. einzelne Fahrzeiten zwischen Filialen zur Belieferungssteuerung), geht es beim Reporting gegenüber der Geschäftsführung generell um einen Effizienznachweis oder zumindest doch um höheraggregierte Kennzahlen.

Abbildung 52 zeigt beispielhaft die **Gliederung eines in der Handelspraxis eingeführten Logistikreports.**

Das Logistikreporting deckt mit Hilfe von zusammenfassenden Kennzahlen einschließlich graphischer Aufbereitung einerseits sowie einer Segmentierung des Logistikbereichs andererseits insgesamt wesentliche Interessensgebiete der Geschäftsleitung bzw. des im hier vorliegenden Praxisbeispiel zuständigen Bereichsdirektors ab. Durch die Aufteilung des Logistikreports in verschiedene Reportingbausteine gelingt es, den Leser zu führen. Insofern geht es beim Reporting keineswegs nur um eine passive Datenbereitstellung, sondern insbesondere aus Controllersicht um ein aktives „Reportmarketing". Der hier in seiner Struktur (= Inhaltsverzeichnis) vorgestellte Logistikreport (Abbildungsteil A) enthält weiterhin am Ende jedes Reportingbausteins noch Kurzkommentierungen. Je Reportingbaustein sind wesentliche Kennzahlen aufgeführt und einzelne (Kosten)stellen ausgewiesen, so z. B.
• Handelswarenlager
• Anteil des Sonderaktionsvolumens
• DM-Wert und Anzahl der über einen spezifischen Logistikweg geschleusten Vorgänge
• weitere firmenspezifische Leistungskennzahlen (Anzahl von Filialabrufen, Anteil des Kernsortiments am Logistikaufkommen, Anteil Fremdvergabe etc.)
• Mitarbeiter und Personalkosten
• Hardwareintensität
• Logistikverrechnungssatz (= Prozeßkostensatz)

- Kapitalbindung
- Fehlmengen bei Filialorderung.

In Abbildung 52 ist weiterhin ein zusammenfassendes Kennzahlensystem abgebildet, das am Ende des Logistikreports wesentliche Tatbestände zusammenfaßt (Abbildungsteil B).

Der in Abbildung 52 beispielhaft vorgestellte Logistikreport gliedert sich in die vier Bereiche

- zusammenfassende Kernkennzahlen als Headline und am Berichtsende
- Beschaffungslogistik („Einkauf")
- Beschaffungslogistik: Transport, wobei wiederum die Interne Logistik einen besonderen Schwerpunkt bildet
- Lager.

Logistikreport	(Firmenlogo)

Bereich: Filialen		
1/91 – 6/91	Verteiler: (Namen)	Seite 1/22

Inhalt	Seite
1. Trends / Globale Entwicklung	2
2. Lager	3
– Gesamt	
– Filiale 1	
...	
...	
...	
3. Einkauf	11
– Wareneingang	
– Qualitätsprüfung	
...	
...	
...	
4. Transport	15
– Vertrieb	
– Beschaffung	
– Interne Logistik	
– Sonderaktionslogistik	
...	
...	
...	
5. Zusammenfassende Kennzahlen	19

Abb. 52 a

Logistikleistung	Logistikvolumen	Interne Logistikkosten
1. Planbereitstellung am Regal (DM) Gesamtbereitstellung (DM) ← Lieferbereitschaft	7. Wareneingang je Periode Gesamtwarenbestand je Periode ← Finanzierungslücke	8. Prozeßkosten Gesamtkosten ← Prozeßreserve
2. Idealzeit Durchlauf Realzeit Durchlauf ← Reserve		9. Physische Kosten Gesamtprozeßkosten ← Kostengewicht
3. Istzeit Durchlauf Planzeit Durchlauf ← Terminierung		10. Verwaltungsprozeßkosten Gesamtprozeßkosten ← Kostengewicht
4. Anzahl Warenbewegungen via Warenwirtschaftssystem Gesamtbewegungsanzahl ← Bestandsrisiko		11. Kapitalbindungskosten Gesamtprozeßkosten ← Bindungsvolumen
5. Warenausgang Warenbestand ← Bestandsrisiko		12. Prozeßkosten Category-Management-kosten ← Kooperationsnutzen
6. 360 Tage Kennzahl 4 ← Bestandsrisiko		

Abb. 52: Logistikreport aus der Handelspraxis

Damit dient dieser Logistikreport nicht nur der Eigensteuerung, sondern speziell auch dem **Effizienznachweis**. Dies ist um so verständlicher, als – im Gegensatz zu manchem Industrieunternehmen – die Handelslogistik keineswegs immer durch eine entsprechende eigenständige Organisationseinheit übernommen wird, sondern sich nicht nur funktional, sondern dann auch organisatorisch „quer" durch den Handelsbetrieb bzw. durch eine Filiale erstreckt. Daher kommt der Lenkung der Logistikprozesse durch ein angemessenes Controlling besonders große Bedeutung zu, weil je Teilprozeß oftmals kostenverantwortliche Mitarbeiter („Kostenstellenverantwortliche") nicht identifizierbar sind. Darüber hinaus werden im Logistikreport bestimmte einzelne Aspekte in den Vordergrund gestellt, die für das betreffende Handelsunternehmen im Rahmen seines Filialmanagement eine vorrangige Bedeutung aufweisen, so etwa
• Kosten aufgrund des Warentransports zwischen Filialen beim Mengenausgleich
• Kosten von Produktketten (= Verfolgung ausgewählter Artikel durch die gesamte Logistikkette hindurch)
• Regal- und Lagerbewegungen von „typischen" Leitartikeln, die hinsichtlich ihres Zeit- und Mengengerüsts analysiert und dann mit Kostensätzen bewertet werden.

Insgesamt wird in dem hier vorgestellten Logistikreport wie auch im „vorgelagerten" Logistikcontrolling versucht, eine Transparenz durch verschiedene Kennzahlen zu erhalten, die gleichwohl von der Datenfülle her dennoch „lesbar" erscheinen. Damit wird z. T. die LOKKAS-Philosophie etwas kontrastiert, die ja prinzipiell davon ausgeht, daß allein schon die ermittelten Kostensätze hinreichende Informationen bieten.

4.5 Rechnungswesengestütztes Kennzahlenmanagement im Filialcontrolling

Wenn auch die LOKKAS-Kennzahlen in ihrer Ermittlung zwar etwas einseitig sind, so zeigte sich doch dort bereits die Notwendigkeit zu einem Kennzahlenmanagement. Filialspezifisch lassen sich dabei als zwei wesentliche Pole der strategische und der operative Sektor unterscheiden. Zwar hängt es z. T. von der individuellen Managerperspektive ab, wie eine Kennzahl einem dieser beiden Bereiche zugeordnet wird. Dennoch lassen sich einige Standardempfehlungen geben.

Im Rahmen des strategischen Kennzahlenmanagement in bezug auf Filialen spielen z. B. Portfolios eine besondere Rolle. Denn wenn man die auf das Unternehmensganze bezogenen Portfolioansätze modifiziert, so ergeben sich beispielsweise Erlösportfolios. Sie ermöglichen dem Filialmanagement die filialspezifische Positionierung einzelner Kalkulationsobjekte. Damit handelt es sich bei solchen Erlösportfolios zwar nicht um Kennzahlen im engen Sinne, wohl aber um kennzahlenähnliche – weil leicht faßbare – Ansätze. Als Portfoliodimensionskombinationen für **Erlösportfolios im Filialmanagement** kommen z. B. in Frage:[147]

- Erlösrisiko / Erlösbedeutung eines Kalkulationsobjekts
- Erlös / Deckungsbeitrag eines Kalkulationsobjekts
- Preisflexibilität einer Warengruppe gemäß Herstellereinfluß / Kundenattraktivität dieser Warengruppe
- Erlös / Kosten eines Kalkulationsobjekts
- Erlösgewicht / Breite der bedienten Marktsegmente bzw. durchschnittlicher Prozentanteil der in dieser Warengruppe üblicherweise kaufenden Kunden
- Warengruppenbezogene Erlösschmälerungen aufgrund von Sonderaktionen / Plazierungsart als Hersteller- oder als Handelsmarke.

Abbildung 53 zeigt beispielhaft zwei solcher Filial-Erlösportfolios, die bereits in der Praxis Einsatz finden.

Mit Hilfe von Erlösportfolios kann das Filialcontrolling unterstützt werden, um auf diese Weise eine kennzahlen„ähnliche" Zusatztransparenz im Erlösbereich zu erlangen. Gerade aufgrund relativ rudimentärer Erlösrechnungen kommt dem Instrument „Erlösportfolio" eine recht hohe Controllingbedeutung zu, da solche Erlösportfolios – wenn auch mit „Ungenauigkeitsbandbreiten" und mit nicht immer unbedingt vollkommen unabhängigen Portfoliodimensionen – seitens des Filialcontrollers unkompliziert zu erstellen sind. Das Erlösgewicht/ Marktsegment-Portfolio positioniert verschiedene Kundengruppen eines filialisierten Facheinzelhändlers aus dem Photobereich, indem der Filialdurchschnitt sowie die davon abweichende Positionierung in drei ausgewählten „Leitfilialen" aufgezeigt sind (vgl. auch die Kundenportfolios in Abbildung 77 und Abbildung 78). Das Erlösportfolio „Erlösrisiko/Erlösbedeutung" positioniert hingegen verschiedene Warengruppen (hier am Beispiel eines z. T. in Richtung „Produktionsverbindungshandel" positionierten Unternehmens).

---

[147] Siehe allgemein zu Erlösportfolios auch *Witt* 1992a.

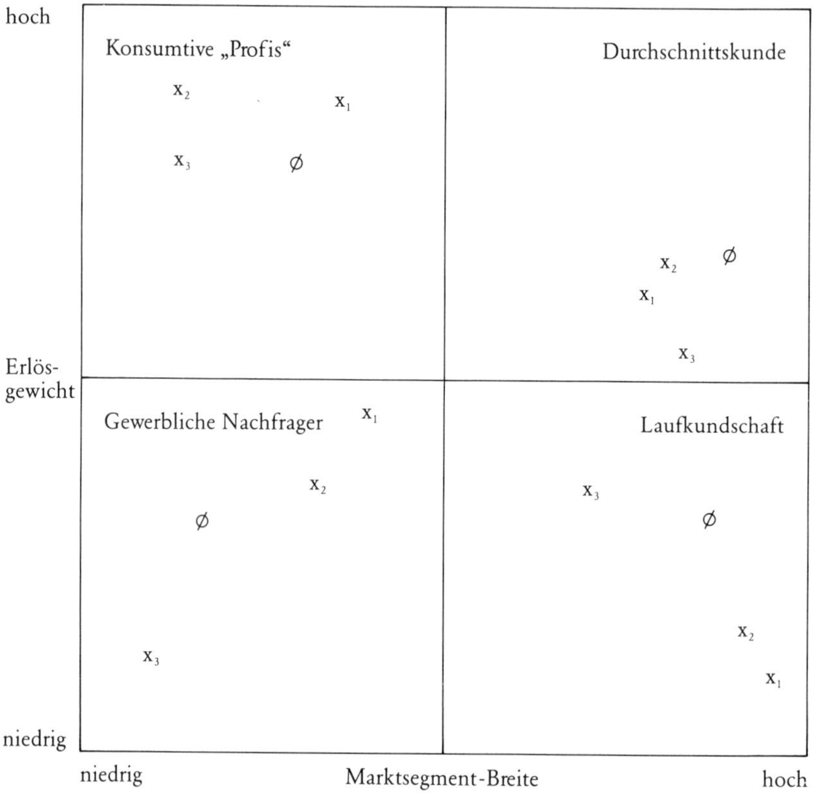

hoch

Konsumtive „Profis"   Durchschnittskunde

　　　x₂　　　　　　x₁

　　　x₃　　　∅

　　　　　　　　　　　　　　　　　　　　　　x₂　　∅
　　　　　　　　　　　　　　　　　　　　　x₁

　　　　　　　　　　　　　　　　　　　　　　　x₃

Erlös-
gewicht

Gewerbliche Nachfrager   x₁   Laufkundschaft

　　　　　　　x₂　　　　　　　x₃

　　　∅　　　　　　　　　　　　　　　　　∅

　　　　　　　　　　　　　　　　　　　　　　　　x₂

　　x₃　　　　　　　　　　　　　　　　　　　　　x₁

niedrig

　　niedrig　　　　　Marktsegment-Breite　　　　hoch

∅ = Durchschnittspositionierung über alle Filialen
x_i = Abweichung der Positionierung bei Filiale i
　　　(i = 1, 2, 3, soge. Leitfilialen des betrachteten
　　　Unternehmens)

Abb. 53 a

Als ergänzendes strategisches und überaus „klassisches" Instrument kann im Filialcontrolling die **Break-Even-Analyse** zum Einsatz kommen. Anders als etwa in Industriebetrieben geht es im Handels- und Filialcontrolling dabei aber nicht um die Frage: „Bei
welcher Menge x übersteigen die Erlöse unsere (proportionalen) Kosten?" Die Beziehung zwischen Deckungsbeitrag, Erlös und Kosten einerseits (= Ordinate im konventionellen Break-Even-Diagramm) und Absatzmenge andererseits (= Abszisse) ist allzu
stark fertigungsorientiert, weil insbesondere die Kosten als fertigungsmengenabhängig
gesehen werden und man dann – in strategischer Betrachtung durchaus zulässig – von
Lagerbeständen absieht und die Fertigungs- gleich der Absatzmenge setzt. Daher ist die
auf den ersten Blick auch für den Handel sinnvolle Beziehung zwischen Absatzvolumen
und den Erfolgskomponenten „Kosten" und „Erlöse" eher industriebetrieblich bedingt,
während hingegen im Handel die Kosten nicht immer direkt mit der Absatzmenge zusammenhängen. Aus diesem Grund wird bei einer handelsspezifischen Break-Even-
Analyse üblicherweise nicht die Absatzmenge, sondern vielmehr der Umsatz – verstanden als handelstypischer Output – in Beziehung zu Kosten und Deckungsbeitrag – etwa

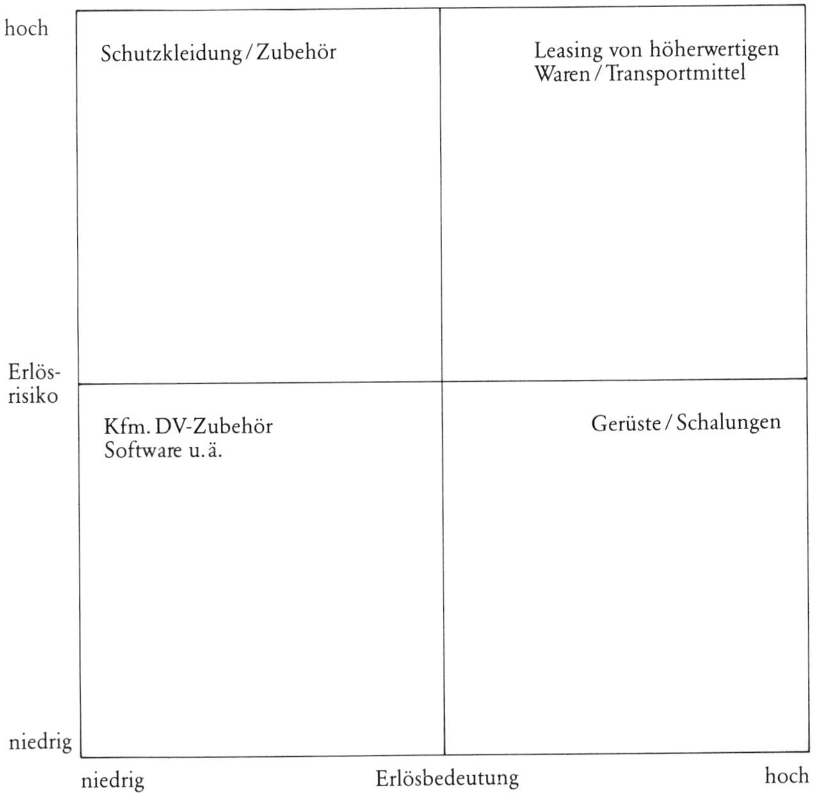

hoch

Schutzkleidung / Zubehör	Leasing von höherwertigen Waren / Transportmittel

Erlös-
risiko

Kfm. DV-Zubehör Software u. ä.	Gerüste / Schalungen

niedrig

    niedrig   Erlösbedeutung   hoch

Abb. 53: Beispiele für Filial-Erlösportfolios

einer Waren- oder Kundengruppe – gesetzt und graphisch dargestellt. Abbildung 54 zeigt ein solches handelstypisches Break-Even-Diagramm auf.

Dabei sind zwei Interpretationen möglich:

- Zum einen erfolgt filialbezogen eine strategische Planung derart, daß ein Ziel- bzw. Plandeckungsbeitrag in Abhängigkeit von einer **Standardsortimentsstruktur** (= Standardabsatzmix) angenommen wird (in Abbildung 54 zur Vereinfachung und in Analogie zur industriebetrieblichen Grenzplankostenrechnung als Ursprungsgerade dargestellt und hier als Standard- oder Äquivalenzdeckungsbeitrag bezeichnet). Deckungsbeitragsabweichungen ergeben sich dann – unter der Voraussetzung konstanter Absatzpreise – bei einer speziellen Istumsatz-Situation aufgrund von Sortimentsstrukturabweichungen, die wiederum zu spezifischen, nicht mehr unbedingt plankonformen Istkosten und Isterlösen (= Istumsätzen) geführt haben.

- Zum anderen kann Abbildung 54 auch so interpretiert werden: Es hat es sich nämlich im Filialcontrolling bewährt, eine **strategische Deckungsbeitragslinie**, also ein spezifisches Deckungsbeitrag/Umsatz-Verhältnis als Standard zu planen. Nun werden indes für einzelne – beispielsweise vier bis sechs – Planumsatzsituationen gleichwohl noch mit einer tiefergehenden Analyse jeweils Deckungsbeiträge und Kosten geplant; diese Detailplanwerte können daher durchaus von der strategischen Deckungsbeitragslinie abweichen. Sie ist sogar auch als Regressionsgerade interpretierbar, die eine Art

Die traditionelle Break-Even-Analyse wird in bezug auf den spezifischen Handelsoutput „Umsatz" – statt industriebetrieblich üblich: „Absatz" – modifiziert. Dieses typische Handelsdenken, das häufig den Umsatz als Basisgröße heranzieht, darf indes nicht überzogen werden: Der inhaltliche Zusammenhang zwischen Umsatz und Kosten ist keineswegs immer vorhanden, so daß die Kosten nicht unbedingt sehr eng funktional vom Umsatz als unabhängiger Variable abhängen. Vielmehr geht es in strategischer Betrachtung oftmals eher um eine Beziehung zwischen Kosten und Organisation, Filialcoverage, Warengruppenanzahl und -struktur u. ä. In Abbildung 54 ist weiterhin eine Art Plan/Ist-Vergleich zu erkennen: Ausgehend von einem sog. Äquivalenz-, d. h. einem Planumsatz auf der Basis gegebener Absatzpreise mit gegebenen Absatzanteil der einzelnen Sortimentselemente entstehen Plankosten und Plandeckungsbeitrag. Bei einem speziellem Istumsatz können sich indes Deckungsbeitrags- und Kostenabweichungen ergeben, weil insbesondere die tatsächlich abgesetzte Sortimentsstruktur anders als die Absatzstruktur in der Plansituation aussieht. Es ergibt sich dann eine sog. Produktmix- oder Sortimentsmixabweichung (= sortimentsstrukturbedingte Umsatzabweichung), die in Abbildung 54 recht hoch (= positiv) ist und damit deutlich über dem Äquivalenzdeckungsbeitrag liegt, der durch die Ursprungsgerade dargestellt ist. Jedoch führt die veränderte Absatzstruktur auch zu Kostenerhöhungen (= positive Kostenabweichung), so daß im Saldo (= Gesamtabweichung) der Äquivalenzdeckungsbeitrag nur leicht durch den Istdeckungsbeitrag überschritten wird. Insgesamt liegt mit dieser Analyse auf Break-Even-Basis also bereits eine – wenn auch recht einfache – Erfolgsstrukturanalyse vor, die einzelne Symptome (hier: Sortimentsstruktur) als Einflußgröße für Erfolgsabweichungen ausweist. Neben dieser Perspektive kann man die Ursprungsgrade aber auch als strategische Deckungsbeitragslinie ansehen, die einzelne, für die konkrete Planung wichtige strategische Deckungsbeitragssituationen verbindet bzw. im Sinne einer Regressionsgeraden durchschneidet. Für jede strategische Einzelsituation werden dann noch detaillierte Abweichungsanalysen angestellt, so daß sich auf diese Weise fortgeschriebene, d. h. revidierte strategische Einzelplanungswerte ergeben.

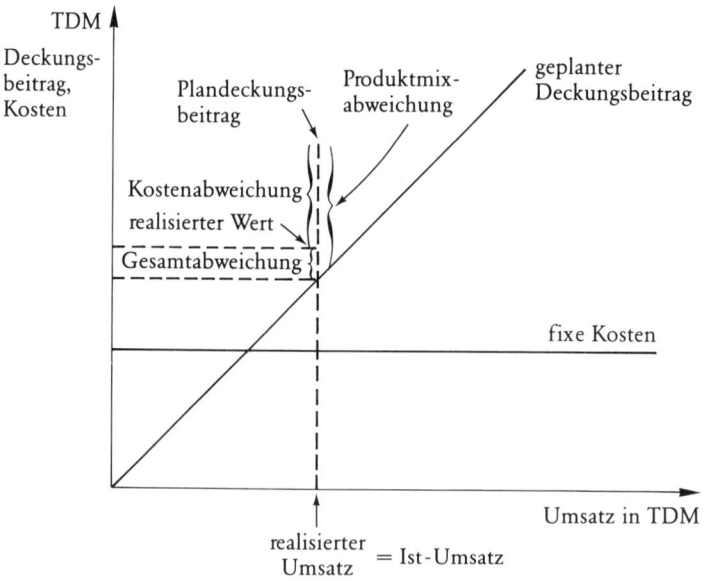

Abb. 54: Handelsspezifisches Break-Even-Diagramm

„Durchschnitt" über die einzelnen – wenn auch im statistischen Sinne wenigen – Detailplanungswerte bildet. Im Zuge einer operativen Analyse wird dann noch ein punktueller Plan/Ist-Vergleich angestellt. Auf diese Weise gelingt es, das Filialcontrolling zu dynamisieren und nicht allzu einseitig von einmal vorgegeben Standardwerten abhängig zu machen. Allerdings muß man bedenken: Die Revidierung bzw. Modifizierung von strategischen Planwerten kann auch dazu führen, daß Abweichungen auf Planwertrevisionen „abgeschoben" werden (z. B. „falsche" ursprüngliche Zielvorstellungen, die nun „einfach" angepaßt werden). Deshalb haben sich Korridore bewährt, innerhalb welcher man sich als Filialmanager und -controller frei bewegen kann. Aus diesem Korridor herausragende Werte müssen jedoch mit dem Vorgesetzten (etwa der Gebietsleitung oder dem Gebietscontroller) abgestimmt werden.

Neben diesen strategischen Ansätzen gibt es eine Vielzahl von Kennzahlen, die meist eher zur operativen Steuerung denn ausschließlich zur strategischen Lenkung eingesetzt werden. Solche **filialbezogenen operativen Kennzahlen** sind z. B.:[148]

- Rohertrag
- Bruttorentabilität bzw. Bruttonutzen = Rohertrag : durchschnittlicher Warenbestand bzw. – in etwas anderer Schreibweise – dann entsprechend = Aufschlagsspanne x Wareneinsatz : durchschnittlicher Warenbestand
- Nettorentabilität = Deckungsbeitrag : durchschnittlicher Warenbestand
- Umsatzanteile einzelner Warengruppen
- Handelsspanne, die in diesem Zusammenhang oft operationalisiert wird durch das Verhältnis von Absatzpreis zu Einstandspreis
- Warenumschlagsgeschwindigkeit i. V. m. Abverkaufszahlen einzelner Warengruppen
- Stückgewinn
- Preis : Vollkosten
- Deckungsbeitrag gemäß DPR
- Einstandswert bzw. Einstandskosten (= Einstandspreis abzüglich Rabatte u. ä., zzgl. anteiliger Beschaffungskosten)
- Anteil interner Filialkosten der Logistik, des Personals u. ä. am Gesamtwarenwert bzw. am Gesamtumsatz einer Controllingperiode
- Altersstruktur des Sortiments
- Aktionsanzahl je Warengruppe und Zeitraum (etwa Halbjahr).

Man erkennt sofort die starke Vollkostenorientierung mancher Kennzahlen. Trotz dieses Mankos bieten solche Kennzahlen einen ersten Ansatz für das Filialcontrolling. Die Reihenfolge der o. g. Kennzahlen spiegelt die Kennzahlenpräferenz in der Praxis des Filialcontrolling wider.

Im Filialcontrolling versucht man derzeit, nicht nur anhand einzelner Kennzahlen zu controllen, sondern vielmehr ein Kennzahlensystem aufzubauen. Abbildung 55 gibt dazu ein Beispiel, wie nämlich einzelne Spannenkennzahlen in eine in sich abgegrenzte **Spannenrechnung** eingebunden sind. Der Filialcontroller wird dadurch dazu angereizt,

---

[148] Vgl. statt mancher *Bürkler* 1977; *Barth* 1988, 326–328, der die Spanne, die Umschlagshäufigkeit sowie die sog. Kompensationskraft (= Bruttonutzen eines einzelnen Artikels in bezug auf den Bruttonutzen der übergeordneten Warengruppe) als Basiskennzahlen nennt. Ähnlich auch *Schenk* 1990, 186–190 (= Beispiel zum Artikelranking u. a. gemäß Bruttonutzen). Vgl. zu einer ähnlichen Erfolgshierarchie auch *Heidel* 1990, 43, 58.

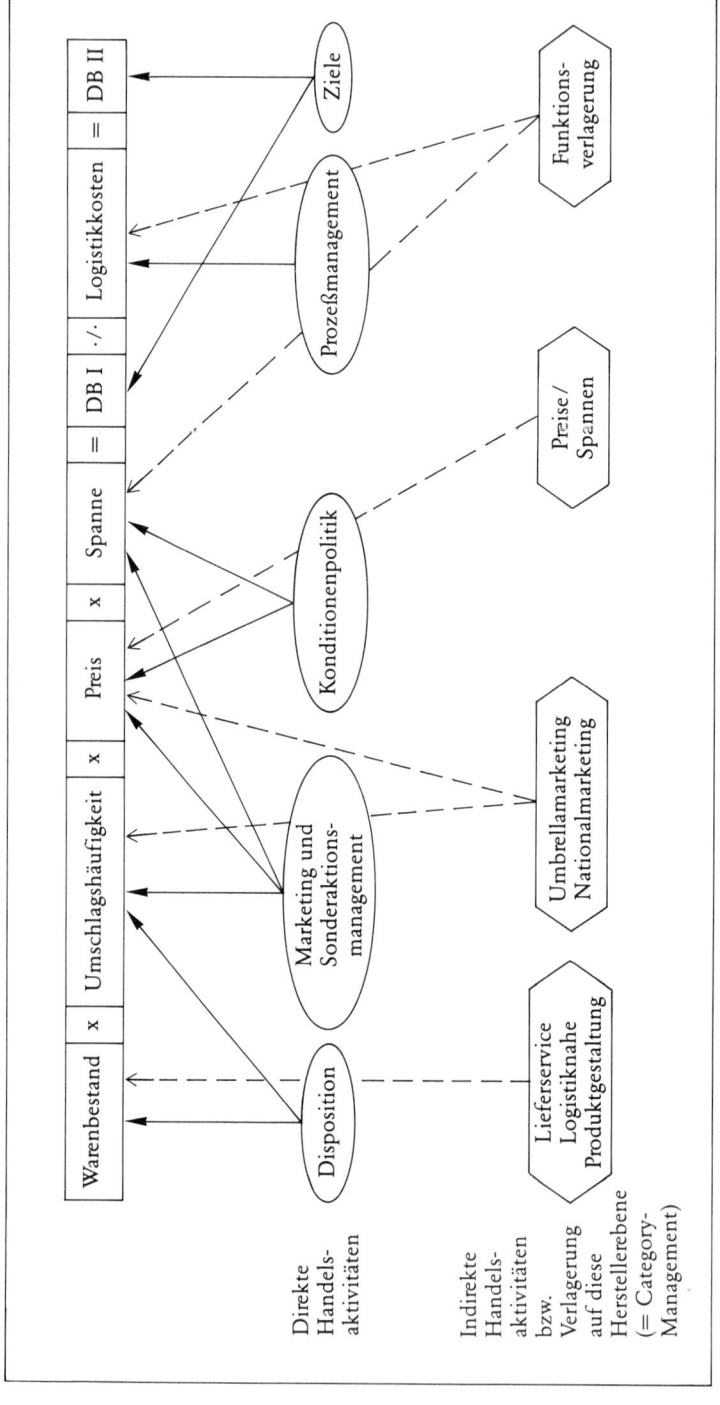

Abb. 55: Kennzahlenbeispiele für das Filialcontrolling:

Alternativrechnungen bzw. Sensitivitätsrechnungen anzustellen und damit über herkömmliche Spannenbetrachtungen hinauszugehen, wie sie lange Zeit einseitig Tradition im Handel hatten.[149] Insofern kommt solchen Schemata bei unterentwickeltem Filialcontrolling beinahe schon eine „Erziehungsfunktion" zu.

Abbildung 55 zeigt zwei Kennzahlenbeispiele:
- die naive Filial-Deckungsbeitragsrechnung bzw. -Spannenrechnung in bezug auf Artikel oder Warengruppen (Teil A)
- eine umfassendere Perspektive durch Offenlegung von Einflußgrößen und damit von Controller's Aktionsbereichen (Teil B).

	Spanne
./.	Aktionsnachlaß
./.	Wertberichtigung
±	Inventurergebnis
=	*erzielte Spanne*
./.	Werbekostenzuschüsse
	Ergebnisspanne
./.	Personalkosten
=	**Ergebnis**

Die Spannenrechnung verknüpft einzelne Kennzahlen und fordert damit implizit den Filialcontroller zumindest in Abbildungsteil A zu Sensitivitätsanalysen auf („Was wäre, wenn. . .?"). In Abbildungsteil B werden die Einflußgrößen der weiterhin recht simplen Artikelerfolgsrechnung offengelegt, um auf diese Weise verschiedene Zusammenhänge und damit auch mögliche Aktionspotentiale zu erkennen.

Daneben gibt es spezielle Rechensysteme, die ebenfalls weniger der Kalkulation dienen (sollten), als vielmehr manche ansonsten vereinzelt eingesetzte und betrachtete Kennzahl nun mit anderen Kennzahlen verbinden. Abbildung 56 gibt dazu ein Beispiel.

Die Umsatzspannenrechnung will – analog zur DPR – einen Deckungsbeitrag ermitteln. In der praktischen Anwendung werden jedoch meist nur warengruppen- oder abteilungsspezifische Deckungsbeiträge errechnet, so daß sich das Kostenschlüsselungsproblem zumindest etwas verharmlost.

	Nettoumsatz
./.	Wareneinsatz
./.	Wertberichtigungen
./.	Garantien/Kulanzen
./.	Wagnisse
./.	Bezugskosten
./.	Skonti etc.
./.	Weitere Vertriebskosten
./.	Lagerkosten
./.	Sonstige proportionale Kosten
=	**Deckungsbeitrag** 1
	(in DM je Warengruppe oder umgerechnet in % vom Brutto- oder Nettoumsatz)

Abb. 56: Umsatz als Ausgangsgröße einer deckungsbeitragsnahen Spannenrechnung im Filialcontrolling

---

[149] Vgl. etwa die Anfänge einer differenzierten Spannenanalyse bei *Sundhoff* 1953.

Darüber hinaus versucht das Filialcontrolling, **weitere Kennzahlen** heranzuziehen, die rechnungswesennah und dann auch noch warengruppen- oder sogar artikelgenau sind. In Frage kommen z. B.:

- Umsatzabweichungen (absolute Plan/Ist-Differenz sowie Prozentdifferenz), nach abzüglicher Berücksichtigung von
  - Personalrabatten
  - MwSt.
- Bestand (Soll/Ist)
- Lagerdauer im Soll/Ist-Vergleich
- Kalkulationsspanne, angegeben in DM und Prozent.

Abbildung 57 veranschaulicht zwar ein recht einfaches Kennzahlengerüst. Gleichwohl wird dadurch deutlich, welche Einflüsse Hersteller (bzw. eine in der Handelorganisation konzernzentral angesiedelte Koordinationsebene) sowie einzelne Filialen auf die jeweiligen **Komponenten der Rentabilitätsrechnung** haben. Deshalb geht es primär um eine Transparenzschaffung, weniger indes um die kommagenaue Ergebnisberechnung, die stark vollkostenorientiert vorgeht.

> Durch die – wenn auch vollkosten- bzw. DPR-nahe – Aufspaltung einzelner Erfolgsbausteine im Zuge der Rentabilätsberechnung einzelner Warengruppen gelingt es immerhin, eine Zusatztransparenz zu erlangen, wo erfolgsbeeinflußende Aktionen ansetzen könnten. Auf diese Weise gelangt man zu Sensitivitätsanalysen und Erfolgsszenarien. Das Rechenschema wirkt damit „anregend", nicht jedoch unbedingt „zahlen-informativ".

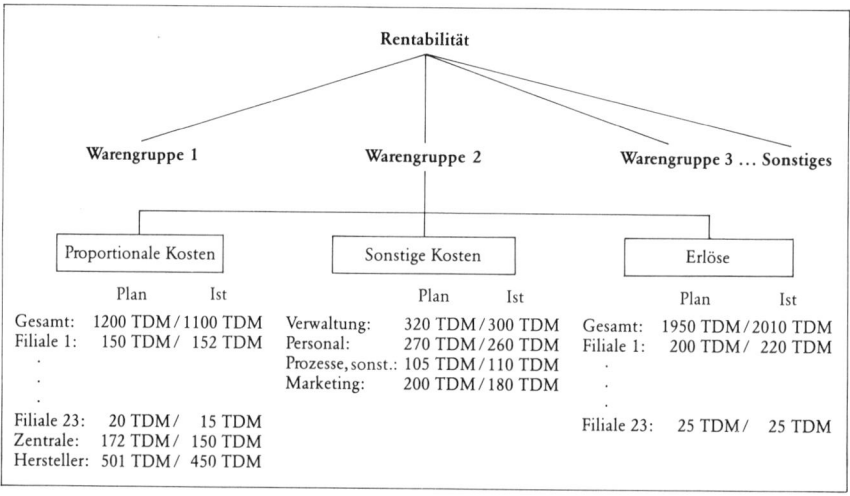

Abb. 57: Einflüsse bzw. Aktionsmöglichkeiten in bezug auf die Rentabilitätskomponenten des Filialmanagement

Insgesamt handelt es sich dabei um erste Ansätze des Filialcontrolling. Ein umfassendes Konzept des Filialcontrolling muß verschiedene der hier vorgestellten Tools integrieren und darf sich nicht nur auf die Fokussierung singulärer Kennzahlen beschränken. Die derzeitige Filialpraxis ist davon indes noch ein gutes Stück Weg entfernt! Ein erster Schritt dazu führt in jedem Fall zur Integration von rechnungswesennahem und eher qualitativ-marktforschungsgestütztem Filialcontrolling. Auf diese Weise können dann – in einer einfachen Vorgehensweise – z.B. Filialen mit einem Kriterienmix in ein **Ranking** gebracht werden, so etwa

- Umsatzgewicht (Dimension: DM)
- Sortimentsbreite (Dimension: Einteilung mittels einer 5er Ratingskala in verschiedene Sortimentstypen)
- Wettbewerbsintensität am Standort (Dimension: Einteilung mittels einer 5er Ratingskala in verschiedene Wettbewerbstypen)
- Standortanforderungen und -qualität (Dimension: Einteilung mittels einer 5er Ratingskala in verschiedene Standorttypen, wie etwa Suburb, City etc.)
- Stadt/Land-Besonderheiten (Dimension: Einteilung mittels einer 5er Ratingskala in verschiedene stadt- oder landtypische Nachfrageverhaltensweisen hinsichtlich, Ladentreue etc.)
- Sonstige Nachfragebesonderheiten (Dimension: Einteilung mittels einer 5er Ratingskala in verschiedene Spezifika, wie etwa Preisbewußtsein, Frauen als überwiegende Kunden, Laufkundschaft mit spezifischen Bedürfnissen aufgrund von regionenspezifischen Besonderheiten).

5 Erlös- und Preiscontrolling

In diesem Kapitel werden verschiedene Ansätze vorgestellt, die das Erlös- und Preiscontrolling anhand von Rechnungswesentools, aber ebenfalls auch anhand von Marktforschungsdaten unterstützen; damit wird die besondere Bedeutung des marktforschungsgestützen Handels- und Filialcontrolling noch einmal hervorgehoben. Speziell werden einige Fragestellungen – auch mit entsprechenden empirischen Ergebnissen – beleuchtet, die das preisbezogene Kaufverhalten beleuchten und auf diese Weise dem Handels- und/oder Filialcontroller Anreize für eigene diesbezügliche empirische Absicherungen geben sollen, nämlich z. B.

• Preisgedächtnis
• Preisgewöhnung.

Mit dieser Voranstellung des Preiscontrolling vor das rechnungswesennahe Erlöscontrolling wird die Bedeutung des Preises gemäß der Sicht der Handelspraxis gewürdigt. Die bevorzugte Analyse des Preisbereichs darf aber keineswegs den Blick auf ein umfassendes und integrierendes Erlöscontrolling verstellen.

5.1 Controllingnotwendigkeit

Trotz vielfacher Weiterwälzung herstellerseitiger Preisempfehlungen – oder faktisch oftmals auch: Preisdiktate – bzw. trotz eines Marking-up via Prozentzuschläge auf die Einstandspreise ist diese undifferenzierende Absatzpreisstellung doch nicht immer und stets anzutreffen. Häufig findet sich auch ein intensiver kalkulatorischer Ausgleich zwischen den Sortimentsartikeln, der sich im nächsten Schritt auch auf eine Preisdifferenzierung in bezug auf Filialstandorte, Kundengruppen etc. ausweiten kann. Daher kommt dem Preiscontrolling eine besonders wichtige Funktion innerhalb eines vergleichsweise insgesamt noch unterentwickelten Filialcontrolling zu,[150] wenn es um die monetären Effekte der Preispolitik, aber auch um kaufverhaltensbezogene Hintergründe geht. Insofern bildet das Preiscontrolling einen speziellen Baustein des Erlöscontrolling, mit dem verschiedene Marketingeinflüsse seitens des Filialcontrolling „rechenbar" gemacht werden sollen. Im einzelnen lassen sich folgende wesentliche **Gründe für ein eigenständiges Preis- und Erlöscontrolling im Filialmanagement** nennen:

- Wachsende Bedeutung der Aktionspreispolitik, so daß man nunmehr ausgehen muß von
  - einer „Ungültigkeit" bzw. Unzweckmäßigkeit bisheriger Durchschnittswerte (z.B. Durchschnittspreis innerhalb einer größeren Warengruppe)
  - intensiveren, d.h. auch: kürzerfristigen Plan/Ist- Abweichungen
  - insbesondere spezifischen Lockvogelbepreisungen
  - einer betriebstypenspezifischen Preisaggressivität[151] (etwa im Rahmen des jeweils dominierenden Werbearguments und einem daraus evtl. folgenden Preisimage)
- Neupositionierung von Betriebstypen mit entsprechenden Erlöseffekten (beispielsweise im Zuge des erlebnisorientierten Handels- und Filialmarketing mit entsprechenden Neu- und Umpositionierungen des angestrebten Preisimage, das sich wiederum durch entsprechende Artikelbepreisungen zumindest einigermaßen beeinflussen läßt)
- Eine zunehmende Zielgruppen- und Marktsegmentvielfalt, die aus marktforscherischer Sicht unterschiedliche „Preisverhaltensweisen" zeigt
- Veränderte Umschlagsgeschwindigkeiten und Lebenszyklen in einzelnen Sortimentsbereichen, so daß eine entsprechende Preisanpassung sinnvoll werden könnte
- Ein grundsätzlich verändertes Handelsmarketing mit der Notwendigkeit, die Marketinginstrumente – so auch die Preispolitik – hinsichtlich ihrer Effektivität zu beurteilen
- Die Notwendigkeit, Einzeleffekte offenzulegen (z.B. Gebiets- und Branchenpreiseinfluß).

Angesichts der dargestellten Besonderheiten wird das Preiscontrolling primär die unterschiedlichen Kaufverhaltensweisen in bezug auf die Preisgestaltung fokussieren und sich deutlich von simplen (Kosten)kalkulationsbetrachtungen[152] lösen. Zu diesem Auf-

---

[150] Vgl. zu einem der ersten eigenständigen Ansätze *Kuhn* 1985a. Speziell *Heemeyer* 1981; *Hruschka* 1984a; *Hruschka* 1984b; *Berekoven* 1990, VI.; *Ahlert* 1989; *Ahlert* 1991, 94, heben die Bedeutung der Marktforschung – z.T. sogar als „den" wesentlichen Baustein des strategischen Handelscontrolling – hervor, die sich dementsprechend auch auf das Filialcontrolling erstreckt.

[151] *O. V.* 1991.

[152] So etwa in historischer Sicht *Häberle* 1964.

gabenkomplex im Grenzgebiet des generellen Handels- zum spezifischen Filialcontrolling sind in jüngerer Zeit einige empirische Studien durchgeführt worden.[153] Einige davon werden in ihren wesentlichen Ergebnissen im folgenden dargestellt. Damit soll der einzelne Handelscontroller in der Praxis zur Eigeninitiative angeregt werden, diese Ergebnisse für sich zu übernehmen bzw. durch eigene nachgelagerte „Mini-Marktforschungsstudien" in bezug auf seine spezifischen Kundenkreise zu modifizieren. Wie praktische Erfahrungen zeigen, sind die damit verbundenen Kosten vergleichsweise gering, weil z.B. die filialspezifische Stichprobe recht klein ausfallen kann. Gemeinkosten der Gesamtuntersuchung trägt erfahrungsgemäß häufig die Unternehmenszentrale, die auf diese Weise Know-how-Zuwächse für ihr strategisches Handelsmarketing erfährt.

Das **Untersuchungsdesign** der verschiedenen empirischen Studien, die stark den komsumtiven Bereich fokussieren, ähnelt sich von Fall zu Fall in etwa und läßt sich – grob zusammenfassend und exemplarisch – so charakterisieren:[154]

- Untersuchungsgebiet: Deutscher Sprachraum mit Schwerpunkt in der Alt-Bundesrepublik Deutschland
- Untersuchungskernzeitraum: 1986–1991
- Vorquotierte Stichprobe der Handelskunden nach üblichen demographischen Marktforschungskriterien (Einkommen, Geschlecht, Berufstätigkeit, Wohnort usw.)
- Ebenfalls Vorquotierung der in die Untersuchung einbezogenen Handelsbetriebstypen, insbesondere aus dem LEH-Sektor gemäß Standort, Umsatzstärke, Betriebstyp etc.
- Datenerhebung mittels standardisierter Fragebogeninterviews bei rd. 1.200 Personen, weiterhin mittels Tiefeninterviews eine ergänzende Erhebung von eher qualitativen Aspekten, die nicht durch Standardfragen und -antworten greifbar waren (ca. 200 Personen)
- Beobachtung von Kunden während des Kaufaktes und Warenkorbanalyse
- Datenanalyse insbesondere mittels SPSS – bezüglich der Fragebogeninterviews – und einer informatikgestützten Inhaltsanalyse (TEXTPACK V sowie eine selbsterstellte Software).

5.2 Marktforschungsgestütztes Preiscontrolling

5.2.1 Preisaktive Kunden im Lebensmittelbereich

Häufig stellen Kunden keine Frage nach dem Preis, sondern verlangen – gerade im Bedienungsbereich des Ladenlokals, d.h. bei Bedienungsartikeln – direkt eine spezielle Ware, ohne daß sie konkret deren Preis kennen. Der Kunde ist also in solchen Fällen keineswegs im vorhinein über den Verkaufspreis konkret orientiert bzw. informiert, sondern kauft eher „preisblind". Die folgenden Überlegungen zeigen, welche Rolle der Preis bei

---

[153] Eine der ersten „neueren" Ansätze sicherlich von *Diller* 1977, nämlich zur Frage „Preis als Qualitätsindikator".

[154] Vgl. zu den Feldforschungen im einzelnen z.B. *Witt* 1988b; *Witt* 1989a; *Witt* 1989b; *Witt* 1989c; *Witt / Witt* 1990b; *Witt / Witt* 1991b; *Witt* 1991c.

bestimmten konsumtiven Kaufentscheidungen spielt und wie die Preisaktivität bzw.
Preispassivität des Kunden für das Handelsmarketing bedeutsam sind.[155]

Daß verschiedene Waren- und Artikelgruppen seitens des Kunden unterschiedlich preisbewußt eingekauft werden, ist dem Handel durchaus bekannt. Jedoch fehlt es im Preismanagement des Handels häufig noch an genaueren quantitativen Erkenntnissen darüber, wie denn nun konkret

• warenkorbtypische eigene Schwächen im Vergleich zum Konkurrenzpreisniveau angesiedelt sind
• die preisintensiven Waren und entsprechend auch die preisbewußten Kunden zu identifizieren sind.

Zunächst ist es dabei wichtig, einige **Begriffe** zu unterscheiden. Sie ergaben sich als – auch
kombiniert auftretende – Verhaltensweisen im Rahmen der empirischen Studie und werden nun kurz erläutert (vgl. Abbildung 58).

Die Abbildung zeigt verschiedene Begriffe auf, die preisbezogene Konsumentenverhalten beschreiben. Dabei stehen jeweils verschiedene Untersuchungszwecke im Vordergrund.

Preisaktivität:
Der Kunde stellt sich in seinem preisbezogenen Kaufverhalten derart aktiv dar, daß er z. B.
preisbewußt oder preiserwartend ist. Der preispassive Konsument hingegen ist eher preisgewöhnt. Für ihn ist der Preis weniger kaufentscheidend und er kümmert sich im Vergleich
zu preisaktiven Personen auch weniger um Preisinformationen.
Preisbewußtsein:
Der Kunde stellt den Preis bei seiner Kaufentscheidung stark in den Vordergrund. Das
schließt jedoch nicht aus, daß ein preisbewußter Käufer – zumindest hinsichtlich mancher
Artikel und Betriebstypen – dennoch preisgewöhnt ist, weil er nämlich subjektiv oder evtl.
sogar objektiv ein verfestigtes Preisimage hat und deshalb bei einzelnen Kaufakten nicht
noch einmal die Preise „kontrolliert". Er glaubt also von sich selbst, preisbewußt zu kaufen,
obwohl dies objektiv nicht der Fall sein muß.
Preisempfindlichkeit:
Damit bezeichnet man, wie sensibel ein Kunde – bzw. ein Marktsegment – auf Preisänderungen reagiert. Solche Reaktionen können z. B. sein: Nichtkauf, Ladenlokalwechsel, veränderte Einstellung zum Händler und/oder zum Artikel, grundsätzlich stärkere Beachtung
des Preises dieses Artikels und anderer Artikel bei Folgekäufen.

Es interessieren nun verschiedene **Fragestellungen,** so insbesondere:

• Welche Zusammenhänge zwischen Kunden- und Gutstypen bestehen hinsichtlich der
  Preisempfindlichkeit?
• Zielen manche Preiskonstrukte (z. B. Preiskenntnis und Preiserwartung) in die gleiche
  Richtung, und wenn ja: wie stark?
• Lassen sich überhaupt bestimmte Typen und Situationen herauskristallisieren, damit
  durch deren Identifikation dem Preismanager im Handel eine Entscheidungs-, d. h. ei-
  ne Preisgestaltungshilfe an die Hand gegeben werden kann?

Im einzelnen ließen sich inbezug auf diese Problemstellungen verschiedene Ergebnisse
ermitteln:

---

[155] Generell zu diesem Themenkomplex statt mancher und zusammenfassend *Diller* 1984; *Diller*
1985; *Falk / Wolf 1988,* 163–165; *Trommsdorff* 1989, 80–88; *Hansen* 1990, 101–103.

Preiserwartung:
Der Kunde erwartet einen bestimmten DM-Preis oder zumindest eine bestimmte Preislage. Wenn eine solche Preiserwartung namentlich bei den von ihm routinisiert gekauften Artikeln nur eher „unbewußt" vorhanden ist, dann liegt meist eine hohe Preisgewöhnung vor. Hinterfragt ein Konsument hingegen bei vielen Kaufvorgängen bzw. Artikeln immer wieder auf's Neue die ihm angebotenen Preise und überprüft und schreibt somit seine Preiserwartung fort, dann kommt durch diese „aktive Preiserwartung" der Preis sehr stark kaufbeeinflußend mit ins Spiel. Weiterhin ist die Preiserwartung bei Neuprodukten (= Neuheiten auf dem Markt bzw. Neuheit für den Kaufhorizont eines einzelnen Kunden) wichtig, da der Konsument eine wie auch immer stabile Erwartungshaltung hat, die er mit dem Leistungs- und Preisangebot konfrontiert.

Preisgewöhnung:
Der Kunde ist – innerhalb bestimmter Bandbreiten, die je nach Warengruppe, Betriebstyp und auch Kundentyp durchaus schwanken können – hinsichtlich eines Artikels jeweils an eine bestimmte Preislage oder sogar an einen genauen DM-Preis derart gewöhnt, daß er subjektiv den Preis als „unverändert gegeben" ansieht und beinahe „preisblind" handelt. Innerhalb dieser „Gewöhnungsgrenzen" bleibt der Preis daher für die Kaufentscheidung unerheblich. Empirisch lassen sich verschiedene Detailaspekte der Preisgewöhnung nachweisen.[156]

Preiskenntnis:
Es gibt verschieden „harte" Begriffsabgrenzungen der Preiskenntnis, so z. B. die pfenniggenaue Preiskenntnis, das Wissen um die Preisrangfolge verschiedener Konkurrenzartikel, die Preiskenntnis bezüglich der zehn seitens eines Kunden am häufigsten erworbenen Artikel usw. Solche verschiedenen Preiskenntnisse sind in mehreren empirischen Studien wiederholt überprüft worden.[157] Aus einer guten Preiskenntnis beim Kunden kann man noch nicht unbedingt auch auf die Dominanz der Preises bei der Kaufentscheidung schließen. Vielmehr können auch hier Effekte wie „Preis als Qualitätsindikator", „Preis als Luxus- und Statusindikator" auftreten.

Preiskodierung:
Der per Auszeichnung angegebene oder beworbene Preis wird vom Konsumenten im Gedächtnis gespeichert, so daß daraus z. B. eine Preiserwartung oder eine Preiskenntnis resultieren kann. Gerade die Art und Weise, wie denn nun diese Preisinformation abgespeichert wird, ist interessant. Denn eine Person kann beispielsweise statt gebrochener Preise (1,98 DM) vielmehr gerade Preise (2 DM) speichern. Andere Konsumenten speichern – für manche Artikelpreise – hingegen zifferngenau ab. Die Preiskodierung ist in manchen Details empirisch tiefgehend untersucht worden.[158]

Preistreue:
Der Konsument bewegt sich hinsichtlich einzelner Artikel nur in einem bestimmten Preisband, so daß er diese Waren vorzugsweise nur in bestimmten Ladenlokalen und/oder Betriebsformen nachfragt. Er hat also ein gewisses preislagenbedingtes „evoked set" von Artikeln, so daß für ihn höher- oder niedrigpreisigere Konkurrenzprodukte kaum in Frage kommen. Außerdem ist er dadurch zugleich eher auf bestimmte Hersteller- oder Handelsmarken fixiert.

Abb. 58: Begriffliche Basis für das preisbezogene Kaufverhalten

- Die prozentuale Bedeutung verschiedener **Kundentypen** hinsichtlich ihres preisbezogenen Kaufverhaltens ist wichtig. So gibt es in bezug auf das LEH-Sortiment beispielsweise den
    - Preiskäufer, der bei jedem Kaufakt die Preise erneut hinterfragt bzw. dies zumindest versucht (6 % Bedeutungsgewicht)

---

[156] Ausführlicher Kapitel 5.2.4 sowie *Witt* 1989a.
[157] Siehe etwa *Diller* 1988 mit Nachweis weiterer ähnlicher Studien von *Diller; Witt* 1989a.
[158] Vgl. z.B. *Kaas / Hay* 1984; *Hay* 1987; *Witt* 1985/1986b.

– Preiserwartenden, der feste Preisvorstellungen hat und der diese – ähnlich wie der
„Preiskäufer" – beim Kaufakt mit dem Preisangebot konfrontiert (6 % Bedeutungsgewicht)

– Preisgewöhnten, der – anders als der „Preiserwartende" – seine eigenen Preisvorstellungen nicht beim Kaufakt gegencheckt (26 % Bedeutungsgewicht).

– Preisdesinteressierten, der sich nicht nur relativ zu den Mitkunden, sondern auch
innerlich wenig(er) für die Preisinformation interessiert (5 % Bedeutungsgewicht).

– Preisscheuen, der zwar innerlich sehr preisinteressiert ist, sich aber nach Preisen, die
nicht offensichtlich sind, aus sozialer Angst nicht erkundigt, also z. B. das Produkt
ohne Preiskenntnis an der Bedienungstheke verlangt. Dazu zählt auch, daß er vielleicht den normierten Einzelpreis (etwa DM/kg) einer Ware zwar schon kennt, indes aber vom mengenbedingten Gesamtpreis überrascht ist und ihn „schluckend"
akzeptiert (35 % Bedeutungsgewicht).

– Preis-Nachdenker, der im nachhinein – und vielleicht erst sehr viel später – unzu-
frieden wird und demzufolge Dissonanzen hat (14 % Bedeutungsgewicht).

– Sonstige Typen (8 %).

Damit wird klar: Der „Preisscheue" und der „Preisgewöhnte" dominieren eindeutig!
Daraus folgt, daß der Handel eine Gratwanderung vornehmen muß: Einerseits darf
der Preisgewöhnte nicht durch eine allzu agressive (optische) Preispräsentation aus
seiner „Gewöhnungsruhe" gerissen werden. Andererseits muß man dem Preisscheuen
helfen, damit dieser keine langfristige Unzufriedenheit – etwa bezüglich des Preis/Lei-
stung- bzw. des Preis/Qualität-Verhältnisses, das ihm geboten wird – aufbaut. Denn
der preisscheue Kunde wird dann leicht zum Preis-Nachdenker mit Nachkaufdisso-
nanzen, die wiederum zur Abwanderung und/oder zum Typ des Preiskäufers überlei-
ten können – alles sicherlich aus Handelssicht keineswegs wünschenswerte Entwick-
lungen!

• Neben dieser Unterscheidung in verschiedene Käufertypen traten in der Untersuchung wesentliche **Detailergebnisse** zutage, so etwa:

– Das Lebensalter ist für das preisbezogene Kaufverhalten weniger als vorher vermutet von Bedeutung. Lediglich bei Personen, die zwischen 50 und 60 Jahren alt sind,
ließen sich eine überdurchschnittliche Preisscheuheit, aber auch ein überdurchschnittliches Preisinteresse feststellen. Damit ist diese Altersgruppe etwas heterogen
in ihrem Preisverhalten – evtl. ein Symptom der vielzitierten „Midlife-Crisis"?

– Bei Männern ist grundsätzlich der Preis weniger kaufentscheidend als bei Frauen.
Deshalb sind bei der o. g. Typologie vergleichsweise mehr Männer in „passiven Clu-
stern" anzutreffen (z. B. „Preisgewöhnter" und „Preisscheuer") als hingegen Frau-
en, die einen höheren Anteil preisaktiver Kunden ausmachen.

– Das Jahresbruttoeinkommen trägt stark zur preisbezogenen Käufersegmentierung
bei. So sind Einkommensschichten zwischen etwa 50 TDM/a und 110 TDM/a eher
preisaktiv als andere Einkommensklassen.

– Der formale Bildungsstatus trägt kaum zur Segmentierung bei: Grundsätzlich
konnte keine gute Korrelation zwischen preisaktivem Handeln und höherem Bildungsgrad festgestellt werden.

– Weiterhin war ein deutliches Stadt/Land-Gefälle derart festzustellen, daß Städter signifikant preisaktiver als die Landbevölkerung sind. Dies resultiert aus einem
grundsätzlichen Unterschied, gemäß dem die Landkundschaften genügsamer und
anbietertreuer als Städter sind.

- Es gibt verschiedene **Gutsgruppen**, die in der empirischen Studie durch konkrete Produkte repräsentiert waren. Es ging nämlich um die Frage, ob unterschiedliche Warengruppen oder Artikel jeweils in der Preisaktivität bzw. -passivität divergieren, die die Kunden in diesen Warengruppen an den Tag legen. Dabei ist in Abbildung 59 angegeben, bei welchen Gutstypen die fixierte Preiserwartung besonders hoch ist, bei welchen Warengruppen also der durchschnittliche Kunde ohne vorherige Preiskenntnis dennoch kauft. Diese Fragestellung wird durch einen Index operationalisiert, der überdurchschnittlich intensive Preiserwartungen mit Werten > 100, unterdurchschnittliche Preiserwartungen beim Kunden hingegen mit Indexwerten < 100 angibt. Dabei wird der Durchschnitt (Index = 100) über alle in die Untersuchung einbezogenen Artikel gebildet, von den ausgewählte nun in Abbildung 59 aufgelistet sind (Spalte [1]). Darüber hinaus zeigt Abbildung 59 noch, wie groß die Preisabweichungen – namentlich „nach oben" – noch sein dürfen, damit der Kunde, der vorher preisblind die Ware verlangt hat, die Ware tatsächlich am Ende des Kaufaktes denn auch erwirbt. Dieser Bereich wird durch Prozentangaben – bezogen auf den tatsächlichen objektiven Preis – operationalisiert (vgl. Spalte [2]). Diese Prozentwerte zeigen also an, um wieviel der Preis nach oben abweichen darf, ohne daß der durchschnittliche Kunde irritiert wird, nämlich durch den tatsächlichen Preis im Verhältnis zu dem von ihm vermuteten Preis.

Die Abbildung zeigt in Spalte [1] die Bedeutung der Preiserwartung in bezug auf ausgewählte Warengruppen – bzw. dahinter stehende konkrete Einzelartikel – sowie in Spalte [2] prozentuale Preisabweichungen vom tatsächlichen Preis, die dennoch den Kauf (noch) nicht hindern. Damit hat der Filialcontroller Hinweise auf ein „Preisrange".

	[1]	[2]
Bedien-Frischwaren (Fleisch-/Milchprodukte u. ä.)	134	18 %
Bedien-Obst und -Gemüse	105	27 %
Sonstige Bedienartikel	112	3 %
Alkoholika	91	9 %
Erfrischungsgetränke	65	8 %
Süßwaren	103	15 %
Haushaltswaren	45	4 %
Sonstiges Trockensortiment	94	6 %

Abb. 59: Preiserwartung bei ausgewählten LEH-Warengruppen

Es zeigte sich in der empirischen Studie nämlich, daß hier eine Unterscheidung in Waren sinnvoll und denn auch tatsächlich möglich ist, bei denen

- nach Preiskenntnis (z. B. durch den an der Bedienungstheke ausgegebenen Bon) noch eine Nicht-Kaufentscheidung möglich ist, bevor kassiert wird
- durch den andauernden persönlichen Kontakt zwischen Kunde und Verkäufer ein Überdenken der Kaufentscheidung wesentlich schwieriger wird und mehr Kundenselbstbewußtsein verlangt.

Insofern stellt diese Unterscheidung darauf ab, wie „verbindlich" die innerlich vom Kunden getroffene Kaufentscheidung ist und ob er noch vor dem Gang zur Ladenkasse überlegen bzw. direkt – nach bekannter objektiver Preisinformation (beispielsweise durch die Übergabe der Ware an der Bedienungstheke) – die Ware zurückweist.

- Um hier einige Kauf- und Kaufablehnungsgründe zu erforschen, galt das besondere Interesse auch den in Selbstbedienungsläden heutzutage üblichen **Regalflächen im**

Kassenzonenbereich. Dort nämlich finden sich häufig atypische Artikel, die an sich an anderen Regalplätzen positioniert sind und „in letzter Sekunde" vor der Kassenzone vom Kunden aus dem Warenkorb entfernt wurden. Es wurde daher in der Studie versucht, solche „Waisenkinder" (= wieder aus dem Warenkorb ausgelagerte Artikel) in ihrer Häufigkeit zu quantifizieren und die Auslagerungsgründe zu erhellen. Dabei ergab sich:

– Erster Typ: Die vor der Kassenzone ausgelagerten Artikel kommen vorwiegend aus den Warengruppen Süßwaren, Drogerie und sonstige Food-Luxusartikel. Für sie war der Preis regelmäßig im vorhinein – etwa durch Auszeichnung über dem eigentlichen Regalplatz – seitens des Kunden erkennbar. Die reine Preisblindheit, die plötzlich zurückgehen könnte, spielt damit weniger eine Rolle. Andere Gründe waren für das Zurücklegen eher ausschlaggebend, so etwa
    * Erstkauf bzw. Probierkauf, der nun plötzlich – auch preislich – zu risikoreich erscheint (42 % Bedeutung)
    * Ungewollter Einkauf bzw. „Versehenheitskauf" (etwa durch begleitende Kinder) (16 % Bedeutung)
    * Zu wenig Geld bei der Hand (12 % Bedeutung)
    * Dominanz eines – dem Kunden meist hinreichend bekannten – Ausweich angebots in der Kassenzone zuungunsten des ursprünglich gewählten Regalartikels, also eine „Spontanumentscheidung" (10 % Bedeutung)
    * Allgemeine Unsicherheit (8 % Bedeutung)
    * Sonstiges (12 % Bedeutung).
– Zweiter Typ: Jedoch war die „Waisenkinder"-Quote bei den Artikeln, die zuvor im Ladenlokal preisblind (= ohne konkrete Preiskenntnis und auch ohne Preisvorstellung) in den Warenkorb gelegt und vor der Kasse nun wieder aus dem Warenkorb entfernt wurden, deutlich höher als bei Artikeln, für die der Kunde preisgewöhnt ist, also ein deutliches – wenn vielleicht auch objektiv falsches – Preisimage hat. Dies deutet darauf hin, daß die Kaufentscheidung preisbedingt noch korrigiert werden soll. Mit anderen Worten: Eine preisunsichere Kaufentscheidung, die durch eine unzureichende Preisauszeichnung, Preisbewerbung o.ä. zustande kommt, kann gerade in SB-Läden noch korrigiert werden und führt gerade bei Korrektur zum generellen Dissonanzaufbau beim Kunden. In diesem Zusammenhang hat der Filialcontroller auch zu bedenken, daß beispielsweise der Kundenärger über schlechte Preisauszeichnung, überhöhte Preise sowie ein damit verbundene Ärgernis (= „zerstörte Vorfreude") über die ursprünglich zu kaufende beabsichtigte Ware dissonanzaufbauend wirkt.

• Es zeigte sich in der Studie, daß die Häufigkeit preisblinden Kaufens betriebstypenspezifisch ist. In einer entsprechenden Darstellung wie schon aus Abbildung 59 bekannt zeigt nun Abbildung 60 anhand ausgewählter Beispiele, wie diese Häufigkeit in einzelnen **Betriebstypen** um den Betriebstypendurchschnitt (Index = 100) schwankt. Daher weisen Indexwerte > 100 auf ein im Verhältnis zum Durchschnitt preisblinderes und preispassives Kundenverhalten und umgekehrt Indexwerte < 100 auf ein vergleichsweise preisaktiveres Kundenverhalten hin.

Die Abbildung verdeutlicht, daß preisaktive Kaufverhaltensweisen sehr stark vom Betriebstyp abhängig sind, den der jeweilige Kunde schwerpunktmäßig bevorzugt. Hohe Indexwerte deuten auf preispassives, kleine Indexwerte auf preisaktives Verhalten hin. Insofern relativiert sich auch betriebstypenspezifisch die Intensität des Preiscontrolling.

	Indexwert
Tante-Emma-Typ	165
Supermarkt	113
Discounter	101
Verbrauchermarkt	94
Warenhaus	67
C&C-Markt	31

Abb. 60: Preisaktivität und Preispassivität in verschiedenen und ausgewählt dargestellten Betriebstypen

Damit wird deutlich: Keinesfalls können sich Betriebstypen auf ihrem vergleichsweise vorteilhaften Preisimage ausruhen (so etwa C&C), sondern müssen stets mit dem preisaktiven Kunden rechnen. Der Discounter-Betriebstyp steht derzeit mit einem durchschnittlich preisaktiven Kunden und gutem Preisimage zwar besonders vorteilhaft dar. Es zeichnet sich jedoch für die Zukunft ein deutlich schlechteres Preisimage und ein preisaktiveres Verhalten der Kunden ab; die Preisgewöhnung innerhalb des Discountbereichs wird sich bei den Konsumenten reduzieren.

- Die spezielle **Kaufsituation**, in der sich ein Kunde befindet, stellt ein wesentliches Merkmal dar, um das Preis/Kauf-Verhalten, also den Grad des preisaktiven Kundenverhaltens, zu erklären. Man kann insofern verschiedene Kaufsituationen identifizieren, bei denen jeweils die persönliche Situation, in der sich der Kunde lang- oder kurzfristig befindet, eine wesentliche Rolle spielt. Im einzelnen ergab sich in der durchgeführten empirischen Studie folgende Unterteilung nach verschiedenen dominierenden Kaufsituationen, bei denen jeweils wieder auf Indexbasis die Preisaktivität bzw. die Preispassivität mit Hilfe eines Index angeben ist (vgl. Abbildung 61 mit entsprechender Lesart wie bei Abbildung 60, wobei wiederum ein durchschnittliches Verhalten den Indexwert 100 erhält).

Die spezifische Kaufsituation eines LEH-Kunden beeinflußt sehr deutlich die Preisaktivität des Konsumenten. Der Situation „Zeitdruck" kommt dabei eine besonders hohe „preispassivierende" Bedeutung zu.

	Index
Kauf unter Zeitdruck	131
Kauf mit ungewohnter Begleitung	125
Gelegenheitskauf	119
Familieneinkauf	104
Erstkauf	98
Kauf für unübliche Anlässe/Verwendungen	96
Routinekauf	78
Sonstige	83

Abb. 61: Preisaktivität und Preispassivität in verschiedenen Kaufsituationen

- Gerade bei **Neuprodukten** geht es im Handel – und in nachgelagerter Betrachtung: auch im Filialmanagement – um in Frage der sog. Preiseinpassung in das Sortiment, also um das Problem, ob der – häufig zusätzliche – Artikel die dem Kunden dargebotene Artikel- und Preislinie harmonisch abrundet und nicht zu ungewollten Linienverzerrungen führt. Meist darf es demnach nicht zu überdimensionierten Preisausschlägen

nach oben oder auch nach unten kommen, damit der Kunde nicht irritiert wird und
z. B. nicht sein Preisimage in bezug auf ein Ladenlokal verliert. Aus diesem Grund
spielt bei Neuprodukten die Preiserwartung des Kunden eine große Rolle. Speziell bei
neuen Artikeln im LEH-Sortiment, die ein „Abchecken" des Preises ohne
– großen (Zeit)aufwand
– großes innerliches Involvement
– persönlichen Kontakt etwa zum Verkäufer
ermöglichen, ist das Preisimage in bezug auf ein Neuprodukt von kaufentscheidender
Bedeutung. Der Kunde kann dann nämlich in Ruhe seine Preiserwartung mit der objektiven Preisforderung abgleichen. Anders ist es bei Neuprodukten, bei denen der
Preis nur „umständlicher" (etwa durch Nachfragen an der Bedienungstheke) zu erfahren ist. Der Handelspraktiker weiß aus Erfahrung, daß – trotz Preisauszeichnungspflicht – faktisch viele Preise für den Kunden „verborgen" bzw. „uneinsehbar" o. ä.
sind. Daher ist eine solche Situation, daß nämlich das Erlangen der Preisinformation
ein gewisses Kundenengagement verlangt, keineswegs in der Praxis so selten anzutreffen. Dann aber entscheidet der Kunde keinesfalls preisgewöhnt, sondern notwendigerweise zunächst preisblind hinsichtlich des tatsächlichen objektiven Preises und
nimmt vielmehr lediglich den vermuteten subjektiven Preis als Grundlage für seine
Kaufentscheidung oder Kaufablehnung. Viele Kunden besitzen in einem solchen Fall
zwar durchaus schon eine gewisse Preiserwartung, verhalten sich aber häufig dennoch
gerade in der Weise preisscheu, daß sie nämlich den objektiven Preis nicht in Erfahrung bringen und evtl. erst später – etwa durch Ablage der Ware in ein Fremdregal vor
der Kassenzone – „mutiger" werden und damit ihre „Vorab-Kaufentscheidung" doch
noch umwerfen. Aus diesem Grund war es ein Ziel der empirischen Studie, die Bedeutung der Preisinformation bei ausgewählten Neuprodukten im LEH-Bereich heraus-
zufiltern. Anhand bestimmter Einzelartikel wurde diese Fragestellung operationalisiert. Dazu wurden zwei Gutskategorien betrachtet, nämlich
– SB-Artikel mit entsprechender Preisauszeichnung am Standort und/oder an der
  Ware selbst, so daß der Kunde den Preis selbst in Erfahrung bringen kann
– Bedienartikel, die zwar auch formal-korrekt preisausgezeichnet waren (z. T. sogar
  mit Sonderaktionen), die indes aber dennoch ein größeres Kundenengagement verlangten, um den Preis zu erfahren.
Wie nun Abbildung 62 als zusammengefaßtes Ergebnis zeigt, gibt es deutliche Unterschiede zwischen einzelnen Artikeln sowie weiterhin zwischen den beiden Gutskategorien „Selbstbedienung" und „Bedienung".

Insbesondere bei Neuprodukten, die ein grundsätzliches Problem der Preisfindung impli-
zieren,[159] sowie in Abhängigkeit von der Bedienform treten divergierende Preisaktivitäten
des typischen LEH-Kunden auf. Abbildung 62 ist so zu lesen: Auf einer 7er Ratingskala mit
den beiden Extremausprägungen „1: sehr geringe Bedeutung der Preisinformation, damit
es zum Kauf kommt" und „7: äußerst hohe Bedeutung" zeigen die Ratingwerte an, welche
Bedeutung die Preisinformation beim jeweiligen Artikel hat. Mit anderen Worten: Abbildung 62 veranschaulicht, wie gewichtig die Preisinformation an sich ist, damit überhaupt
ein Kauf erwogen wird. Abbildung 62 sagt hingegen nichts darüber aus, ob dann nicht
doch die – nun bekannte – Preishöhe den Kauf verhindert. Vielmehr stellt Abbildung 62 also lediglich dar, ob der Preis als solcher denn überhaupt vor dem Kauf bekannt sein muß.

---

[159] Siehe dazu auch die Fallstudie bei *Witt* 1991a, 390–399.

	Ratingwert
Bedienungsbereich	
Brotsorte	2,7
Käsesorte	4,8
Fleischzubereitung	4,7
Gourmet-Imbißmöglichkeit	3,6
Süßware (Backware)	5,1
SB-Bereich	
Süßware (Schokoladenzubereitung)	4,6
Fleischzubereitung	5,1
Alkoholhaltiges Getränk	3,4
Erfrischungsgetränk	3,1
Küchen-Haushaltsartikel	2,1
Edelkonserve	3,9

Abb. 62: Bedeutung des Preises bei verschiedenen Neuprodukttypen im LEH

Aus Abbildung 62 sowie den angelagerten Untersuchungsergebnissen lassen sich einige Schlußfolgerungen ziehen, so z. B.:

– Der Geldwert, um den es überhaupt geht (beispielsweise ein Artikel im 1-DM-Bereich oder ein Artikel im 20-DM-Bereich), spielt keine so große Rolle, wie man an sich vermuten könnte.
– Speziell bei Luxusartikeln ist die Bedeutung der Preisinformation recht hoch.
– Die Tatsache, daß Konkurrenz- bzw. Substitutprodukte angeboten werden oder zumindest dem Kunden gut bekannt und für ihn leicht erhältlich sind, läßt die Bedeutung der Preisinformation kaum steigen.

Damit wird insgesamt deutlich: Die adäquate Bereitstellung von Preisinformationen bei Neuprodukten läßt beim Kunden erste Kaufhemmschwellen fallen. Ob dann weitere Hemmschwellen ebenfalls beseitigt werden, hängt vom Marketingmix des Händlers ab (Preishöhe, Präsentation usw.). Jedenfalls liegt gerade und speziell in der Möglichkeit, Preise dem Kunden leicht zugänglich zu machen, eine wesentliche Profilierungsmöglichkeit des Handels in bezug auf Neuprodukte.

Aus den bisher referierten Ergebnissen leiten sich einige **strategische Empfehlungen für das Preismanagement** ab, die der Filialcontroller vorschlagen könnte:

• **Preisauszeichnungsmanagement.** Wer als Händler nur von einer – gesetzlich geregelten – Preisauszeichnungspflicht ausgeht, verkennt die prinzipielle Bedeutung des Preisauszeichnungsmanagement. Aktiv sein statt lediglich passiv seiner Pflicht zu genügen, lautet die Maxime! Aktiv ehrlich zu sein, währt am längsten und besten!

• **Dauernde Preispräsentation.** Speziell sich nur auf Sonderaktionen zu versteifen, bei denen die Preisinformation dann zugegebenermaßen „herausgeputzt" dargestellt ist, genügt keineswegs! Vielmehr ist die Preispräsentation eine ständige Herausforderung, die sich nicht auf Sonderaktionen beschränken darf. Eine übersichtliche, aber auch nicht zu aufdringliche Preisauszeichnung des gesamten Sortiments erhöht auch das Gesamtimage des Ladenlokals!

• **Augenfällige Preispräsentation.** Insbesondere bei geringfügigen Artikelinnovationen, die an sich gar nicht via Sonderaktionen umfassend bekannt gemacht werden können, lohnt sich eine moderate, aber dennoch konstant-augenfällige Preispräsentation.

• **Kassenzone.** Eine „optische Kassenzonenlogistik" sorgt dafür, daß die plötzliche Auslagerung von ungewünschten Artikeln aus dem Warenkorb dann für andere Kunden nicht so in's Auge springt. Regelmäßigere Kontrollgänge, als sie heute bei vielen Handelsunternehmen leider nur feststellbar sind, tun hier mehr als gut.

• **Plazierungsehrlichkeit und -übersicht.** Zugegeben: Die räumliche Erst-, Zweit- und vielleicht sogar Drittplazierung stärkt die Attraktivität eines Angebots und forciert bestimmte Artikel. Dagegen soll hier denn auch einerseits gar nichts gesagt werden. Allerdings trägt andererseits eine „Parallelpräsentation" von Konkurrenzartikeln viel dazu bei, daß der Kunde das Gesamtangebot einer Warengruppe überschaut. Der Händler demonstriert dadurch „Sortimentsehrlichkeit". In der Praxis hat es sich deshalb bewährt, trotz eines verständlichen Reizes zur separaten Erstplazierung, bei dieser Erstplazierung auf Standorte bzw. Plazierungen von Konkurrenzprodukten zu verweisen, etwa nach dem Motto: „Z. Zt. Artikel A besonders günstig; vergleichen Sie mit unserer gesamten Warengruppe, die sich befindet . . .".

5.2.2 Preisgedächtnis

Schaut man sich das Sortiment und die Kaufgewohnheiten der Kunden im Lebensmitteleinzelhandel genauer an, so gibt es einerseits Artikel mit geringer Umschlagshäufigkeit und andererseits Kunden, die einen bestimmten Artikel schon lange Zeit nicht mehr gekauft haben. Die „Tagesversorgungsfunktion" des Handels wird dann evtl. – bezogen auf einen einzelnen Kunden – recht schnell zu einer „Einmal-im-Jahr"-Versorgungsfunktion; dies führt zugleich zur Frage der optimalen **Preisanpassungszeitpunkte** aus Filialcontrollersicht.[160] Eine empirische Studie sollte daher klären, welche kaufentscheidende Bedeutung dem Preis in bezug auf solche seitens eines Kunden selten erworbene Waren bzw. Warengruppen im konsumtiven Bereich zukommt. Wie stark muß also das Handelsmarketing daher speziell das Preisgedächtnis des Kunden bei geringfrequentierten Waren berücksichtigen? Die im Marketing übliche **Unterscheidung in Gebrauchs- und Verbrauchsgüter** einerseits sowie in **Luxus-, Gelegenheits-, Grundbedarfsgüter** u.ä. andererseits hilft dann nicht sehr viel weiter, wenn daraus keine konkreten Konsequenzen für die einzelnen Bausteine des Marketingmix gezogen werden können, weil es beispielsweise an entsprechenden Informationsgrundlagen fehlt, wie denn nun die einzelnen Marketinginstrumente eingesetzt werden sollen. Das Preismanagement im LEH ist eine solche Komponente des Marketingmix. Daher standen verschiedene konkrete **Fragestellungen** im Vordergrund, nämlich:

• Ist der „alte" Preis überhaupt kaufentscheidend?
• Wie lange „wirkt" der alte Preis noch in die Zukunft; wie lange „reicht" also das Preisgedächtnis eines Durchschnittskunden?
• Ist bei solchen spezifischen Käufen mit vergleichsweise großen Zeiträumen zwischen einzelnen Käufen der Preis – ob „neu/aktuell" oder „alt/gedächtnisgespeichert" – denn überhaupt noch kaufbeeinflussend, und wenn ja: wie stark?
• Was beeinflußt das Preisgedächtnis des LEH-Kunden?
• Gibt es verschiedene Warengruppen/Gutstypen, Kaufsituationen und Betriebstypen und nicht zuletzt auch Kundentypen, für die das Konstrukt „Preisgedächtnis" eine jeweils unterschiedliche Bedeutung aufweist, manchmal also besonders im Rahmen des Handelsmarketing zu beachten ist?

---

[160] (Nur) theoretisch dazu *Mura* 1990.

- Dominieren langfristige Habitualisierungseffekte, gemäß denen der Kunde produkt-, marken- oder händlertreu ist, oder liegt eher eine Neukaufsituation vor?
- Verfolgt der Kunde bei solchen großen Kaufabständen das Preis- und Produktgeschehen (z. B. grundlegende Qualitätsveränderungen) und wäre damit auf den nächsten Kauf gemäß seiner inneren Erwartung besser vorbereitet, oder ist er hingegen eher unvorbereitet und damit evtl. überrascht und daher möglicherweise verunsichert?

Diese Fragestellungen zielen alle in die Richtung „Preisinformationsverarbeitung". In diesem Bereich gibt es bereits einige empirische Studien, die jeweils ausgewählte Aspekte in den Vordergrund heben. Speziell für das Preisgedächtnis bei LEH-Artikeln mit geringen Kauffrequenzen (= großen zeitlichen Kaufabständen) existiert indes noch keine umfassende Untersuchung. Das „Preisgedächtnis" läßt sich hier nun wie folgt konkretisieren und zeigt folgende Ausprägungen mit vielen buntschillernden Facetten:

- Die **Erinnerung des Kunden** an den alten Preis wird in die aktuelle Kaufentscheidung miteingebracht. Dabei kann es kommen
  - zur gänzlichen Kaufablehnung, weil insbesondere der aktuelle „neue" Preis im Vergleich zur Preiserwartung, die auf dem alten Preis lt. Preisgedächtnis fußt, überteuert ist. In selteneren Fällen ist diese Kaufablehnung evtl. auch einmal durch einen im Zeitablauf gesunkene Preislage hervorgerufen: Der Kunde findet dann eine Dissonanz zwischen seiner auf der alten Preislage aufbauenden Preiserwartung und einem aus dieser per Preisgedächtnis erwarteten und akzeptierten Preislage „nach unten herausrutschenden" Preisniveau. Während ein so sinkendes Preisniveau in manchen wenigen Bereichen inzwischen bekannt ist und sogar erwartet wird (Elektronikbranche, DV-Markt usw.), wird durch ein mit der Kunden-Preiserwartung nicht konformgehendes Preisniveau speziell im LEH-Sektor der Kunde eher verunsichert. Er verknüpft damit tendenziell eine unzureichende Qualität oder eine für ihn nicht ausreichende Positionierung in bezug auf ein Qualitäts-, Status- oder Luxusprodukt. Diese Kaufablehnung hinsichtlich einer „an sich" bekannten Ware führt dann u. U. zum Umschwenken auf gänzlich andere Produkte, die das Kundenproblem „anders" lösen. Man denke im LEH-Bereich nur einmal an verschiedene Haushaltswaren-Techniken, an unterschiedliche Conveniences bei Fertiggerichten gegenüber einlagerbaren Konserven usw.
  - zur Untreue speziell in bezug auf eine Marke, Qualität oder Preislage, weil nämlich ein Wechsel auf grundsätzlich andere „Produkttechniken", d. h. Problemlösungen nicht erfolgen soll. Vielmehr schreckt der neue Preis „nur" vom Kauf des gewohnten Artikels ab und führt schnell zum Substitutkauf.
- Der alte Preis wird durchaus schon an die „üblichen" Preissteigerungen angepaßt. D. h.: Der Kunde gesteht dem Anbieter ein „mark-up" zu und transponiert den alten Preis in die **aktuelle Preiswelt**. Immerhin bildet aber stets noch der alte, dem Kunden bekannte Preis die gedankliche Bezugsbasis seitens des Kunden. Der Kunde modifiziert also lediglich – meist durch Aufschläge – den alten Preis und schafft sich damit subjektiv seine neue Preiserwartung, von der er nun aktuell ausgeht.
- Das **Preis-Up-dating** – also das wirklich kontinuierliche und detaillierte „Mitverfolgen" der Preisentwicklung im Zeitablauf – stellt dabei eine extreme Form dar, die nur für relativ wenige Kunden und Gutstypen praktisch bedeutungsvoll ist.
- Die bereits in Kapitel 5.2.1 angesprochene **Preiskenntnis** zielt auf das Wissen um vergleichsweise aktuelle Preise. Deshalb handelt es sich bei dem Konstrukt „Preiskenntnis" um einen anderen Hintergrund und um eine andere Fragestellung als beim Kon-

strukt „Preisgedächtnis", das ja vielmehr aktuelle und zurückliegende Perspektiven verknüpft.

- Im Zuge des Preis-Up-dating macht ein Kunde häufig – dann meist unbewußt – nicht nur pauschale, sondern auch auf einen Anbieter oder einen Warentyp individuell bezogene **Zugeständnisse** an die Preispolitik (zumeist ja in der heutigen Zeit: Preisanhebung) für einen Gutstyp. Es gibt dann also
  - entweder konkretere Preiserwartungen als beim allgemeinen „mark-up" (siehe oben)
  - oder aber auch so weitgehende Zugeständnisse, daß das evtl. durchaus noch vorhandene gute Preisgedächtnis an kaufentscheidender Bedeutung verliert. Der alte, im Preisgedächtnis kodierte Preis wird in einem solchen Fall kaum ernsthaft mit dem aktuellen Preis kontrastiert und gerät vielmehr deutlich in den Entscheidungsbackground. Die neue und die alte Preiswelt sind dann kaum noch verbunden.

Insgesamt wird damit deutlich: Das Preisgedächtnis des Konsumenten fordert den Filialcontroller, da es sich keineswegs auf eine einzelne Ausprägung reduzieren läßt. Eine zentrale Frage betrifft die Gutstypen bzw. **Warengruppen**, die aus Sicht des Kunden unterschiedlich „preisgedächtnis-intensiv" sein können. Mit anderen Worten: Bei welchen Warengruppen hat der Durchschnittskunde ein besonders gutes, wo ein besonders schlechtes Preisgedächtnis? Abbildung 63 zeigt zusammenfassend anhand eines Index, wo entsprechende Schwerpunkte liegen. Dieser Index ist so zu interpretieren: In bezug auf das Referenzgut „Whisky Marke X", das den Indexwert 100 zugeordnet bekommt, zeigen Indizes < 100, daß das Preisgedächtnis schlechter ist, d.h. weniger Bedeutung als beim Referenzgut aufweist. Genau umgekehrt ist es für Güter mit einem Index > 100. Alle in Abbildung 63 aufgeführten Artikel waren in der empirischen Studie mit konkreten Marken belegt. Abbildung 63 zeigt indes lediglich eine Auswahl aller einbezogenen Artikel. Bei allen in Abbildung 63 aufgeführten Artikeln war in der empirischen Untersuchung sichergestellt, daß die Kauffrequenz bei den Befragten wirklich deutlich unter der Kauffrequenz normaler „Durchschnittsartikel" lag. Insofern ging es tatsächlich und konkret um spezifische Artikel, die seitens des Durchschnittskonsumenten mit geringer Kauffrequenz erworben werden.

Es gibt ein warengruppenabhängiges Preisgedächtnis, so daß die Eigenarten einer Warengruppe (Wertigkeit, Verwendungshäufigkeit etc.) das Kundenpreisgedächtnis mitbestimmen. Die Controlleraufgabe besteht darin, solche verschiedenen Warengruppen zu identifizieren, da sie unterschiedlich gut für eine zeitflexible Preispolitik geeignet sind. Der Filialcontroller muß solche strukturellen Unterschiede beachten.

Abbildung 63 zeigt sehr klar, daß es stark divergierende preisgedächtnisbezogene Verhaltensweisen des Durchschnittskonsumenten in bezug auf verschiedene Warengruppen gibt. Speziell fällt auf, wie sehr werbeintensive Artikel zu verbessertem Preisgedächtnis des Kunden führen (vgl. z.B. Körperpflegeartikel). Überdies zeigte sich eine gewisse positive Korrelation zwischen der Bedeutung des Preisgedächtnisses und der Komplexität des Artikels für den Kunden: Dieser Zusammenhang wird exemplarisch etwa beim Schlüsseldienst deutlich (z.T. Drangsituation, fast schon ein Einmal-Kauf aus begrenzter Sicht des Kunden, Dienstleistungscharakter).

Der Faktor „Zeit" spielt eine wesentliche Rolle, da er das menschliche „Vergessen" und das „Erinnern", also letztlich das Ausmaß des Preisgedächtnisses und die dort kodierten

Schlüsseldienst	56
Schuhreparaturservice	79
Klein-Elektrogeräte	54
Foods und Haushaltswaren, die i. d. R. pro Packung lange ausreichen	
Klebstoff	103
Spezialreiniger	106
Intensivgewürz	121
Müsli-Großpackung	134
Foods und Haushaltswaren, die lediglich aufgrund der Packungsgröße oder kundenseitigem Vielpackungskauf lange ausreichen	
Spezial-Waschmittel	115
Waschmittel in Groß- bzw. Konzentratpackung	136
Geschirrspülmittel für Maschine	107
Vorratskonserve	98
Getränkegebinde	113
Sonstiges Trockensortiment	
Küchenartikel	81
Körperpflegeartikel	132
Backzutaten	105
Winter-Streugranulat („Salz")	92
Saisonale Artikel	
Weihnachtsschmuck	75
Osterartikel	87
Festtagsluxusartikel	
Getränk	69
Kühlthekenartikel	98

Abb. 63: Warengruppenabhängiges Preisgedächtnis, dargestellt auf Indexbasis relativ zum Referenzgut

Informationen beim Menschen bestimmt. Es ließen sich in der Studie daher insbesondere zwei wesentliche **Zeithorizonte** unterscheiden, die für das Preisgedächtnis wichtig sind:

• Zum einen spielt ein langes Zeitintervall zwischen den Käufen eine große Rolle, wenn der Kunde zugleich, d. h. „zwischen den Kaufakten" kontinuierlich **Dauerverwender** ist. In der Studie wurde deutlich, daß dann das Preisgedächtnis eines solchen Durchschnittskonsumenten relativ aktiv ist: Die Preisentwicklung wird trotz des weiten Kaufabstände besser verfolgt – d. h. die Preiserwartung ist „aktueller" – als bei wenig verwendeten Artikeln. Insofern kommt dem Packungsgrößen-Management eine wesentliche Bedeutung auf Seiten des Handels- und speziell auch im Rahmen des Herstellermarketing zu. Denn dadurch gelingt es u. U., den Kunden zu häufigerem Kaufkontakt zu veranlassen und ihn auf diese Weise langfristig treu zu halten. Die z. Zt. für viele Produkte beobachtbare Strategie, „in die Menge zu gehen" und den Kunden zum Kauf von Großpackungen anzureizen, ist damit aus dem direkten – eher kurzfristigen – Anbieterinteresse zwar verständlich, verstößt aber andererseits deutlich gegen eine Kundengewöhnung. Mit anderen Worten: Das Preisgedächtnis und noch allgemeiner: das Markengedächtnis – des Kunden muß kontinuierlich gepflegt werden, damit ein langfristiges Treupotential aufgebaut wird. Dies gelingt keineswegs immer durch die

selten gekaufte Großpackung, da beim Wiederkauf Markenwechslungen relativ wahrscheinlicher werden. In der hier referierten Studie zeigte sich nämlich, daß bei kleineren Packungen die Wiederkaufrate etwa 1,4 mal so hoch ist wie die Wiederkaufrate bei
Großpackungen!

- Zum anderen ist ein relativ langes Zeitintervall zwischen den **einzelnen Verwendungen**
  – und dann i. d. R. auch zwischen den einzelnen Kaufakten – charakteristisch. Dabei verliert das Preisgedächtnis sehr stark, und es dominiert dann lediglich noch das Markengedächtnis. D. h.: Der Konsument gesteht dem Anbieter zwischenzeitlich deutliche
  Preisänderungen bzw. sogar Preiserhöhungen zu und hat keine so konkrete Preiserwartung, mit der er den aktuellen Preis hinterfragen könnte. Diese Aussage des abge-
  schwächten Preisgedächtnisses bei geringen Kauf- und Verwendungsfrequenzen hat
  sich zwar als generelle Tendenz empirisch ergeben. Allerdings trifft sie für höherwertige
  geringfrequentierte Warentypen weitaus weniger zu: Denn der Durchschnittskonsu-
  ment hat hier durchaus schon gewisse Preiserwartungen. Diese bilden sich z. T. aktuell
  und sind nicht nur aus dem Wissen bzw. aus der subjektiven Erinnerung an alte Preise
  abgeleitet. Vielmehr entsteht die Preiserwartung verstärkt aus anderen Komponenten
  (z. B. eine subjektive Preisobergrenze aufgrund beschränkten Einkommens), so daß
  man sie keineswegs mehr als reines Ergebnis des Preisgedächtnisses bezeichnen kann.
  Als Konsequenz resultiert daraus nun für den Handel: Vorbehaltlich von möglichen
  Konkurrenzeffekten ist er einerseits in seiner zeitlichen Preispolitik zwar recht frei,
  muß aber andererseits Obergrenzen der Preisbelastung beim Nachfrager berücksichtigen; dies gilt um so mehr bei von ihrem Geldwert her höherpreisigen Gütern.

In der empirischen Studie ergaben sich ergänzend zu den gerade dargestellten Zeiteffek-
ten weitere **Detailergebnisse,** die ebenfalls die preisbedingte Treue fokussieren. Im einzelnen heißt das:

- Der Konsument hat bestimmte Produktimages bzw. **Markenimages,** die er mit seiner
  Preiserinnerung verknüpft und so in seinem Preisgedächtnis kodiert. Konkret bedeutet dies, daß er Preisimages aufbaut: „Marke X war schon immer teuer!" Wie sich empirisch zeigte, sind bei etwa 85 % der Konsumenten solche – wenn z. T. auch ver-
  schwommenen – Preisimages in bezug auf einzelne Artikel vorhanden, die in diese
  Studie einbezogen waren.
- Parallel dazu gibt es **Anbieterimages.** Demnach hat der Konsument eine Vorstellung,
  wo solche Artikel, die er selten kauft, vorzugsweise erworben werden sollten. Interessanterweise meint der Kunde also, nicht blindlings und im Verbund kaufen zu dürfen
  („Mitnahmeeffekt" solcher Artikel beim normalen Einkauf). Denn immerhin rd. 60 %
  der Befragten hatten ein solches Anbieterimage, und zwar speziell darauf bezogen, wo
  solche „seltenen" Artikel überhaupt und in angemessener Qualität erhältlich seien.
  Tatsächlich hingegen war in der Untersuchung aber festzustellen, daß mehr als 55 %
  der Konsumenten diese in großen Zeitabständen gekauften Artikel dann doch im Verbund, d. h. „bei passender Gelegenheit" kauften. Aus Sicht des Handels spricht also
  viel dafür, daß es sich in bezug auf den konkreten Kaufvorgang um Low-Interest-
  Artikel handelt, die im Verbund gekauft werden und daher entsprechend „mitnahme-
  fähig" zu positionieren sind.
- Im Rahmen der **Kundensegmentierung** zeigte sich, daß
  – bei Personen mit einem Lebensalter etwa zwischen 30 und 50 Jahren das Preisge-
    dächtnis vergleichsweise besser als der Durchschnitt ist

- das Preisgedächtnis von Städtern leicht schwächer als das der Landbevölkerung ist
- Frauen ein deutlich besseres Preisgedächtnis haben
- hingegen Männer eher „nur" ein Markengedächtnis haben, so daß sie bei geringen Kauffrequenzen markentreuer sind und weniger wechseln
- das Einkommen (hier: Jahresbruttoeinkommen) nicht darüber „entscheidet", ob jemand ein gutes oder schlechtes Preisgedächtnis hat.

• Hinsichtlich der eingangs aufgeworfenen Fragestellungen (z.B. spezifische Situationen und Typen) lassen sich – quasi als Zusammenfassung – diese **Grundregeln für das Preisgedächtnis** des konsumtiven LEH-Kunden formulieren:

- Generell ist der alte Preis durchaus für den Konsumenten noch wichtig. Man darf als Anbieter – auch bei Gütern mit geringer Kauffrequenz – das Preisgedächtnis des Kunden also nicht unterschätzen.
- Die zeitliche Reichweite des Preisgedächtnisses hängt selbstverständlich vom Kundentyp und der Warengruppe ab. Dennoch kann man die LEH-spezifische „Durchschnittsaussage" treffen, daß nämlich bei Kauffrequenzen, die länger als zwei Jahre reichen, das Preisgedächtnis weitgehend aussetzt. Immerhin sollte man als Handelsmanager aber bedenken: Selbst nach dieser langen Zeit können noch verschwommene Preis- und Anbieterimages vorhanden sein, die generell die Kundeneinstellung berühren. Allerdings werden sie im Zeitablauf immer diffuser und lassen sich dann keineswegs mehr nur auf den Preis beziehen.
- Grundsätzlich tritt der Preis bei den je Kunde geringfrequentierten Artikeln etwas in den „Entscheidungshintergrund" und läßt ein solches Gut in die Richtung eines Low-Interest-Produktes tendieren; dies gilt sowohl für den alten als auch für den aktuellen Preis. Gleichwohl kommt der Preiskomponente beim Kauf von geringfrequentierten Artikeln dennoch im Durchschnitt rd. 30 % Bedeutungsgewicht zu. Dies heißt wiederum: Der Preis entscheidet mit 30 % „Anteil" sowohl darüber, ob überhaupt gekauft wird, und dann auch noch, beim welchem Händler ggf. gekauft wird.
- Das Preisgedächtnis des typischen, durchschnittlichen LEH-Kunden wird insbesondere beeinflußt durch die Intensität der Anbieterwerbung, durch die Existenz eines eingefahrenen Markennamens, durch den spezifischen Artikelnutzen (z.B. eines Spezialklebers, den man in „Notsituationen" dringend benötigt) sowie durch die handelsseitigen zwischenzeitlichen Sales-Promotions. Damit kann ein typisches Low-Interest-Produkt situativ und/oder für einen einzelnen Kunden zum High-Interest-Produkt werden.
- Das Preisgedächtnis ist für einzelne Gutstypen und kundentypische Merkmale bereits beleuchtet worden. Daneben gibt es noch die beiden wichtigen Aspekte „betriebstypen-spezifisches Preisgedächtnis" und „kaufsituations-bedingtes Preisgedächtnis". Es ließ sich in der Studie auf signifikante Weise feststellen, daß eine enge Korrelation zwischen dem Betriebstypen-Preisimage (z.B. Preisgünstigkeitsimage eines bestimmten Discounters) sowie dem subjektiven Preisgedächtnis besteht. D.h., der Kunde „erwartet" eher konkrete, allenfalls leicht angehobene Preise im Zeitablauf, also eine deutliche Preiskonstanz. Dies trifft um so mehr zu, als viele Käuferschichten dazu neigen, bestimmte Stammartikel in bestimmten Stammläden oder zumindest Stammbetriebstypen zu erwerben. Daher hängt verständlicherweise das Betriebstypen-Preisimage mit dem artikelbezogenen Preisgedächtnis eng zusammen. Die zweite Perspektive, nämlich das kaufsituations-bedingte Preisgedächt-

nis, spielt deshalb eine große Rolle, weil evtl. durchaus ein Preisgedächtnis vorhanden ist, die spezielle Kaufsituation (z. B. Zeitdruck, Bedarfsdringlichkeit, Unkenntnis in bezug auf eine neue Artikelvariante) aber dennoch dann die Bedeutung der Preisinformation in den Hintergrund drängt. Gerade dies ist der wesentliche Grund, warum die Bedeutung der Preiskomponente nur mit 30 % Bedeutungsgewicht ermittelt wurde (siehe oben).

– Es läßt sich gemäß den ermittelten Ergebnissen nicht pauschal aussagen, ob es sich bei den hier zur Diskussion stehenden geringfrequentierten Artikeln für den Kunden eher um eine Neukauf- oder vielmehr um eine habitualisierte Kaufsituation handelt. Dennoch gibt es zumindest eine klare Tendenz, nach der sich der Handelspraktiker richten sollte: Das Markengedächtnis führt zum habitualisierten, d. h. eher routinisierten Wiederholungskauf derselben Marke. Das Preisgedächtnis hingegen kann dem entgegenstehen, sofern die Preisabweichungen im Zeitablauf zu groß sind. An dieser Stelle zeigt sich daher noch einmal der tiefe Sinn einer grundlegenden Eigenschaft eines gepflegten Markenartikels, nämlich dessen relative Preiskonstanz.

– Zwar kann man das Kundenkaufverhalten nicht eindeutig als Routine- oder hingegen auch als Neukaufsituation ansehen. Dennoch gibt es gewisse Indizien. Etwa 38 % der Konsumenten verfolgen nämlich die Preisentwicklung im Zeitablauf – gemäß eigenen Angaben – einigermaßen genau mit. D. h., sie behaupten von sich, relativ preisinformiert zu sein. Dies trifft zwar objektiv keineswegs zu; aber dennoch kann man davon ausgehen, daß viele Kunden zumindest preisorientiert handeln möchten bzw. zu handeln glauben. Insgesamt verfolgt der Durchschnittskunde aber das Preis- und Produktgeschehen bei von ihm mit geringer Kauffrequenz nachgefragten Artikeln nicht allzu intensiv. Dies trifft tendenziell – so das Fazit – auch dann zu, wenn die Verwendungsfrequenz höher ist.

Aus solchen empirischen Erkenntnissen leitet der Filialcontroller wiederum einige **Strategievorschläge für das Filialmanagement** ab, so z. B.:

• Unkontrollierte und oberflächliche Preisaktionismen bringen recht wenig.
• Ebenfalls sind im Zusammenhang des Komplexes „Preisgedächtnis" bestimmte händlerseitige Preishinweise eher vorsichtig zu handhaben. Allzu derbe Aktionismen (vgl. beispielsweise die Werbung mit „durchgestrichenen Preisen") helfen dem Preisgedächtnis des Kunden nicht weiter und werden mitunter sogar eher negativ beurteilt. Dies rührt nicht zuletzt auch daher, daß eine solche Preiswerbung medienträchtig „in's (juristische) Gerede" gekommen ist.
• Der Handel sollte eigenständiger und aktiver – sofern ihm möglich – ein Packungsgrößenmanagement betreiben. Nicht immer binden Großpackungen und/oder Dreier-, Vierer-, Sechserpacks usw. den Kunden langfristig, auch wenn man vordergründig vielleicht als Händler damit „mehr Menge macht". Vielmehr schreckt der Kunde entweder sogar ganz vor dem Kauf zurück oder hat, falls er doch kauft, zwischenzeitlich nicht genügend aktiven Produktkontakt. Dieser aktive Artikel(kauf)kontakt habitualisiert den Kunden oftmals mehr als passiv wahrgenommene Werbung.
• Weil viele der je Kunde geringfrequentierten Artikel Low-Interests sind, müssen sich aus diesem Low-Interest-Bereich herausgehoben werden. Sie sind entsprechend imagebezogen zu positionieren (etwa als Edel- oder Spezialprodukte) und z. T. auch räumlich im Ladenlokal attraktiver zu plazieren.

- Darüber hinaus muß solchen Artikeln das angestaubte Image des Problemprodukts genommen werden. Ein einfaches, aber gutes Beispiel in diese Richtung geben in manchen Baumärkten „Profi-Stände": Der vom Durchschnittskonsumenten doch recht selten – weil lange haltbare – gekaufte Hammer wird durch eine ansprechende Positionierung in Verbindung mit ähnlichen Geräten erst richtig attraktiv. Im LEH-Bereich gibt es so etwas noch viel zu selten (etwa im Trockensortiment).
- Der Händler und speziell ein Filialmanager muß seinen Kunden also „Sortimentslinien" aufzeigen, um dem Kunden zu helfen, Produkttrends zu erkennen!
- Und nicht zuletzt: Eine ehrliche, also nicht zu werbeschreierisch und „reklamemäßig" aufgemachte Erinnerung für den Kunden, ob dieser nicht etwa bestimmte Artikel „wieder einmal" benötige und bislang bei seinen Einkäufen vergessen habe, wirkt sehr gut.

5.2.3 Preis- und Einkaufverhalten von Urlaubern

Urlaubsreisen stellen für den Konsumenten spezielle Erlebnis-, Konsum- und Kaufsituationen dar. Viele deutsche Urlaubsgebiete – und eben auch der dortige LEH – leben vom Touristenstrom. Die folgenden Überlegungen sollen daher dem Filialcontroller exemplarisch zeigen, wie für einzelne **„Sonderanlässe"** Marktforschung getrieben werden kann, d.h., welche Fragestellungen entscheidungsrelevant sind. Wenn also der Touristenstrom für manche Händler existenzentscheidend und damit in seinen Erfolgs- und speziell in seinen Preis/Erlös-Dimensionen controllingrelevant ist, so scheint es in jüngerer Zeit aber nun so zu sein, daß die Urlauber z.T. knappere Budgets haben bzw. „mehr auf's Geld schauen" und sich ebenfalls zurückhaltender beim Gaststättenbesuch verhalten, dafür aber u.U. mehr Lebensmittel selbstzubereiten und/oder auf Fast-Food ausweichen. Daneben jedoch ist ein gestiegenes „Luxusbedürfnis" – auch im Food-Bereich – zu verzeichnen. Deshalb muß der Filialcontroller konkret fragen, ob diese Tatsache nun neue, veränderte Herausforderungen für den LEH in bundesdeutschen Urlaubsgebieten nach sich zieht:

- Wissen und berücksichtigen solche „Urlaubsgebiet-LEHs" in ausreichendem Maße, daß der Urlauber in einer Sondersituation steht?
- Muß der Urlauber gesondert behandelt werden?
- Oder richten sich die betreffenden LEHs zu stark an z.B. herstellerseitig allgemein initiierten Verkaufsförderungsaktionen aus, die nicht immer unbedingt urlaubsgebietspezifisch sind?
- Schwimmt der LEH also zu stark mit dem Strom, (um evtl. darin durch nicht genügende Eigenaktivitäten schließlich zu ertrinken)?

Um solche Fragen klären zu helfen, muß man das Urlaubsverhalten des Verbrauchers genauer analysieren. Dabei kommt vor allem dem Instrument „Preis" eine hervorragende Bedeutung zu, wenn man beispielsweise an eine beim Urlauber in dessen „schönster Jahreszeit" evtl. verringerte **Preiswahrnehmung** etc. denkt. Die hier aufgeworfenen Fragen sollten anhand einer empirischen Studie beantwortet werden. Dabei bestand zunächst nur ein Ziel darin, das „Urlaubspreisverhalten" transparent zu machen. Im Zuge einer Vorstudie ergab sich jedoch recht schnell die Notwendigkeit, den Preisaspekt um angelagerte weitere Gesichtspunkte hinsichtlich des Einkaufverhaltens von Urlaubern zu ergänzen. Es wurden in der Studie jedoch ausgeklammert:

- „Heimurlauber", die ihren Urlaub zu Hause verbringen[161]
- „Selbstversorger" (oftmals Camper), die sich überwiegend aus von zu Hause mitgebrachten (Dosen)vorräten u. ä. ernähren, damit also als Food-Nachfrager am Urlaubsort – bis auf einige Frisch- und Backwaren – weitgehend ausfallen.

Die übrigen, in die Studie einbezogenen und daher in ihrem Preis- und Kaufverhalten untersuchten Urlauber wurden nach bestimmten Kriterien zu **Segmenten** zusammengefaßt. Dabei traten einige interessante Detailergebnisse zutage:

- Ältere Urlauber (ungefähr > 48 Jahre) reagierten deutlich weniger preisempfindlich. Sie akzeptierten auf leichtere Weise höhere Urlaubs- im Vergleich zu Heimatpreisen.
- Bezüglich des Jahresbruttoeinkommens traten interessanterweise kaum segmentierende Unterschiede auf, solange man im Bereich < 120.000 DM bleibt.
- Die ununterbrochene Urlaubslänge scheint erst ab einer Zeit > 6 Wochen (= Tendenz zum Langzeiturlauber) den Urlauber preisempfindlicher zu machen.
- Die Anzahl der Urlaubsreisen je Jahr spielt gemäß der Studie kaum eine Rolle bezüglich des Preis- und Kaufverhaltens.
- Wohl aber hat die „Urlaubsgewohnheit" ein deutliches Gewicht: Urlauber, die mindestens jedes zweite Jahr in Urlaub fahren, handeln innerhalb ihres Urlaubs zwar immer noch preisunempfindlicher als in heimischer Umgebung. Jedoch reagieren sie auf hohe Preise zurückhaltender als urlaubsungewohnte Urlauber, die seltener verreisen und evtl. einen „Konsumnachholbedarf" äußern.
- Urlauber mit überwiegender Eigenverpflegung (= keine Voll- und Halbpension) zeigen sich bezüglich des Food-Kaufs – erwarteterweise – preisempfindlicher als eher vollverpflegte Urlauber, die demgemäß auch weniger Einkaufsnotwendigkeiten haben.
- Urlauber, die durch ein (Urlaubs)gebiet durchreisen bzw. sich dort nur für max. 1–2 Tage aufhalten, zeigen sich in bestimmten Fällen durchaus als äußerst preisunempfindlich und akzeptieren „jeden" Preis, wenn insbesondere drängender Bedarf vorliegt. Im Durchschnitt sind sie jedoch sogar etwas preisbewußter als der „stationäre" Urlauber.
- Sieht man einmal von der Tatsache ab, daß ältere Menschen vielleicht ein unterschiedliches – nicht immer unbedingt größeres – Urlaubsbudget haben könnten und daß ältere Personen im Durchschnitt häufiger alleinreisen als jüngere Personen (z. B. eine junge Familie), so hat die Gruppengröße recht wenig Einfluß auf das Preis- und Kaufverhalten. Lediglich die „ökonomischen Zwänge", einfach ein verschiedenes Prokopf-Budget verfügbar zu haben, macht offenbar preis(un)empfindlich, jedoch nicht direkt die Personenzahl selbst.

Insgesamt ließen sich drei wesentliche **Urlaubertypen** identifizieren, die Extrema bilden und an die sich weitere, ähnliche Typen anschließen. Es sind dies in plakativer Formulierung:

- Der „Normalverhalter". Er verhält sich – mit geringem „Luxusaufschlag" – wie in heimischen Situationen.
- Der „Unbekümmerte". Dieser Typ achtet kaum auf Preise und bevorzugt im Urlaub – denn er will sich etwas gönnen – entweder eine deutlich höhere Qualität als zu Hause oder aber dieselbe (hohe!) Qualität wie in der Heimat. Insofern wird deutlich, daß dieser Typ verschiedene soziale Schichten zusammenfaßt.

---

[161] Vgl. nachstehend innerhalb dieses Kapitels.

- Der „Rationale". Er wird mitunter durch ein anfänglich hohes Urlaubspreisniveau erschreckt und konfrontiert sich selbst mit seinen Preiserwartungen. Im Urlaubszeitablauf neigt er manchmal – in Abhängigkeit vom verbrauchten bzw. bereitstehenden Budget – für gewisse Zeit zu einem der anderen beiden o.g. Typen. Insgesamt achtet der „Rationale" am meisten auf besonders (preis)günstige Einkaufmöglichkeiten.

Innerhalb von familiären Urlaubergruppen können durchaus verschiedene Typen auftreten (z.B. Jungfamilie mit mitreisender Großmutter o.ä.). Im Zeitablauf wird sich dabei allerdings bezüglich gemeinsamer Einkäufe ein dominanter Typ herausschälen: vielfach der „Normalverhalter" mit geringem Hang zur „Unbekümmertheit". Als grobe Zusammenfassung läßt sich „der" typische Urlauber – mit allen notwendigen und sinnvollen Vorbehalten einer Verallgemeinerung – so umschreiben: Relativ preisunempfindlich, d.h. heimische „gewohnte" Preise dürfen um mehr als 30% ohne inneren Einwand des Urlaubers überschritten werden. Gleichwohl ist er „luxuswählerisch", indem er nicht jedes – auch höherpreisige – Gut akzeptiert, sondern innerhalb höherer Preise eine gute Qualität auswählen will. Gleichwohl existiert ein gewisses „Faulheitssyndrom", das mit dem Luxuswillen einhergeht. Beide Tendenzen können sich aber in einer konkreten Kaufsituation innerlich widersprechen, wenn der Urlauber durch allzu hohe Preise verunsichert wird und daher zu geringeren Preisen und/oder etwas geringere Qualitäten einkaufen muß.

Das **Auswahlverhalten** für eine Gaststätte geschieht intensiver als für einen LEH. Dies verwundert insofern nicht weiter, als dabei auch die Erlebniskomponente stärker in den Vordergrund tritt. Außerdem hat der durchschnittliche Urlauber recht bald einen Stamm-LEH gewählt, bei dem er während seines stationären Urlaubs überwiegend einkauft; er wird kurzfristig – und viel schneller als in der Heimat – ladentreu. Diese Ladentreue hat sich nach höchstens drei Tagen Anwesenheit am Urlaubsort, in 77% aller Fälle bereits Mitte des zweiten Tages gefestigt. So war zu ermitteln, daß 87% der Urlauber sich einen „Stammladen" aussuchen und – soweit es die Urlaubsaktivitäten mit Ausflügen etc. zulassen – zu 81% aller Kaufvorgänge dort auch ihren LEH-Bedarf decken. Diese Zahl von 81% gilt allerdings nur für die Fälle, bei denen der Urlauber nicht ladenuntreu wird (vgl. dazu die folgenden Abschnitte). Immerhin wird selbst bei aufkommender Ladenuntreue noch zu durchschnittlich mindestens 19% im ursprünglichen, d.h. ehemaligen Stammladen gekauft. Bei der Gaststättenwahl wird jedoch häufiger „probiert"; eine so große Treue wie für den LEH bringt der Urlauber der Gastronomie gegenüber nicht auf. Er wechselt vielmehr innerhalb eines „evoked set", d.h. innerhalb einer begrenzten Auswahl von Gaststätten, die in Frage kommen (i.d.R. maximal vier Gastronomiebetriebe).

Prinzipiell ist der Urlauber „faul"; dies spräche gegen eine Selbstzubereitung und vielmehr für eine Vollpensionierung und/oder für einen regelmäßigen Gaststättenbesuch. Dennoch kommt es aufgrund der Mobilität, der zeitlichen Flexibilität etc. dennoch häufig dazu, daß Mahlzeiten nicht in Gaststätten eingenommen werden, sondern man in der Ferienwohnung kocht oder etwas „auf der Hand" verzehrt. Auf signifikante Weise trat daher in der Untersuchung der Urlauberwunsch auf, daß LEHs mehr Halb- und Fertiggerichte vorhielten, die man problemlos direkt verspeisen oder einfach zubereiten kann. In diesem Zusammenhang trat ein spezielles Problem auf, das den Urlaubern augenscheinlich besonders aufgefallen sein muß: Sie meinten bemerkt zu haben, daß eine gewisse **„vertikale Kartellierung" zwischen Gastronomie und LEHs** am Urlaubsort vorliege. Durch Nachhaken in der Studie kam bei fast 30 % der Befragten die Ansicht zutage, ein LEH würde mit seinen Food-Preisen zur Selbstzubereitung eine Preispolitik betreiben, die durchaus auch am Gastronomiepreisniveau ausgerichtet ist. Mit anderen Worten: Der LEH richtet sich in seinen Preisen nicht nur an anderer LEH-Konkurrenz, sondern zugleich – zumindest bezüglich der Foods – an Gaststätten aus. Denn er sehe den Urlauber in Substitutionswahl zwischen verschiedenen „Produktionsstufen" bei der Nahrungsaufnahme, nämlich Selbstzubereitung bzw. „Essen ‚auf die Hand'" einerseits und „Essen gehen" andererseits; es liege diesbezüglich eine gegenseitige Preisorientierung und -abstimmung der verschiedenen Anbieterstufen vor. Die so komprimiert zusammengefaßte Befragtenmeinung wurde selbstverständlich nicht mit diesen Fachausdrücken geäußert. Nichtsdestoweniger trat sie überaus deutlich auf.

Grundsätzlich ist der durchschnittliche Urlauber bereit und sogar willens, bessere als die gewohnten heimischen Qualitäten zu erwerben. Höhere Preise hindern ihn nicht daran. Vielmehr und gerade bei ihm unbekannten Regionalmarken, die er in seiner Heimat nicht kennt, wirkt der **Preis als Qualitätsindikator**; dies war bei immerhin 78 % der Auskunftpersonen der Fall. Gar nicht so übertrieben ausgedrückt: der Urlauber akzeptiert nicht nur, sondern sucht z. T. sogar nach hochpreisiger Ware. Auf diese Weise kann es nicht selten vorkommen, daß er eine andere als die heimisch-gewohnte Qualität erwirbt, nämlich einerseits weil er „Aufsteiger" ist und bewußt eine – gemäß seiner subjektiven Meinung – qualitäts- und preishöhere Ware auswählt. Andererseits findet er mitunter keine „passende" angemessene Qualität (ca. 27 % aller Fälle) und muß qualitativ „absteigen", oft aber dennoch höhere Preise als gewohnt zahlen. In dieser Dissonanzsituation wird der Kunde besonders preisempfindlich: Bisher zurückgedrängte heimische Preiskenntnisse werden aktiviert; die Gewöhnung an das Urlaubspreisniveau wird rückläufig. Häufen sich nun solche Fälle, daß eine – in den Augen des Kunden – mindere Qualität überpreist ist, so wird er ladenuntreu und beachtet auch andere Preise am Urlaubsort (Gaststätten etc.) aufmerksamer: Er wird preisempfindlicher. Gemäß der durchgeführten Studie liegt die Fühlbarkeitsschwelle erstaunlich niedrig bei etwa drei bis vier „Dissonanzerfahrungen". Dennoch soll man insgesamt nicht verkennen, daß der Urlauber prinzipiell ein ausgesprochenes Probierverhalten an den Tag legt, was Qualität – und damit eng verbunden – Preise anbelangt. Er steht in einer Erlebnissituation und ist deutlich aufgeschlossener als in der heimischen Sphäre. Insofern nimmt er ebenfalls auch Produkte in seinen „Urlaubswarenkorb", die er in normalen Situationen nicht erwerben würde (beispielsweise Alkoholika, Food-Spezialitäten). Aufgrund der Studie kann man von einem wertmäßig um etwa 20 % aufgestockten Warenkorb ausgehen, was allein diesen Zusatzeffekt anbelangt. Nimmt man weiterhin die Tatsache ergänzend hinzu, daß der Urlauber auch höhere Preise zahlt, so wird sein auf den LEH bezogenes Budget und damit seine Kaufkraft offensichtlich.

Der Urlauber als LEH-Kunde substituiert grundsätzlich nicht Menge mit Qualität. Vielmehr nimmt aufgrund von Verderblichkeit, Bevorratungsproblemen etc. die im Urlaub erworbene Menge insgesamt zu (etwa um 17 %) – und das bei gestiegenen **Qualitätsansprüchen**. Jedoch sollte man sich als Händler vor zu großer Euphorie zurückhalten. Denn der Mengenzuwachs bezieht sich zu etwa 85 % nur auf benötigte „Grundbedarfe", weitaus weniger hingegen auf Luxusartikel. Dies bedeutet: Der Kunde kauft im LEH bestimmte Luxusartikel, die er außerhalb des Urlaubs selten bzw. gar nicht erwerben würde, eben nicht in übermäßiger „gleichgültiger" Menge („Egal, ob etwas überbleibt und vielleicht verdirbt"), sondern versucht genau die Verbrauchsmenge, die er für sinnvoll hält, abzuschätzen. Insofern spielen hier aus Handelssicht die Packungsgröße sowie das Preis/Mengen-Verhältnis eine wesentliche Rolle, damit der Konsument nicht aufgrund überdimensionierter Mengen vom Spezialitätenkauf abgehalten und über seine Fühlbarkeitsschwelle hinweggetragen wird. Aber auch bei den Grundbedarfen sollte das geschilderte Aufbewahrungsproblem für den Urlauber nicht durch überdimensionierte Packungsgrößen „ausgenutzt" bzw. überansprucht werden. Allzu leicht könnte nämlich das Nichtfinden angemessener Mengen je Kaufakt zu einer Dissonanzerfahrung werden. Jedoch spielt in diesem Zusammenhang ebenfalls die Mengenkomponente noch eine Rolle: Der Urlauber kauft – allein schon aufgrund beschränkter Aufbewahrungsmöglichkeiten – häufiger ein, so daß sich insgesamt, über die Urlaubszeit betrachtet, ein deutlich größeres Kaufvolumen ergeben kann (höhere Kauffrequenz mit jeweils kleineren Volumina, die sich jedoch überproportional aufaddieren können). Daneben weicht die nachgefragte Qualität oft deutlich vom heimischen „Standard" eines Urlaubers ab. Generell gibt es keine sich gegenseitig kompensierende Beziehung zwischen **Preis und Menge**. Die benötigte Menge wird zum angegebenen Preis erworben; man spart nicht an der Menge. Dennoch kann – wie oben dargelegt – ein schlechtes Qualität/Preis-Verhältnis bei bekannter Qualität und zu hohen Preisen im Vergleich zur heimischen Situation zu deutlicher Unzufriedenheit führen. Daraus ergeben sich unmittelbare Auswirkungen auf die je Kaufakt erworbene Menge (Reduktion um etwa 7 %) sowie auf die grundsätzliche Beurteilung und „Anmutung" eines LEH. Die gänzliche Kundenabwanderung hat auch weitreichende Mengenkonsequenzen. Aufgrund der vom Konsumenten oft gewünschten und selbstinitiierten Ladentreue ist eine vollkommene Abwanderung indes recht selten (etwa bei 34 % aller unzufriedenen Kunden). Vielmehr werden – sofern am Urlaubsort möglich – wenige weitere LEHs in die Beschaffungsvorgänge zusätzlich aufgenommen. Es wird von nun an selektiver gekauft; die Menge und damit auch die Kaufkraft verteilen sich auf mehrere Anbieter. Insbesondere war zu beobachten, daß viele Urlauber (etwa 71 %) ihren gesamten Bedarf gerne bei einem Vollsortimenter decken, der auch (Frisch)fleisch- und -backwaren etc. hat. Bei einer aus Sicht des Kunden notwendiger (Teil)abwanderung geht man gerne von diesen Fleisch/Wurst- und Backwarenabteilungen ab und orientiert sich in Richtung auf einen spezialisierten Fleischer, Bäcker etc. mit eigenem Ladenlokal. Diese Abwanderungstendenz nimmt sogar an Bedeutung noch zu, wenn seitens der spezialisierten Anbieter urlaubsspezifische Delikatessen locken. Denn es zeigte sich, daß gerade die Kundengruppe „Urlauber" solchen spezialisierten Anbietern – wie eben insbesondere Bäcker, Fleischer – mehr zutraut als dem LEH. Denn diesen sieht er oftmals nur als „Zukäufer", der zwar auch von „Spezialisten" durchaus seine Ware beziehen mag, diese aber evtl. gegenüber dem Kunden anonym läßt.

Die Effizienz von **Sonderaktionen** in bezug auf den Adressatenkreis „Urlauber" ist vordergründig als recht gering einzustufen. Ein daraus erzielter Mehrabsatz ist mit nicht mehr als 2 % zu beziffern. Dies resultiert in der Praxis vielfach daraus, daß keine besonderen Spezialitäten Gegenstand der Sonderaktionen sind, sondern es sich aus Urlauberperspektive vielmehr um aus der heimischen Umgebung bekannte Marken oder zumindest um geläufige Qualitäten handelt. Da nun ein Urlauber (bzw. synonym: eine Urlauberfamilie o.ä.) einen gewissen Mengenbedarf nicht überschreitet, ist er also auch durch „normale" Sonderangebote nicht zum Mehrkauf anreizbar. Hier könnten vielmehr und eher Spezialitäten-Sonderaktionen helfen. In einer ergänzenden Perspektive wurde in der Studie diese gerade geführte Argumentation aber noch erweitert. Es trat dabei ein Ergebnis bezüglich der Preisgünstigkeitsbeurteilung zutage. Der Urlauber nimmt danach zwar kaum „normale" Sonderangebote zum Anlaß, mehr als ursprünglich beabsichtigt zu kaufen. Jedoch veranlassen viele – übersichtlich präsentierte – Sonderangebote den Urlauber zu einem freundlichen Preisgünstigkeitsurteil hinsichtlich des sonderaktiven LEH. Dies trägt dann indirekt zu einer noch intensiveren Ladentreue bei, was wiederum auch im Spezialitätenbereich zu abgeleitetem Mehrabsatz führen kann. Der einzelne LEH sollte sich indes dringend davor hüten, durch zu viele Sonderangebote zum „billigen Jakob" zu degenerieren, der keine Hochpreisqualitäten bieten kann. Dies zieht deutliche Nachfragerabwanderungen der Urlauber nach sich. So unerwartet dieses Ergebnis vielleicht auch klingen mag: Der Handelscontroller sollte es bedenken! Hingegen zeigten einige „urlaubsspezifische" Sonderaktionen gemäß der empirischen Analyse deutlichen Erfolg (Bewerbung einzelner Food-Spezialitäten bzw. Delikatessen u.ä.); der Mehrabsatz lag bei etwa 16 %.

Mit den gerade vorgestellten Ergebnissen hinsichtlich der Effizienz von Sonderaktionen hängt z.T. auch eine **Plazierungsstrategie** zusammen. Aufgrund dem Urlauber nicht bekannter und – trotz in der Bundesrepublik und/oder innerhalb von Filialketten oft ähnlichen Ladenaufbaus und standardisierter Gangfolgengestaltung – erst zu erlernender Wege innerhalb des Ladenlokals liegt ganz deutlich ein selektives Suchverhalten vor, indem ein solcher Kunde vielfach gar nicht ähnliche Produkte bemerkt (z.B. Kühlregal vs. Frische-Stand mit dort substitutiver Ware). Diese Situation trat immerhin bei 43 % aller Urlauberkunden während der ersten zwei Ladenkontakte auf. Insofern spielt dann der Preisvergleich eine dominante Rolle, wenn der Kunde z.B. erst und einzig das evtl. teure Kühlregal bemerkt und sich hier ein Preisurteil hinsichtlich dieses speziellen Ladenlokals bildet. In diesem Zusammenhang zeigte sich weiterhin, daß Spezialitäten eher bemerkt werden, wenn sie unmittelbar neben ihren etwas qualitätsminderen normalen Substitutionsprodukten plaziert sind. Eine händlerseitige Strategie, Sonderstände etc. einzuführen, mag zwar deshalb im Einzelfall durchaus immer noch sinnvoll erscheinen; insgesamt scheint ein solches Vorgehen jedoch weniger erfolgversprechend. Oder man fährt auch eine „Doppelplazierung", indem die Spezialitäten sowohl auf Sonderständen, aber eben auch am „normalen" Regalplatz präsentiert werden.

Nicht selten kommt es im Urlaub vor, daß eine Gruppe zusammen einkauft, sei es, daß sich beispielsweise befreundete Ehepaare zufällig getroffen haben und jeder „für sich" – unter gegenseitiger Beobachtung – einkauft; sei es aber auch, daß man gemeinsam (aus einem gemeinsamen Budget) den Bedarf für ein abendliches Fest o.ä. etwas zusammenstellt. Diese Situation kann überdies auch auf Familien zutreffen, wenn manche Familienmitglieder eigene **Entscheidungskompetenz** haben (Familienvater und mitreisende Schwiegermutter, fast erwachsene Kinder etc.). Ohne nun im einzelnen auf die sich dabei abspielenden Sozialisationsprozesse einzugehen, traten immerhin doch einige bemerkenswerte Erkenntnisse auf:

- In 43 % der untersuchten Fälle trat eine gegenseitige „Preisverharmlosung" der Gruppenmitglieder auf, so daß im Endeffekt eine hohe, preisintensive Qualität erworben wurde.
- In 22 % der Kaufsituationen wirkt ein Gruppenmitglied preisbremsend. In etwa 70 % der Fälle ist das der überwiegende „heimische" Einkäufer (z.B. Familienmutter). Hingegen sprechen durchaus in den übrigen Fällen (mit demnach etwa 30 % Gewicht) re-

lativ kaufunerfahrene gegen den Kauf eines ihrer Meinung nach zu teuren Gutes (z. B. kaufunerfahrener Ehemann).

- Grundsätzlich scheint es bei einer Gutswertigkeit von etwa vier DM eine Schwelle zu geben, bei der der interne Gruppenabstimmungsprozeß erst intensiv wird. Bei geringerwertigen Gütern wird vieles einfach „mitgenommen".
- Im Urlaub dominiert dennoch ein „Chefeinkäufer", so daß sich viele Kaufentscheidungen im LEH wieder auf eine Person zuspitzen (etwa in 78 % aller Fälle).

Aus den dargelegten Ergebnissen resultieren nun bestimmte praktikable Handlungsmöglichkeiten, die der Filialcontroller offenlegen kann, wie sich nämlich der LEH in Urlaubsgebieten und -zeiten gegenüber dem „Urlauber als Kunden" präsentieren und profilieren soll. Dazu werden im folgenden zehn Thesen – plakativ formuliert – vorgestellt, die einerseits auf den empirisch abgesicherten Untersuchungsergebnissen basieren, andererseits dem einzelnen Händler durchaus Gestaltungsspielraum geben und ihn sogar zum Nachdenken und zu individuellen Detailmaßnahmen auffordern. Diese zehn Thesen wurden in der Handelspraxis konkretisiert und in bestimmte Detailmaßnahmen umgesetzt. Die Maxime lautete dabei: Die Tatsache, daß der Urlaubsgebiet-LEH beim Urlaubskunden tendenziell höhere Preise – bei gleicher bzw. sogar leicht steigender Mengen- und deutlich wachsender Qualitätsnachfrage – durchsetzen kann, sollte den einzelnen LEH nicht übermütig werden lassen: Der Urlauber kann seine Ladenlokalwahl bei Durchbrechen einer Fühlbarkeitsschwelle durchaus schnell revidieren. Ein **Handlungsrahmen des Filialcontrollers für das Handelsmanagement** könnte so aussehen:

- Die wesentliche Grundregel heißt: Versuchen Sie den Eindruck zu vermeiden, der Urlauber werde preislich ausgenutzt. Vielmehr soll er durch hohe Qualität – mit natürlich dementsprechenden Preisen – verwöhnt werden. Also keine übertriebenen Preise bei Standardqualitäten, die dem Kunden aus der Heimat – auch preislich – bekannt sind. Er wird trotz Urlaubsstimmung vergleichen!
- Bilden Sie ein „Urlaubsspezialitäten-Sortiment" und gleichzeitig ein Normalsortiment. Diese müssen für den Kunden klar voneinander (auch preislich) abgegrenzt sein. Nennen Sie dem Kunden ruhig, daß Sie zwei Sortimente haben und ihn „doppelt" versorgen können!
- Beachten Sie stärker verschiedene Saisonzeiten mit unterschiedlichem Publikum, das jeweils gänzlich andere Ansprüche haben kann!
- Gestalten Sie aktiv Ihre Sortimentsbreite und -tiefe: Wenn Sie keine zu große Breite und Tiefe vorhalten wollen bzw. können, so zählen Sie von einer Spitzenqualität ausgehend nun rückwärts und stoppen bei Ihrer Sortimentsgestaltung dann evtl. bei einer Mittelqualität. Machen Sie es aber keineswegs umgekehrt, daß Sie etwa von einem niedrigen Standard nur bis zur Mitte aufsteigen, aber wegen der Sortimentsbeschränkung nicht zur Präsentation von Spitzenqualitäten gelangen!
- Beachten Sie die Konkurrenzbeziehung zur Gastronomie viel stärker. Bieten Sie Fertigprodukte an – aber neben hochwertiger Handelsware ebenfalls auch lokale/regionale hausgemachte Spezialitäten, die individuell wirken; und machen Sie einen „Home-Made"- bzw. den Delikatessencharakter deutlich. Betätigen Sie sich ruhig im Imbißgeschäft, indem Sie beispielsweise eine Imbißecke einrichten. Bedenken Sie aber bitte, daß diese dann die Visitenkarte Ihres gesamten Geschäftes wird und daher – bei schlechter Führung und Standardangeboten – insgesamt qualitätsgefährdend wirkt! Sie müssen also die durchaus gegebene Erfolgschance mit dem auftretenden Risiko abwägen.

- Stellen Sie dementsprechend auch einzelne hervorstechende Artikel in den Vordergrund (etwa bestimmte Spezialitäten, wie z. B. Weine der Urlaubsgegend), und zeigen Sie mittels dieser „Urlaubsindividualitäten" Ihre Kompetenz!
- Nutzen Sie die Funktion des Preises als Qualitätsindikator bei hochwertigen Spezialitäten, nicht hingegen bei Standardware. Seien Sie preislich selektiv. Machen Sie im Rahmen Ihres kalkulatorischen Ausgleichs dem Kunden deutlich, daß er ein Standardsortiment mit guter – wenn auch nicht extremer – Qualität zu vernünftigen Preises erwerben kann!
- Zeigen Sie sehr deutlich Ihre Servicekompetenz (auch z. B. durch unentgeltliche Leistungen, wie Austausch von Kühlakkus, gekühlte Getränke ohne Mehrpreis)!
- Fördern Sie durch Geschäftsausstattung, Gangführung und Plazierung das Probier- und Wahlverhalten des Urlaubers. Machen Sie ihn neugierig!
- Setzen Sie Sonderaktionen gezielter ein, indem Sie zwischen Urlauberkundschaft und Ihren einheimischen Kunden unterscheiden. Beachten Sie dabei die geschilderte, besonders „gefährliche" Funktion des Preises!

Neben diesen für das „Urlaubssegment" typischen Kaufverhaltensweisen und darauf aufsetzenden Maßnahmenvorschlägen im Filialcontrolling gibt es aber auch ein sehr breit und heterogen angelegtes Marktsegment der „Heimurlauber", das sich keineswegs nur für den Handel in Urlaubsgebieten erschließt, sondern vielmehr saisonbedingt gerade auch für den Handel in Nicht-Urlaubsgebieten interessant ist und temporäre Zusatz-Marktpotentiale verspricht. Im Zuge einer entsprechenden empirischen Untersuchung konnten verschiedene Ergebnisse ermittelt werden, mit denen der Filialcontroller Maßnahmen (etwa bezüglich der Preisstrategie im Rahmen des Preiscontrolling) vorschlagen kann. Im folgenden einige ausgewählte Ergebnisse dieser Untersuchung, die für den Handelscontroller und speziell für den Filialcontroller interessant sind:[162]

- Es gibt nicht „den" typischen Heimurlauber. Vielmehr konnten folgende **Typen** unterschieden werden (vgl. Abbildung 64):
  - Der „bewußte Heimurlauber" will aktiven lustvollen Konsum gerade auch mit Produkten aus dem LEH-Bereich erreichen und „plant" daher regelrecht seinen Heimurlaub. Er ist der zufriedenste aller Heimurlaubs-Konsumententypen. Zu diesem Typ zählen z. T. auch solche Urlauber, die das Jahr vorher verreist und dann dort enttäuscht waren (Klima, Umweltverschmutzung, Reiseveranstalter etc.), so daß sie nun den aktiven, eigengestaltbaren Heimurlaub mit Konsumluxusartikeln wünschen.
  - Der „sporadische Heimurlauber" gönnt sich vereinzelt einen Spontangenuß nach bestimmten „Frust"situationen (z. B. nach Urlaubsrückkehr der Nachbarn).
  - Der „Rechner" plant zwar auch seinen Heimurlaub, gibt sich indes ein bestimmtes Budget vor (Tagesausflugsfahrten, Foodspezialitäten etc.); er plant und berechnet also seine Konsumlust.
  - Der „unechte Heimurlauber" reist durchaus schon in die nähere Umgegend, ist also schon kein reiner Heimurlauber mehr. Er verläßt dabei auch seine gewohnten Einkaufsstätten, sucht häufig „nur" Erholung und ist – insgesamt weniger als die gerade genannten Heimurlaubertypen – konsumorientiert.
  - Der „Nichturlauber" läßt sich in seinem Verhalten nicht auf einen bestimmten Zeitraum für seinen Heimurlaub eingrenzen. Er ist also kein Saisontyp, sondern verteilt

---

[162] Vgl. auch *Witt* 1989g.

das Budget – z. T. sogar bewußt – über das Gesamtjahr. Mit anderen Worten: Durch den Verzicht auf eine Urlaubsreise kann er sein normales, übliches Konsumniveau etwas anheben.

– Der „Urlaubsignorant" setzt sich überhaupt keiner Heimurlaubssituation aus, zeigt also vielmehr ein weitgehend unverändertes Verhalten, eben auch was den Konsum anbelangt. Er verdrängt die Urlaubssituation bzw. wird sich ihr gar nicht so richtig bewußt.

> Die Abbildung zeigt verschiedene Konsumententypen, die ihre Urlaubszeit zu Hause verbringen und daher evtl. saisonbedingt andere Kaufverhaltensweisen an den Tag legen. Die empirisch ermittelte Bedeutung eines jeweiligen Typs ist in Prozent angegeben.

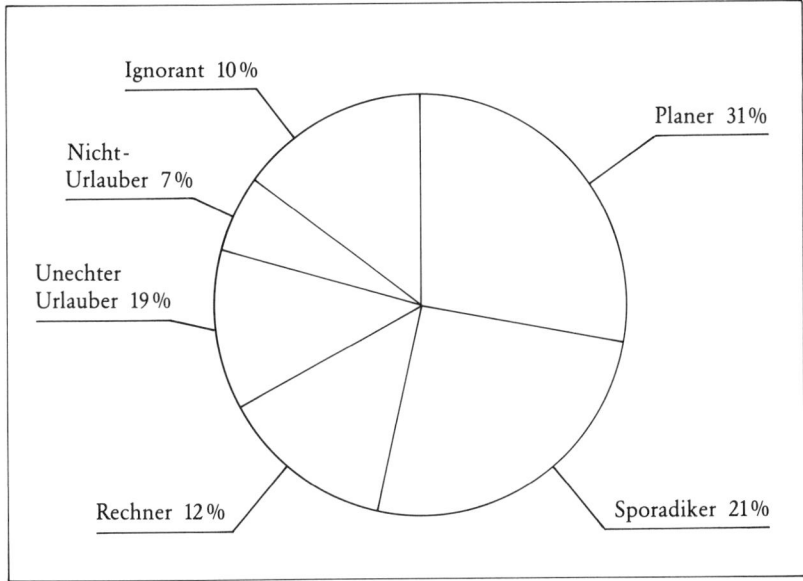

Abb. 64: Heimurlaubertypen

- Das **Einkaufsverhalten** zeigt in der Heimurlaubsphase doch bestimmte Besonderheiten, und zwar um so deutlicher, je intensiver der jeweilige Heimurlaubertyp sich seiner Urlaubssituation bewußt ist. Im einzelnen bedeutet das:
  – Die Einkaufshäufigkeit („Frequenz") nimmt zu, so daß die Anzahl der Einkaufsgänge im Vergleich zur Normalsituation um etwa 18 % ansteigt.
  – Aufgrund des für den Heimurlauber insgesamt vergrößerten „Konsumbudgets" nimmt auch das rechnerisch ermittelbare Budget je Einkaufsgang zu, und zwar um etwa 14 %.
  – Bei Familien, Ehepaaren u. ä. kauft in der Heimurlaubssituation der Mann vergleichsweise häufiger als in der Normalsituation ein.
  – Die Einkaufszeiten und -rhythmen verlagern sich. Sie verteilen sich nämlich eher über den ganzen Tag, so daß kaum „Zeitschwerpunkte" zu erkennen sind. Darüber hinaus ist für den „Kleinkonsum" (Frühstückseinkauf u. ä.) ein analoges Verhalten wie am Wochenende bei einer Normalsituation festzustellen.

- Die Artikelanzahl je Einkaufsakt nimmt indes nur leicht zu, nämlich um etwa 4 %.
- Bei der Länge eines einzelnen Einkaufsakts (= Präsenzzeit in einem Ladenlokal) ließ sich eine Steigerung von rd. 10 % feststellen.
• Ein solches verändertes Verhalten zeigt sich auf hinsichtlich der **Preisakzeptanz:**[163]
  - Wenn es Artikel in verschiedenen Preislagen gibt (z. B. Frischfleischprodukte, Getränke) und ein Konsument üblicherweise nicht in der oberen Preisklasse einkauft, so wählt er in der Heimurlaubssituation durchschnittlich nun 22 % höherpreisige Artikel zuungunsten der ansonsten bevorzugten niederpreisigeren Waren. Insofern zeigt sich hier der konsumtive Erlebnis- und Konsumhunger sehr deutlich. Der höhere Preis als Qualitäts- und Prestigeindikator sowie die i. d. R. bekannte Marke, die beide in Normalsituationen schon insgeheim lockten, veranlassen nun zum Kauf: „Man will sich auch 'mal etwas gönnen und leisten."
  - Darüber hinaus werden spezifische „Urlaubswaren" erworben, die sonst – schon von ihrer Art her – kaum gekauft werden. Damit sind nun keineswegs Badeartikel o. ä. gemeint, sondern allein schon innerhalb des Lebensmittelbereichs tritt nun eine Probierfreude auf. Beispiele für solche „unartigen" Käufe: Champagner und ähnliche Alkoholika, Käsespezialitäten, exotisch anmutende Konserven, Luxusfrischwaren, also gerade nicht das fast schon klassisch und pseudoinnovativ zu nennende Grillsortiment in der Frischfleischabteilung. Man kann in etwa davon ausgehen, daß solche Käufe 17 % des Budgets ausmachen, so daß die Preisakzeptanz entsprechend hoch ist. „Gutes kostet eben sein Geld."
  - Spezifische Urlaubs-Sonderaktionen des LEH schlagen daher solange doch etwas ins Leere, wie sie „normale" Ware umwerben. Statt dessen zeigten Experimente mit speziellen, auf Heimurlauber ausgerichteten Sonderaktionen deutlich mehr Erfolge. Insofern muß es bei einer Sonderaktion gar nicht primär um den „so" günstigen Preis gehen, sondern fast schon mehr um die hohe Qualität zu annehmbaren Preisen. Das Wort „preisgünstig" – auf angehobenem Qualitätsniveau – zeigt sich hier in seiner ursprünglichen Bedeutung! Die Exklusivität eines Urlaubsorts muß also erkannt und durch controllerseitige Vorschläge hinsichtlich einer entsprechenden Sortimentspolitik unterstützt werden (= speziell generiertes Urlaubssortiment).
• Die bereits angesprochene **Experimentier- und Probierfreudigkeit** darf nicht überbetont werden. Im Vergleich zu einem verreisten Urlauber ist sie beim Heimurlauber noch relativ geringer. Trotzdem ließ sich feststellen:
  - Aufgrund der Probierfreude werden insgesamt ca. 26 % der Stammmarken temporär ausgewechselt oder zumindest durch den „Parallelkauf" von Substitutmarken ergänzt, selbst wenn dies preislich nicht attraktiv wahr oder sogar die Substitutpreise höher lagen.
  - Etwa 30 % der Heimurlauber nehmen sich bewußt vor, etwas anderes zu kaufen. Insofern wird bewußt nach Alternativen gesucht, und es handelt sich also vielfach nicht um Spontanentscheidungen.
• Aufgrund des spezifischen Heimurlaubsverhaltens war in der empirischen Studie auch zu untersuchen, inwieweit das Heimurlaubsverhalten zu langfristig noch wirksamen **Effekten nach Ende des Heimurlaubs** führt. Dabei war auffallend:

---

[163] Siehe entsprechend auch Kapitel 5.2.1/2.

– Es war eine leichte Preisgewöhnung an höherpreisige Waren zu verzeichnen. Für das Handelscontrolling darf sie indes nicht überbewertet werden, denn prinzipiell steigt der Konsument nicht in höhere Preisklassen auf. Er ist allenfalls für bestimmte einzelne Artikel „preisgewöhnter", d.h. untergewichtet den Preis als Entscheidungskriterium und beachtet ihn weniger.

– Dies bedeutet auch, daß grundsätzlich nach dem Heimurlaub kein „Markenaufstieg" erfolgt. Es wird vielmehr langsam und kontinuierlich zur Normalkaufsituation zurückgekehrt. Wenn andere abrupte Einschnitte auftreten, bei denen wieder langjährig eingeübtes Normalverhalten notwendig ist (beispielsweise Rückkehr an der Arbeitsplatz mit Einkauf in der Mittagspause), gelangt man indes viel schneller zu den „Standardartikeln" zurück.

– Lediglich für wenige Artikel bleibt man auch nach dem Heimurlaub auf einem veränderten Preis- und Qualitätsniveau stehen. Dies scheint gemäß der durchgeführten Studie insbesondere bei Getränken möglich zu sein. Der Preisklassen- und der Markenwechsel sind hier am relativ wahrscheinlichsten.

– Was sehr viel auffallender und bedeutungsvoller ist: Nach den Kauferfahrungen im Heimurlaub besteht ein vergrößertes sog. „evoked set", und zwar hinsichtlich eher gleichpreisiger und -qualitativer Ware. Dies mag zunächst etwas verwunderlich klingen, denn im Heimurlaub ist man ja eher „aufgestiegen" als nun gerade im selben Preis- und Qualitätsniveau verblieben. Woher sollte also die verbreitete Sichtweise des Konsumenten in bezug auf preis- und qualitätsklassen-ähnliche Artikel kommen? Eine Erklärung ist sicherlich diese: Die während des Heimurlaubs gewonnene konsumtive Erlebnissphäre soll – auf nun wieder „billigerem" – Niveau aufrecht erhalten werden. Deshalb werden gewohnte Artikel z.T. ausgetauscht, aber im eher konstanten Preis- und Qualitätsspektrum. Außerdem hat man in einer im Urlaub ruhigeren Atmosphäre Substitute entdeckt, die in der Alltagshektik bislang dem Kunden nicht evident waren.

• Wenn der Heimurlauber zwar eine Produktvielfalt genießen will, so ist er in manchen weiteren **Kaufgewohnheiten** aber dennoch weiterhin sehr traditionell und sich selbst und seinen Gewohnheiten treu. Das bedeutet:

– Er ist ladentreu und wechselt kaum die Einkaufsstätte, es sei denn, er unternimmt einen Stadtbummel o.ä. und kauft dabei gelegentlich „im Vorbeigehen" ein. Ansonsten aber verläßt er sich eher auf seine üblichen Stammhändler.

– Bestimmte erlebnisversprechende und konsum-innovativ anmutende Probiertheken, Shops-in-the-Shop u.ä. werden – innerhalb der gewohnten Grenzen, d.h. bei den bekannten Anbietern – aber während der Heimurlaubssituation stärker beachtet und frequentiert. Dies trifft daher besonders auf größere Supermärkte, Lebensmittelabteilungen von Warenhäusern u.ä. zu, sofern der Konsument auch ansonsten dazu eine Kaufbeziehung hat. In der Studie ließ sich beispielsweise beobachten, daß solche attraktiv aufgemachten Darbietungen zu einem Umsatzplus von beinahe 30% bei Heimurlaubern und im Vergleich zu normalen Darbietungen führen können!

• Es ließen sich darüber hinaus noch bestimmte controllingrelevante **Einzelergebnisse** finden, die sich namentlich auf einzelne Konsumentengruppen beziehen. Einige solcher Ergebnisse im Überblick:

– Je älter ein Konsument (bzw. auch ein Ehepaar etc.) ist, desto ausgeprägter ist das Heimurlaubsverhalten. Als gewisse „Schallgrenzen" und „Verhaltenssprünge" ließen sich ermitteln: 35 Jahre sowie 53 Jahre.

- Die Lebensregion spielt ebenfalls eine bemerkenswerte Rolle. So gibt es in großstädtischen Ballungszentren deutlich intensiver „heimurlaubernde" Personen als in anderen Regionen. Mit anderen Worten: der Typus des „planenden Heimurlaubers" ist hier vergleichsweise weitaus stärker vertreten. Innerhalb solcher Ballungszentren jedoch ließ sich kaum nach der Mikro-Wohnsituation (Mietwohnung, Einzelhaus, Vorstadtlage etc.) unterscheiden; hier zeigte sich vielmehr ein nivellierendes Verhalten.

- Das Bildungsniveau ist recht gut geeignet, um unterschiedliche Heimurlauber zu identifizieren. Dabei zeigte sich, daß mit ansteigendem Bildungsgrad die „Heimurlaubslust", also das intensive „Ausleben" des Heimurlaubs zunächst abnimmt, um dann wieder anzusteigen. Dahinter verbergen sich allerdings verschiedene „Heimurlaubstechniken", wie der erlebnisorientierte Heimurlaub gestaltet wird. Höhere Bildungsgrade zeigen eine gewisse Tendenz, sich den Heimurlaub nicht nur durch Produktkonsum zu verschönern.

- Entsprechend läßt sich eine solche Analyse auch auf den Einkommensaspekt übertragen. Abbildung 65 zeigt, wie die Heimurlaubslust wiederum mit dem Jahresbruttoeinkommen variiert. Dabei wurde das komplexe Konstrukt der „Lust am Heimurlaub und innerhalb des Heimurlaubs" durch Ratingbewertungen ermittelt. Auf diese Weise kann man von einem Durchschnittsverhalten (Index = 100) ausgehen und darauf dann die einzelnen Bildungs- und Einkommensschichten beziehen. In Abbildung 65 sind auch höherrangige Einkommensschichten aufgetragen, die nämlich neben dem Reiseurlaub oft ebenfalls auch noch einen (kurzen) Heimurlaub verbringen. Insofern ist dann zwar auch noch eine relativ hohe Heimurlaubslust zu verzeichnen, die sich indes weitaus weniger in konsumtiven Sonderverhaltensweisen als bei geringerverdienenden Schichten niederschlägt. Dies rührt vom einem bei diesen höheren Einkommensschichten bereits im vorhinein gegebenen „etablierten" Konsumniveau – u. a. eben auch in bezug auf LEH-Artikel – her.

Es wird deutlich, daß das Segmentierungsmerkmal „Jahresbruttoeinkommen" ein wesentliches Kriterium darstellt, da die Einstellung zum Heimurlaub mit dem Einkommen signifikant variiert.

Der Filialcontroller kann nun im Rahmen des Preiscontrolling verschiedene **Empfehlungen** aussprechen, so etwa:

- Es ist immer noch eine Konkurrenz zu Gebrauchsgütern zu beachten. Der Preisbogen darf daher nicht überspannt werden, sonst weicht der Konsument viel wahrscheinlicher auf Gebrauchsgüter aus, um damit seinen Heimurlaub zu verschönern (z. B. Anschaffung eines Zweit-TVs, Kleidungskauf u. ä.).

- Dies gilt gleichermaßen in bezug auf den Konsumverzicht, nämlich das Sparen. Überzogene „Heimurlaubspreise" – selbst in den nur saisonal dargebotenen Urlaubssortimenten – schrecken ab. Darüber hinaus verhindern zu hohe Preise im ganzjährig vorhandenen Sortiment das „an sich" von vielen Heimurlaubern angestrebte „Aufsteigen".

- Konkret bedeutet das: Es müssen Heimurlaubs- und Probiersortimente bzw. -artikel angeboten werden, die nicht unbedingt normalbepreist sind.

- Dabei will der Heimurlauber allerdings nur „dezent" angesprochen werden, denn das Nichtverreisen wird z. T. noch etwas verschämt versteckt. D. h.: Die Angebote dürfen nicht mit dem Wort des „Heimurlaubers" o. ä. werben, sondern müssen umschreiben

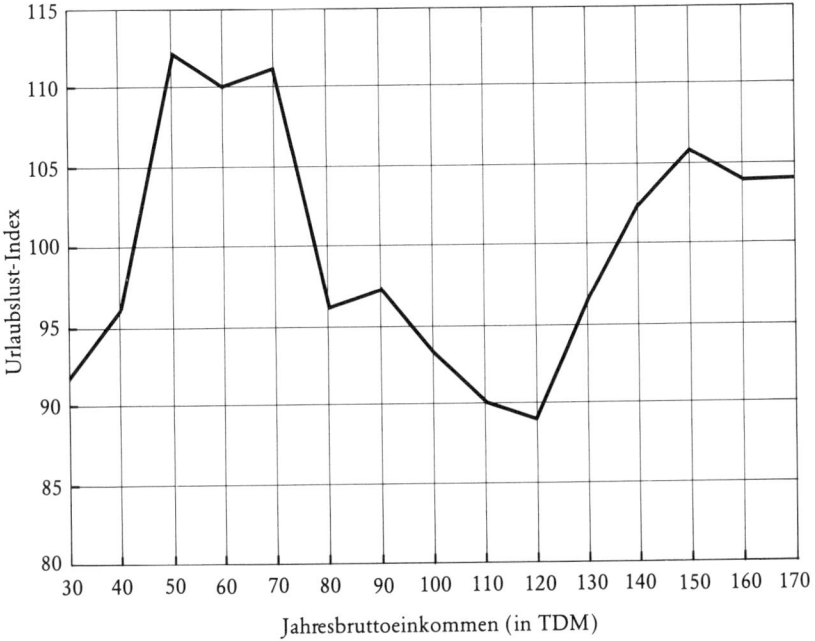

Abb. 65: Exemplarischer Zusammenhang zwischen Freude am Heimurlaub und Jahresbruttoeinkommen

und durch andere Effekte wirken (optisches Darstellen einer Urlaubssituation durch Farben u. ä.).

- Im Sortiment selbst haben inländische Spezialitäten, die eindeutig als hochqualitativ und auch höherpreisig zu verstehen sind, deutlich bessere Chancen als hingegen eher „allgemein-exotische" Angebote.
- Wichtig sind „Nachurlaubs-Sortimente", die den Heimurlauber mit einer etwas verbreiterten Palette ansprechen, zugleich jedoch ebenfalls heimgekehrte Urlauber miteinbeziehen. Dies zielt letztlich dahin, mit zusatznutzen-intensiven „Erlebnissortimenten" generelle sowie preisliche Imageffekte zu schaffen.

5.2.4 Preisgewöhnung

Wie bereits in Abbildung 58 einführend definiert, bezeichnet die Preisgewöhnung ein konsumtives oder investives Kaufverhalten, das in der Weise habitualisiert bzw. routinisiert ist, daß innerhalb bestimmter Preiskorridore, d. h. innerhalb von „Fühlbarkeitsgrenzen" nun die Preisbedeutung für die einzelne Kaufentscheidung gegenüber anderen Entscheidungskriterien stark herabgesetzt ist. Damit scheint der Käufer an bestimmte preispolitische Verhaltensweisen bzw. Strategien des Anbieters gewöhnt zu sein, die seine Kaufentscheidung nicht mehr signifikant beeinflussen. Zu denken ist etwa an

- Preissteigerungen, an die der Käufer gewöhnt ist (lange Zeit beispielsweise im Zuge der Ölkrise im Heizöl- und Benzinmarkt)
- Preissenkungen (seit einigen Jahren z. B. im Hifi- und Informatikbereich)

- Preisschwankungen um ein Basisniveau (wie häufig im Benzinmarkt oder bei Sorten (= Reise„devisen") zu beobachten)
- Preiskonstanz bzw. -stabilität über einen längeren Zeitraum hinweg (beispielsweise bestimmte Backwaren beim „Bäcker um die Ecke").

Der Nachfrager weicht aufgrund solcher Preisbewegungen, an die er ggf. gewöhnt ist, nicht auf Konkurrenten und/oder Substitutprodukte aus; ebenfalls muß er nicht einmal unbedingt sein nachgefragtes Mengenvolumen anpassen. Er akzeptiert vielmehr vorgegebene Preise und nimmt sie im Zeitablauf immer weniger kaufbeeinflußend wahr (**„Preisakzeptanz"**). Darüber hinaus ist eine solche Preisgewöhnung u. U. eng mit einem generellen Vertrauen in die – preisübergreifende – Anbieterpolitik verbunden: Ein durchaus wahrgenommener, aber nicht kaufrelevanter Preis kann beispielsweise als Qualitätsindikator interpretiert werden. Der Begriff der Preisgewöhnung stellt damit explizit auf eine verminderte Bedeutung bei der Kaufentscheidung ab. Der preisgewöhnte Konsument unterstellt beispielsweise einen ihm angemessenen, nicht zu hohen Preis und achtet (gar) nicht weiter darauf, ob – entgegen seiner Gewöhnung und Kauferfahrung – die tatsächlichen Preise seiner Gewöhnung entsprechen. Ergänzend könnte man ebenfalls durchaus von einer Preisgewöhnung sprechen, wenn man i. S. einer Preiserwartung aufgrund vorhandener Preiskenntnisse und unveränderter Preise an bestimmte Preise gewöhnt ist, aber bei (fast) jedem Einzelkaufakt indes noch einmal die jeweiligen Preise überprüft. Diese zweite Begriffsvariante soll im folgenden in den Hintergrund gedrängt werden. Damit zeigt sich aber schon die Schwierigkeit, die „Preisgewöhnung" von **weiteren Preiskonstrukten**[164] abzugrenzen. Zu denken ist insbesondere an

- das Preisinteresse
- die Preiskenntnis bzw. das Preiswissen
- die Preiswahrnehmung
- die Preisinformationsverarbeitung.

Wenn auch das Preiswissen bestimmte zeitbezogene Elemente mit der Preisgewöhnung gemeinsam hat,[165] so kann es durchaus sein, daß Preiswissen und -gewöhnung in einem substitutiven Verhältnis stehen: Die Preisgewöhnung reduziert die Bemühungen eines Käufers, sein Preiswissen aktuell zu halten. Die Preiswahrnehmung als weiteres Konstrukt erfolgt aufgrund habitualisierter Preisgewöhnungen ebenfalls nur eingeschränkt. Entsprechendes gilt für die Preisinformationsverarbeitung, die deutlich weniger intensiv erfolgen könnte, da man an bestimmte Preise, Preislagen, Preisänderungen etc. gewohnt ist. Zusammenfassend steht damit die Preisgewöhnung in aller Regel auf einer anderen gedanklichen Ebene als die übrigen genannten Preiskonstrukte – wohlwissend aber, daß sie sich im Zeitablauf gegenseitig ergänzen können (s. o.: zunächst beispielsweise umfassende Preiskenntnis, dann zeitlich später einsetzende Preisgewöhnung und stark vermindertes aktuelles Preiswissen).

Damit ist zugleich die **Bedeutung der Preisgewöhnung für die Praxis des Filialcontrolling** aufgezeigt: Man denke nur einmal an Markenartikel, die in ihrer klassischen, wenn auch z. T. immer mehr verwässernden Funktion eine relative Preiskonstanz für den Konsumenten aufweisen sollen. Eng verknüpft ist damit die generelle Frage der In-Supplier-Beziehungen, wenn also bestimmte konsumtive, aber auch investive

---

[164] Vgl. generell auch *Diller* 1985, Kapitel 4.
[165] *Diller* 1988, 19.

Käufer(gruppen) als Stammkundschaft auftreten und vereinfachte Kaufentscheidungen treffen, die kaum mehr preisbeeinflußt sind. In diesem Zusammenhang steht zugleich auch eine wettbewerbsbezogene Sichtweise – sowohl mit volkswirtschaftlichem, aber ebenfalls auch mit einzelwirtschaftlichem Bezug – im Vordergrund: Welche Bedeutung ist dem Preiswettbewerb in der Wettbewerbspolitik und im unternehmerischen Marketing beizumessen? Diese allgemeine Frage konkretisiert sich dann etwa in den Problemen

- der Ladengünstigkeit, wenn bestimmte habitualisierte Preisimages vorherrschen[166]
- der Preisschwellen, ab deren Überschreitung bzw. Durchbrechung eine vormalige Preisgewöhnung verunsichert bzw. sogar eher aufgegeben wird
- des Markenimages, das durch bestimmte – eben auch preisliche – Elemente beeinflußt ist
- der Marken-, Laden- und Handelsfirmentreue.

Angesichts der Tatsache, daß bezüglich der Preisforschung noch erhebliche Defizite bestehen, zeigen spezielle Reaktionen aus der Handelspraxis, wo – innerhalb des Untersuchungsansatzes „Preisgewöhnung" – besondere Praktikerinteressen und damit vermutlich auch Praxisprobleme z.B. bei der Preisgestaltung liegen. So nannten befragte Handelspraktiker

- die Einflußgrößen der Preisgewöhnung
- die stärkere Differenzierung nach Gutstypen, Kundengruppen etc.
- den Mangel an Strategieempfehlungen, wie die Existenz von Preisgewöhnungen nämlich marketing- und vor allem preispolitisch umzusetzen ist
- aus diesem Strategiemangel direkt abgeleitet: das Bedeutungsgewicht, das der Preisgewöhnung zukommt, im Vergleich zur Relevanz anderer, z.T. konträrer Elemente (beispielsweise preisempfindliche Käufer).

Es ließen sich auf dieser Basis verschiedene repräsentative **Ergebnisse** finden. Sie werden im folgenden kurz referiert:

- Es wurden verschiedene und bewußt nicht wenige Kriterien gebildet, die als mögliche **Einflußgrößen der Preisgewöhnung** bedeutsam sein könnten. Im Zuge faktoranalytischer Vorgehensweisen ließen sich diese Einzelitems zwar noch einmal deutlich reduzieren. Dennoch werden im folgenden – bis auf vernachlässigbare Ausreißer – die Einzelkriterien eigenständig und separat in ihrer preisgewöhnenden Wirkung aufgezeigt. Abbildung 66 listet diese Kriterien auf; die Prozentangaben geben einen Hinweis auf das ermittelte Bedeutungsgewicht eines jeweiligen Items.

> Die Abbildung zeigt ein recht heterogenes Spektrum an Einflußgrößen mit ihrer jeweiligen prozentualen Bedeutung, von denen keine eindeutig im Vordergrund steht. Daher empfiehlt sich eine bündelnde Faktoranalyse (vgl. Abbildung 67). Die Symbole „+" und „-" geben in Abbildung 66 an, ob eine preisgewöhnende (+) oder hingegen eine preisentwöhnende (-) Wirkung der jeweiligen Einflußgröße vorliegt.

Durch eine Faktoranalyse wurde im zweiten Schritt eine Zusammenfassung dieser Einzelkriterien zu erreichen versucht. Dabei trat jedoch das einigermaßen erstaunliche Ergebnis zutage, daß jeder Faktor nur relativ wenige einzelne Variablen gemäß Abbil-

---

[166] Vgl. insbesondere *Leven* 1979; *Heemeyer* 1981,120–131.

1. Nicht zu hohes Preisniveau im Substitutvergleich	6 +
2. Starke kursfristige Preisniveauveränderung im Substitutvergleich	0 –
3. Starke Preisschwankung bzw. -oszillation im Zeitablauf	3 +
4. Starke langfristige Preisrelationsänderung im Substitutvergleich	5 –
5. Starke subjektive Veränderung des Preis / Leistung-Verhältnisses	8 +
6. Existenz eines Preisankers (z. B. Referenzpreis via Marktführer)	9 +
7. Bepreisung nur in der unteren Nähe von Preisschwellen	8 +
8. Plakative Preisauszeichnung	6 –
9. Große Marktperiodenlänge des Produkts	8 +
10. Hohe Kauferfahrung beim Kunden bzgl. eines Produkts	9 +
11. Anzahl der Preiserhöhungen im Zeitablauf	3 –
12. Anzahl der Preissenkungen im Zeitablauf	1 +
13. Ladentreue eines Kunden	8 +
14. Hoher Geldwert in bezug auf Konsumenteneinkommen	6 –
15. Hohe Kauffrequenz	6 +
16. Große Mengennachfrage je Kaufakt	2 –
17. Große Mengennachfrage je Zeitzyklus (hier: Quartal)	1 –
18. Hohe Anzahl der Sonderaktionen für ein Produkt	4 –
19. Generell hohe Marketingintensität für ein Produkt (z. B. hohe Werbeintensität)	3 –
20. Großes „evoked set", d. h. subjektives Substitutangebot	4 –

Abb. 66: Einzelne Einflußgrößen der Preisgewöhnung von Kunden im Handel

dung 66 statistisch verläßlich bündeln kann und zudem nicht immer einer sinnvollen Interpretation zugänglich erscheint. Mit anderen Worten: Offensichtlich gibt es recht viele heterogene Einflußgrößen der Preisgewöhnung – ein bei diesem komplexen Konstrukt aber wiederum nun doch keine so ungewöhnliche Erkenntnis. Abbildung 67 zeigt mit dem Vorbehalt einer „relativ schwach erklärenden" Faktoranalyse bestimmte Kriteriengruppen auf, die noch einigermaßen verläßlich mittels einzelner Faktoren gebündelt und erklärt werden könnten.

> Auch bei Zwischenschaltung einer Faktoranalyse gelingt eine Reduktion auf wesentliche Einflußgrößen nur mit Vorbehalten, da die Erklärungskraft der einzelnen Faktoren nicht extrem hoch ist.

	Faktoriell erklärte Variablen gemäß Abb. 66
1. Faktor: Preisverhalten des Anbieters	1, 4, 5, 6, 8, 11
2. Faktor: Konkurrenzverhalten	18, 20
3. Faktor: Kundenerfahrung	10, 14, 15

Abb. 67: Zu Faktoren gebündelte Einflußgrößen der Preisgewöhnung

Insgesamt kann das Ergebnis in diesem Untersuchungsbereich etwa so charakterisiert werden:
– Wesentliche Bedeutung weist der **Habitualisierungsgrad zusätzlicher Kriterien** auf, die beim Kunden selbst liegen. Die Kauffrequenz bzw. -häufigkeit, die Konkurrenzintensität sowie die Marken- und Geschäftstreue geben dafür eindringliche Hinweise. Liegen hier seitens des Konsumenten stabile – oder genauer: gewohnte – Rahmenbedingungen vor, so gewöhnt er sich leichter an entsprechende Preise. Um

es aber an dieser Stelle noch einmal ganz deutlich zu sagen: Preisgewöhnung impliziert nicht unbedingt eine Gewöhnung an konstante Preise, sondern lediglich an eine bestimmte Preistendenz. So können etwa eingefahrene Tankgewohnheiten an der Stammtankstelle eine Preisgewöhnung stark forcieren; der Kunde nimmt durchaus die variierenden Benzinpreise wahr, substituiert indes doch nicht zum Konkurrenten hin (etwa Freie Tankstelle).

– Extreme, d. h. sehr große und häufige Abweichungen von einem bisher als „normal" empfundenen Preis führen zur **Preisentwöhnung**. Es war in der Studie signifikanterweise festzustellen, daß bei manchen Konsumgütern (etwa Schokolade) – z. B. aufgrund einer Fühlbarkeitsschwelle vom absoluten Geldbetrag her bzw. aufgrund einer konsumentenseitig gesehenen Qualitätsindikation – Preissteigerungen bis zu Spitzenwerten von insgesamt 60 % innerhalb eines Jahres und bis zu fünfmalige Preisanhebungen noch keine Preisentwöhnung auslösen. Sieht man sich die dahinterstehenden absoluten Geldbeträge an, so kann man – mit Vorbehalten – etwa die in Abbildung 68 aufgezeigten Faustregeln heranziehen. In Abhängigkeit vom Produktwert bzw. bisherigen Preis sind in Abbildung 68 die extremen Intervallgrenzen (bzw. „-grenzgebiete") für relative und absolute Preisänderungen zusammengefaßt, bei deren Unterschreitung durch die Preispolitik eine bereits vorhandene Preisgewöhnung auch weiterhin noch bestehen bleibt. Offensichtlich liegt aufgrund von Fühlbarkeits- bzw. Geringwertigkeitsschwellen im unteren Bereich ein deutlich größeres Preiserhöhungspotential, das dennoch weiterhin eine Preisgewöhnung gewährleistet, sofern diese Preiserhöhungen nicht zu oft hintereinander einsetzen. Faktisch haben sich in der Untersuchung hinter den „Preisänderungen" zu ca. 75 % Preiserhöhungen verborgen. Es war zu beobachten, daß hier eine gewisse Asymmetrie zwischen Preiserhöhungs- und Preissenkungspotential besteht; Preiserhöhungen werden nämlich interessanterweise weniger als Ursache für das Aufbrechen von Preisgewöhnungen Ursache sein als hingegen Preissenkungen. Mit anderen Worten: Hinsichtlich sinkender Preise ist der Konsument offensichtlich „sensitiver". Unterschiede, die grundlegende Bedeutung aufwiesen und beispielsweise zu einer prinzipiellen Unterteilung des Preisgewöhnungskonstrukts in Preissenkungen und Preiserhöhungen hätten führen müssen, waren in der durchgeführten Analyse aber nicht zu verzeichnen.

– Konkrete **marketingpolitische Detailmaßnahmen**, die vielleicht als „habitualisierungsfreundliche" Rahmenbedingungen angesehen werden können, spielen ebenfalls eine Rolle. Ein gutes Beispiel dafür gibt die Preisauszeichnung (insbesondere die

---

Wenn auch die Preisbedeutung aus Sicht des Handelskunden oftmals warengruppenabhängig betrachtet werden muß, so gibt es gleichwohl weitgehend warengruppenübergreifende Wertkategorien (= DM-Werte), innerhalb denen eine Preisgewöhnung bestehen bleibt (Abbildungsteil A). Diese Intervalle geben also tendenziell Preisschwellen für die handelsbetriebliche Preispolitik an. Im Rahmen des Preiscontrolling hat der Filialcontroller diese hier aufgezeigten Preisintervalle daraufhin zu überprüfen, ob er sie unmodifiziert für seinen Verantwortungsbereich übernehmen kann. Entsprechend sind in Abbildungsteil B vermutlich preisentwöhnende (= den Preis wieder als kaufentscheidend(er) in den Kundenfokus rückende) Preisschwellen gelistet. Lesebeispiel zu Abbildungsteil B: Innerhalb des DM-Preisintervalls (2,50; 5) liegen recht viele Preisschwellen, nämlich bei den DM-Werten, d. h. bei dem potentiellen DM-Preisen 2,89; 2,99; 3,89; 3,99; 4,50; 4,89 und – als Intervallgrenze selbst – bei 4,99.

Teil A

Durchschnittl. DM-Wert des Konsumgutes im Intervall	Mögliche absolute Preisveränderung (in DM)	Prozentänderung
(0; 0,50)	0,10	40
(0,50; 1)	0,08	10,6
(1; 2,50)	0,75	43
(2,50; 5)	0,42	11,2
(5; 10)	1,05	14
(10; 20)	1,87	12,5
(20; 50)	5,04	14,4
(50; 100)	9,65	12,9
(100; 200)	18,74	12,5

Teil B

Durchschnittl. DM-Wert des Konsumgutes im Intervall	Preisschwellen (in DM) liegen bei		
(0; 0,50)	0,10	0,20	
(0,50; 1)	0,70	0,89	
(1; 2,5)	1,25	1,99	2,20
(2,50; 5)	x,89	x,99	4,50
(5; 10)	7,50		
(10; 20)	15		
(20; 50)	30	40	
(50; 100)	80		
(100; 200)	150	180	

Abb. 68: Nicht-preisentwöhnende und preisentwöhnende Preiserhöhungsspielräume in Handel bei ausgewählten DM-Kategorien

Unterscheidung „Auszeichnung direkt am einzelnen Artikel" vs. „Auszeichnung mittels eines generellen Preisschilds über/unter der Artikelgruppe", wie letzteres etwa bei Discountern häufig – hoch über bzw. tief unter der normalen Blickhöhe angebracht – anzutreffen ist). Demnach trägt eine dem Konsumenten nicht (optisch) während des Auswahlaktes direkt bewußt gemachte Preisangabe zur Aufrechterhaltung der Preisgewöhnung bei. Da diese Aussage indes primär für bereits preisgewöhnte Kunden gilt, muß bei noch -ungewöhnten Nachfragern erst eine Preisgewöhnung aufgebaut werden. Dies kann aber evtl. auch durch deutlich zur Schau gestellte Preistafeln geschehen. Insofern zeigt sich hier eine gewisse Ambivalenz. Deshalb ist Abbildung 66 auch lediglich in der Weise zu lesen, daß die dort aufgeführten Items Wirkung haben in bezug auf die Preisgewöhnung. In welche Richtung sie indes konkret (negativ oder positiv) im Einzelfall wirken, wird damit noch nicht eindeutig gesagt und wäre situationsspezifisch zu überprüfen. Die in Abbildung 66 eingebrachten Symbole „ + " und „-" für preisge- bzw. -entwöhnende Effekte stellen damit „Durchschnittstendenzen" dar, die sich in der durchgeführten Analyse offenbaren.

– **Preispolitische Vereinfachungen** bei der Preiskodierung und -speicherung durch den Konsumenten unterstützen die Preisgewöhnung. Das vorsichtige Überschreiten bzw. die Nähe zu Preisschwellen tragen in besonders hohem Maße zur Preisgewöhnung bei. Das Problem der Preisschwellen ist in jüngster Zeit in verschiedenen Beiträgen behandelt worden. Daher werden in Abbildung 68 (Teil B) lediglich noch einmal zusammenfassend und ebenfalls als grobe Faustregeln anzusehende, wertmäßig abgegrenzte Konsumgüter und zugehörige Preisschwellen genannt, deren Über-, aber auch Unterschreiten eine deutlich höhere Wahrscheinlichkeit der Preisentwöhnung zur Folge hat. Die Aussagen von Abbildung 68 (Teil B) sind als ergänzende Restriktionen zu Teil A von Abbildung 68 zu interpretieren.

• In den Abbildung 67 und Abbildung 68 wurde versucht, grob und lediglich wertmäßig bestimmte konsumtive Gutsgruppen zu unterscheiden, denn es erscheint selbstverständlich, daß das Phänomen der Preisgewöhnung gutsspezifisch unterschiedliche Intensitäten und Ausprägungen annimmt. So betrachtet, stellen die bisherigen Überlegungen lediglich Durchschnittswerte über verschiedene sog. Commodities innerhalb des Sortimentsbereichs dar. Daher wollte die Studie bestimmte Gutstypen bzw. -kategorien bilden, um die Bedeutung der Preisgewöhnung in unterschiedlichen Dimensionen auszumachen. Dazu mußte die Preisgewöhnung operationalisiert werden. Wie bereits bei der Erläuterung des Untersuchungsdesign ausgeführt, wurde die Preisgewöhnung mittels verschiedener **Indikatoren** gemessen. Dazu zählten insbesondere

– die veränderte Mengennachfrage bei Preisänderung (sofern die übrigen Rahmenbedingungen, wie etwa Budget, Konkurrenzaktivität etc., insbesondere in der Testkaufsituation konstant blieben)
– die Ergebnisse der expliziten Konsumentenbefragung
– die Ergebnisse gemäß Verhaltensbeobachtung während des Kaufs (Blickbewegung etc.).

Aufgrund solcher Indikatoren konnten einerseits in der Untersuchungsauswertung mittels Ratingskalen verschiedenen Gutsgruppen, Marken etc. Ratingwerte zugeordnet werden, und zwar in Abhängigkeit von dem sich auswerterseitig zeigenden Eindruck hinsichtlich der Preisgewöhnung bei den Einzelindikatoren. Damit lag letztlich eine Art **Scoringverfahren** vor, um die verschiedenen Preisgewöhnungsindikatoren „gleichnamig" zu machen und zu einem Wert zu verdichten. Unterstellt man einmal – mit den notwendigen Vorbehalten – Ratingskalen als adäquaten Maßstab, so läge damit ein „absoluter" Wert bzw. Gesamtindex für die Preisgewöhnung vor; die direkte absolute Vergleichbarkeit zwischen Gütern, Kundengruppen etc. wäre gegeben. Dieses Vorgehen steht und fällt indes mit der Qualität des aggregierenden Auswerters. Ein zweites paralleles Verfahren sollte daher die vorgenannte Scoringmethode überprüfen und relativieren helfen: Da die einzelnen Gutstypen hinsichtlich eines speziellen Indikators (etwa Mengennachfrage) durchaus direkt miteinander vergleichbar erscheinen, wurden je Indikator Rangfolgen gemäß der Preisgewöhnungsintensität gebildet. Durch eine **Korrelationsanalyse** zwischen solchen Rangfolgen konnte dann indikatorübergreifend einigermaßen verläßlich ermittelt werden, ob insgesamt, bei guter Rangkorrelation eine einzelindikator-überschreitende Preisgewöhnung vorlag.[167] Auf diese Weise lassen sich dann Rangfolgen einzelner Güter, Kundengruppen etc. aufstellen, die nach – gemittelten – Rangreihenzahlen der Teilindikatoren gebildet sind. Speziell

---

[167] Es wurde namentlich der *Spearman*sche Korrelationskoeffizient verwendet; auf einem Signifikanzniveau von a = 0, 05 ergaben sich dann Korrelationskoeffizienten, die sich regelmäßig im Intervall [0,82; 0,93] bewegten. Insgesamt ließen diese Werte durchaus eine Gesamtreihenfolge z. B. für einzelne Gutsgruppen hinsichtlich ihrer Preisgewöhnung bei den Konsumenten zu.

um die Darstellung zu erleichtern, kann man sich etwa einen speziellen Gutstyp herausgreifen, dessen Preisgewöhnung beim Konsumenten gleich 1 bzw. 100 % setzen
und die übrigen Gutsarten in Relation zu diesem Wert setzen. Als ein in der Mitte zwischen den Polen „extreme Preisgewöhnung" und „extreme Preisunsicherheit" liegendes Gut erwies sich „Bier". Im einzelnen nun erfolgte bei der gutstypischen Betrachtung der Preisgewöhnung eine Differenzierung nach konkreten Einzelgattungen, aber
ebenfalls auch nach Gutsgruppen, die übergeordnet und nicht-technisch abgegrenzt
sind. Zunächst einmal zu den „untechnisch" abgegrenzten Gutsgruppen. Bei diesen
stand die Markenstärke im Vordergrund. Abbildung 69 zeigt zusammenfassend die
Bedeutung der Preisgewöhnung in solchen einzelnen Gutstypen auf.[168]

Die Preisgewöhnung wird zweckmäßigerweise im Vergleich zu einem Referenzgut (hier:
Bier) ermittelt, bei dem der Handelskunde durchschnittlich preisgewöhnt kauft. Die Abbildung zeigt, daß es warengruppenabhängig innerhalb des Handelssortiments sowie
ebenfalls in bezug auf Gutstypen, die zwar auch von Handelsunternehmen angeboten,
regelmäßig aber nicht als Handelsgüter bezeichnet werden (z. B. Heizöl), recht große
Preisgewöhnungsunterschiede gibt.

	Preisgewöhnung in % (Referenzgut: Bier, 100 %)
Schokolade	167
Pralinen	154
Süßgebäck	146
Frischfleisch	86
Frischgemüse	45
Milch	105
Orangensaft	59
Cola-Getränke	64
Waschmittel	138
Gemüsekonserve	34
Fleischkonserve	45
Pulverkaffee	142
Haushaltsreiniger	114
Disketten	73
Audiocassetten	81
Videocassetten	75
Low-Level-PCs	35
Super-Benzin	141
Elektrizität	173
Erdgas	161
Heizöl	89

Abb. 69: Durchschnittliche Preisgewöhnung bei verschiedenen Gutstypen bzw. Warengruppen

---

[168] Man hätte weitere Gutsgruppen bilden können, so etwa Low-Interest- vs. High-Interest-Pro-
ducts, Low-Involvements vs. High-Involvements etc. Eine solche Klassifizierung scheint indes
einerseits zu grob, andererseits z. T. selbsterklärend zu sein. Im Zuge einer Studie über Low-Interests kam auch das häufig geringe Preisinteresse und eine damit – zumindest unterschwellig
vorhandene – Preisgewöhnung zum Ausdruck; auf eine Einbeziehung solcher „großer" Gutstypen wurde daher im vorliegenden Fall verzichtet. Vgl. zum Low-Interest-Bereich m. w. N.
Witt 1986d.

Auffallend ist dabei etwa, daß gleichermaßen bei **Markenartikeln** und ebenfalls bei **No-Name-Produkten** (= „weiße Produkte" o. ä.) eine relativ hohe Preisgewöhnung vorliegt. Dies deutet auf No-Names als Pseudomarkenartikel in der Konsumentenperspektive hin.[169] Da insgesamt dennoch in einem Inter-Markenvergleich (z. B. „klassische" Hersteller- vs. Handels- vs. No-Name-„Marken") eine Abstufung der Preisgewöhnung zu verzeichnen ist, kann durchaus von einer Korrelation zwischen Markenimage und Preisgewöhnung beim Nachfrager gesprochen werden. Im Intra-Markenvergleich (= Vergleich verschiedener Marken einer Produktgattung, also mehrere in etwa „gleichstarke" Marken) konnten keine signifikanten Unterschiede der Preisgewöhnung herausgearbeitet werden. Dies scheint vor allem auch dadurch erklärbar, daß beispielsweise ein besonders markentreuer Nachfrager hinsichtlich seiner Stammarke in hohem Maße preisgewöhnt ist, zusätzlich aber im Sinne des „evoked set" weitere Marken – evtl. auch nur oberflächlich – kennt und sie preisähnlich wie gerade seine Stammarke einschätzt. Diese zusätzlichen Markenprodukte stellen damit potentielle Substitute – nämlich etwa mögliche Einflußgrößen des Preisankers bzw. Referenz(durchschnitts)preises – dar. Tatsächlich hingegen würde der markentreue Konsument kaum zu diesen Substituten wechseln. In diesem Zusammenhang trat in der Studie ein interessantes Detail zutage: Bei neueingeführten **Marktneuheiten** stellt das Einführungspreisniveau evtl. den ersten Preisankerpunkt dar; die Preisgewöhnung ist damit tendenziell schon frühzeitig recht hoch. Aufgrund z. B. hinzukommender Wettbewerber (z. B. ein Konkurrenz-Filialmarkt) und/oder auch stärkerer „eigener" Maßnahmen eines Anbieters tritt eine gewisse Preisverunsicherung bzw. -entwöhnung in einer späteren Phase auf. Danach tritt – bei gleichen Rahmenbedingungen – wiederum eine Preisgewöhnung ein, die recht lang und intensiv andauert.

- Damit ist zugleich schon der zweite grundsätzliche Aspekt angesprochen, mit dem die Preisgewöhnung gutstypenbezogen analysiert wurde. Hinter den z. B. zu verschiedenen „Markenstärken" gemäß Abbildung 68 gebündelten Gutsgruppen verbergen sich **einzelne Warengruppen und konkrete Artikel(marken).** Für sie wurde jeweils eigenständig die Bedeutung der Preisgewöhnung zu ermitteln versucht, um auf diese Weise Relationen bzw. Gruppierungen von preisgewöhnungsintensiven und eher -extensiven Gütern zu gewinnen. Dies gibt für ein ganz bestimmtes Gut dem Anbieter dann Hinweise, wie sehr „sein" Produkt nicht nur gegenüber direkten Wettbewerbern derselben Produktgattung, sondern vielmehr im Hinblick auf die „Konkurrenz um das Konsumenteneinkommen bzw. -budget" eine gesicherte Position aufweist. Denn ein solcher Blickwinkel kann bei einer etwas weiterschweifenden Perspektive, die über die bloße Produktkonkurrenz innerhalb derselben Gattung hinausreicht, wichtig in bezug auf die Preisniveaufestlegung einer gesamten Branche gegenüber „Wettbewerberbranchen" sein.

- Bei einer Frage nach der **Preisgewöhnung in bezug auf verschiedene Betriebsformen** wird in besonderem Maße auf Preisgünstigkeitsurteile hinsichtlich der Einkaufstättenwahl und ähnlicher Problemkreise Bezug genommen.[170] Ziel war es festzustellen, ob einzelne Güter in verschiedenen Betriebstypen einer konsumentenseitig jeweils divergierenden Preisgewöhnung ausgesetzt sind. D. h.: Hat der einzelne Betriebstyp Ein-

---

[169] Vgl. ausführlicher statt einiger *Meffert / Bruhn* 1984; *Witt* 1985c; *Witt* 1985e; *Witt* 1985/1986a.
[170] Vgl. z. B. – wenn auch nicht direkt auf die Preisgewöhnung bezogen – insbesondere *Lenzen* 1983; *Diller* 1985, 98–100.

fluß auf die generelle Preisgewöhnung? Für die bereits in Abbildung 69 aufgeführten Güter wurden daher einerseits Filialkunden befragt, die überwiegend einen speziellen Betriebstyp präferieren – und sei es auch nur z. B. lediglich aufgrund räumlicher Restriktionen, daß sie bestimmte Güter schwerpunktmäßig bei einem besonderen Betriebstyp kaufen. Andererseits wurden solche Nachfrager in die Studie einbezogen, die nicht betriebstypen-bezogen die hier betrachteten Güter einkauften. An dieser Stelle zeigt sich recht deutlich, daß das komplexe Phänomen „Preisgewöhnung" nur durch verschiedene, sich aber notwendig ergänzende Perspektiven erfaßt werden kann. Insgesamt ließ sich keine signifikante Zuordnung einzelner **Warengruppen** zu bestimmten Betriebstypen ermitteln. Gemäß diesem generellen Ergebnis gibt es also auch keine besonders preisgewöhnungsintensive Produkt/Betriebstyp-Beziehung. Da demnach in der hier zusammenfassenden Ergebnisreferierung solche Details vernachlässigbar sind, zeigt Abbildung 70 die grundsätzliche, d. h. warengruppenübergreifende Preisgewöhnung, indem eine Mittelung über einzelne Preisgewöhnungen der in den jeweiligen Betriebstypen anzutreffenden Produkte erfolgte. Da dennoch in Abbildung 70 bestimmte Unterschiede hinsichtlich der kundenseitigen Preisgewöhnung je Betriebstyp zu erkennen sind, läßt das den Schluß zu, nicht das Produkt allein (etwa Markenimage), sondern speziell auch der Betriebstyp selbst wirke preisgewöhnend – wenn auch nur auf seine Stamm-, nicht so sehr hingegen auf seine Laufkundschaft. Diese Hypothese konnte in der vorliegenden Analyse indes nicht tiefergehend verfolgt werden. Immerhin zeigt etwa die hohe Preisgewöhnung der intensiven Discount-Buyers, daß beispielsweise die Art der Preisauszeichnung (im Discounter i. d. R. nicht am einzelnen Artikel befindlich) sowie ein eventuelles Niedrigpreis-Image ursächlich sind. Denn bei den in die Studie einbezogenen Supermärkten lag überwiegend eine Einzelpreis- bzw. -artikelauszeichnung vor, und dieser Betriebstyp weist im Vergleich zu Discountern eine geringere Preisgewöhnung seiner Stamm-, aber ebenfalls auch seiner Laufkunden auf.

Ausgehend von einer empirisch ermittelten durchschnittlichen Preisgewöhnung bei Warenhauseinkäufen (Index = 100) zeigt die Abbildung relativ dazu andere betriebstypenspezifische Preisgewöhnungen. Insofern werden damit indirekt auch die Stärke und die Richtung eines betriebstypenspezifischen Preisimages ausgedrückt. Es liegt überdies nahe, eine hohe Preisgewöhnung mit einem guten Preisgünstigkeitsimage seitens des Kunden verknüpft zu sehen. Diese Schlußfolgerung ist jedoch nicht zwingend. Abbildung 70 stellt eine ergänzende Perspektive zu Abbildung 63 dar.

	Preisgewöhnung in % (Referenztyp: Warenhaus, 100 %)
Kaufhaus	124
Supermarkt	83
Discounter	132
Fachgeschäft	95
Verbrauchermarkt	117
Versandhaus (nur unvollständig erfaßt)	109

Abb. 70: Preisgewöhnung in unterschiedlichen Betriebstypen

• Ein wesentliches Untersuchungsziel bestand in der Nachfragergruppierung gemäß ihrer Preisgewöhnung. Eine gesamtheitliche Clusteranalyse brachte indes – entsprechend zur Faktoranalyse – nicht unbedingt eindeutig interpretierbare Ergebnisse. Deshalb mußte man sich darauf beschränken, bestimmte **typisierende Einzelmerkmale** in den Vordergrund zu stellen, um auf dieser Basis die Preisgewöhnung zu ermitteln. Insofern zeigt Abbildung 71 lediglich wichtige, d. h. trennscharfe Segmentierungskriterien auf, ohne jedoch ganzheitliche **Marktsegmente** abgrenzen zu können, die mit mehreren Dimensionen (= Kriterien) bezüglich der Preisgewöhnung umschreibbar wären. Immerhin scheint es gemäß Abbildung 71 einige Kriterien zu geben, die im Filialbereich zumindest Grundlage einer Marktsegmentierung sein könnten: Hinsichtlich der Preisgewöhnung zielen nämlich die Kriterien „Alter", „Haushaltsgröße" und „Einkommen" eher in die gleiche Richtung; sie sind – nicht weiter verwunderlich – auch gegenseitig abhängig.

> Mittels eher demographischer, d. h. „einfacher" Segmentierungsmerkmale, die auch für das denzentrale Filialcontrolling gut einsetzbar und vor allem erhebbar sind, gelingt eine zufriedenstellende preisgewöhnungsorientierte Kundensegmentierung.

	Gewöhnung	Preisnormalität	Entwöhnung
Kinder (< 12 Jahre)	31	59	10
Ältere Konsumenten (> 55 Jahre)	69	23	8
Haushalt > 5 Personen	52	36	12
Gelegenheitskäufer	29	65	6
Problematisches Sozialumfeld	55	31	14
Höherer Bildungsstatus (Akademiker)	43	16	41
Markentreue Konsumenten	72	5	23
Jahresbrutto-Einkommen (> 80 TDM)	38	21	41
Bestand einer festen Partnerschaft	34	37	29

Abb. 71: Preisgewöhnungsorientierte Kundensegmentierung anhand einfacher Segmentierungskriterien

Weiterhin wurde versucht, den Anteil der preisgewöhnten Konsumenten im Vergleich zu sehr preisempfindlichen Kunden abzuschätzen. Ein solches Vorgehen setzt wieder eine – letztlich normative – Festlegung voraus, wann bereits von einem preisgewöhnten Kunden gesprochen werden kann. Um gleichwohl noch eine gewisse Objektivität walten zu lassen, wurde daher über alle involvierten Personen ein Durchschnitt bezüglich ihrer Preisgewöhnung gebildet. Jede Abweichung von diesem Durchschnittswert, die größer als ein Drittel war, wurde als Beginn einer Preisge- oder auch -entwöhnung gewertet. Auf diese Weise kann sicherlich nur ein erster Versuch initiiert sein, die Preisgewöhnung zu „normieren". Eingedenk dieser Tatsache ergab sich dann immerhin:

– Etwa 25 % der Konsumenten liegen in der „Mitte" zwischen Preisgewöhnung und -unsicherheit.
– Ganze 17 % sind eher preisentwöhnt.
– Die übrigen 58 % befinden sich – mitunter überaus deutlich – im Bereich der Preisgewöhnung.

Für die einzelnen konsumentenbezogenen Segmentierungsmerkmale gemäß Abbildung 71 geben die bislang in dieser Abbildung 71 noch nicht kommentierten Spalten zusätzlich noch die jeweiligen Prozentsätze der Preisentwöhnung und „-normalität" an.

5.2.5 Preiscontrolling auf Wettbewerbskonformität

Der Filialcontroller muß in Zusammenarbeit mit dem Zentralcontrolling auf wettbewerbskonformes Marktverhalten und speziell auf eine entsprechende Preispolitik und -präsentation in der Weise achten, daß bestimmte ausufernde Praktiken eingedämmt werden und/oder zumindest für Aufsichtsbehörden nicht evident sind.[171] Neben – durchaus im Einzelfall sehr wichtigen – Detailaspekten (etwa korrekte Preisauszeichnung)[172] beinhaltet dies zugleich im Sinne des vertikalen Marketing auch ein **vertikal ausgerichtetes Controlling**, ob nämlich innerhalb der Marktstufenkette vor- und nachgelagerten Unternehmen
* hinreichend zufrieden sind
* und an sich formal-wettbewerbswiderrechtliche Verhaltensweisen gleichwohl akzeptieren.

Damit wird keineswegs jeder Wettbewerbswidrigkeit das Wort geredet. Jedoch muß man feststellen, daß in manchen Fällen auch wettbewerbswidrige Verhaltensweisen von sämtlichen der Endverbraucherstufe vorgelagerten Marktparteien akzeptiert und gutgeheißen werden (etwa spezifische Konditionenspreizungen, die – auch allein schon aus betriebswirtschaftlicher und keineswegs nur volkswirtschaftlich-wettbewerbsrechtlicher Sicht und im Sinne einer guten Geschäftsbeziehung – nicht überzogen werden dürfen und daher beispielsweise einem **Konditionen- und Rabattcontrolling** zu unterwerfen sind). Wenn verständlicher- und richtigerweise die Verbraucherebene gegen manche solcher einseitig bevorteiligenden Praktiken opponiert bzw. bei hinreichenden Verdachtsmomenten auch konkreter via Klage vorgehen würde, so gibt es innerhalb der vorgelagerten Stufen gleichwohl häufig Konsens. Ein an den praktischen Gegebenheiten ausgerichtetes Handels- und Filialcontrolling muß daher controllen, ob das Handelsmanagement den Balanceakt zwischen betriebswirtschaftlich-individuellem Vorteil aufgrund spezifischer Wettbewerbspraktiken einerseits und ausuferndem, öffentlich „Wellen schlagendem" Verhalten andererseits insgesamt ausgewogen durchführt. Daß eine solche Gratwanderung zudem nicht immer bewußt wider den Wettbewerbsgesetzen erfolgt, sondern vielmehr eine recht große Rechtsunsicherheit und Grauzone vorherrscht, zeigt allein schon ein Blick auf anhängige Rechtsstreite sowie divergierende Meinungen zwischen verschiedenen Fachdisziplinen (insbesondere Rechts- und Wirtschaftswissenschaft).[173] Anhand

---

[171] Siehe exemplarisch die Übersicht über wichtige Rechtsnormen im Preisbereich bei *Tietz* 1986, 304–345.
[172] Vgl. dazu etwa *Ahlert / Schröder* 1989, 243–246.
[173] Siehe beispielhaft *Dichtl* 1991, der die weit auseinanderklaffenden Positionen anhand des sog. *Metro*-Falls beschreibt, ob sich nämlich – nach jahrelangem Rechtsstreit – die verschiedenen Instanzgerichte nicht zu weit von der Realität entfernt haben, wenn sie z.B. spezifische Eingangskontrollen, Einkaufsausweise und anderes mehr vorschreiben, damit sich die *Metro* nicht mehr auch als Einzel-, sondern lediglich nur noch als Großhändler positionieren kann und damit – aus Sicht des *Hauptverbandes des Deutschen Einzelhandels HDE* – „lautere" Einzelhändler mit wettbewerbsunlauteren Parallelpositionierungen nicht mehr schädige.

des generellen und lediglich für wenige Ausnahmen durchbrochenen Verbots der sog. **vertikalen Preisbindung** nach §§ 15 ff. GWB soll diese Abwägungsproblematik verdeutlicht werden.[174]

Die folgenden Überlegungen zielen nicht primär auf eine erneute, lediglich theoretische Diskussion der Rechtsvorschrift ab, die der Handelscontroller als gegeben ansieht, sondern wollen auf der **Basis einer empirischen Studie mit marktforscherischen Argumenten** die Preispolitik im Hersteller- und Handelsmarketing anhand der Auswirkungen des vertikalen Preisbindungsverbots erhellen helfen. Insofern geht es – plakativ formuliert – darum: Wird in der Praxis das vertikale Preisbindungsverbot befolgt und/oder gibt es „Umgehungsstrategien"? Wie steht – unter weitgehendem Ausschluß des sog. Investitionsgüterbereichs – der konsumtive Endverbraucher bzw. -nachfrager zum Preisbindungsverbot; kennt er es überhaupt und werden seine Kaufentscheidungen davon bzw. von diesbezüglichen Aktivitäten vorgelagerter Marktstufen beeinflußt? Bei den verschiedenen Marktparteien (Hersteller, Handel, Konsumenten) wurden deshalb jeweils Ansatzpunkte im Rahmen der empirischen Studie gesucht. Es galt, diesen „**Vorab-Thesen**" nachzugehen und sie auf ihr (Nicht)zutreffen zu untersuchen:

- Das Verbot der vertikalen Preisbindung führt in vielen Bereichen (Gutsgruppen, Regionalmärkten, Branchen) nicht zu wesentlich mehr Wettbewerb. Mit anderen Worten: § 15 GWB fördert den (Preis)wettbewerb mitunter nicht.
- § 15 GWB wird vielfach im Rahmen der Preisbildung ignoriert bzw. herstellerseitig mißbräuchlich durchzusetzen versucht und durchgesetzt.
- Hersteller und Handel sind häufig – und sogar abgestimmt – beiderseitig Nutznießer zu Lasten der Konsumentenstufe.
- Bei den (konsumtiven) Endverbrauchern liegt recht häufig eine (subjektive) Kenntnis über den Tatbestand der vertikalen Preisbindung bei einem Gut – in aller Regel: einem Markenartikel – vor. Es herrscht jedoch weitestgehende Unkenntnis über das Verbot der vertikalen Preisbindung. Vereinfacht: Man weiß, daß für bestimmte Güter/Markenartikel die Preise nicht von Händler zu Händler variieren, aber man akzeptiert dies i.d.R. ohne Murren und ohne Hinterfragen.

Im folgenden werden einige empirische Ergebnisse berichtet, die den Handels- und Filialcontroller interessieren:

- Es zeichnen sich drei **Herstellerstrategien** im Rahmen der vertikalen Preisbindung ab:
  - Erstes Strategieelement: Starker Einsatz der **"Unverbindlichen Preisempfehlung"** **nach § 38a GWB**, jedoch mit der (insbesondere mündlich und/oder in Verkäuferschulungen des Handels etc.) verbundenen Herstellerbotschaft, sich faktisch an diese Empfehlung zu halten. Damit kann von einer „moral suasion" gegenüber dem Handel gesprochen werden. Dieses Strategieelement war bei etwa 35 % der Hersteller dominant, die auf nachgelagerten Stufen ihr Hersteller-Preisinteresse durchsetzen wollten. Hier dürften – bis auf Ausnahmen (etwa Vorgabe von Kalkulationregeln als Beispielrechnung, daß nur ein hohes Preisniveau betriebswirtschaftlich für den Händler sinnvoll sei) – zunächst keine wettbewerbsrechtlichen Ansatzpunkte vorliegen und notwendig erscheinen; auf die genannte Ausnahme, die in Richtung eines Kalkulationskartells oder eine zu „harte Überredung" zielen kann, wird jedoch noch weiter einzugehen sein.

---

[174] Vgl. *Witt* 1988c.

– Zweites Strategieelement: Deutliche **Beeinflußung der Handelsstufe** mittels mündlicher „Mitteilung" – z. T. auch in die Nähe einer eindeutigen Aussage rückend, daß bei Nichteinhaltung eines herstellerseitig verlangten Preisniveaus oder sogar eines exakten Preises dies Konsequenzen haben könnte, so z. B. schlechtere Lieferbedingungen, längere Lieferzeiten, Mengenrestriktionen, Verlust des Status eines autorisierten Vertragshändlers, Abbruch der Lieferbeziehung. Gemäß der empirischen Untersuchung dürfte hier das Hauptgewicht der Einflußnahme mit etwa 60 % Bedeutungsanteil liegen.

– Drittes Strategieelement: In sehr seltenen Fällen – vielleicht aus Ignoranz oder zu geringer Eingriffsintensität (vor allem Bußgeld und Untersagung) der gesetzlichen Vorschrift – **schriftliche Fixierung von „Strafkonsequenzen" für den unfolgsamen Händler.** Ansonsten wird in aller Regel mündlich auf die Möglichkeit der Nichtbelieferung hingewiesen (= herstellerseitige selektierende Diskriminierung)[175] und diese dann realisiert (ca. 5 % Bedeutungsgewicht).

Insgesamt wird damit das Aktivitätsspektrum deutlich, mit dem ein Hersteller gegenüber seinen nachgelagerten Handelsabnehmern – meistens die erste und zweite nachgelagerte Stufe – generell Preisniveaus und ebenfalls auch exakte Einzelpreise durchzusetzen versuchen kann. Gemäß der empirischen Studie ist davon auszugehen, daß ungefähr bei 80 % aller hochwertigen **Markenartikel-Gebrauchsgüter** die jeweiligen Hersteller in bestimmten Handelsbetriebstypen ein anvisiertes Zielpreisniveau mit verschiedenen der o. g. Strategieelementen durchsetzen wollen; davon wiederum soll etwa in 70 % der Fälle sogar der Preis exakt fixiert werden. Nach der durchgeführten Untersuchung i. V. m. der Langzeitanalyse der Preisentwicklung gelingt die Preisniveau-Fixierung bei ungefähr 57 % der Versuche, die exakte Preis-Fixierung bei ca. 80 % der Versuche. Anders hingegen sieht es bei (vielfach vom absoluten Geldbetrag und im Vergleich zu Gebrauchsgütern) eher geringerwertigen **Verbrauchsgütern** aus: Hier herrscht der Versuch der Preisniveau-Fixierung eindeutig gegenüber der exakten Preis-Fixierung vor und wird in ungefähr 71 % der Hersteller/Händler-Beziehungen herstellerseitig eingebracht. Dies geschieht häufig durch das Strategieelement bzw. den Deckmantel der „unverbindlichen Preisempfehlung" (§ 38a GWB) i. V. m. einer „moral suasion" im o. g. Sinne. Dies führt bei ca. einem Drittel aller Versuche zum Erfolg. Dabei ist indes deutlich nach verschiedenen Betriebstypen, Regionen etc. zu unterscheiden, denn nicht umsonst hat ja der Verkauf unter Einstandspreis weiterhin aus Herstellersicht eine wichtige preisniveau-zerstörende Wirkung. Daher kann man insgesamt nicht von „der" vertikalen Preisbindung sprechen, sondern es ist z. B. zwischen verschiedenen Gutstypen bzw. Markenartikel-Typologien zu differenzieren. Immerhin zeigt die Studie jedoch, daß der Versuch der Hersteller-Einflußnahme bedeutend und z. T. gesetzeswidrig ist.

• Legen die vorstehenden Ausführungen z. T. auch nahe, daß ein Hersteller mehr oder minder um die Einhaltung einer vertikalen Preisbindung kämpfen muß, so braucht dies keineswegs (immer) der Fall zu sein: Denn nicht selten partizipiert der jeweilige Händler an der Absicht seines Lieferanten, den Preis eines attraktiven Markenartikels vertikal zu binden, wenn ihm dies auskömmliche Spannen verspricht und er zudem –

---

[175] Generell zu diesem Problemkreis statt inzwischen einiger Autoren etwa *Ahlert / Schröder* 1989, 82–88.

insbesondere aufgrund nun nicht mehr vorhandenen (Preis)wettbewerbs zwischen konkurrierenden Händlern bzw. aufgrund von herstellerseitig initiierten Gebietsabsprachen zwischen autorisierten Vertragshändlern etc. – trotz eines relativ hohen Preises keine wesentliche Reduktion seiner Absatzmenge befürchten muß. Damit steht nun auch der Handel vor einem **Zielkonflikt**: Eigenprofilierung durch Nichteinhaltung der herstellerseitigen Preisfixierungswünsche (Extremfall: Verkauf unter Einstandspreis) und damit z.B. absatz- und preisimage-fördernde Wettbewerbsvorteile aufgrund für ihn günstiger Präferenzen der Konsumenten sowie mengenbedingte gute Gesamt-Deckungsbeiträge einerseits. Andererseits hingegen bei einem Einschwenken auf die „Preislinie" des bindenden Herstellers sehr gute Stück-Deckungsbeiträge und gute Beziehungen zum Hersteller (Mitnahme von Verkaufsförderungsmaßnahmen, günstige Lieferzeiten etc.). Wenn es nun dem Händler gelänge, dieses Dilemma dadurch zu lösen, daß die Endverbraucherebene trotz relativ hoher, vertikal gebundener Preise dennoch positive Präferenzen für ihn hegen, dann wäre er sicherlich bereit, dem vertikalen Preisbindungsanliegen eines Markenartikel-Herstellers recht schnell zu folgen. Vor diesem Hintergrund müssen daher die verschiedenen **Möglichkeiten der Preisbildung auf der Handelsebene** betrachtet werden, ob sie nämlich dem vertikalen Preisbindungsanliegen eines Herstellers förderlich sind oder nicht. Danach lassen sich einige Methoden bzw. Stufen der Preisbildung im Handel hinsichtlich ihrer Bedeutung für die vertikale Preisbindung unterscheiden:

– Striktes Befolgen der unverbindlichen – oder eben der doch aufgrund von ansonsten drohenden betriebswirtschaftlichen Konsequenzen für den „ausscherenden Preisentbinder" faktisch verbindlichen – **Preisempfehlung des Herstellers**. Wie die vorstehenden Überlegungen und Erkenntnisse zeigten, ist das in der Praxis kein so seltener Fall.

– Vornehmen eines **prozentualen Abschlags auf den vorgegebenen empfohlenen Richtpreis** (= „mark-down-pricing", nämlich ausgehend vom Richtpreis, während beim „mark-up-pricing" ein Aufschlag auf die (Voll)kosten erfolgt). Sobald dieser Abschlag relativ uniform von einer bestimmten Händlergruppe (etwa eines Marktgebiets oder eines Betriebstyps) durchgeführt wird, ähneln sich die „Konkurrenz"preise weiterhin, ohne daß jedoch eine tatsächliche vertikale Preisbindung seitens des Herstellers vorgelegen hätte. Dies ist genau die bereits oben beschriebene Situation, daß nämlich ein Hersteller gewisse – faktisch verbindliche – Kalkulationsvorschläge seinen direkten Abnehmern unterbreitet, so daß dann tatsächlich ein gleiches Preisniveau mit sich sehr aneinander annähernden Preisen erreicht wird. Die vertikale Preisbindung kommt daher durch das Ausgehen von einem (geplant leicht überhöhten) unverbindlichen Preis, der als allgemein akzeptierter Richtpreis im Rahmen der Handelskalkulation fungiert, zustande, indem sich die dem Hersteller nachgelagerte(n) Stufe(n) an diesen Richtpreis sowie das Kalkulationsmodell anschließen. Diese Situation scheint gemäß der durchgeführten Untersuchung für die Praxis recht wichtig zu sein, denn dieser Fall kann mit etwa 30 % Bedeutungsgewicht beziffert werden. Dies heißt aber wiederum: Ein Hersteller trägt aktiv zur Preis- bzw. als Vorstufe: zur Kalkulationskartellierung innerhalb einer Händlergruppe bei; er ist quasi „Kartellinitiator".

– **Weitere Preiseinflußgrößen** (etwa Nachfragevolumen, Konkurrenz, Gewinn, Spannen) treten dann mehr oder weniger in den Hintergrund, wenn ein so beschriebener Gleichschritt auf der Handelsstufe erreicht wird. Zwar konnte in der empirischen

Untersuchung nicht noch tiefergehend nach dem Bedeutungsgewicht zusätzlicher Preisbildungsdeterminanten differenziert werden. Jedoch wurde überaus deutlich, daß diese weiteren Bestimmungsgrößen der Preisbildung sich relativ harmonisch zu den vorstehend beschriebenen Preisangleichungsmethoden, nämlich direkte Akzeptanz der unverbindlichen Preisempfehlung oder Modifikation eines Richtpreises durch (gleichschrittartige) Kalkulation, verhalten. Deshalb ist die „Dunkelziffer" vermutlich weitaus höher als die o. g. 30 %, bei denen die Preisbindung durch kostenrechnerische Richtpreis-Modifikation erfolgt. Denn eine herstellerseitige „moral suasion" zur Akzeptanz eines vorgegeben Preises bzw. Preisniveaus – wie weich oder hart sie im Einzelfall auch immer sein mag –, die den (Preis)wettbewerb zwischen Händlern einschränkt bzw. aufhebt, führt recht leicht zur Annahme dieser Preisvorgabe beim Händler, wenn er nunmehr kein wettbewerbsbedingtes Absatzmengenrisiko mehr hat. Insofern kann ein Markenartikel-Hersteller auch ohne direkte Kalkulationsvorgaben über die Argumentation, daß angeglichene Preise einen „sicheren" Gewinn für den Händler versprechen, zu seinem Ziel der vertikalen Preisbindung kommen. Deshalb wiederum führt diese „moral suasion" indirekt über „traditionelle und klassische" Preisbildungsgrößen (Gewinn, Nachfragemengen, Kosten etc.) ebenfalls zum Ziel, ohne daß „harte" Methoden (etwa explizite Kalkulationsvorgaben) unbedingt eingeschaltet werden müssen. Sie sichern dann aus dieser Perspektive heraus lediglich die noch genauere Fixierung eines vertikal zu bindenden Markenartikel-Preises. Mit anderen Worten: Der Unterschied besteht nur noch darin, ob eine Preisspanne (= Preisniveau) oder hingegen ein exakter Preis fixiert werden soll; für die letztere Möglichkeit eignen sich vorzugsweise Kalkulationsvorgaben.

– Der **kalkulatorische Ausgleich** zwischen Sortimentsbestandteilen eines Händlers zielt – grob formuliert – darauf ab, bei einigen Sortimentsbestandteilen überdurchschnittliche Deckungsbeiträge, bei anderen Sortimentsbestandteilen hingegen unterdurchschnittliche oder sogar negative Deckungsbeiträge zu erwirtschaften, um aber insgesamt (z. B. bei Sonderaktionen) Nachfrageverbunde auszunutzen und den Gesamterfolg – und eben nicht unbedingt den Einzelerfolg eines speziellen Markenartikels – zu verbessern. Ein Indikator für das Vorliegen einer faktischen vertikalen Preisbindung kann nun in der Nichteinbeziehung einer bestimmten Marke in diesen kalkulatorischen Ausgleich gesehen werden. Verschiedene eigene empirische Untersuchungen belegen, daß durchaus bestimmte Artikel im Sortiment stets höherpreisiger als vergleichbare andere Artikel bleiben und/oder weitaus seltener im Zeitablauf preislich reduziert werden (= zeitlicher kalkulatorischer Ausgleich innerhalb eines Artikels, also keineswegs zwischen Sortimentsbestandteilen). Beobachtungen zeigen, daß der Handel hier zum keineswegs unerheblichen Teil den kalkulatorischen Ausgleich nicht zwischen Sortimentsartikeln rotierend einsetzt, sondern manche Markenartikel stets als überdurchschnittliche Ausgleichsträger beibehält. Stichprobenhafte Befragungen erhärten dabei die Vermutung, daß dies auch mit einer faktisch vorliegenden vertikalen Preisbindungsabsicht einer vorgelagerten Marktstufe zusammenhängen könnte. Darüber hinaus geben viele befragte Personen aus dem Handelsbereich offen zu, wie sehr ihnen an einer vertikalen Preisbindungsstrategie als Element des vertikalen Marketing einer vorgelagerten Stufe gelegen sei, weil dadurch nämlich dem einzelnen Händler ein Großteil des (Preis)wettbewerbsdrucks genommen ist. Insofern kann zusammenfassend die Hypothese nicht verworfen werden, daß vertikale Preisbindung und hervorragende Ausgleichsträgerstellung eng zusammenhängen.

• Neben diesen Überlegungen zur Preisbildung im Handel, die nach den vorstehenden Ausführungen z. T. erheblich durch vertikale Preisbindungsstrategien beeinflußt sein mag, gibt es zwei zusätzliche Aspekte, die das Vorhandensein – und die handelsseitige Akzeptanz – vertikaler **Preisbindungsstrategien im höherwertigen Gebrauchsgüterbereich** manifestieren:

  – Befragte Händler gaben zu (ca. 70 % der diesbezüglich interviewten Personen), daß bei **Neuprodukteinführung** eines Herstellers (etwa ein elektronischer Büroartikel), also in der sog. Markteinführungsphase, sie gerne herstellerseitig den Preiswettbewerb – eben durch eine faktische vertikale Preisbindung – ausgeschaltet sähen, weil sie z. B. aufgrund schlechter Informationen und Schätzungen über das Konkurrenzverhalten auf diese Weise Unsicherheit reduzieren könnten. Eine solche Unsicherheit nämlich sei aufgrund anderer Umstände (beispielsweise ein innovatives komplexes Produkt, dessen Marktchancen noch nicht genau abschätzbar sind) schon genügend vorhanden, so daß die Preisunsicherheit (= zu teuer anzubieten und gegenüber der Handelskonkurrenz das Nachsehen zu haben) gerne entfallen könne. Darüber hinaus habe die Nachfrage noch kein konkretes Preisimage bezüglich des Neuprodukts. Daher könnte ein tendenzielle Hochpreisstrategie („Skimming") durchaus für alle beteiligten Anbietermarktstufen erfolgversprechend erscheinen, wenn niemand ausschert. Die sog. Konsumentenrente könnte dann i. S. eines zeitlichen kalkulatorischen Ausgleichs recht gut abgeschöpft werden. In einer solchen Konstellation scheint daher zusammenfassend eine Rahmenbedingung vorzuliegen, die vertikale Preisbindungen durch die Marktstufenkette hindurch fördern könnte.

  – Interviewte Händler gaben mit ihren Äußerungen klar zu verstehen, daß in ihren Sortimenten – verstärkt bei Gebrauchsgütern – vertikale Preisbindungen vorhanden seien, diese – z. T. mit **„harter moral suasion"** – durchgesetzt würden und sowohl aus diesem Grund, aber auch aus Eigeninteresse heraus (etwa im Verhältnis 60 : 40) man sich an die vertikale Preisbindungsabsicht des Herstellers hielte.

• Ein **Zwischenfazit:** Die drei ersten o. g. Arbeitshypothesen konnten nicht abgelehnt werden: Der vertikalen Preisbindung kommt **wettbewerbssenkende Bedeutung** auch weiterhin zu. Dabei kooperieren Hersteller und Handel z. T. bewußt. Allerdings scheint die vertikale Preisbindung relativ deutlicher bei höherwertigen Gebrauchgütern denn hingegen bei anderen Markenartikelgruppen z. B. des LEH-Bereichs eingesetzt zu werden, so daß damit wiederum unterschiedliche Controllingnotwendigkeiten deutlich werden. Ergänzende, stärker differenzierende Untersuchungen, die das Gewicht der vertikalen Preisbindung in bezug auf einzelne, empirisch-gestützt abgegrenzte (Marken)artikel-Typen (= sog. Commodities) analysieren, sind hier am Platze.

• Die Vielzahl von Ergebnissen zum **Käuferverhalten bei vertikalen Preisbindungen** läßt sich auf folgende empirisch gestützten Aussagen konzentrieren:

  – Bis auf wenige – und für die „preispolitische Praxis" vernachlässigbare – Ausnahmen haben die Konsumenten **keine Kenntnis** über das gesetzliche Verbot der vertikalen Preisbindung.

  – Bei vielen gutgeführten **Gebrauchsgütermarken** gehen die Endnachfrager von einem Preisgleichheit zwischen den anbietenden Wettbewerbern aus. Hier zeigt sich noch einmal sehr deutlich, welche Kraft einem Markenartikel innewohnen kann – nämlich nicht nur eine Qualitäts-, sondern ebenfalls eine räumliche Preiskonstanz als Image aufzubauen; und das fast zwei Jahrzehnte nach dem Verbot der vertikalen Preisbindung.

- Ca. 31 % der Konsumenten sehen diese Preisgleichheit bei einem ganz speziellen Marken-Gebrauchsgut als Folge einer Herstellerpreisbindung an und rechnen – glaubend, dies sei gesetzlich erlaubt – dies eher positiv dem „starken" Hersteller zu, der „seinen" Markenartikel qualitäts- und preisbezogen beherrscht und auf diese Weise dem Nachfrager **Unsicherheiten** und sogar Suchaufwand erspart (= Suchen nach einem preisgünstigeren Händler für diesen Markenartikel). Nur ungefähr 4 % der Konsumenten waren sich nicht ganz sicher, ob eine Preispolitik, die zu fast identischen Handelspreisen bei Gebrauchsgütern führt, überhaupt wettbewerbskonform sei; aufgrund funktionierender Aufsichtsbehörden etc. „habe das aber schon seine Richtigkeit." Der entsprechende Prozentsatz lautet im Bereich der Verbrauchsgüter 7 %.

- Insofern liegt hier zwar vielfach nachfragerseitig kein **habitualisierter Routinekauf** vor, denn beispielsweise wird eine Hifi-Komponente eines namhaften Anbieters von einem bestimmten Konsumenten vielleicht nur alle fünf Jahre erworben. Doch kann der Markenartikler zwischenzeitlich – also auch ohne Kauferfahrung durch den jeweiligen Konsumenten – ein Preisimage aufbauen, das dann bei tatsächlichem Kauf zum Zuge kommt. Die Kaufentscheidung ist damit bereits prähabitualisiert.

- Weitere 63 % der Befragten sahen die räumliche Preiskonstanz als Folge einer – in ihrer Sicht erlaubten – **Absprache zwischen Hersteller und Händlern**, räumten in ihrer Meinung also lediglich dem Handel mehr „Preisbestimmungsmacht" ein. Bei Verbrauchsgütern wurde generell die Preisgleichheit zwischen Anbietern eher dem Handel denn dem Hersteller zugerechnet (etwa in der Relation 60 : 40).

- Fast genau drei Viertel der Befragten beurteilten die **Preisidentität für Gebrauchsgüter** im Händlervergleich für sie selbst (= Konsumenten) als günstig. Dieser Meinungsanteil änderte sich kaum, wenn i.S. eines gestützten Interviews auf mögliche Verstöße einer solchen vertikalen Preispolitik gegen das geltende Wettbewerbsrecht durch den Interviewer hingewiesen wurde. Für Verbrauchsgüter ist dieser Anteil mit etwa 52 % zu beziffern. Damit zeigt sich noch einmal aus dieser speziellen Perspektive heraus, daß Preis- und Qualitätsimage positiv korreliert sein können: der Preis wieder einmal als Qualitätsindikator bzw. -bestätiger und „Markenidentifikator".

- Speziell in **Tiefeninterviews und bei Testkäufen**, bei denen die Probanden in aller Regel mit der Verkäuferaussage konfrontiert wurden, über den Preis lasse sich nicht reden, andere Händler müßten zum selben, herstellerseitig vorgegebenen Preis anbieten, wurde dieses Statement in fast allen Fällen von den jeweiligen Nachfragern akzeptiert. Sie hinterfragten – auch „innerlich" – dieses Argument nicht, sondern räumten dem Verkäufer Kompetenz und Sachverstand für solche Aussagen ein.

- Lediglich knapp 9 % der Befragten gaben nach ihnen zur Kenntnis gebrachter Wettbewerbswidrigkeit der vertikalen Preisbindung an, sie würden den Hersteller meiden; ganze 3 % würden den jeweiligen Händler grundsätzlich zu meiden versuchen. Diese Zahlen gelten nahezu gleichermaßen für Gebrauchs- und Verbrauchsgüter, und weitere signifikante Unterschiede zeigten sich an dieser Stelle nicht. Es ist jedoch zu vermuten, daß in realen Kaufsituationen diese Prozentanteile sogar noch geringer ausfallen würden. Damit wird noch einmal die **Markenartikelstärke** betont, die Substitutionen bzw. Kaufabwanderungen zum großen Teil unterbinden kann: Zum einen lag dies gemäß den Untersuchungsergebnissen an der Meinung der Befragten, bei ähnlichen Gütern verhalte es sich mit den Preisen ja analog, so daß ein Wechseln sich gar nicht lohne (45 % Bedeutungsgewicht) – also eine deutliche Absage an den Preiswettbewerb. Zum anderen sahen die Nachfrager keine qualitätsmäßige Alternative, auf ein anderes Gut auszuweichen (55 % Bedeutungsgewicht dieses Arguments). Insgesamt wird damit deutlich: Man kann gewisse **Konsumenten- und Markenartikeltypen** unterscheiden, wie stark vertikale Preisbindungen in der Praxis von den – letztlich betroffenen – Endnachfragern akzeptiert sind und/oder werden könnten. Die grundsätzliche Tendenz ist jedoch durchgängig und einhellig, so daß eine Clusterbildung zwar noch etwas differenzierte Ergebnisse brachte, die indes das Gesamtbild recht wenig veränderten. Damit ist aber auch die vierte Ausgangshypothese bestätigt, daß nämlich die vertikale Preisbindung aufgrund von Unkenntnis, Substitutionsscheu, preislicher Unsicherheitsreduktion kaum auf „Gegenwehr" stößt, sondern eher sogar befürwortet wird.

Aus dem **Blickwinkel des Handelscontrolling** sollte man insgesamt überlegen, wieviel die Eigenständigkeit wert ist. Die Überprüfung einer zu einseitigen – und trotz bekannter Marken auch im Absatzmarketing des Handels gefährlichen – Beschränkung auf wenige Lieferquellen scheint evtl. angebracht. Dies fördert dann gleichfalls die Möglichkeit, im eigenen Handels- und speziell in den jeweiligen Filialsortimenten auf einer größeren Artikelbasis aufsetzend eine Mischkalkulation vorzunehmen, so daß auf diese Weise mehrere Artikel – abwechselnd – forciert und die Gesamtpräferenz der Kundschaft und das Gesamtergebnis sich verbessern. Dies geht einher mit dem stärkeren aktiven Aushandeln der Konditionen gegenüber dem liefernden Hersteller: Die Preispolitik wird damit zweiseitig und bleibt nicht mehr nur „hersteller-einseitig". Diese Aussage bezieht sich speziell auf die Filialebene, wenn sie im Zuge einer dezentraleren Einkaufspolitik direkt mit manchen Lieferanten bzw. Herstellern kontrahiert und die Zentralebene umgeht.

5.3 Ansätze des Erlöscontrolling

5.3.1 Besonderheiten des Filial-Erlöscontrolling

Aus der Sicht des Filialcontrollers geht es primär um eine Erlösstrukturierung, damit er
- eine Erlösprognose vornehmen kann
- die Intensität des kalkulatorischen Ausgleichs erkennt, wobei die positive Erfolgskomponente „Erlös" eine wesentliche Rolle spielt
- einzelne Erlöskomponenten bzw. -einflüsse in ihrem Bedeutungs- bzw. konkreter noch in ihrem DM-Gewicht ausweist
- spezifische Filial-Marketinginstrumente hinsichtlich ihres Einflusses auf den Artikel-, Warengruppen- und Filialerfolg und damit ebenfalls in bezug auf ihre jeweilige „Marketingeffizienz" beurteilt.

Vor diesem Hintergrund gibt es einige **Charakteristika des Filial-Erlöscontrolling**. Zu nennen sind vor allem:
- Es liegt eine vergleichsweise **starre Kostenseite** vor, die dem Filialmanagement in bezug auf manche Kostenarten und Kostendispositionen wenig Freiraum bietet (z. B. bei den Einstandspreisen, wenn man konzernzentral beschafft). Daher liegen Erfolgsreserven – neben dem filialinternen Kostenmanagement (etwa im Logistik- bzw.

Prozeßbereich) – insbesondere auf der Erlösseite. Selbst angesichts so mancher konzernzentral oder sogar herstellerseitig vorgegebener Preise oder mitunter auch Preisstrukturen liegt bei einem derzeit dezentraler werdenden Filialmanagement gleichwohl eine Erlösbeeinflußungsmöglichkeit vor.

- Konkret ist damit das **Filial-Preismanagement** angesprochen. Aufgrund von eingeräumten Bandbreiten für die Filialpreispolitik sowie bei verschiedenen Ergänzungsmöglichkeiten des Kernsortiments um filialindividuelle Sortimentsbereiche oder zumindest -artikel ist auch eine relativ eigenständige Filialpreispolitik möglich.
- Die strategischen Möglichkeiten von **Warenwirtschaftssystemen** liegen nicht nur in der Steuerung des Logistikflusses, sondern bieten dem Handel vor allem auch eine Marktforschungshilfe, indem nämlich mit Scanning erhobene Preis- und Abverkaufsdaten zu einer kaufaktindividuellen Warenkorbanalyse disaggregiert, indes in gegensätzlicher Sicht auch zu strategischen Indikatoren (etwa Artikelranking gemäß Umsatzgewicht) verdichtet werden können.[176] Manche Handelsorganisation hat die relativ früh erkannt und versucht nun die Logistikkomponente des vorhandenen Warenwirtschaftssystems um controlling- und marketingnahe Bausteine zu ergänzen. Aus diesem Grund sind manche für das Filial-Erlöscontrolling wichtige Daten durchaus schon verfügbar und keineswegs nur auf Schätzbasis vorhanden.
- Die **Sortimentsbreite** gerade bei vielen Filialsystemen erfordert eine warengruppenspezifische Betrachtung von Erlöseffekten, so daß verschiedene Erlöscontrollingansätze gleichzeitig greifen müssen.

5.3.2 Erlösstrukturen

Aus der Kostenrechnung **traditionell bekannte Strukturen** (insbesondere Kostensplittings und -hierarchisierungen) lassen sich nicht ohne Vorbehalte auf die Erlösseite spiegelbildlich übertragen, da

- die gegenseitige Beeinflußung („Trade-off") zwischen Absatzpreis und Absatzmenge, die man analog auf der Kostenseite (Faktorpreis und Faktormenge) auch bei starken Einkaufsrabattierungen kaum so ausgeprägt wie im Erlösbereich findet, hier nun eine gravierende Rolle spielt
- gerade auf der Filialebene strukturelle Nachfrageverschiebungen, Branchenmarktveränderungen und Wettbewerbsbeziehungen vorhanden sind, die die Marketingentscheidungen eines Unternehmens risikobehaftet werden lassen und die daher die Erlösprognose (= Ermittlung des Planerlöses im Rahmen der Vertriebsplanung zur Kontrastierung mit späteren Istwerten) deutlich erschweren
- die Einflüsse eigener Marketingmaßnahmen (z. B. Preispolitik) auf das Nachfrageverhalten und damit auf die Isterlöse abgeschätzt werden sollen, wozu sich kostenanaloge Erlössplittings weniger gut eignen
- man keineswegs nur von mengenproportionalen Erlösen ausgehen darf, weil beispielsweise gerade im Zuge von Sonderaktionen „Bündelpreise" (= Vermarktung mehrerer Produkte zu einem einzigen Gesamtpreis) gar nicht selten sind und da überdies Nachfrageverbunde zwischen verschiedenen Produktarten auftreten. Man kann daher verursachungsgerecht häufig keine artikelbezogenen Einzelerlöse ermitteln.

---

[176] Siehe generell auch *Zentes* 1985; *Zentes* 1988.

Der Filialcontroller muß im ersten Schritt eine **filialbezogene Erlösplanung** erstellen, die
* entweder tatsächlich filialspezifisch ist
* oder sich aus aggregrierten Verkaufsplänen einer Regional- oder Zentralebene von
  Handelsorganisationen ergibt und „nur" noch geringfügig in bezug auf die Besonderheiten einer jeweiligen Filiale angepaßt wird (etwa durch eher pauschale Prozentauf-
  oder -abschläge).

Im Falle einer individuellen Filialerlösplanung oder auch bei einer Ein- und Anpassung
zentral bereitgestellter Filialvertriebspläne für das filialspezifische Controlling kann man
verschiedene – sich z. T. sogar ergänzende – grundlegende **Techniken der Erlösplanung**
unterscheiden, die hier grob zusammengefaßt vorgestellt werden,[177] nämlich eine Erlösplanung anhand
* einer vermuteten **Preis/Absatz-Funktion** für einzelne Artikel oder auch Warengruppen, die zumindest innerhalb eines Korridors bekannt ist.[178] Als Variante einer solchen
  Schätzung von Preis/Absatz-Funktionen kommt auch eine Preis/Marktanteil-Funk-
  tion in Frage, die insbesondere den insgesamt oder je betrachteter Warengruppe
  erreichten Marktanteil der Filiale im Vergleich zur Konkurrenz in den Vordergrund
  rückt. Manchen Controllern ist die Schätzung einer solchen mathematisch-funktiona-
  len Beziehung jedoch zu kompliziert. Dann eignet sich eine direkte Schätzung einzelner Preis/Mengen-Konstellationen, die für die Erlösanalyse wichtig sind.
* einer **Erlösstrukturierung**. Auf diese Weise werden einzelne Erlöskomponenten separat ausgewiesen, indem – meist mit Hilfe einer graphischen Visualisierung durch eine
  Baumstruktur – wichtige Erlösbereiche hierarchisiert werden. Beispielsweise kann
  man in einer Filiale auf der ersten Ebene einzelne Abteilungen, dann innerhalb einer
  Abteilung verschiedene Warengruppen, innerhalb einer Warengruppe verschiedene
  Handels- und Herstellermarken und innerhalb einer Marke wiederum verschiedene
  Einzelartikel, Packungsgrößen u. ä. unterscheiden. Je Hierarchieebene und je Erlös-
  baustein werden dann Einzelerlöse – unter Berücksichtigung von Bandbreiten und Ri-
  sikozu- und -abschlägen – geplant, so daß sich der Erlösbaum nach oben verdichtet.
  Der Filialcontroller erstellt mehrere solcher „parallelen" Erlösbäume, die jeweils verschiedene Aspekte fokussieren: So können in einer Filiale des Baustoffhandels etwa
  verschiedene Marktsegmente (Handwerkerbranchen, Dauerkunden etc.), hingegen in
  einer LEH-Filiale eher warengruppenbezogene Aspekte im Vordergrund stehen. Mit
  anderen Worten: Die Erlösstrukturierung rückt jeweils verschiedene Erlösbäume und
  damit auch zu hierarchisierende Kalkulationsobjekte zweckorientiert in das Spotlight.
  Eng damit verbunden ist daher eine **Erlösquellenrechnung**. Sie will verschiedene Erlösquellen in ihrer quantitativen Bedeutung auflisten. Damit verfolgt sie die Fragestellung: Wie tragen einzelne Erlösquellen zur Gesamterlösabweichung bei? Um diese
  Frage zu beantworten, muß sich jedes Handelsunternehmen und letztlich auch jede
  Filiale prinzipiell über die individuellen Erlösquellen bewußt werden und sie in einer
  Baumstruktur hierarchisieren. Insofern dient der Erlösbaum vor allen zwei eng ver-
  bundenen Zwecken, nämlich der
  – Erlösspaltung
  – Abschätzung einzelner Erlöspotentiale.

---

[177] Siehe ausführlicher *Witt / Witt* 1992.
[178] Siehe statt mancher Autoren zur Ermittlungsproblematik *Kaas* 1977.

- einer Erlösfunktion. Ohne „Umwege" über eine Nachfrage-, d. h. eine Preis/Absatz-Funktion gelingt es in manchen Situationen, eine **direkte Erlösfunktion** aufstellen. Sie beschreibt mathematisch-funktional den Zusammenhang zwischen dem Planerlös (etwa einer Warengruppe) als abhängige Variable einerseits und verschiedenen Erlöseinflüssen andererseits. Eine solche Erlösfunktion kann man zum einen durchaus konkret für „tiefliegende" Erlösbausteine innerhalb einer Erlöshierarchie bestimmen, weil dann abgegrenzte und eher operationale Erlöseinflüsse herangezogen werden können. Zum anderen gelingt es angesichts des Verbundproblems meist nicht sauber, spezifische Erlöseinflüsse zu isolieren, die lediglich für einzelne niederrangige Erlösbausteine in Betracht kommen. Daher muß der Filialcontroller eine Gratwanderung vornehmen, wie tiefgehend er innerhalb einer Erlöshierarchie einzelne Erlösfunktionen schätzt. In der praktischen Anwendung haben sich folgende Vorgehensweisen bewährt:
  - Zunächst wird mittels der Monte-Carlo-Simulation ermittelt, welche der zuvor grob abgeschätzten Erlöseinflüsse wohl welche quantitative Bedeutung hinsichtlich der Stabilität des simulierten Planerlöses aufweisen. Dadurch gelingt es, zunächst eine Erlösplanung im groben Rahmen aufzustellen.
  - Durch eine Regressionsfunktion – bzw. bei vereinfachtem Vorgehen: anhand subjektiver Schätzung seitens des Filialcontrollers – werden einzelne Erlöseinflußgrößen mit ihrem jeweiligen Bedeutungsgewicht offengelegt. Wesentliches Hilfsmittel dazu wiederum ist eine Befragung von Experten (etwa anderen Filialcontrollern und Filialmanagern), damit deren Urteile dann zur Regressionsfunktion (= direkte Erlösfunktion) verdichtet werden können.[179]
  - Solche Regressionsfunktionen sind bei ihrer Ermittlung doch recht aufwendig. Deshalb werden seitens des Filialcontrollers einige Leit-Kalkulationsobjekte ausgesucht, die sich als typisch für bestimmte Warengruppen, Abteilungen etc. erwiesen haben. Auf diese Weise kann man die Erlösentwicklung solcher Leitobjekte anhand eines Erlösindex verfolgen, der die Erlösentwicklung im Zeitablauf beschreibt. Dieser Index wird dann dazu verwendet, die Erlösprognose für die übrigen erlöszuplanenden Objekte anzupassen, die durch das Leit-Kalkulationsobjekt „abgedeckt" bzw. repräsentiert werden.
  - Die Frage, wie viele solcher Erlösfunktionen denn nun eingesetzt, d. h. zunächst einmal auch generiert werden sollten, ist prinzipiell nur im Einzelfall zu beantworten Jedoch hat sich in der Vergangenheit nach eigener Erfahrung eine Faustregel recht gut bewährt, nach der etwa eine Warengruppe mit rd. 70 TDM Monatsumsatz eine eigene Erlösfunktion „verdient". Ähnliche Faustregeln ließen sich auch für weitere Kalkulationsobjekte aufstellen und haben sich bislang als effizient erwiesen. Abbildung 72 zeigt exemplarisch eine Erlösfunktion auf, die in der Praxis generiert wurde und dort seit längerem eingesetzt wird. Für die praktische Anwendung einer Erlösschätzfunktion ist zu empfehlen, in einer Art Vorstudie die jeweils vorher identifizierten Parameter noch einmal aufzugliedern und damit transparent zu machen. Auf diese Weise kann der Filialcontroller das rechentechnische Ergebnis aus der Erlösfunktion noch einmal „parallel" auf Plausibilität überprüfen und hinterfragen. So kann etwa der Bereich „Erlösschmälerungen" wie folgt aufgegliedert werden:[180]

---

[179] Siehe zum detaillierten Vorgehen insbesondere Witt 1991a, 274–276, m. w. N.
[180] Vgl. *Männel* 1977.

– **Erlösschmälerungen im engen Sinn**, z. B.
  * Rabatte für Selbstabholer und für Kundenemballagen
  * Sofortrabatte auf Ausgangsrechnungen
  * Naturalrabatte
  * Kundenskonti
  * Boni und andere zeitliche Gesamtrabatte
  * Debitorenausfälle aufgrund von Insolvenz- und Währungsrisiko
  * Kundengutschrift bei Rücksendung und (teilweiser) Stornierung
  * Mängel- und gewährleistungsbedingte Erfolgsminderungen aufgrund von Stornierung/Rücktritt, Preisnachlaß und/oder Kostenerstattung bei kundenseitiger Nachbesserung
  * Schadensersatz sowie Pönale wegen Terminuntreue oder aufgrund von Mängeln
– **Erlösschmälerung im weiten Sinn**, wie beispielsweise
  * Gutschrift/Pfandrücknahme bei Mehrwegverpackungen
  * Korrektur von Buchungs- und Berechnungsfehlern
– **Eher Vertriebskosten denn direkte Erlösschmälerungen,** dabei etwa
  * Außendienstprovisionen
  * weitere erlösabhängige Vertriebskosten (z. B. Prämierungen).

Die Erlösfunktion berücksichtigt verschiedene Erlöseinflüsse X_i, die durch Gewichte (= Koeffizienten in der Erlösfunktion) in ihrer Bedeutung relativiert werden. Solche Gewichte und Einflüsse kann der Filialcontroller prinzipiell auch subjektiv schätzen. Für genauere – dann allerdings auch (zeit)aufwendigere – Verfahren sollte eine Regressionsfunktion herangezogen werden. Die hier aufgezeigte Erlösfunktion zur Ermittlung eines Planerlöses E in einer bestimmten Warenhauptgruppe eines Produktionsverbindungshändlers beinhaltet und verknüpft gänzlich verschiedene Bausteine X_i, so nämlich:
• diverse Erlösschmälerungen X_1 und X_2 in zwei Kategorien
• den üblichen Preisabstand zur Konkurrenz, der in Prozent gemessen wird und auf diese Weise als operationale Größe in die Variable X_3 eingeht
• die Sortimentsbreite, die mittels der Artikelanzahl im Parameter X_4 operationalisiert wird
• die räumlichen Positionierung im Ladenlokal, wobei dieser Parameter X_5 durch eine Einstufung in eine von fünf „Günstigkeitslagen" operationalisiert wird, die das Filialmanagement vorher – subjektiv und aufgrund von Erfahrungen – identifiziert hat
• die Kundenanzahl am Standort, die durch den Parameter X_6 repräsentiert wird.
Die Operationalisierung der einzelnen Parameter erfolgt anhand von „Erlösklassen". So werden beispielsweise für den Parameter „Sortimentsbreite" vier Klassen gebildet (= vier mögliche Intervalle für die Artikelanzahl), wobei jeder Klasse ein DM-Betrag für den Erlös zugeordnet wird. Auf diese Weise kann die Erlösfunktion direkt einen DM-Betrag als Planerlös ausgeben. Weiterhin könnte noch eine Konstante (etwa ein positiver Fixerlös oder aber auch ein genereller negativer Korrekturposten, der fallweise einen pauschalen Saisoneffekt berücksichtigt) in eine solche Erlösschätzfunktion eingehen. Wenn in zusammenfassender Betrachtung und in letzter Konsequenz eine solche Erlösschätzfunktion auch auf gewissen subjektiven – und damit willkürlichen – Annahmen beruht, so trägt sie gleichwohl zur Systematisierung und methodischen Absicherung des Filialerlöscontrolling bei. Praktische Erfahrungen zeigen immer wieder, daß in eine solche Erlösfunktion nicht zu viele Parameter eingehen sollten, sie dann aber doch noch recht gute Schätzergebnisse erzielt.

$$E = -0,065\,X_1 - 0,037X_2 + 0,6X_3 + 0,26X_4 + 0,12X_5 + 1,3X_6$$

Abb. 72: Erlösfunktion

5.3.3 Erlös-Symptomanalyse

Die Symptomanalyse will verschiedene Komponenten der gesamten Erlösabweichungen (= Plan/Ist-Differenz bzw. Ziel/Ist-Differenz) ausweisen, die sich zur Gesamterlösabweichung aufaddieren. Auf diese Weise wird der Beitrag einer einzelnen Erlöskomponente zur Gesamterlösabweichung deutlich. Da die Symptomanalyse „nur" zwischen Teilabweichungen unterscheidet, die selbst wiederum die Folge dahinterstehender komplexer Ursachen sind (beispielsweise Branchenexpansion, Zufallseinflüsse, eigene Marketingaktivitäten der Filiale oder der gesamten Handelsorganisation, vertikales Herstellermarketing auch zugunsten anderer, konkurrierender Filialsysteme), diese Ursachen selbst aber nicht offenlegt, treten also lediglich traditionelle Erlösbestandteile als Teilabweichungen zutage, die dann je Kalkulationsobjekt (etwa je Warengruppe) analysiert werden. Diese **Teilabweichungen der Symptomanalyse** sind üblicherweise:[181]

- **Mengenkomponente** (= Mengeneffekt C_A).
- **Preiskomponente** (= Preiseffekt C_p).
- **Preis/Mengen-Komponente** (= Preis/Mengen-Effekt C_{pA}). Sie berücksichtigt die gegenseitige Beeinflußung von Preis und Menge, wie sie etwa durch eine normale, fallende Preis/Absatz-Funktion zum Ausdruck kommen mag.
- **Erlösstruktur** (= Erlösstruktureffekt C_{Es}). Erlösabweichungen können nämlich ebenfalls z.B. durch eine Verschiebung der Kundenstruktur oder etwa auch durch eine Veränderung der Artikelstruktur im Sortiment (= Sortimentsmix) einer Filiale bedingt sein, so daß Preis- und Mengeneffekte z.B. nur nachgelagerte Auswirkungen etwa dieser Sortimentsstrukturänderung darstellen.
- **Zeit.** Manche Erlöse lassen sich z.T. nur willkürlich einem speziellen Controllingzeitraum zuordnen (etwa einer spezifischen Sonderaktionswoche), da imagebezogene Verbundkäufe früher – und namentlich auch später – einsetzen können. Die Symptomanalyse versucht bei der konkreten Anwendung, möglichst viele Erlöse einer einzelnen Periode sinnvoll zuzuordnen und vergleicht dann die einzelnen Perioden miteinander. So kann der Plan/Ist-Vergleich auch in einen Zeitvergleich (etwa t_0/t_1-Vergleich) uminterpretiert werden.

Diese Aufteilung entspricht einer vielfach auf der Kostenseite anzutreffenden Aufspaltung, so daß die spezielle Sichtweise des Kostensplitting auf den Erlösbereich übertragen wird. Abbildung 73 gibt dazu ein Zahlenbeispiel. Dabei geht es um zwei Warengruppen WG_1 und WG_2, die – zur Vereinfachung – jeweils nur aus zwei Artikeln bestehen (Z_1 und Z_2 bzw. Z_3 und Z_4). Im oberen Teil von Abbildung 73 sind die notwendigen Ausgangsdaten gelistet: Man sieht bereits jetzt, daß zwar vielfältige, aber letztlich doch einfache Daten bereitzustellen sind, die hinreichend genau schätzbar sind. Im unteren Abbildungsteil finden sich die einzelnen Erlöseffekte mit ihrer quantitativen Bedeutung wieder. In diesem Beispiel werden je Warengruppe WG_1 und WG_2 Durchschnittspreise $\bar{p}$ ermittelt. Dies geschieht zur Vereinfachung der Formel, die zur Berechnung der Mengeneffekte auf der Erlösseite eingesetzt wird. Diese Durchschnittswerte sind im Zahlenbeispiel als gewogenes arithmetisches Mittel errechnet, indem die Einzelpreise mit der Mengenkomponente (= Absatzvolumen) gewichtet wur-

---

[181] Siehe z.B. *Witt / Witt* 1992 m.w.N.

den. Das ist deshalb zulässig und zweckmäßig, weil sich innerhalb einer Warengruppe die einzelnen Artikel durchaus sehr ähnlich sind und es sich daher keineswegs um einen nicht-sinnvollen Vergleich handelt. Liegen in der praktischen Anwendung jedoch allzu heterogene Artikel vor, so spricht allerdings auch nichts dagegen, Einzelwerte (z.B. Einzelpreise) statt des Durchschnittswerts anzusetzen oder auch das arithmetische Mittel anders zu berechnen (etwa mit einer Gewichtung durch Erlös- statt durch Mengenanteile).

Konkret stellt Abbildung 73 die verschiedenen Rechenschritte der Symptomanalyse anhand eines Zahlenbeispiels dar.

> Die Erlös-Symptomanalyse unterteilt die Gesamterlösabweichung gemäß einer Perspektive, die sich auf der Kostenseite bewährt hat. Diese „Spiegelbildlichkeit" ist insbesondere dann von Vorteil, wenn man die Erlösanalyse mit einer entsprechenden Kostenanalyse integrativ zur sog. Deckungsbeitragsflußrechnung verknüpft, bei der die zeitliche Veränderung der einzelnen Kosten- und Erlöskomponenten offensichtlich wird. Speziell im Filialcontrolling kommt den Artikel- oder Warengruppeneinzel- und/oder -proportionalkosten keine so hohe Bedeutung zu, weil sie regelmäßig schwergewichtig durch die weitgehend konzernzentral bestimmten Einstandspreise beeinflußt werden.[182] Steht indes – wie ja gerade im markt- und marketingnahen Filialcontrolling sinnvoll – vielmehr das originäre Erlöscontrolling im Vordergrund, so bietet die Symptomanalyse lediglich das „Ausmaß von Auswirkungen" an. Sie muß daher durch eine Ursachenanalyse ergänzt werden.

Das Zahlenbeispiel zeigt, wie die Symptomanalyse arbeitet: Sämtliche vier Teileffekte (z.B. C_A, C_p, C_{pA}, C_{Es} für die Warengruppe WG_1) addieren sich jeweils zur Gesamterlösabweichung innerhalb einer Warengruppe. Da speziell der C_{Es}-Effekt nur recht umständlich zu berechnen ist, wird er im Zahlenbeispiel als Restgröße ermittelt: Bei bereits errechneten Werten für C_A, C_p und C_{pA} sowie bekannter Erlösabweichung kommt ihm – quasi als Residuum – die „Restabweichung" zu. Auf diese Weise erkennt der Controller insgesamt, welche quantitative Bedeutung die Einzeleffekte haben, d.h. in welchem Umfang sie zur Gesamterlösabweichung absolut (= in Geldgrößen, z.B. tausend DM) beitragen. Die **Interpretation des Zahlenbeispiels** kann ausschnittsweise etwa so aussehen:

- Das Erlöswachstum in WG_1 ist stark preisbedingt (C_p = 100), und die prozentuale Bedeutung dieses Teileffekt an der Gesamterlösabweichung in WG_1 (140) ist dann mit 100 : 140 = 71,4% vergleichsweise dominant. Die prozentuale Erklärungsbedeutung des absatzmengenbedingten Effekts C_A in WG_1 (45,7) ist nur etwa halb so groß (45,7 : 140 = 32,6% Bedeutungsgewicht in bezug auf die Gesamterlösabweichung in WG_1). Den übrigen beiden Teileffekten C_{pA} und C_{Es} kommt in der Erlösanalyse von WG_1 vergleichsweise deutlich geringere Bedeutung zu. Insbesondere ist der Preis/Mengen-Effekt C_{pA} aber noch grundsätzlich interessant, da die Preisanhebung offensichtlich nicht zu Mengeneinbußen führte, sondern der gestiegene

---

[182] Zur Erinnerung: Das DPR-Konzept bzw. LOKKAS rechnen ja auch viele filialinterne Kosten einzelnen niederrangigen Kalkulationsobjekten zu. Wenn man – trotz aller aufgezeigten Vorbehalte und Bedenken – dem folgt, so ist auch eine Kostenabweichungsanalyse interessant, da aufgrund von Proportionalkostenänderungen – bzw. faktisch: Änderungen des jeweiligen Vollkostensatzes – auch filialspezifische Kostenänderungen größeren Umfangs auftreten können, und sei es nur aufgrund veränderter Kostenstrukturen und weitgehend gleichem Kostenniveau.

● **Preiseffekt C_p** [1]

$$C_p = \sum_{i=1}^{n} A_{i;t-1} \cdot \triangle p_i$$

● **Mengeneffekt C_A**

$$C_A = \sum_{i=1}^{n} (A_{i;t} - A_{i;t-1}) \cdot \overline{p}_{t-1} = \triangle A \cdot \overline{p}_{t-1}$$

● **Preis / Mengen-Effekt bzw. Interaktionseffekt C_{pA}** [2]

$$C_{pA} = (A_t - A_{t-1}) \frac{\sum_{i=1}^{n} A_{i,t-1}(p_{i,t} - p_{i,t-1})}{A_{t-1}} = \left(\frac{A_t}{A_{t-1}} - 1\right) \cdot C_p$$

● **Erlösstruktureffekt C_{Es}** [3]

$$C_E = \triangle E - C_p - C_A - C_{pA}$$

● **Stückkosteneffekt C_k** [4]

$$C_k = \sum_{i=1}^{n} A_{i;t-1} \cdot \triangle k_i$$

● **Gesamtkosteneffekt C_K** [5]

$$C_K = \triangle A \cdot \overline{k}_{t-1}$$

● **Kosten / Mengen-Effekt C_{kA}**

$$C_{kA} = \left(\frac{A_t}{A_{t-1}} - 1\right) \cdot C_k$$

● **Kostenstruktureffekt C_{Ks}** [6]

$$C_{Ks} = \triangle K - C_K - C_k - C_{kA}$$

Legende:

[1] A_i = Absatzmenge des i-ten Artikels (i = ... n)

p_i = Preis

$\triangle p$ = Preisveränderung von t – 1 auf t

[2] A = Gesamtabsatz- und -produktionsmenge

$\overline{p}$ = Mengengewichteter Durchschnittspreis über alle Artikel einer Warengruppe

[3] $\triangle E$ = Erlösveränderung von t – 1 auf t

[4] $\triangle k_i$ = Veränderung des Stückkostensatzes von t – 1 auf t

[5] $\overline{k}_{t-1}$ = Mengengewichtete variable Durchschnittsstückkosten (= Stückkostensatz) in t – 1

[6] $\triangle K$ = Veränderung der variablen Gesamtkosten von t – 1 auf t

$\triangle$ = Zeichen für die Differenz zweier Werte im Zeitvergleich t – t_1, so z.B. $\triangle p_{i;t} - p_{i;t-1}$

Abb. 73: Rechenformeln und Zahlenbeispiel einer Erlös-Symptomanalyse

1. Schritt: Ausgangsdaten

Ausgangsdaten	PG$_1$				PG$_2$			
	Z$_1$		Z$_2$		Z$_3$		Z$_4$	
	1990	1991	1990	1991	1990	1991	1990	1991
Absatz- und Produktionsmenge	100	120	40	30	80	80	90	40
Absatzpreis	4	5	6	6	20	10	10	5
Prop. Kosten je ME	2	2	3	3	5	6	4	1

2. Schritt: Kenngrößen

Abgeleitete Kenngrößen	Z$_1$		Z$_2$		Z$_3$		Z$_4$	
	1990	1991	1990	1991	1990	1991	1990	1991
Erlös	400	600	240	180	1600	800	900	200
Gesamte prop. Kosten	200	240	120	90	400	480	360	40
DB	200	360	120	90	1200	320	540	160

3. Schritt: Zwischenrechnung

Mengengewichteter Durchschnittspreis PG$_1$	$4 \cdot 100/140 + 6 \cdot 40/140 = 4{,}57 = \overline{p}_{t-1}$ d.h. für 1990
	$5 \cdot 120/150 + 6 \cdot 30/150 = 5{,}2 = \overline{p}_{t}$ d.h. für 1991
	dto. Stückkosten:
	$2 \cdot 100/140 + 3 \cdot 40/140 = 2{,}29 = \overline{k}_{t-1}$ d.h. für 1990
	$2 \cdot 120/150 + 3 \cdot 30/150 = 2{,}2 = \overline{k}_{t}$ d.h. für 1991
Mengengewichteter Durchschnittspreis PG$_2$	$20 \cdot 80/170 + 10 \cdot 90/170 = 14{,}71 = \overline{p}_{t-1}$ d.h. für 1990
	$10 \cdot 80/120 + 5 \cdot 40/120 = 8{,}33 = \overline{p}_{t}$ d.h. für 1991
	dto. Stückkosten:
	$5 \cdot 80/170 + 4 \cdot 90/170 = 4{,}47 = \overline{k}_{t-1}$ d.h. für 1990
	$6 \cdot 80/120 + 1 \cdot 40/120 = 4{,}33 = \overline{k}_{t}$ d.h. für 1991

Abb. 73: Fortsetzung

Preis sogar mit einer klar ausgeweiteten Absatzmenge einhergeht (= elitäre Positionierung).

- Die stark negative Erlösabweichung in WG$_2$ (- 1500) ist namentlich dadurch bedingt, daß
  - die sinkenden Preise, die zu einem großen Negativwert von C$_p$ führen (- 1 250), interessanterweise mit Mengeneinbußen einhergehen (C$_A$ = - 735,5), was wiederum speziell durch Z$_4$ hervorgerufen ist. Daher ist C$_{pA}$ mit 367,65 verständlicherweise positiv.
  - die Erlösstrukturabweichung C$_{Es}$ leicht positiv ist. Dies deutet auf rigide Marketingmaßnahmen hin: Tatsächlich zeigt ein Blick auf die Ausgangswerte, daß insbesondere bei Z$_4$ das Preisniveau deutlich gesenkt wurde und es trotzdem zu Absatz-

4. Schritt: Berechnung der Teileffekte

Produkt-gruppe / Effekt	PG$_1$		PG$_2$	
C_p	$(5-4) \cdot 100 + (6-6) \cdot 40$	$= 100$	$(10-20) \cdot 80 + (5-10) \cdot 90$	$= 1250$
C_A	$(120-100) \cdot 4{,}57 + (30-40) \cdot 4{,}57 =$	$45{,}7$	$(80-80) \cdot 14{,}71 + (40-90) \cdot 14{,}71 =$	$-735{,}5$
C_{pA}	$(150/140-1) \cdot 100$	$= 7{,}14$	$(120/170-1) \cdot (-1250)$	$= 367{,}65$
C_{Es}	$140 - 100 - 45{,}7 - 7{,}14$	$= -12{,}84$	$-1500 + 1250 + 735{,}5 + 367{,}65 =$	$117{,}85$
$\triangle E$	$(600-400) + (180-240)$	$= 140$	$(800-1600) + (200-900)$	$= -1500$
C_k	$(2-2) \cdot 100 + (3-3) \cdot 40$	$= 0$	$(6-5) \cdot 80 + (1-4) \cdot 90$	$= -190$
C_K	$(120-100) \cdot 2{,}29 + (30-40) \cdot 2{,}29 =$	$22{,}9$	$(80-80) \cdot 4{,}47 + (40-90) \cdot 4{,}47 =$	$-223{,}5$
C_{kA}	$(150/140-1) \cdot 0$	$= 0$	$(120/170-1) \cdot (-190)$	$= 55{,}88$
C_{Ks}	$10 - 0 - 22{,}9 - 0$	$= -12{,}9$	$-240 + 190 + 223{,}5 - 55{,}88$	$= 117{,}62$
$\triangle K$	$(240-200) + (90-120)$	$= 10$	$(480-400) + (40-360)$	$= -240$
$\triangle DB$	$140 - 10$	$= 130$	$-1500 + 240$	$= -1260$

$$-1130$$

Abb. 73: Fortsetzung

rückgängen kam. So liegt beispielsweise die Vermutung nahe, daß mit diesem im Stammarkt auslaufenden und „nicht mehr gehenden" Produkt nun ein vollkommen neues Marktsegment angesprochen wurde, das nur eine abgespeckte Produktqualität akzeptiert. Hier dürften daher entweder handelsseitige Sonderaktions- und Umpositionierungsmaßnahmen, vermutlich aber insbesondere herstellerseitige Maßnahmen eine Rolle spielen, die im Preisniveau an den Handel weitergeleitet werden.

5.3.4 Erlös-Ursachenanalyse

In einer anderen Sichtweise als bei der Symptomanalyse lassen sich Erlösabweichungen „ursächlich" regelmäßig auch erklären durch[183]
- branchen- und gesamtmarktbezogene Einflüsse
- Zufallsereignisse (= unplanbare, d. h. nicht vorhersehbare, nicht-einplanbare Einflüsse, so etwa eine nicht vorhersehbare Handelssperre im internationalen Geschäft weltweit agierender Filialisten, Personalstreiks im Zuge von Tarifkonflikten etc.)
- die mehr oder minder hohe Effizienz der unternehmenseigenen und insbesondere der filialbezogenen Marketingaktivitäten.

Damit die Analyse nicht zu unübersichtlich wird und weil überdies speziell das Preisimage einer Filiale aufgrund einer dezentralen Filialführung der Handelsorganisatio-

---

[183] Siehe insbesondere *Albers* 1989a; *Albers* 1989b; *Albers* 1990 sowie zusammenfassend *Witt / Witt* 1992.

nen in gewissen Grenzen eigenständig beeinflußt werden kann, sind nicht sämtliche Marketinginstrumente separat zu betrachten (beispielsweise Distributionspolitik, Finanzierungspolitik, Kommunikationspolitik usw.). Es erfolgt hingegen lediglich eine gröbere **Unterteilung der filialbezogenen Marketinginstrumente** in

- Preispolitik
- Leistungspolitik (= Nicht-Preispolitik), die demnach eher pauschal die übrigen Marketinginstrumente zusammenfaßt.

Prinzipiell läßt sich das im folgenden vorgestellte Analyseverfahren aber auch auf einzelne Filial-Marketinginstrumente übertragen. Wie aber die bisherigen Praxiserfahrungen zeigen, führt ein solch komplexer Ansatz beim Anwender regelmäßig zur Überforderung und damit zur – ja gerade nicht beabsichtigten – Intransparenz. Die Ursachenanalyse geht selbstverständlich ebenfalls von der Gesamterlösabweichung aus, spaltet sie aber „anders" auf. Dazu bedient man sich folgender Größen (vgl. auch Abbildung 74):

P = Durchschnittlicher eigener Absatzpreis innerhalb des Kalkulationsobjekts (etwa Warengruppe, Kundensegment o. ä.), z. B. v DM
A = Durchschnittliche eigene Absatzmenge innerhalb des Kalkulationsobjekts, z. B. w Stück
R = Relativer Preis = Eigener Preis P : Durchschnittspreis B der relevanten Konkurrenz („Branche") am Filialstandort, z. B. x
M = Mengenmäßiger Marktanteil der Warengruppe in ihrem relevanten Markt, z. B. y %.
V = Mengenmäßiges Marktvolumen („Stückzahl") des betrachteten relevanten Marktes, z. B. z Stück.

Konkret unterscheidet die Ursachenanalyse nun verschiedene erlösbeeinflussende Faktoren, nämlich

- **unternehmensexterne („exogene") Faktoren,** so beispielsweise
  - Preisniveauveränderung in der Gesamtbranche
  - gesamtheitliches Branchenschrumpfen oder -wachsen
- **unternehmensindividuelle bzw. -interne („endogene") Faktoren.** Hier kommen in Betracht
  - der Einfluß von Zufallsereignissen (beispielsweise rechtliche absatzhemmende Eingriffe, wie etwa bestimmte Vertriebsverbote), also eine sog. Ziel- bzw. **Planabweichung,**
  - ein nicht-erreichtes Preisziel (= Nichtrealisation des Soll- bzw. hier gleichbedeutend: des Planpreises), also eine sog. **Realisationsabweichung** nach oben oder unten,
  - eine ineffektive Preispolitik, da sich beispielsweise die Rahmenbedingungen geändert haben (etwa der Branchenpreis, so daß die eigene Preispolitik nun vergleichsweise weniger „durchschlägt" und tatsächlich weniger als erwartet wirkt), also eine sog. **Preiseffektivitätsabweichung,** die die Effizienz, d. h. die tatsächliche Wirksamkeit des Marketinginstruments „Preispolitik" ausdrückt,
  - eine ineffektive übrige Marketingpolitik (= Leistungspolitik), d. h. ein falsches Restmix (etwa allzu geringe Werbeintensität), also eine sog. **Marketingeffektivitätsabweichung,** die die Güte des gebündelten Marketinginstruments „Leistungspolitik" anzeigt.

Um solche Effekte deutlich zu machen, wird nun die Erlösabweichung (etwa für eine spezielle Warengruppe) in einzelne Komponenten zergliedert. Dies zeigt Abbildung 74:
- Im **linken Abbildungsteil** stehen gerade die Effekte (= Erlösabweichungsursachen), die auf unternehmensindividuellen und -internen Aspekten basieren (z. B. eine falsche

Preispolitik, also eine Preiseffektivitätsabweichung, weil beispielsweise der tatsächlich gesetzte Preis im Vergleich zur Konkurrenz, d. h. relativ zum Branchenpreis „nicht ausreichend gezogen" hat).

- Im **rechten Abbildungsteil** finden sich die eher globalen Effekte (z. B. ein generelles Branchenwachstum, d. h. eine sog. mengenmäßige Marktvolumensabweichung, oder aber auch eine sog. Branchenpreisabweichung, so etwa ein genereller Absatzpreisverfall im gesamten relevanten Markt).

- Zusätzlich und wiederholt tritt der Begriff „**Interaktionsabweichung**" auf. Dieser Interaktionseffekt resultiert daraus, daß Preis und Menge sich gegenseitig beeinflussen.

Die Ursachenanalyse spaltet nach unternehmens- bzw. filialindividuellen und nach globalen Abweichungsursachen auf. Daher gelingt es, etwa die Effektivität – bzw. hier sprachlich vereinfachend und daher gleichbedeutend: die Effizienz – eigener Marketingaktivitäten im Hinblick auf die dadurch verursachten Erlöswirkungen zu beurteilen und von generellen Brancheneinflüssen zu trennen. Im oberen Abbildungsteil (= Tabelle) stehen die seitens des Erlöscontrollers zu schätzenden Ausgangsdaten der Analyse. Im unteren Abbildungsteil (= Erlösbaum) finden sich die einzelnen Teileffekte, d. h. Indikatoren als generelle Formeln sowie auch zahlenmäßig konkretisiert mit den Daten der Tabelle des oberen Abbildungsteils.

Die einzelnen Größen in Abbildung 74 sind vom Filialcontroller zu schätzen und haben jeweils eine – hier nur zusammengefaßt aufgezeigte – spezifische Bedeutung:

- Dabei bezeichnet der tiefgestellte Index „I" eine Istgröße, die der Erlöscontroller im nachhinein festgestellt hat (analog etwa zu dem üblichen Begriff „Istkosten").
- Der Index „S" wiederum zeigt eine Soll-, d. h. eine Ziel- und Plangröße an, wobei die Begriffe „Soll" und „Plan" zur sprachlichen Vereinfachung hier zusammenfallen.
- Der Index „SK" bezeichnet eine korrigierte Plangröße. Der Erlöscontroller muß also nun erkennen, ob eine ursprünglich angestrebte Plangröße (z. B. ein Planpreis) aufgrund neuer Informationen überholt ist und demnach das Planziel, d. h. die entsprechende Plangröße zu korrigieren, d. h. der ursprüngliche Zielanspruch neu festzulegen ist. Dazu ein Beispiel: Aufgrund einer bislang dem Controller unbekannten Konkurrenzstrategie wird ein großer Wettbewerber mit neuen Outlets am Markt aktiv und zieht auf diese Weise Nachfrage aus den Konkurrentenfilialen ab. Das eigene Unternehmen reagiert darauf mit preisaggressiven Sonderaktionen.
- Der Index „E" tritt namentlich bei der Preispolitik auf, wenn nämlich der sog. „Eigentliche Relative Preis" (R_E) betrachtet wird. So hat z. B. die Filiale X „vor Ort" einen anderen Preis (= Istpreis P_I) fokussiert als er hingegen durch die Unternehmenszentrale mit P_S vorgegeben war. Insofern wirkt gegenüber der Konkurrenz, die durch den Branchenpreis B_S dargestellt ist, natürlich P_I statt P_S. Daher ergibt sich:

$$R_E = P_I : B_S.$$

Überdies wird durch diese verschobene Preisrelation selbstverständlich auch der Marktanteil beeinflußt, so daß man M_E schätzen muß. M_E hängt ja nun vom Verhältnis P_I/B_S und eben nicht mehr vom Verhältnis P_S/B_S ab. Hier bietet es sich an, mit Preis/Absatz-Funktionen zu arbeiten. Als besser hat es sich in der praktischen Anwendung aber noch bewährt, den veränderten Marktanteil nicht mittels Preis/Absatz-Funktionen zu schätzen, sondern ihn direkt (= prozentual), also ohne Umweg über die Preis/Absatz-Funktion anzugeben. M_E ist also gerade der Marktanteil, der „eigent-

1. Ausgangsdaten

	P (DM)	B (DM)	R	M (%)	V (Stück)	A (Stück)
S: Soll	11	10	1,1	20	10 000	2 000
SK: Soll-korrigiert			1,1	17,2	10 000	1 720
E: Eigentlich	12	10	1,2	16	9 000	1 440
F: Zu erwartender Istwert				17	9 000	1 530
I: Tatsächlicher Istwert	12	15	0,8	22	9 000	1 980

2. Erlösanalyse

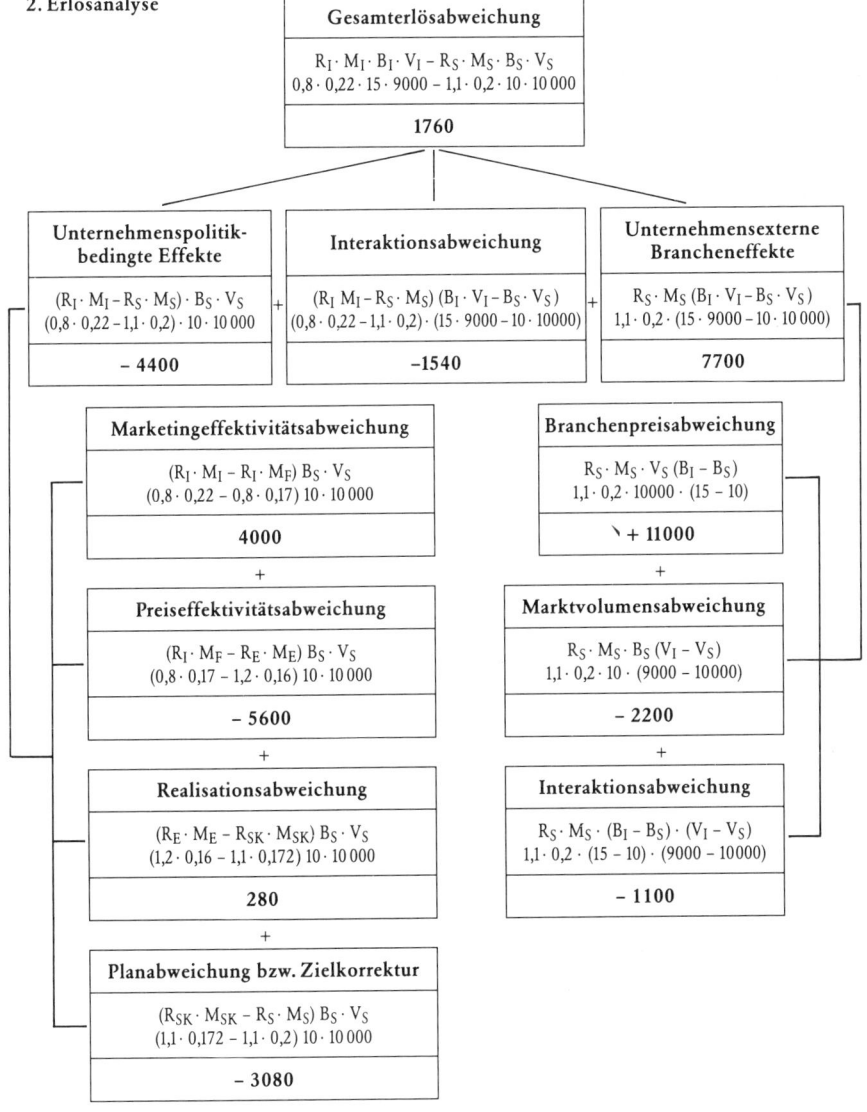

Abb. 74: Berechnungsformeln und Zahlenbeispiel zur Ursachenanalyse

lich" nur mittels des Preises R_E erreichbar ist im Vergleich zu M_S, der mit R_S hätte erreicht werden können, und im Vergleich zu M_I, der mit R_I dann tatsächlich erreicht wurde. Insofern drückt dann eine Differenz von M_I und M_E eine Verminderung oder Vermehrung der eigenen Marketingeffizienz im Vergleich zur Branche, d. h. zur Konkurrenz aus. Sie ist wiederum noch in eine preis- und in eine leistungspolitische Komponente aufspaltbar.

- Um diese zusätzliche Aufspaltung vorzunehmen, muß man M_F, also den Marktanteil mit dem **Index „F"** schätzen. M_F gibt nämlich gerade den Marktanteil an, der sich ergeben hätte, wenn sich die Nachfragestruktur nicht verschoben hätte und gleichwohl der Relative Istpreis $R_I = P_I/B_I$ gilt. Mit anderen Worten: Welcher Marktanteil M_F hätte sich – eben in Abhängigkeit von R_I – ergeben, wenn man selbst preispolitisch aktiv ist (R_I), man aber von der ursprünglich geplanten Nachfrageverhaltensweise (z. B. von einer stabilen Preis/Absatz-Funktion) ausgehen konnte? Durch diese Kontrastierung zwischen Nachfrageverhalten und preispolitischem Agieren wird also die Effizienz der Preispolitik ausgedrückt.

Das Zahlenbeispiel in Abbildung 74 zeigt das **rechentechnische Vorgehen** der Ursachenanalyse. Daraus leitet sich eine **Interpretation** ab:

- Die Gesamterlösabweichung ist insgesamt leicht positiv (1 760) und zwar vor allem wegen des Brancheneffektes (7 700). Die unternehmensindividuell gestaltbaren Effekte (- 4 400) sowie die Interaktionsabweichung (- 1 540) sind hingegen beide als negative Komponenten der Gesamterlösabweichung zu sehen. Speziell die überaus positive Branchenpreisabweichung (11 000) trägt zum wertmäßigen Branchenmarktwachstum bei.

- Bei den in der Summe negativen unternehmensindividuellen Effekten (- 4 400) schlägt vor allem die besonderes negative Preiseffektivitätsabweichung durch (- 5 600).

- Geringfügig hält die positive Realisationsabweichung (280) dagegen, weil durch die Abweichung vom ursprünglichen Preisziel offenbar ein – wenn auch nur leichter – Positiveffekt auftritt. Insgesamt weisen daher die Realisations- und die Preiseffektivitätsabweichung in ihrer Summe (280 – 5 600 = – 5 320) auf eine falsche Preispolitik im Vergleich zum übrigen Branchenverhalten hin. Insofern werden durch diese tiefergehende Analyse wesentliche Zusatzinformationen gewonnen, als dies hingegen bei der Symptomanalyse der Fall ist, die ja den Preiseffekt C_p und den Preis/Mengen-Effekt C_{pA} gänzlich anders definiert.

- Die Planabweichung ist mit – 3 080 ebenfalls negativ und recht hoch. „Versteckt" sich der verantwortliche Filialleiter dahinter und schiebt einige Schuld auf falsche Ziele bzw. Pläne bei der zurückliegenden Jahresplanung anstatt auf seine evtl. z. T. ineffiziente Marketing- und Filialstrategie?

- Lediglich die Effizienz der Leistungspolitik (= Marketingeffektivitätsabweichung) ist aber doch mit 4 000 positiv. Sie deutet darauf hin, daß die eher falsche Preispolitik z. B. durch Imagesteigerungen, selektierendere Vertriebswegeentscheidungen etc. teilweise aufgefangen wurde. Hier muß der Marketingcontroller noch im einzelnen tiefergehend nachforschen, welche Marketing(teil)instrumente dafür primär verantwortlich sind.

Die Ursachenanalyse ist der Symptomanalyse in mancher Hinsicht überlegen, da der Filialcontroller die Marketingaktivitäten detaillierter betrachten kann. So berechnet man in der Symptomanalyse ja eine durch die Unternehmenspolitik zustande gekommene **Preis-**

abweichung, indem man traditionell die Differenz von Planpreis – bzw. hier ja gleichbedeutend: Sollpreis – einerseits und Istpreis andererseits dann mit der Planabsatzmenge multipliziert:

$$(P_I - P_S)A_S.$$

Die gesamte Preisabweichung ist nun häufig aber auch noch durch einen zusätzlich Branchenpreiseffekt bedingt, so daß man diesen, dem Marketingmanager nicht direkt anzulastenden **Brancheneffekt** herausrechnet und also obige Formel um $(B_I - B_S)V_S R_S M_S$ korrigiert. Dieser Ansatz der Symptomanalyse, der den Gesamtpreiseffekt in eine unternehmensinterne sowie in eine konkurrenzbedingte Komponente aufteilt, lautet dann – dargestellt in Symbolen der Ursachenanalyse -:

$$(P_I - P_S)A_S - (B_I - B_S)V_S R_S M_S,$$

bzw. umgeformt:

$$(R_I - R_S)B_I A_S.$$

Wenn man dann noch den aus der Symptomanalyse bekannten Preis/Mengen-Effekt C_{pA} berücksichtigt, wird insgesamt deutlich: Bei lediglich symptomorientiertem Vorgehen würde man auf die gerade genannte Weise durchaus auch schon in der Lage sein, zwischen unternehmensindividuellen und eher globalen, z.B. branchenbedingten Effekten zu unterscheiden. Damit könnte man also gleichfalls die Effizienz der eigenen Preispolitik analysieren. Wozu dann also noch die Ursachenanalyse? Die Erklärung ist einfach: O.g. Formel, die die Perspektive der Symptomanalyse nun aber in der Schreibweise der Ursachenanalyse wiedergibt, zeigt klar: Der Klammerausdruck wird stets dann negativ, wenn der eigene Preis stärker als der Branchenpreis sinkt, man also im Vergleich zur Konkurrenz preisaktiv oder sogar preisaggressiv handelt. Ist diese Preispolitik aber immer und in jedem Fall falsch, wie dies aufgrund der negativen Abweichung die Symptomanalyse suggeriert?! Offensichtlich nicht, denn es gibt durchaus Situationen, in denen man durch eine überproportionale Mengensteigerung Märkte sichern will (z.B. Akquisition von Erstkunden bei Filialeröffnung oder generell im kalkulatorischen Ausgleich zwischen Warengruppen, so daß manche Leitartikel das Preisimage einer ganzen Filiale maßgeblich bestimmen können). Ein preisaggressives eigenes Verhalten könnte also durchaus sinnvoll und rational sein, was gerade durch die bloße Symptomanalyse nicht zum Ausdruck kommt, sondern erst durch die komplexere Ursachenanalyse beurteilt werden kann.

Die Ursachenanalyse für das filialbezogene Erlöscontrolling läßt sich – analog wie ja auch die Symptomanalyse – zu einer **deckungsbeitragsbezogenen Perspektive** erweitern.[184] Dies ist vor allem sinnvoll, weil

• die Marketingkosten zwar erlöstreibend wirken können, insgesamt evtl. aber den Dekkungsbeitrag schmälern, also den vordergründig lediglich auf eine gute Erlössituation verweisenden Marketingmanager dann evtl. weniger gut aussehen lassen,

• speziell werbungsbedingte Kosten (in der Praktikerterminologie oftmals: „Marketingkosten", wie z.B. entgangene Werbekostenzuschüsse, Insertionskosten) deckungsbeitragsmindernd zu berücksichtigen sind, falls und sofern man sie verursachungsgerecht einem einzelnen Kalkulationsobjekt zuordnen kann.

---

[184] *Albers* 1990.

Eine solche komplexe Analyse könnte indes einen Filialcontroller überfordern. Insbesondere hätte er – analog zur Schätzung einer Preis/Absatz- oder einer Preis/Marktanteil-Funktion – nunmehr noch eine Werbung/Marktanteil-, eine Image/Marktanteil-, eine Gangfolgen/Marktanteil-Funktion etc. zusätzlich zu schätzen, wenn man zusätzlich die gesamte Marketingeffizienz in einzelne Teilbereiche (= einzelne Marketinginstrumente im Filialbereich) aufspalten wollte, denen dann jeweils verursachungsgerecht Einzelkosten- und Einzelerlöse zuzuordnen wären. Dies erscheint für praktische Anwendungen insbesondere dann utopisch, wenn der Filialcontroller auf sich alleine gestellt ist und nicht auf konzernzentrale und/oder externe Berater zurückgreifen kann. Der Filialcontroller als „Einzelkämpfer" sollte sich dann evtl. sogar eher auf die etwas einfachere, nur symptomnahe Erlösanalyse beschränken.

6 Filial-Marketingcontrolling

In diesem Kapitel stehen qualitative, überwiegend marktforschungsgestützte Aspekte des Filialcontrolling im Vordergrund. U.a. werden behandelt:
- Verkäufer- und Kundentypisierung als Imagebaustein
- Marktabgrenzung als Basis des Konkurrenzcontrolling
- Servicecontrolling.

Damit soll eine Grundlage geschaffen werden, die der einzelne Filialcontroller „nur" noch auf seine spezifischen Verhältnisse hin überprüfen und ggf. – durch kleinere Korrektur-Marktforschungsbemühungen – anpassen muß. Durch die hier in Kapitel 6 – wie bereits in Kapitel 5 – exemplarische Darstellung auch von Einzelergebnissen und meist mit der Handelspraxis in konkrete Maßnahmen umgesetzten Einzelempfehlungen wird überdies ein Spektrum von Erfolgsdeterminanten deutlich, das die generellen strategischen Erfolgsfaktoren für die Filialebene operationalisieren hilft (vgl. Kapitel 2.1.2). So stellen beispielsweise die Marktabgrenzung und die Marktsegmentidentifikation anhand von Kundentypisierungen strategische Weichen im Filialmarketing, deren Leitrichtung der Filialcontroller mitzubeurteilen hat.

6.1 Verkäufer- und Kundentypisierung

6.1.1 Verkäufer

Angesichts neuer Bedienformen sowie weiterhin im Zuge des erlebnisorientierten Handelsmarketing geht es vor allem auch bei kontaktintensiven Filialen darum, das **Personal-Selling** zu controllen. Als Basis dazu ist eine Typisierung von Verkäufer und Kunde geeignet, die vorzugsweise empirisch gestützt erfolgen sollte.[185] Der Filialcontroller bewegt sich mit solchen Aufgaben allerdings schon recht weit vom „klassischen" rechnungswesen-gestützten Controlling fort, muß jedoch diesen Bereich in der Praxis notwendigerweise mitabdecken. Bedenkt man nämlich

- den Einfluß einer Verkäuferpräsenz auf die allgemeine Ladenatmosphäre[186]
- die Service- und speziell die Beratungsfunktion des Handels als oftmals wichtige Dienstleistung gegenüber dem Kunden, aber auch als filialinterner Prozeß innerhalb des handelsbetrieblichen Prozeßmanagement
- den in bezug auf diese Dienstleistung „Beratung" vielfach anzutreffenden Wettbewerb zwischen verschiedenen Betriebstypen des Handels (etwa Discounter vs. Fachgeschäft)
- nicht zuletzt den „irradiierenden", d. h. z. T. dominierenden Faktor „Mensch" im Rahmen von Serviceleistungen,

dann steht völlig außer Frage, daß man der Qualität des Verkaufspersonals ganz besonders große Beachtung im Filialcontrolling schenken muß. Denn selbst beim Trend zur Selbstbedienung ist eine Verkäuferpräsenz im Laden – allein schon aus logistischen Gründen der Regalauffüllung, der Kontrolle etc. – in aller Regel unerläßlich. Der Kunde kommt zwangsläufig in Verkäuferkontakt bzw. nimmt den Verkäufer (un)bewußt wahr, so daß daraus kurzfristige Irritationen und langfristige Einstellungsänderungen des Kunden resultieren können. Viel intensiver ist die „Beziehung" zwischen Kunde und Verkäufer noch in beratungsintensiven Handelsbranchen (Hifi, Schuhe, Kücheneinrichtung etc.), obwohl auch hier immer mehr Selbstbedienungsläden als jeweils besonderer Betriebstyp aus dem Boden schießen.

Die **Qualität eines Verkäufers** wird durch verschiedene Rahmenbedingungen beeinflußt. Allein schon sehr grobe Aspekte, wie etwa

- Einsatz von Aushilfskräften
- „Springer" zwischen verschiedenen Abteilungen
- sinkende Motivation
- allgemeines Qualifikations- bzw. Beratungsniveau eines Verkäufers

beleuchten das Problem auf eine plakative, aber nichtsdestoweniger eindringliche Art und Weise. Vor diesem Hintergrund muß man sich bewußt werden, daß viele Unternehmen – gerade in Branchen mit einer großen Bedeutung des persönlichen Verkaufsgesprächs (z. B. im Direktvertrieb seitens eines Filial- oder eines filialisierten Franchisesystems abgesetzte Konsumgüter, wie Wein etc.) – sehr viel Geld in **Verkäuferschulungen**

---

[185] *Witt* 1988a.
[186] Vgl. dazu generell *Bost* 1987.

stecken, nicht selten sogar mehr als in ihre Filialwerbung. Der Maßstab, ob solche Schulungen effizient waren, kann in letzter Konsequenz sicherlich nur die **Kundenzufriedenheit** sein. Konkret mündet dies wiederum in zwei Fragestellungen:

- Bemerkt der Kunde überhaupt – wenn auch evtl. nur unbewußt-beiläufig – die Verkäuferqualifikation, oder nimmt er etwa „nur" den Verkäufer als ganzheitliche Person wahr und bildet sich daraus ein Image?
- Setzt der Kunde ein „Basisniveau" voraus, daß er an Verkäuferqualifikation, -präsenz, -freundlichkeit etc. einfach erwartet, ohne dadurch bereits sein Verkäuferimage zu verbessern. Müssen also erst zusätzliche Verkäuferanstrengungen auftreten, um den Kunden (z.B. zum Kauf) zu motivieren? Mit anderen Worten: Welche Bedeutung kommt dem Handelsinstrument „Verkäufereinsatz" im gesamten Marketingmix eines Händlers überhaupt zu?

Mit Hilfe einer empirischen Studie lassen sich bestimmte Situationen unterscheiden, die zu einem Kontakt des Kunden mit einem Verkäufer – sprachlich hier gleichbedeutend: einer Verkäuferin – führen. Die wesentlichen dabei auftretenden **Kontaktsituationen** sind mit ihrer anzahlmäßigen Bedeutung in Abbildung 75 dargestellt. Sie können kurz umschrieben werden:

- **Kontakttyp 1**: Der Kunde wird aktiv und wünscht eine produktbezogene Beratung oder Auskunft.
- **Kontakttyp 2**: Der Kunde wird aktiv und wünscht allgemeine Hinweise („Wo finde ich . . .?").
- **Kontakttyp 3**: Der Kunde wird aktiv und will reklamieren, z.T. aber auch nur Unzufriedenheit ablassen („Warum ist hier nur eine Kasse offen?").
- **Kontakttyp 4**: Der Kunde muß zwingend einen Verkäuferkontakt aufnehmen (Bedienungstheke, Flaschenpfand, Kassiervorgang etc.). Insofern unterscheidet sich der Kontakttyp 4 inhaltlich doch deutlich von der vorgenannten Typen. Denn bei diesen kann der Kunde u.U. durch weitere Eigenaktivitäten (z.B. intensiveres Suchen bei Typ 2, Warten bei Typ 3) den Verkäuferkontakt ersetzen, während er bei Kontakttyp 4 notwendigerweise den Kontakt haben muß – es sei denn, er verzichtet beispielsweise auf den Kauf.
- **Kontakttyp 5**: Abgeleitet aus Kontakttyp 4 kann – aber muß hingegen nicht (wie bei Typ 4) – der Kunde Kontakt haben (z.B. Selbstbedienung im Kühlregal vs. Bedienungstheke). In der Studie wurde versucht, andere Einflüsse (beispielsweise lange Warteschlange an der Bedienungstheke, andere Produktqualitäten) durch geschickte Wahl der Untersuchungstageszeiten, durch Produktanreicherungen etc. auszuschalten.
- **Kontakttyp 6**: Der Kunde hat lediglich zufällig Verkäuferkontakt (etwa in einem engen Gang). Daraus können andere Kontakttypen abgeleitet werden, wenn der Kunde diesen „Zufall" zum Anlaß für eine Frage etc. nimmt, sonst hingegen aber überhaupt keinen Verkäuferkontakt aktiv angestrebt hat. Darüber hinaus kann sich dennoch aus dem Kontakttyp 6 eine Einstellungsveränderung ergeben (etwa Wegbehinderung seitens eines regalbefüllenden Verkäufers).
- **Kontakttyp 7**: Der Kunde hat vermeintlichen Verkäuferkontakt, indem er beispielsweise einen Rack-Jobber oder sogar einen anderen, verkäuferähnlich gekleideten Kunden anspricht.
- **Kontakttyp 8**: Der Kunde bleibt von sich aus – zumindest zunächst – passiv; vielmehr sucht ein Verkäufer aktiv Kontakt, indem er etwa dem Kunden von sich aus einen

Hinweis geben will (z. B. weil der Kunde einen suchenden Eindruck auf den Verkäufer macht).

- **Kontakttyp 9**: Wiederum ist der Verkäufer und eben nicht der Kunde aktiv; der Verkäufer wirkt indes negativ auf den Kunden ein (beispielsweise Rüge bezüglich vom Kunden berührter Frischware, Verpackungsöffnung).
- **Kontakttyp 10**: Ein Verkäufer nimmt etwa im Zuge von Sonderaktionen (Probierstand etc.) aktiv Kontakt auf.

Der Filialcontroller muß verschiedene Kontaktsituationen zwischen Verkäufer und Kunde unterscheiden. Neben dem eher marketingbezogenen Aspekt, situationsspezifische Verkäuferschulungen zu initiieren, leitet der Filialcontroller gleichfalls prozeßbezogene Maßnahmen, die sich auf das interne Handelsmanagement beziehen. Gerade bei kontaktintensiven Filialen hat sich in der Praxis eine Kostenstellenplanung für den Verkaufsbereich bewährt, bei der als Cost-Driver vier Kontaktsituationen unterschieden werden, die individuell für ein filialisiertes Unternehmen ermittelt werden. Auf diese Weise gelingt es, eine kostenstellenspezifische Plankostenfunktion zu erstellen, in die insbesondere diese speziellen vier – nach ihrer jeweiligen Häufigkeit bzw. Bedeutung gewichteten – Kontaktsituationen eingehen (Operationalisierung z. B. durch Zeitanteile). Es handelt sich damit bezüglich des methodischen Vorgehens um ein ähnliches Verfahren, wie es bereits bei der Ermittlung direkter Erlösfunktionen geschildert wurde (vgl. Abbildung 72).

	Häufigkeit des Auftretens im Kaufprozeß	Bedeutung für Kundeneinstellung
Kontakttyp 1	13	19
Kontakttyp 2	15	20
Kontakttyp 3	8	10
Kontakttyp 4	18	18
Kontakttyp 5	9	10
Kontakttyp 6	17	2
Kontakttyp 7	5	3
Kontakttyp 8	8	3
Kontakttyp 9	6	13
Kontakttyp 10	1	2
Prozentsumme	100	100

Abb. 75: Kontakttypen im Personal-Selling einer Filiale

So unterschiedlich diese Kontakttypen sich auch darstellen, so sehr wird jedoch in Abbildung 75 deutlich, daß ihre **anzahlmäßige Bedeutung** (= prozentuale Häufigkeit eines Kontakttyps während des Einkaufs) einigermaßen gleichverteilt ist. Dem steht indes eindringlich eine stark divergierende Gewichtverteilung gegenüber, die die Wichtigkeit eines Kontakttyps als Baustein für eine längerfristige, den Einzelkauf überdauernde Imagebildung beim Kunden beschreibt. Diese sich im Zeitablauf u. U. verfestigende **Einstellungs- bzw. Imagebildung** wird gemäß Abbildung 75 tendenziell durch die Kontakttypen 1, 2, 4 und 9 bestimmt. Die anderen Kontakttypen weisen zwar in Einzelsituationen durchaus besondere Bedeutung auf, sind aber im Durchschnitt doch eher untergewichtig im Vergleich zu den dominierenden Kontakttypen 1, 2, 4 und 9. Sieht man sich beispielhaft den Kontakttyp 9 an, so wird dies noch einmal klar: Dieser Typ 9 weist eine geringe Häufigkeit auf, hat aber „im Fall des Falles" dann doch einiges Gewicht, wenn der Kunde sich gerügt sieht. Da dies jedoch wiederum relativ selten vorkommt, steht der Kontakttyp 9 im Mittelfeld zwischen besonders und weniger bedeutsamen Kriterien. Vereinfacht und plakativ zusammenfassend: Speziell die Situationen, in denen ein Kunde von sich aus Initiative ergreift und aktiv wird, sind für seine Einstellung gegenüber einem Verkäufer wichtig. Vor dem eigentlichen Kontakt gibt es vielfach eine optische Voreinschätzung, ob es sich mit seinem Anliegen überhaupt lohnt, den Verkäufer um Hilfe zu bitten. Die Situationen hingegen, bei denen die Erstinitiative vom Verkäufer ausgeht, sind leicht der Gefahr ausgesetzt, daß der Kunde zur Negativinterpretation neigt.

Es hängt von weiteren Rahmenbedingungen als lediglich von der Person des Verkäufers ab, wie er von einem Kunden eingeschätzt wird. Als eine wesentliche Einflußgröße hat sich in der Feldstudie dazu der gutsbezogene Blickwinkel erwiesen. Verschiedene **Warengruppen** lassen sich nämlich nicht nur zwischen Food- und Non-Food-Abteilungen eines Ladenlokals, sondern auch innerhalb des Food-Bereichs selbst unterscheiden (Frischwaren, Dauervorräte etc.). Besonderes Gewicht hatte aber die **Unterscheidung verschiedener größerer Abteilungen** (insbesondere Food-Artikel und mittel- bis höherwertige Konsumartikel), die im Ladenlokal räumlich eng beieinander plaziert waren:

- Bei steigender **Gutswertigkeit**, aber auch bei aus Sicht des Verkäufers „komplizierten" oder „anfälligen" Artikeln (etwa exotische Früchte, die leicht Druckstellen aufweisen), nimmt der Verkäufer eher aktiv den Kundenkontakt auf als hingegen bei anderen Gutsgruppen. Dies bedingt jedoch aus Sicht des angesprochenen bzw. sich beobachtet fühlenden Kunden häufig eine Tendenz zu Kontakttyp 9. Sowohl Kaufmotivation als auch Einstellung gegenüber dem Verkäufer können sich verschlechtern. Akzeptiert man einmal, daß Einstellung und Motivation sehr vielschichtige Erscheinungen sind und daher – um zu praxisgerechten Aussagen zu gelangen – durch Indikatoren handlich und handhabbar gemacht werden müssen, so sank die durch solche Indikatoren gemessene positive Einstellung und Kaufmotivation bei den o.g. Gütern deutlich mehr als bei anderen Artikeln, nämlich um 12 % satt durchschnittlich um 5 %. Der aktive Verkäuferkontakt kann indes auch verbessernd wirken, und zwar ebenso überproportional, wie er verschlechternd auftritt. In der Studie allerdings kam zum Ausdruck, daß ein aktiver Verkäuferkontakt insgesamt eher Gefahr läuft, negativ denn positiv zu wirken (Verhältnis etwa 3 : 1).
- Eng mit dieser Perspektive verknüpft ist die **Erklärungsbedürftigkeit** eines Gutes. Entsprechend gelten die gerade vorgestellten Überlegungen auch hier.
- Innerhalb des Food-Bereichs konnten drei **Segmente** ermittelt werden, in denen der Kunden/Verkäufer-Kontakt verschieden intensiv wahrgenommen wurde und die demzufolge auch unterschiedlich starke Einstellungseffekte bedingen können. In absteigender Reihenfolge sind dies
  – der Frischwarenbereich mit persönlicher Bedienung
  – die Kassenzone
  – der Frischwarenbereich mit Selbstbedienung.

Es ergaben sich drei zusammenfassende sog. Faktoren, die die **Kundeneinstellung** als Erklärungsgrößen bestimmen. Es sind dies

- der Freundlichkeitsgrad des Verkäufers (43 % Bedeutungsgewicht)
- demographische, d.h. meist direkt durch Blickkontakt objektiv oder z.T. auch nur subjektiv erkennbare „äußerliche" Merkmale (26 % Bedeutungsgewicht)
- die vom Kunden vermutete Kompetenz des Verkäufers (31 % Bedeutungsgewicht).

Diese drei Kriterien erklären einen sehr hohen Anteil der Varianz, so daß offensichtlich gerade und speziell sie – und eben keine anderen Einflüsse – für den Aufbau und die Veränderung der Kundeneinstellung gegenüber Verkäufern im Food-Bereich verantwortlich zeichnen. Innerhalb dieser drei großen bündelnden Faktoren sind verschiedene **Einzelkriterien** zusammengefaßt, die im folgenden kurz wiedergegeben werden. Dabei wird gleichfalls das jeweilige Bedeutungsgewicht eines Kriteriums innerhalb eines Faktors angegeben. Ein Beispiel: Das Kriterium „Tonfall" hat 16 % Bedeutungsgewicht innerhalb des Faktors „Freundlichkeitsgrad"; dieser wiederum hat im Vergleich zu den beiden übrigen Faktoren 43 % Bedeutungsgewicht. Unter gewissen Vorbehalten kann man daher schließen, daß der „Tonfall" absolut und insgesamt 0,16 · 0,43, also etwa 7 % Bedeutung für sich allein, d. h. eigenständig aufweist. Abbildung 76 zeigt zusammenfassend die Einzelkriterien für die drei o. g. Faktoren

Die Bedeutung dieser Faktoren wurde in der empirischen Untersuchung zwar eindeutig erkannt. Jedoch schwankt das Gewicht in Abhängigkeit von bestimmten **Kundengrup-**

Die drei aufgezeigten Faktoren fassen die Bestimmungsgründe der Kundeneinstellung gegenüber Verkäufern zusammen. Weiterhin sind je Faktor die Einzelkriterien dargestellt, die ein Faktor jeweils bündelt. Die Symbole „ + " und „-" zeigen an, ob das Kriterium tendenziell positiv oder hingegen negativ imagebeeinflussend wirkt..

Einzelkriterien im Faktor „Freundlichkeitsgrad" (Gesamtbedeutung 43 %)

Verkäuferkontakt zu anderen Kunden	27 +
Verkäuferkontakt zu anderem Personal	14 -
Satzlänge der Antwort	12 +
Gesamte Antwortlänge	11 +
Gereiztheit in Tonfall und -lage	16 -
„Gehetztsein"-Sein des Verkäufers	6 -
Korrekte Sprache	6 +
Blickkontakt	4 +
Allgemeine Höflichkeit	4 +

Einzelkriterien im Faktor „Demographische Merkmale" (Gesamtbedeutung 26 %)

Ältere Person (etwa > 50 Jahre)	16 +
Gepflegtheit	24 +
Korrekte und saubere Kleidung	32 +
Gutes Aussehen („Attraktivität")	18 +
Vermutete Aushilfskraft	10 -

Einzelkriterien im Faktor „Verkäuferkompetenz" (Gesamtbedeutung 31 %)

Wartezeit bis zur Antwort	20 -
Berufskleidung	17 +
Richtigkeit der Antwort	17 +
Pseudoargumente	17 +
Aufenthalt nahe eigener Abteilung (nur bei großen Geschäften, ansonsten vermutete abteilungsübergreifende Kompetenz)	16 +
Bemühen um Kundenbelange	13 +

Abb. 76: Faktoren und gebündelte Einzelkriterien als Erklärung für die Kundeneinstellung gegenüber Verkäufern (Angaben in Prozent)

pen bzw. -typen. Mit anderen Worten: Einzelne Kunden lassen den einen Faktor (z.B. „Freundlichkeitsgrad"), andere Kunden hingegen etwa den Faktor „Kompetenz" dominieren. Deshalb wurde versucht zu erfassen, welche Faktoren für welche Kundengruppen besonders wichtig erscheinen. Dabei konnten die befragten Kunden indes lediglich mit Hilfe von vier Merkmalen im Rahmen der schriftlichen Datenerhebung verläßlich klassifiziert werden (Alter, Geschlecht, Einkommen, Bildung), so daß in den ergänzenden Tiefeninterviews weitere Informationen zutage treten mußten. Insgesamt kann man mit gewissen statistischen Vorbehalten dann folgende Zuordnung vornehmen:

- Ältere Menschen (> 55 Jahre) neigen zu einer deutlichen Höhergewichtung des Faktors „Freundlichkeitsgrad" im Vergleich zu anderen Kundengruppen. Dies gilt ebenfalls für jüngere Käuferschichten (zwischen 18 und 32), die allerdings dann mitunter ein leicht überdurchschnittliches Bildungsniveau aufweisen.
- Speziell im Lebensmittelbereich – und um den ging es ja in der Untersuchung primär – betonen Frauen (> 21 Jahre) eher den Faktor „Verkäuferkompetenz" als entsprechende männliche Altersgenossen.
- Kunden mit einem Jahresbruttoeinkommen > 90.000 DM gewichteten „Kompetenz" und „Freundlichkeitsgrad" viel höher als die „Demographie".

Insgesamt zeigen diese Ansätze der Käufersegmentierung in bezug auf die Verkäufereinschätzung und die Einstellung gegenüber dem Verkaufspersonal deutlich auf, daß demographische Kriterien bei speziellen Kundengruppen an Bedeutung im Vergleich zu den anderen Faktoren verlieren können. Daraus darf man aber nicht den Trugschluß ziehen, diese Merkmale (s.o.: Gepflegtheit, Kleidung etc.) seien nicht zu berücksichtigen. Vielmehr bilden sie in Kombination mit den anderen Faktoren einen wesentlichen Rahmen, in dem sich Einstellungsveränderungen vollziehen. Als Fazit aus solchen Überlegungen stellt sich nun die Frage, welche **Verkäufertypen** die Kunden unterscheiden. Es ergaben sich folgende Typen, die mit der prozentualen Häufigkeit ihres Auftretens gemäß subjektiver Kundenmeinung angegeben werden:

- **Männliches Verkaufspersonal** (5 %). Der Kunde differenziert hier ganz deutlich geschlechterspezifisch, da er offensichtlich – bei einer Gewöhnung an weibliches Verkaufspersonal – bei männlichen Verkäufern höhergestellte Mitarbeiter (z.B. Filialleiter) vermutet. Sofern nicht per Augenschein ersichtlich (beispielsweise extreme Jugendlichkeit), daß dies nicht der Fall sein kann, räumt der Kunde männlichen Verkäufern also einen deutlich besseren Status ein und hat ihnen gegenüber positivere Einstellungen. Deshalb hebt er sich deutlich von den nachfolgenden Verkäufertypen ab, obwohl „an sich" jeder der nachgenannten Typen männlich oder weiblich sein könnte. Tatsächlich jedoch beziehen sich die folgenden Typen dominant auf weibliches Verkaufspersonal.
- Der **arrogante Verkäufer**. Er tritt mit immerhin 23 %iger Häufigkeit auf.
- Der rasche, d.h. eilige, aber dennoch freundliche, **fachkundige Verkäufer**. Mit etwa nur 13 % Bedeutung dieses Verkäufertyps scheint hier ein insgesamt etwas negatives Gesamturteil der Kunden über die Qualität des Verkaufspersonals gefällt worden zu sein.
- Der **inkompetente Verkäufer**. Er weist mit 30 % Gewicht leider einen (zu) hohen Anteil gemäß Kundeneinschätzung auf.
- Der **uninteressierte, unfreundliche Verkäufer**. Mit ungefähr ebenfalls 30 % Bedeutung lt. Kundenmeinung rundet er ein insgesamt doch eher leicht negatives Bild dieser Berufsgruppe ab.

- **Sonstige** (12 %). Hier sind die übrigen Verkäufertypen zusammengefaßt, die in Tiefen-interviews seitens der Kunden mit verschiedensten Attributen beschrieben wurden und den o.g. Typen nicht zuverlässig zuzuordnen waren.

Es zeigt sich damit zusammenfassend, daß die Kunden das Verkaufspersonal durch-schnittlich nicht sonderlich gut beurteilen. Es scheint neben demographischen Merkma-len, die ohne Gesprächskontakt schon eine Einstellungsänderung bewirken können und damit den anderen Imageeinflüssen zeitlich vorgelagert sind, zwei wesentliche Bereiche zu geben, die die kundenseitige Verkäufereinschätzung bedingen, nämlich die **Kompe-tenz und die „umrahmende" Verhaltensweise** eines Verkäufers. Zu diesen beiden bün-delnden Kriterien treten aber grundsätzliche weitere Aspekte hinzu, so insbesondere Vorerfahrungen des Kunden in einem Laden. Die von ihm in der Vergangenheit (subjek-tiv) wahrgenommene **Ladenatmosphäre** akzentuiert einerseits die aktuelle Einstellung gegenüber einzelnen Verkäufern. Andererseits beeinflussen aktuelle Erfahrungen mit Verkäufern die Kundeneinstellung und damit langfristig auch die von ihm wahrgenom-mene Ladenatmosphäre: es liegt eine „Gegenseitigkeit" vor, die sich wie eine Spirale hochwinden kann.

Deshalb ist zu fragen, welches generelle Gewicht dem Kunden/Verkäuferkontakt zu-kommt. Zu diesem Zweck wurden einerseits **Testkäufe** im Sinne einer Simulation durch-geführt. Zum anderen wurden Kunden schriftlich und mündlich nach ihrer Meinung befragt. Hinsichtlich der Testkäufe bestand das Ziel darin, bei möglichst gleichen Rah-menbedingungen einzelne Kunden mit verschiedenen Verkäufertypen („Schauspieler") zu konfrontieren und dann – neben einer Befragung im nachhinein – insbesondere ihr tatsächliches Kaufverhalten zu beobachten. Wenn man als Indikatoren die Ladenver-weilzeit, die Kaufmenge und den Kaufwert nimmt, so war durchaus ein Einfluß des be-wußt herbeigeführten Kontakts zwischen Kunde und einem Verkäufertyp zu ermitteln. Insgesamt dürfte aber die Bedeutung der Verkäuferqualität mittelfristig (< 3 Monate bei etwa zwei Ladenbesuchen je Woche) nicht größer als 12 % im gesamten Handelsmix sein. Immerhin scheint das dennoch in anderer Betrachtung ein großer Wert zu sein, wenn man bedenkt, daß die einzelnen Mixelemente sich gegenseitig bedingen und ver-stärken können.

In der **Kundenbefragung** wurde sogar ein etwas höherer Anteil der Kontaktbedeutung ermittelt; er lag bei ca. 16 %. Dies bedeutet z.B., daß der Kunde bestimmte irradiierende Momente und Kriterien sieht, die er während des aktuellen Kaufvorgangs mitunter zwar etwas zurückdrängt, die aber nichtsdestoweniger zumindest unterschwellig stets vorhan-den sind. Speziell bei aus Kundensicht negativ einzuschätzenden Kontakten verstärken sich dann die Einflüsse und bilden die längerfristig für den Kunden geltende Ladenat-mosphäre. Verkäuferkontakte kumulieren sich in der Erinnerung und verstärken das ge-samte Ladenimage. Wenn damit auch sicherlich ein etwas düsteres Szenario skizziert ist, so muß man die Möglichkeit eines solchen Ablaufs deutlich erkennen. Es ist eine immer-hin recht wahrscheinliche Abfolge.

Der Filialcontroller kann aus solchen empirischen Ergebnissen wiederum bestimmte **Maßnahmenempfehlungen für das Filialmanagement** ableiten, so z.B.
- Initiierung von verhaltensbezogenen Verkäuferschulungen
- Controller's Anreiz für eine verkäuferseitige, fachbezogene Know-how-Auffrischung z.B. über Regalstandorte, angemessenes Äußeres und Auftreten.
- Konkrete Einzelhinweise für Verkäufer verschiedener Abteilungen

- Prozeßorientierte Betrachtung von „Nebenbei-Tätigkeiten" eines Verkäufers (beispielsweise Reduktion solcher Tätigkeiten anhand von Belastungsstandards, die sich wiederum in der Personalausstattung einer Abteilung niederschlagen können)
- Einsatz von Springern und Aushilfspersonal. Der Kunde muß bekannte Ansprechpartner haben, oder – das wäre die konsequente Alternative – der Springer bzw. die Aushilfskraft müssen hinreichend qualifiziert sein und beispielsweise Preis- und Regalkenntnis aufweisen.
- Lokalität, mit der ein Verkäufer in „seinem" Bereich präsent ist. Der Filialcontroller steuert hier wiederum im Zuge der Personal(einsatz)planung. Im Bereich einer größeren Abteilung (etwa Gemüse/Obst) muß der Kunde erkennen können, wer sein Ansprechpartner ist. Auch hier helfen wiederum Hinweistafeln. Der Kunde muß behutsam zum Verkäuferkontakt geleitet werden. Auf diese Weise kann auch der SB-Bereich ein beratungsintensives Image erhalten.

6.1.2 Kunden

Spiegelbildlich zu den verschiedenen Verkäufertypen gibt es auch Kundentypen.[187] Dabei kann sich der Verkäufer keineswegs darauf verlassen, daß der Betriebstyp selbst bereits Kunden hinreichend segmentiert, d.h. insbesondere atypische Kunden abhält bzw. ausschließt (etwa bei einem High-Level-Shop, der aufgrund seiner Warenpräsentation Exklusivität vermittelt). Vielmehr sind heutzutage eher „Durchmischungen" und Probierkäufe und Warenbesichtigungen anzutreffen. Daher muß der Verkäufer eine controllerseitige Unterstützung bekommen, wie er verschiedene Kunden einstufen und dann im **Personal-Selling** behandeln soll. Im Rahmen einer entsprechenden empirischen Untersuchung ließen sich dazu einige für das Filialcontrolling wichtige Ergebnisse ermitteln:

- Es gibt bestimmte „äußere" Kundenmerkmale, die den Verkäufer stark beeinflussen, die von ihm oft aber zu traditionell-konservativ in eine Kundeneinschätzung umgesetzt werden, indem er nämlich in Klischées verfällt. Solche äußerlichen Kundenmerkmale sind beispielsweise
  - Sprache
  - Art der Bedarfsartikulation (etwa Vorab-Produktkenntnisse des Kunden)
  - Kleidung
  - allgemeines Auftreten.
- Ein Beratungs- bzw. Verkaufsgespräch kann hinsichtlich der Verkäufermeinung in zwei Zeitphasen unterteilt werden:
  - die ca. 15 Sekunden, indenen sich eine bestimmte Meinung bereits recht fest etabliert
  - das übrige Gespräch.
  Spätestens jedoch nach etwa 30 Sekunden hat sich die Verkäufermeinung, d.h. die Kundeneinschätzung fast unwiderruflich verfestigt.
- Lediglich bei bestimmten höherwertigen Waren (Mobiliar, Schmuck u.ä.) kann sich die Verkäufermeinung während des Gesprächs noch einmal ändern, nämlich während der „Preisphase", falls beim Preisgespräch der Kunde eine der bisherigen Einschätzungen widersprechende Reaktion zeigt.

---

[187] *Witt / Witt* 1987a.

Aufgrund solcher hier ausschnittsweise und exemplarisch aufgezeigter Erkenntnisse muß es dem Filialcontroller sehr darum gehen, eine filialspezifische Kundentypologie zu entwickeln. Beispielsweise kann man innerhalb eines Handelskonzerns zunächst betriebstypenspezifische Kundensegmente anhand strategischer Dimensionen identifizieren. In gewisser Hinsicht liegt damit ein in der Handelspraxis zwar so angewendetes, weniger aber so bezeichnetes **Kundenportfolio 1** vor. Abbildung 77 zeigt beispielhaft eine solche Portfolierung auf.

Das Kundenportfolio 1 will zunächst betriebsformentypische Kunden innerhalb der verschiedenen Betriebstypen eines Handelskonzerns identifizieren, um dann – insbesondere innerhalb eines jeweiligen Betriebstyps – noch tiefergehend filialspezifisch unterscheiden zu können (etwa regionale oder sogar lokale Unterschiede innerhalb eines Filialsystems). Die beim hier beispielhaft dargestellten Kundenportfolio herangezogenen Dimensionen stellen letztlich eine Operationalisierung des erlebnisorientierten Marketingansatzes dar (vgl. das Strategieportfolio 1 in Abbildung 12), wie intensiv nämlich gemäß der Meinung des Konzernmanagement einzelne Betriebstypen eine Erlebnisorientierung einsetzen sollten und welches Erlösvolumen (= Bubblegröße im Portfolio) dabei zur Disposition steht. Andere mögliche Portfoliodimensionen sind z. B.
• Freude am Einkaufen
• Niveauorientierung hinsichtlich Qualität, Präsentation etc.,
die letztlich aber wieder auf die in Abbildung 77 aufgezeigten Dimensionen zurückzuführen sind.

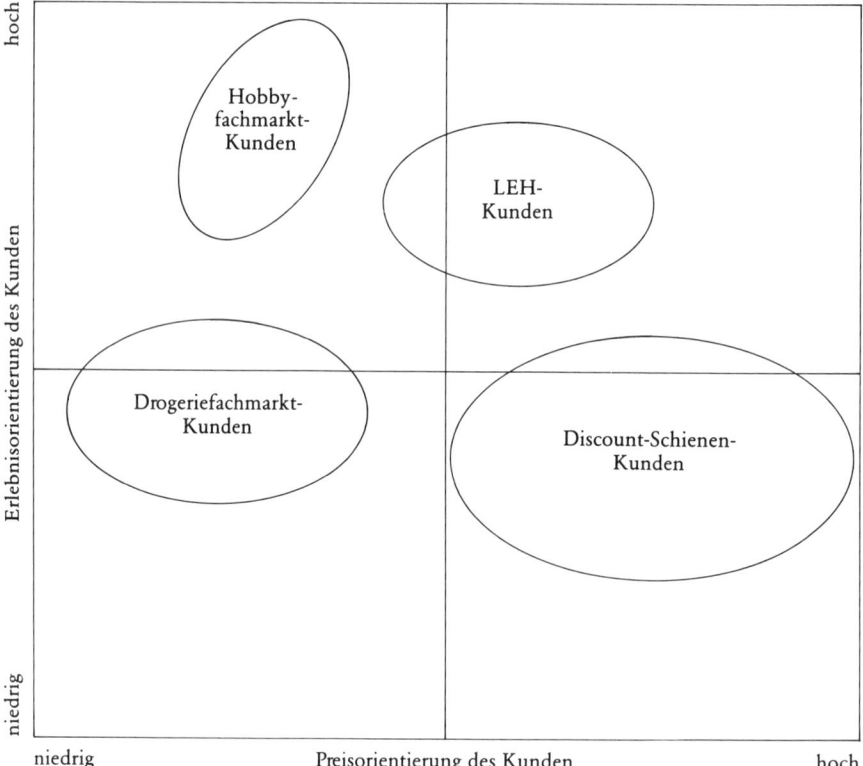

Abb. 77: Kundenportfolio 1 zur betriebstypenspezifischen Kundensegmentierung

Entsprechend ist innerhalb einer spezifischen Betriebsform nun das – hier im konkreten Beispiel dreidimensionale – **Kundenportfolio 2** in der Lage, verschiedene Kunden tiefergehend zu segmentieren und Schwerpunkte zu erkennen (vgl. Abbildung 78). Darüber hinaus gibt Abbildung 78 noch Einblick in eine Kundenschwerpunktbildung in bezug auf die einzelnen Standorte bzw. Filialen dieses Betriebstyps.

Das Kundenportfolio 2 zeigt wesentliche Kundenschwerpunkte eines speziellen Betriebstyps (hier: regional filialisiertes Kaufhaus) auf und verdeutlicht weiterhin standortspezifische Kundenschwerpunkte, die beispielsweise aus einem Stadt/Land-Unterschied herrühren können. Die Bubblegröße gibt im konkreten Fall die vermutete Kundenanzahl innerhalb des jeweiligen Segments graphisch an. In der Darstellung „Filialbedeutung" sind die potentiellen Erlösgewichte der identifizierten vier Segmente für jede der insgesamt zehn Filialen aufgetragen, so daß auf diese Weise das an sich zweidimensionale Portfolio durch die „Zukunftsdimension" erweitert wird und ein Zeitvergleich möglich ist. Andere sinnvolle dreidimensionale Portfoliodarstellungen könnten etwa folgende Dimensionen beinhalten:
• Qualitätsempfinden und Qualitätsorientierung
• Innovationsaufgeschlossenheit, gerade in bezug auf neue Produkte, Einzelartikel und/oder Sortimentsbereiche
• Prestigenutzen, den der Kunde aus dem Kaufakt und einem evtl. entsprechend hochwertig und edel markierten Produkt zieht.

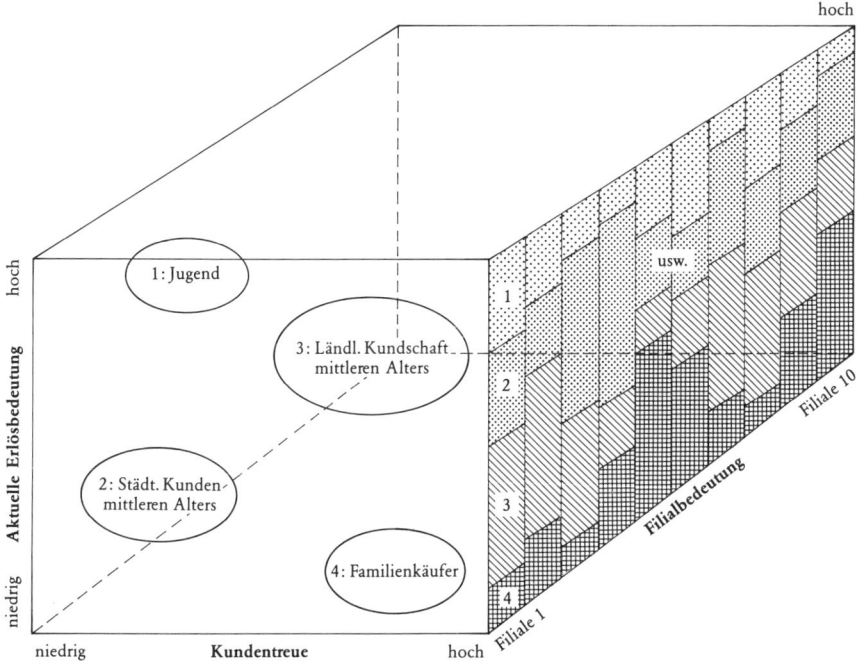

Abb. 78: Kundenportfolio 2 zur filialspezifischen Kundensegmentierung

Darüber hinaus kann der Filialcontroller solche meist zentral bereitgestellten oder doch zumindest gemeinsam mit dem Zentralcontrolling erarbeiteten Ergebnisse filialspezifisch noch um bestimmte leicht erhebbare Segmentierungsmerkmale erweitern, mit denen er beispielsweise typische Unterschiede zwischen Lauf- und Stammkundschaft

herausarbeiten kann. Denn obschon das Kaufverhalten und die Filial- bzw. Betriebs-
typentreue keineswegs nur mit einfachen Merkmalen erhebbar ist, zeigen solche eingän-
gigen Segmentierungskriterien gleichwohl schon gewisse Unterschiede zwischen einzelnen Kundengruppen auf. Exemplarisch sind im folgenden einige empirische Ergebnisse
hinsichtlich der Ladentreue aufgezeigt, die sehr deutlich auf die Existenz einer Stammkundschaft (= **Kernkäuferschaft**) hinweisen:[188]

- Im **Discountbereich** gibt es Konsumenten, die durchschnittlich etwa 83 % ihres Be-
  schaffungsvolumens für einen bestimmten Artikel lediglich bei einem Handelsunternehmen nachfragen und damit extrem treu in bezug auf diesen filialisierten **Händler**
  sind. Dies führt soweit, daß für bestimmte **Artikel** sogar ausschließlich der eine einzige Anbieter als relevant im Sinne des „evoked set", d. h. als relevante Bezugsquelle
  betrachtet wird: Es liegt hier dann eine 100-%ige Treue vor. Bildet man nun über
  verschiedene Regionen einen gewogenen Mittelwert, so kommt man für den Betriebstyp „Discounter" wichtigen Kenngröße, wie hoch nämlich der **Anteil der einem
  einzelnen Handelsunternehmen treuen Käufer** ist. Um diese Frage operational beantworten zu können, wurde in der empirischen Untersuchung vorgegeben, daß ein
  „treuer" Käufer mindestens 70 % seines wertmäßigen Gesamtbeschaffungsvolu-
  mens[189] – sofern in diesem Discounter überhaupt erhältlich – eben dort decken muß.
  Unter dieser Vorgabe ist dann der Anteil der in diesem Sinne treuen Käufer für den
  Discountbereich mit durchschnittlich etwa 32 % anzusetzen. In bestimmten Segmenten reicht dieser Wert indes fast bis an die 100-%-Marke. Mit anderen Worten: Fast
  ein Drittel aller Kunden im Discountbereich decken – trotz vorhandener Anbieter-
  substitutionsmöglichkeiten – mindestens 70 % ihres dort erhältlichen Bedarfs bei einem speziellen Discountfilialisten. Das deutet in besonderer Weise auf die Existenz
  einer Kernkäuferschaft hin..
- Die entsprechende Zahl ist indes für den **Warenhaussektor** weitaus geringer anzusetzen, nämlich mit etwa 4 %. Dieser warengruppenübergreifende und sich ja vielmehr
  auf das gesamte Beschaffungsvolumen eines Nachfragers beziehende Wert schließt indes nicht aus, daß für einzelne Produktarten gleichwohl noch eine extreme Waren-
  haustreue vorhanden ist und demnach auch eine Produkttreue vorliegen kann, die beinahe 100-%ig ist.
- Wenn nun die gesamte Käuferschaft eines Handelsunternehmens segmentiert wird –
  und zwar aus Vereinfachungsgründen für den Filialcontroller mittels **demographischer
  Kriterien** –, so ergibt sich ein noch deutlicher gezeichnetes Bild:
  - Bei älteren Konsumenten sind die Anbieter- und Produkttreue überdurchschnitt-
    lich ausgeprägt.
  - Dies trifft auch zu auf Konsumenten, die ein mittleres Bildungsniveau aufweisen.
  - Trotz aller strukturellen Aufweichungen zwischen den Kaufverhaltensweisen ver-
    schiedener Einkommensschichten blieb gleichwohl festzustellen, daß Konsumenten
    mit einem Jahresbruttoeinkommen, das größer als etwa 130.000 DM ist, deutlich
    mehr Anbieter (= Händler) in ihrem „evoked set" hatten als geringerverdienende
    Konsumenten bzw. Haushalte.

---

[188] *Witt* 1990d.
[189] Eine durchgeführte Kontrollrechnung berücksichtigte auch den Mengeneffekt, wonach ein
    Käufer als „treu" eingestuft wurde, wenn er mindestens 75 % der Artikel (= Artikelanzahl) bei
    einem Händler erwarb, für die Substitutionschancen bei anderen Händlern vorlagen.

Da es im Filialcontrolling in einer eher praxisorientierten Sichtweise meist um direkt umsetzbare Methodiken geht, ist eine solche **demographische Segmentierung** – gleichwie als „second-best" und in Ergänzung zu komplexeren konzernzentralen, dafür aber meist nicht einzelfilialspezifischen Ansätzen – insgesamt durchaus zu empfehlen. In Frage kommen dann etwa Merkmale wie Alter, Einkommen, Bildung, Geschlecht, Beruf etc.[190] Zusammenfassend zeigt Abbildung 79 eine durch empirische Feldforschung generierte Kundentypisierung in bezug auf den Lebensmittelsektor.

Die verschiedenen Kundentypen zielen insbesondere darauf ab, wie eine jeweilige Verhaltensweise dominiert. So gibt es Kunden, die primär preisorientiert kaufen (Preiskäufer). Der Anteil der sich dominant erlebnisorientiert verhaltenden Kunden – mit Nachrangigkeit des Zeitdrucks, des direkten kaufentscheidenden Preisvergleichs etc. – ist vergleichsweise absolut noch gering, wohl aber in den letzten Jahren stetig gestiegen. Die übrigen Kundentypen ragen deutlich in den Bereich „Kauf als Belastung" hinein: So gibt es typische, sich selbst immer wieder unter Zeitdruck setzende Käufer, dann den Mengenkäufer mit entsprechenden Verhaltensweisen etwa im Verkaufsgespräch und schließlich sogar den Kunden, der Einkaufen – diametral zum erlebnisorientierten Ansatz – eher als Pflicht empfindet. Damit wird deutlich, daß die einzelnen Kundentypen zwar auf den ersten Blick keineswegs überschneidungsfrei sind, gleichwohl aber jeweils spezifische Verhaltensweisen dominieren, die es rechtfertigen, etwa vom „Preiskäufer" zu sprechen, der primär nur preisorientiert – ohne etwa eine durchaus denkbare gleichrangige Erlebnisorientierung – einkauft.

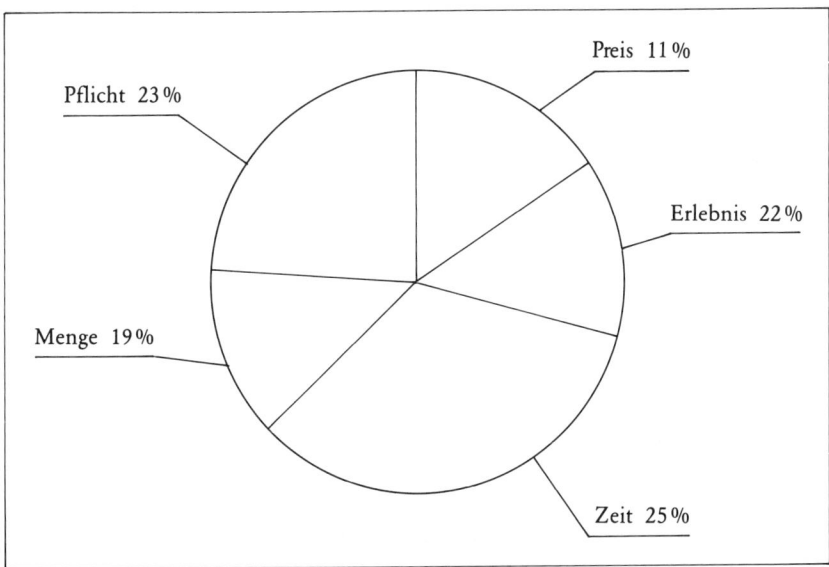

Abb. 79: Kundentypisierung im Lebensmittelbereich (Bedeutungsgewicht in Prozent)

---

[190] Siehe auch *Wehrle* 1984, 37.

6.2 Marktabgrenzung

6.2.1 Räumlicher Filialmarkt

Der räumlich relevante Filialmarkt läßt sich im Filialcontrolling zwar nur mit Gültigkeit für abgegrenzte Zeiträume ermitteln. Dennoch kann man für praktische Entscheidungen regelmäßig von einer gewissen **zeitlichen Stabilität solcher Marktabgrenzungen** ausgehen. Eher punktuell, d. h. zeitabschnitts- und nicht generell zeitraumbezogen ist der räumlich relevante Filialmarkt gemäß zwei Perspektiven zu betrachten:

• Welches Kundeneinzugsgebiet liegt tatsächlich, d. h. soweit objektiv ermittelbar oder schätzbar denn überhaupt vor?

• Welchen räumlichen Marktumfang sieht ein Filialmanager, der vom Filialcontroller beratend unterstützt wird, subjektiv als relevant an und basiert dann darauf sein Filialmarketing? Mit dieser Fragestellung soll das Marketingverhalten des Filialleiters objektiviert werden.

Für die erste Fragestellung des **Marktgebiets aus Kundensicht** wurde als durchschnittliches Ergebnis erhoben:[191]

• Der Kunde will nicht mehr als 2,7 km zur Einkaufstätte zurücklegen. Lediglich Sondereffekte (günstige Verkehrsanbindung) verändern diesen Standardwert.

• Bei der Wahl der Einkaufstätte spielt die räumliche Entfernung mit fast 30 % Bedeutungsgewicht eine wesentliche Rolle.

Für die zweite Fragestellung, bei der es um die **subjektive Einschätzung der Marktausdehnung seitens der Filialleitung** geht, traten als Ergebnis zutage:

• Gerade in Stadtbezirken deckt sich der Marktradius (3 km) in etwa mit der objektiv ermittelten Kundeneinschätzung (ca. 2,7 km).

• In Landbezirken sind indes Radien um 10 km keine Seltenheit, ohne daß es – nach subjektiver Meinung des Filialmanagement – zur Kundenabwanderung bzw. -ausdünnung kommt. Die räumliche Ladentreue ist damit gemäß der Filialleitersicht deutlich hoch. Verglichen mit dieser subjektiven Ansicht überschätzt ein Filialleiter hier jedoch die objektiv vorhandene Kundentreue.

• Räumliche Hindernisse grenzen den Markteinzugsbereich stark ein (etwa Steigungen, Eisenbahnschranken, Verkehrsmittelanbindung u. ä.). Hier liegt hingegen eine leichte Unterschätzung der Kundentreue vor, so wie sie „objektiv" vorab ermittelt worden war.

• Der Filialleiter geht von einem gleichverteilten Markt ohne allzu große Nachfrageballungen innerhalb der 3-km-Zone aus; es sei denn, besonders augenfällige Einflüsse (etwa Wohnsiedlungsballung) wären sofort evident.

• Der Filialleiter will seinen relevanten Markt vornehmlich durch räumliche Ausdehnung erweitern und gerät damit evtl. in die Gefahr, andere Marketinginstrumente (Zusatznutzen-Sortimente, Preishierarchien, Ladenausstattung) unterzugewichten.

Solche Ergebnisse veranlassen den Filialcontroller zu Marketingvorschlägen gegenüber dem Filialmanagement, um dessen Marketingperspektive zu verbessern. In dieser Hin-

---

[191] Ausführlicher *Witt* 1986 f; generell siehe auch *Geßner* 1977; *Schöler* 1981.

sicht zeigt sich sehr deutlich die umfassende betriebswirtschaftliche Controllerfunktion, der keineswegs nur beim rechnungswesengestützten Controlling stehenbleiben kann.

6.2.2 Kaufverhalten im relevanten Markt

Am folgenden **Beispiel des ländlichen Kaufverhaltens** offenbart sich das umfangreiche Spektrum der Marktabgrenzung besonders klar, so daß man über die rein räumliche Komponente hinaus weitere Kriterien beachten und das Filialmarketing beurteilen muß. Empirisch gestützt ergibt sich zur Marktabgrenzung:

- Die **Kundentreue** wurde seitens der lokalen LEHs – und damit auch durch einzelne Filialleiter – bemerkt. Dabei ließen sich recht verläßlich der allgemeine Marktanteil sowie auch spezielle Marktanteile für einzelne Produkte und Produktgruppen innerhalb einer ländlichen Region zeitstabil ermitteln, so daß diese Marktanteile aufgrund der Kundentreue kaum mehr Wettbewerbseinflüssen innerhalb der Landregion unterliegen. Auf diese Weise wurden eventuelle Nachfrageverschiebungen sehr früh bemerkt. Der Filialebene übergeordnete Bereiche (z. B. zentrale Beschaffung) gehen hingegen offenbar weitaus weniger von einer solch intensiven Kundentreue aus und mißtrauen eher dem tatsächlich aber doch stabilen Einkaufsverhalten. Dies mag aus Vorgesetztensicht (insbesondere eine Zentralebene im Filialmanagement oder im Zentralcontrolling) durch intensivere Wettbewerbserfahrungen auch in Ballungsräumen bedingt sein.
- Der ländliche LEH richtet sein Angebot mittels verschiedener **Marketingmaßnahmen** auf die Einkaufsbesonderheiten aus:
  - Der Sortimentsumfang ist im Vergleich zum größerstädtischen Angebot leicht reduziert (etwa 8 % weniger verschiedene Artikel).
  - Einige „Spitzenqualitäten" fehlen, während Grundqualitäten im ländlichen und städtischen Raum sich gleichermaßen im Sortiment befinden.
  - Der Sortimentsvergleich fällt trotzdem asymmetrisch aus: Während sich nämlich städtische Anbieter bzw. Filialen eher um die Aufnahme von Zusatzartikeln in ihr Sortiment kümmern, die ein ländlich-gehobenes Ambiente vermitteln und demnach fast schon als Luxusartikel einzustufen sind (Wurstspezialitäten etc.), fehlt es umgekehrt den ländlichen Anbietern an solchen Zusatzsortimenten: Sie verzichten weitgehend auf außerregionale Profilierungen bzw. bleiben an der Oberfläche. Denn nicht so sehr der tatsächlich qualitativ hochwertige Artikel aus einer Nachbarregion wird präsentiert, sondern eher z. B. eine allgemeine ausländische Spezialität, die dem Kunden ein insgesamt angehobenes Sortiment vorspiegeln soll. Insofern wird anbieterseitig hier ganz deutlich den beim Kunden vermuteten geringeren Qualitätsansprüchen Genüge getan, die nur ab und an „exotische" Artikel fordern.
  - Die Preisstellung zeigt ein im ländlichen Bereich durchschnittlich um 6 % über den großstädtischen Preisen liegendes Preisniveau (bei vergleichbaren Artikeln, etwa innerhalb einer Filialkette).
  - Die ländlichen Werbeaktivitäten rücken eher das Preisargument in den Vordergrund. Nach Auffassung einiger Anbieter selbst sowie im Quervergleich verschiedener befragter Nachfragergruppen kommt es – parallel zu etwas intensiverer Preiswerbung – auch dazu, daß anzahlmäßig mehr Artikel in Sonderaktionen beworben werden und dies durch Werbemittel (Zeitungsanzeige, Handzettel u. ä.) dem ländlichen Kunden präsentiert wird. Dies führt nach Konsumentenmeinung zu einer ge-

wissen Unübersichtlichkeit, wenn man großstädtische und ländliche Anzeigen im direkten Vergleich sieht. Mitunter trat bei der Studie sogar die Negativmeinung auf, es handele sich um Scheinangebote, die nur pseudoattraktiv seien und für den Kunden nichts bringen; die Unübersichtlichkeit hat dann solche fatalen Folgen. Dieser werbliche Negativeffekt schlägt indes im ländlichen Raum nicht so stark durch, da eben die Kundentreue groß und das Aufnahmeverhalten von LEH-Werbung in der ländlichen Bevölkerung weitgehend habitualisiert sind.

- Der ländliche LEH bemerkte bestimmte **eigene Fehler.** Dabei ist auffällig, wie sich dieses „Fehlerverhalten" von der großstädtischen Sphäre unterscheidet. Das Fehlerbemerken wurde in der durchgeführten Studie mittels Befragung erhoben:
  - Die Nichtverfügbarkeit von beworbenen Sonderangeboten wurde im ländlichen Raum deutlich weniger als Fehler angesehen als im großstädtischen Bereich.
  - Dieser Unterschied beim Fehlerbemerken und -einsehen gilt auch hinsichtlich zeitfalscher Insertionen, Handzettelverteilungen u. ä., wenn sich Werbekontakt beim Kunden und geplante Sonderaktion im Laden aufgrund eines falschen Timing in der Werbelogistik nicht decken (z. B. verfrühte oder verspätete Insertion).
  - Großstädtische Marktleiter zeigten sich aufgeschlossener, das Kaufverhalten durch punktuelle Aktionen verändern zu können und zu wollen. Da man nämlich von einem relativ abgrenzbaren räumlich relevanten Markt ausgehen kann, ist die Zielgruppe für solche Aktionen recht genau identifizierbar. So kann es beispielsweise gelingen, mittels zeitverschobener Sonderaktionen neue Schwerpunkttage zu bilden, an denen ebenfalls sonderaktioniert wird, um auf diese Weise zusätzliche Kaufkraft abzuschöpfen und die LEH-Personalkapazitäten gleichmäßiger auszulasten. Diese Marktchance wurde nun ländlicherseits nicht so erkannt und – mitunter zu vorschnell – deshalb abgetan, weil das Kaufverhalten angeblich nicht beeinflußbar sei. Dies ist nun zwar kein unbedingter Fehler ländlicher Anbieter, deutet indes aber auf eine gewisse Risikoscheu hin.
- Das **Kaufverhalten der Kunden** zeigt einige ländlich-typische Ausprägungen, die weitaus klarer als bei großstädtischen Kunden hervortreten. Hier merkt man noch sehr stark bodenständige Verhaltensweisen, die vor allem auch durch eine relative Abschottung gegenüber großstädtischen Bereichen bedingt sind:
  - Als „der" Wocheneinkaufstag kristallieren sich ganz eindeutig der Donnerstagnachmittag und z. T. und mit deutlichem Abstand zum Donnerstag der Samstagvormittag heraus. Insofern reservieren sich etwa 32 % der einkaufenden Hausfrauen extra diese Termine als übliche Einkaufszeit und stimmen darauf ihr übriges Zeitverhalten ab.
  - Deshalb ist die Einkaufsfrequenz, d. h. -häufigkeit relativ gering. Ansonsten werden eher nur Kleineinkäufe getätigt und/oder Frischwaren nachgefragt. Insgesamt kauft eine Person durchschnittlich nicht häufiger als 2,7 mal je Woche ein.
  - In süddeutschen Gegenden (insbesondere Bayern, Baden-Württemberg) sind diese o. g. Effekte noch deutlicher ausgeprägt als in nördlicheren Regionen.
  - Das geschilderte Einkaufsverhalten ist bei Hausfrauen sehr stark durch die Aufenthaltsdauer in einer bestimmten Region geprägt (z. B. „Geburtsregion"), so daß in der Studie – wider vieler Vermutungen – kaum eine Käufersegmentierung nach Alter, Einkommensschicht o. ä. auszumachen war. Insofern kann man gar nicht so übertrieben diese Faustformel aufstellen: Weibliche Kunden („Hausfrauen") verhalten sich in ländlichen Gebieten uniform, sofern sie nur Lokalkontakt haben und

durch Arbeit, Beruf etc. nicht aus ihrer Heimatregion wegkommen, also beispielsweise keine Pendler sind.

– Einkaufs„reisen" in städtischere Gegenden dienen überwiegend nicht dem Einkauf von LEH-Artikeln, sondern stellen nur gelegentliche Zusatzkäufe dar, die im Vergleich zu den Lokalkäufen allenfalls wertmäßig in's Gewicht fallen (z. B. Gebrauchsgüterkauf beim Großstadtbummel).

– Innerhalb der Region ist man durchschnittlich nicht mehr als 1,9 konkurrierenden Anbietern ladentreu. Mit anderen Worten: Es werden regelmäßig nur zwei Läden aufgesucht, in denen man seinen (wöchentlichen) Gesamtbedarf decken will (beispielsweise zwei konkurrierende Supermärkte). Interessanterweise hängt dieser ermittelte Wert kaum von der Anzahl der am Ort befindlichen weiteren substitutiven Konkurrenten ab: Ob also drei oder gar fünf Supermärkte sich im noch erreichbaren Einzugsgebiet eines Käufers befinden, veranlaßt ihn also kaum dazu, die größere Ladenauswahl bei seinem Einkaufsgang auszunutzen. Er ist im Sinne eines „evoked set" vielmehr extrem auf wenige Anbieter eingeschränkt, beachtet aber gleichwohl Konkurrenzanzeigen.

– Für bestimmte Artikel meint man als Käufer den jeweils „zuständigen" Anbieter zu kennen und ist nur durch Sonderaktionen vom Stammanbieter wegzulocken.

– Der typische ländliche Käufer ist – aller Vorurteile und deren Revision zum Trotz – weiblich, also „die" Käuferin.

– Die typische Käuferin ist gleichfalls sehr betriebstypentreu.

– Sie hat ein Standardeinkaufsprogramm und ist demzufolge auch überaus markentreu. Sie ist damit durch Marken- oder Produktinnovationen z. B. hinsichtlich der Grundnahrungsmittel nur sehr schwer vom routinisierten Kaufverhalten abbringbar und probiert dabei nicht gerne etwas neues; sie ist also risikoscheu und kaufkonservativ. Hingegen besteht für den mitunter erlaubten Luxus durchaus eine Probierfreude. Diese Abgrenzung zwischen Grund- und Luxuseinkaufsprogramm war im ländlichen Bereich deutlich ausgeprägter als in größeren Städten.

• Bei Betrachtung von **Marktsegmenten** lassen sich im ländlich relevanten Markt folgende wesentlichen Typen identifizieren:
   – Bodenständige Käufer (etwa 62 % Bedeutungsgewicht)
   – Laufkundschaft (Touristen u. ä.) (regional und saisonal bedingte divergierende Bedeutung, durchschnittlich ca. 13 % Bedeutung)
   – Mobilere Käufer mit regionenübergreifendem Kontakt (z. B. berufsbedingt, rd. 18 % Bedeutung)
   – Sonstige (etwa 7 % Bedeutung).

• Folgende Anbieterfehler wurden seitens der Kunden besonders wahrgenommen (= **kundenevidente Fehler**):
   – Das höhere Preisniveau des ländlichen Raums im Vergleich zur Großstadt wurde von 78 % der Befragten wahrgenommen bzw. vermutet. Hingegen hatte es bei 93 % keinen negativen Imageeffekt gegenüber den lokalen Anbietern.
   – Falsche Preisauszeichnungen (z. B. tatsächlich höhere Preise als im Sonderangebot angegeben) und indirekt zu hohe Preise (beispielsweise korrekter beworbener Preis, aber kleinere Packungsgröße, etwa tatsächlich 1.000 ml statt der umworbenen 1.500 ml bei Speiseeis) wurden von nur 6 % der Befragten und Beobachteten bemerkt. Von dieser recht kleinen Kundengruppe lasteten dies wiederum nur 23 % dem Anbieter negativ an. Langfristige Imageverluste und entsprechende Käuferabwande-

rungen hat er indes kaum zu befürchten, wenn die bemerkte Fehleranzahl pro Jahr in diesem Kundenkreis nicht größer als etwa zehn ist. Der Kunde wird also durch nur sporadisches Fehlverhalten nicht abgeschreckt.

- Hingegen wurden etwa 39 % der Kunden durch nicht vorhandene Sonderangebote verärgert. Dies kann bei wiederholtem Vorkommen viel eher und leichter zu Anbieterwechseln führen, die zunächst nur auf den lokalen Bereich beschränkt sind. In der Studie jedoch waren diesbezügliche Fehler im ländlichen Raum gar nicht so selten festzustellen (etwa jedes 14. angekündigte Sonderangebot war – z. B. aufgrund von Zulieferschwierigkeiten – gar nicht, nicht ausreichend oder nur in schlechter Qualität dem Kunden verfügbar). Deshalb kann es sogar zu räumlich weitergreifenden Anbietersubstitutionen seitens des Kunden kommen. Genau hier liegt eine ernste Gefahr für den ländlichen LEH. Denn wenn die Schwelle der größen „Einkaufstrecke" erst einmal überschritten und Ländler vom städtischen Angebot beeindruckt sind, fällt die Land/Stadt-Substitution zukünftig leichter, so daß sich die Lokaltreue verringert.
- Die reduzierten ländlichen Sortimente führen gemäß den Untersuchungsergebnissen zwar nicht zur Kundenverärgerung, lassen für den LEH jedoch Wachstumspotentiale brachliegen. Auch hier ist wieder die Abwanderungsgefahr groß.
- Mangelnde Frische wurde von 23 % der ländlichen Stammkunden moniert und imageschädigend bewertet, von immerhin sogar 45 % bemerkt. Hier liegt eine weitere wesentliche Profilierungsschwäche des ländlichen LEH.
- Leerkaufsituationen (z. B. bezüglich Frischwaren schon früh am Vormittag vor Wochenendbeginn oder vor Feiertagen) aufgrund einer knappen und „spitzen" LEH-Disposition wurden nur von 7 % der Stammkunden bemängelt. In der Untersuchung kam nämlich nur recht selten das kundenseitige Argument, der Anbieter nutze seine relative Monopolsituation aus und disponiere zu knapp. Ansonsten vertraut man vielmehr auf die Anbieterentscheidung und zeigt Verständnis für dessen (zu knappe) Mengenvorhaltung bzw. antizipiert aufgrund der lokalen Anbieterkenntnis spezifische Leerkaufsituationen durch Vorratskäufe. Ganz anders im Großstadtbereich: Dort treten Ausverkauft-Situationen generell weitaus weniger auf; bemängelt werden sie dann aber von rd. 39 % der Kunden. Im ländlichen Bereich stellt man sich mit einer viel höheren Vorbestellquote auf Feiertage etc. ein und nimmt auch das Schlangestehen gelassener in Kauf.
- In diesem Zusammenhang war „objektiv" festzustellen, daß die Regalanordnung vor der Kassenzone im Durchschnitt ungünstiger als im großstädtischen Bereich war (beengte Räumlichkeiten, schlechtere optische Präsentation etc.). Dies traf selbst auf neueröffnete Filialen eines Handelsunternehmens zu, das zugleich auch schwerpunktmäßig im nicht-ländlichen Bereich anbietet. Die Stammkundschaft im ländlichen Bereich bemerkte diesen Effekt „subjektiv" allerdings nicht.
- Die allgemeine Ladenatmosphäre wurde im ländlichen Bereich von der dortigen Stammkundschaft zu 85 % mit „gut und besser" bewertet. Im großstädtischen Raum lag dieser Wert hingegen nur bei 47 %. Dies zeigt noch einmal eine relative Genügsamkeit der ländlichen Bevölkerung auf, der nur – relativ – wenig geboten werden muß, um sie schon zufriedenzustellen. Keineswegs aber spielen andere kompensierende Faktoren eine große Rolle (z. B. persönliche Bekanntheit zum Verkaufspersonal), da auch im ländlichen Gebiet oft schon eine gewisse Anonymität herrscht. Offensichtlich ist tatsächlich das geringere Anspruchsniveau im ländlichen Bereich für die Zufriedenheit ausschlaggebend. Diese Erkenntnis ist die seitens des

Filialcontrollers dem Filial- und dem Regionalmanagement nahezubringende Message, daß nämlich bei der Landbevölkerung offensichtlich (noch) manche Ansprüche fehlen und erst geweckt werden müssen und daß damit – wenn vielleicht auch nur temporär – Marktpotential noch brachliegt.

Wie bei der Marktabgrenzung und Kundentypisierung im ländlichen Bereich, so gibt es für den Filialcontroller auch andere Situationen, in denen er spezifische Marktabgrenzungen und Marktsegmente beachten muß. Als ein weiteres Beispiel für die dabei notwendige Gratwanderung zwischen „klassischem" Controlling und marktforschungsnahem Controlling werden im folgenden einige empirische Ergebnisse vorgestellt, die für **grenznahe LEHs** (z. B. Staatsgrenze Bundesrepublik Deutschland / Niederlande etc.) zu beachten sind:[192]

- Es ließen sich verschiedene **Konsumtentypen** im grenznahen Bereich unterscheiden (vgl. auch Abbildung 80 hinsichtlich des jeweiligen Bedeutungsgewichts), nämlich:
  - Der regelmäßige Grenzgänger aufgrund von Arbeitsverpflichtungen („**Arbeiter**"). Er hat zwangsläufig einen intensiven Auslandskontakt, tritt aber als Konsument nicht stark in den Vordergrund. Dies ist häufig darauf zurückzuführen, daß der Auslandskontakt nur aus Arbeitsgründen erfolgt und in dieser Hinsicht auch zeitlich beschränkt bleibt, man danach also wieder schnell ins Heimatland zurückkehrt.
  - Der regelmäßige Grenzgänger aufgrund von Einkaufstouren („**Einkäufer**"). Er fährt um des Einkaufs willen ins Ausland und gehört einem gänzlich anderen Personenkreis als der „Arbeiter" an. Für den „Einkäufer" ist das Ausland mit seinen Angeboten attraktiv und bietet konsumtiven Erlebnisreichtum. Der „Arbeiter" hingegen hat eher eine leichte Auslandsabneigung, die durch den (Zeit)druck des Arbeitsverhältnisses bedingt ist. Beim Typ des „Einkäufers" handelt es sich z. T. auch um Hausfrauen. Beim Typ des Einkäufers findet sich – quasi als Teilsegment – auch noch der „Spezialist", der wegen des Erwerbs ganz bestimmter Produkte ins Ausland fährt (z. B. Käseeinkauf in Frankreich; Tanken im Ausland).
  - Der „**Auslandsignorant**". Für ihn ist z. T. die Anfahrt zu beschwerlich, selbst wenn es sich dabei nur um 20 Autominuten handeln mag. Es ließ sich in der Studie feststellen, daß der Typ des „Auslandsignoranten" ab etwa 20 bis 30 Autominuten Grenzentfernung bzw. Entfernung zur nächsten ausländischen Einkaufsmöglichkeit an Bedeutung extrem zunimmt. Dies deutet darauf hin, daß hier aufgrund von Anfahrtszeiten und -kosten ein Hemmnis wirksam wird und damit der relevante grenznahe Bereich recht klar definiert ist. „Auslandsignoranten" innerhalb des grenznahen Gebietes jedoch sind signifikant öfter als ältere denn als jüngere Menschen zu identifizieren. Als „Auslandsignorant" treten aber auch solche Personen auf, die nicht um die Produktvielfalt des Auslands wissen und demnach einmal gewonnene Erfahrungen nicht revidieren, sondern z. T. in Klischées denken.
  - Der zufällige bzw. gelegentliche Grenzgänger („**Gelegenheitskäufer**"). Er ist prinzipiell auf die inländischen Einkaufsmöglichkeiten – aus „Überzeugung" – fixiert, macht sich indes mitunter – aber nicht allzu häufig – das Vergnügen, sein Urteil durch Käufe im Ausland zu bestätigen, dabei auch aber durchaus doch einzelne günstige Artikel einzukaufen. Er sieht damit zwar attraktive Einkaufsquellen im Ausland, die sich im Vergleich zum Heimatland insgesamt indes dann doch nicht lohnen.

---

[192] *Witt* 1990g.

Die Abbildung zeigt das prozentuale Bedeutungsgewicht einzelner Konsumententypen, die empirisch in bezug auf grenznahe LEHs identifiziert wurden.

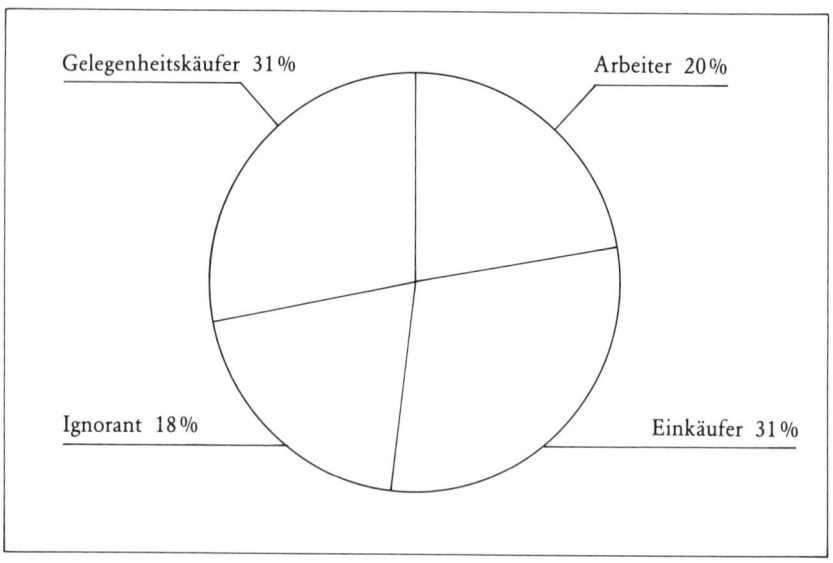

Gelegenheitskäufer 31%

Arbeiter 20%

Ignorant 18%

Einkäufer 31%

Abb. 80: Empirisch identifizierte Konsumententypen im grenznahen LEH-Bereich

- Sieht man sich einmal nur die Konsumententypen an, die häufigeren Einkaufskontakt haben, so kann man davon ausgehen, daß durchschnittlich 1,1 mal je Woche im grenznahen Ausland eingekauft wird (mit Spitzenwerten bis zu 6 mal). Dabei werden regelmäßig **bekannte Ladenlokale** (z.B. Supermärkte) aufgesucht, so daß es zu keiner Suchphase kommt. Der Grenzkonsument glaubt vielmehr günstige Einkaufsstätten zu kennen und beschränkt sich darauf. Aus bundesdeutscher Sicht spielt dabei die Ortsgröße im Ausland weniger eine Rolle als umgekehrt: So steuern beispielsweise Franzosen lieber deutsche Großstädte als kleinere Orte an – sofern sie in erträglicher Entfernung liegen –, obwohl es auch in den kleineren Orten durchaus filialisierte Anbieter gibt, die sich entsprechend auch in der größeren Städten finden. Umgekehrt scheint es den Deutschen etwas weniger auf ein generelles Einkaufserlebnis im Ausland anzukommen; sie akzeptieren kleinere Orte, sofern dort nur ein hinreichendes Angebot vorliegt.
- Insgesamt kann man davon ausgehen, daß dem deutschen LEH im grenznahen Bereich nun aufgrund des Ausweichens deutscher Konsumenten ins Auslands rd. 5% Umsatz verlorengehen. Umgekehrt jedoch kann ein deutscher LEH durchschnittlich ca. 6% **Mehrumsatz** durch ausländische Grenzeinkäufer verbuchen. Insgesamt profitiert er also von den offenen Grenzen. Dabei sind diese Durchschnittswerte aber noch mit einer hohen Varianz versehen, so daß einzelne LEHs durchaus bis zu 35% „ausländischen Umsatz" haben können. Allerdings sind dabei noch zwei Effekte wichtig:
  - Das aus dem Ausland kommende Kaufvolumen konzentriert sich eher auf einige große bekannte Anbieter (z.B. bestimmte, einschlägig bekannte filialisierte Dis-

counter), während andere deutsche LEHs eher leer ausgehen. Der ausländische Konsument nutzt also bewußt deutsche Preis- und Qualitätsvorteile aus, sucht sie aber nur in ihm bekannten Läden. Darüber hinaus stillt er seinen allgemeinen Erlebnishunger durch Stadtbummels u. ä., bei denen er zwar auch noch Kaufkraft in Deutschland läßt (z. B. bei Bekleidung), jedoch deutlich weniger in bezug auf Artikel des LEH-Bereichs.

– Wenn also kleinere deutsche Ortschaften – und eben auch ihr entsprechender LEH – weniger von der einfließenden Auslandskaufkraft betroffen sind, so geben sie in umgekehrter Sichtweise aber auch nur unterdurchschnittlich Kaufkraft ans Ausland ab: Die Einwohner kleinerer Ortschaften sind – bis auf unmittelbar an der Grenze liegende Gemeinden – im ländlicheren Bereich eher substitutionsfaul.

• Der deutsche Konsument schätzt bestimmte **Warengruppen** im Ausland höherwertiger als im Inland ein und sieht – trotz bestimmter Preisdifferenzen – insgesamt dort Kaufvorteile. Selbstverständlich schwanken diese bevorzugten Produktarten von Staat zu Staat. Deshalb im folgenden ein beispielhafter Ausschnitt aus der Studie, welche ausländischen LEH-Artikel aus deutscher Sicht präferiert werden:

– Artikel aus dem Benelux-Bereich: Käse, Obst, Gemüse, z. T. Frischfleisch. Die Präferenz bezieht sich dabei allerdings nicht generell auf die jeweilige Produktart, sondern insbesondere auf Einzelmarken, die sich durch eine besondere Mischung, Rezeptur etc. auszeichnen. Diese Besonderheit ist dadurch bedingt, daß sich im innerdeutschen Angebot nichts vergleichbares findet.

– Artikel aus Frankreich: Frischkäse und sonstiger Käse, einige Weine, Kühlprodukte (Frischteig, Fertig-Foods), Würzungen u. ä., z. T. Kaffee, teilweise Spirituosen. Wiederum gilt, daß nicht unbedingt eine ganze Produktgattung, sondern eher einzelne Markenpersönlichkeiten bevorzugt werden. Jedoch ist die Tendenz hier größer als im Benelux-Bereich, daß eine Produktart grundsätzlich als attraktiver empfunden wird. Dies deutet zugleich auf eine intensiver Kaufbindung an französische denn an die Benelux-Märkte hin.

• Der Konsument aus dem Ausland schätzt bestimmte **deutsche grenznahe Artikel**:

– Aus Sicht der Benelux-Länder: Bestimmte in Discountern erhältliche Artikel, die insbesondere aufgrund ihrer Preisgünstigkeit erworben werden, daneben – eher vernachlässigbar – z. T. noch Back- und Wurstwaren.

– Aus französischer Sicht: Fast entsprechend wie die Benelux-Länder.

Auf der Basis solcher Informationen kann der Filialcontroller beispielsweise empfehlen,

• nicht nur preisorientiert, sondern vielmehr imageorientiert anzubieten
• segmenttypische Artikel stärker herauszustellen
• einzelne Filialen als Testmarkt auch für die Vermarktung in landesinneren (= nichtgrenznahen) Regionen heranzuziehen, die als temporäres Kalkulationsobjekt dienen
• spezielle Packungsgrößen (etwa als Grundnutzen) und Verpackungen (als Zusatznutzen) zu gestalten
• manche Artikel gerade nicht als Luxus-, sondern eher Normalartikel zu positionieren, um die Kundenakzeptanz zu erhöhen.

6.3 Service- und Atmosphärencontrolling

6.3.1 Controlling der generellen Erlebnisorientierung

Das Service- und das damit eng verbundene Atmosphärencontrolling ist deshalb besonders wichtig, weil – im Rahmen einer Erlebnisorientierung und eines Erlebniseinkaufs – die kundenrelevanten Services in jüngerer Zeit immer mehr **akquisitorische Bedeutung** auf sich ziehen und die Einkaufsstättenwahl (mit)bestimmen.[193] Beispiele für kundenrelevante Services sind etwa:[194]

- Hinweis auf Aktionswochen, Sondersortimente u. ä.
- Hinreichender Parkplatz
- Beschwerdemanagement einschließlich einer entsprechenden Nachkaufqualität (z. B. Recyclingvorrichtungen, Reparaturleistungen)[195]
- Verkäuferpräsenz in einer Abteilung
- Ladengangführung – sogar auch bei Stammkunden – und damit zusammenhängend eine Optimierung der Gangfolgen-Attraktivität
- Warteschlangenreduzierung z. B. in der Kassenzone
- Ladenlokal-interne Logistikhilfen (genügend und saubere Handwagen, Kindersitze u. ä.).

Abbildung 81 gibt einige Beispiele für die empirisch ermittelte Prozentbedeutung wesentlicher Services im LEH-Bereich.[196]

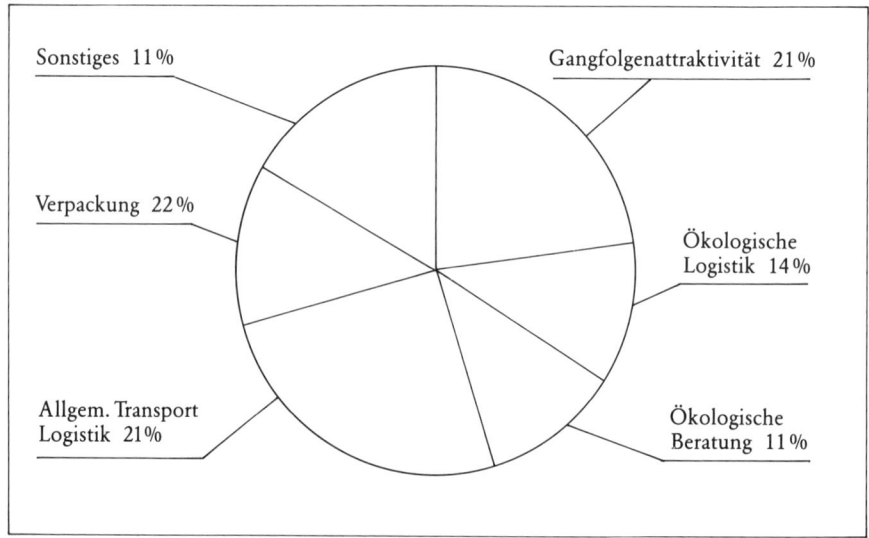

Abb. 81: Bedeutungsgewicht kundenakquisitorischer Services im LEH-Sektor

---

[193] *Müller / Beeskow* 1982; *Gerstung* 1987.
[194] Weitere Beispiele etwa bei *Falk / Wolf 1988*, 302 f.
[195] *Hansen* 1990, 593; *Witt* 1987b.
[196] Siehe generell – wenn auch ohne quantitative Angaben – *Berekoven* 1990, 168–170; *Hansen* 1990, 440–443.

Die Abbildung zeigt, wie Kunden die LEH-Services beurteilen. Die empirisch erhobenen Bedeutungsgewichte weisen auf Trends hin (z. B. ökologisch orientierte Services), die keineswegs nur als „Modezeitgeist" zu werten sind, sondern vielmehr eine generelle Kundenaktivität indizieren. Insofern zeigt sich hier eine spezielle Positionierungschance für den Handel im Rahmen seiner Erlebnisorientierung, die in der Forcierung der Kundenaktivität ihren Ausdruck finden kann. Der Filialcontroller muß daher solche Services erkennen und hinsichtlich ihrer Qualität beurteilen.

Die **praktische Performance des Servicecontrolling** hat zu berücksichtigen, daß
- wesentliche Kundenunzufriedenheiten gerade in diesem Bereich bestehen und/oder aufgebaut werden können, die zur Ladenuntreue führen können
- dem Service ein überaus hohes Imagebildungspotential zukommt.

Abbildung 82 veranschaulicht beispielhaft wesentliche Fehlerquellen, aus denen eine Kundenunzufriedenheit mit LEH-Services resultieren kann. Damit geht es im Aufgabenfeld des Filialcontrollers z. B. auch um ein **logistiknahes Qualitätsmanagement von Frischwaren,** und es zeigt sich dabei wiederum das heterogene Aufgabenspektrum des Filialcontrollers.

Ein Großteil der LEH-Kundenunzufriedenheit im Servicebereich ist durch artikel- und personalbedingte Fehler hervorgerufen (insbesondere veraltete/unfrische Ware, Personalverhalten). Die Abbildung verdeutlicht das jeweilige prozentuale Bedeutungsgewicht solcher Einflüsse auf die Kundenzufriedenheit, die empirisch im LEH-Sektor erhoben wurde.

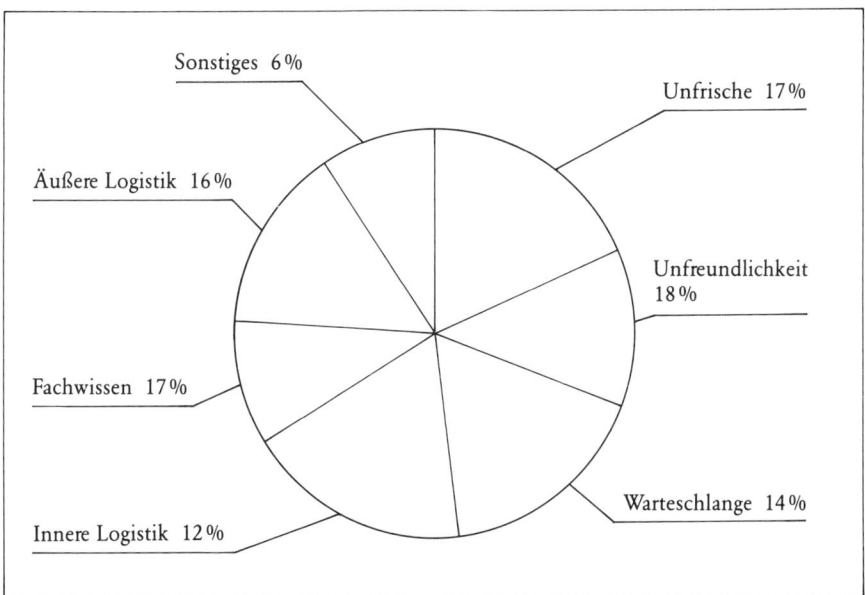

Abb. 82: Einflußfaktoren der servicebedingten Kundenunzufriedenheit im LEH-Sektor

Im Zuge des erlebnisorientierten Handelsmarketing, das zugleich auch „Qualität" signalisieren soll, geht es dem Filialcontroller um das Controlling in bezug auf
- den Umfang spezieller Erlebnissortimente und -warengruppen

- ein regionen- und filialspezifisches Marketing und insbesondere ein regionales Sortimentsverhalten
- ein Frischemanagement als Teil des Logistikcontrolling.[197]

In diesem Zusammenhang kann er beispielsweise verschiedene **Serviceperformancebereiche der Filiale** beleuchten, indem er analog zur Gemeinkostenwertanalyse vorgeht, die verschiedene Aktivitätsniveaus unterscheidet. Der Filialcontroller versucht die Gesamtperformance zu operationalisieren, da er

- verschiedene Servicekomponenten herausgreift (z. B. Reparaturdauer, Reparaturpreisniveau, Bedienung; Warenpräsentation)
- die derzeitige Performance je Servicekomponente via Marktforschung auf einer Ratingskala bewertet
- potentielle Verbesserungen und Verschlechterungen
  - auf ihre Kundenakzeptanz hinterfragt (beispielsweise Veränderung der Wartezeit im Reparaturservice mit jetzt zehn Tagen auf zwei bis drei vs. 14 Tage)
  - fiktiv mit einer Serviceverbesserung evtl. einhergehende Preisniveauveränderung im Sortiment bei den Kunden offenlegt, um auf diese Weise ein Trading-off zwischen potentiellen Preislagen und Serviceniveaus zu erhalten.

6.3.2 Foodcontrolling

Als konkrete Ausprägung des Servicecontrolling geht es beim Foodcontrolling

- sowohl um den kundennahen Servicecharakter (etwa bezüglich der Präsentation von Frischware)
- als auch um eine generelle Beurteilung des Foodbereichs in einer Filiale und in einem Handelsunternehmen, so daß auch unternehmensinterne Aspekte eine Rolle spielen (etwa spezifische Logistikintensität mancher Foods).

Abbildung 83 zeigt exemplarisch für den LEH-Bereich des Foodcontrolling ein **Kennzahlenschema**, dessen einzelne Bestandteile mit Ratingwerten einstufbar und auf diese Weise zu einem Gesamtscoringwert verdichtbar sind. Dieses Kennzahlenschema wurde zusammen mit mehreren Handelshäusern erarbeitet. In Abbildung 83 ist die praktische Bedeutung einer einzelnen Kennzahl innerhalb des Foodcontrolling durch die Symbole „--" bis „ + + " verdeutlicht. Mit dieser generellen Einschätzung gelingt es, die Kennzahlengewichtung innerhalb des Scoringverfahrens zu bestimmen. Das in Abbildung 83 dargestellte Kennzahlensystem wird derzeit um **Logistik- und Prozeßelemente** erweitert, indem z. B.

- einzelne Prozeßzeiten (= Mengengerüst innerhalb des Prozeßmanagement)
- dementsprechend ebenfalls auch Prozeßkostensätze
- Verpackung/Inhalt-Kennzahlen

hinzugefügt werden.

Innerhalb des Foodcontrolling, das im LEH besonders wichtig ist, wird ein Kennzahlengebäude aufgestellt, das sich z. B. auf eine spezifische LEH-Filiale bezieht. Die einzelnen Kennzahlen werden mittels eines Scoringverfahrens zuammengefaßt. Die dazu notwendige Kennzahlengewichtung basiert auf den in Abbildung 83 durch „--" bis „ + + " dargestellten Kennzahlenbedeutungen, so wie sie die anwendende Handelspraxis sieht.

---

[197] *Witt / Witt* 1987c.

	Derzeitige	Künftige
		Bedeutung

Zeit-Controlling

	Derzeitige	Künftige
– Umschlagszeit	+	+ +
– Liegezeit im Regal	+ +	+ +
– Bestellzeit	+	+
– Kauffrequenz	–	+
– Zirkulationszeit (= Zeit von Wareneingang bis zur Regalbeschickung) im Warenwirtschaftssystem	–	+ +
– Zirkulationszeit in einer Filiale	– –	O

Präsentations-Controlling

– Optische Darbietung	–	+
– Plazierung	+	O
– Sauberkeit	– –	+
– Korrekte Preisauszeichnung	O	–
– Korrekte Herkunftsangabe etc.	–	O
– Ausreichende Menge	+	+

Sonderaktionen-Controlling

– Häufigkeit	– –	–
– Länge	– –	–
– Zeitliche Plazierung	O	–
– Artikelauswahl	+	+ +
– Werbeaussage	O	O
– Werbemedium	O	+
– Umsatz	+	–
– Absatz	+	–
– Kosten	O	–

Erfolgs-Controlling

– Stückvollkosten	+	–
– Stückdeckungsbeitrag	O	+ +
– Preisentwicklung	O	+
– Mengenentwicklung	+	+
– Umsatzentwicklung	+	O
– Ausgewählte Kosten (z.B. Einstandspreis)	+ +	+

Mitarbeiter-Controlling

– Präsenz im Food-Bereich	– –	+
– Pünktlichkeit	O	O
– Kleidung/Auftreten	O	+
– Fachkenntnisse	– –	+
– Korrektheit bei Wiegen u.ä.	–	O

Qualitäts-Controlling

– Haltbarkeit	–	+
– Verpackungszustand	+	O
– Gewicht	+	+ +
– Frachtunterlagen	+	+

Abb. 83: Kennzahlen im Foodcontrolling (nach Witt 1988d, F20)

Als weitere mögliche Ausprägungen des serviceorientierten Foodcontrolling sind beispielsweise denkbar:

- Plazierungscontrolling hinsichtlich verschiedener Abverkaufsraten bei unterschiedlicher räumlicher Positionierung und gleichzeitiger Beachtung der Kundenübersichtlichkeit
- Lagermindest- und -höchstzeiten
- Segmentierung des Foodbereichs nach kundennahen Logistikkriterien (etwa Verhältniszahlen wie „Gewicht / Weg zur Kassenzone").

6.3.3 Tools im Servicecontrolling

Wesentliche Werkzeuge des Servicecontrolling sind vor allem
- Stichproben
- Kundenbefragung
- Mitarbeiterbefragung
- Kennzahlen, wie sie bereits beispielhaft beim Foodcontrolling vorgestellt wurden.

Darüber hinaus wird die Serviceleistung im Handel sehr stark durch den **Innovationsgrad** bestimmt, der sich wiederum

- direkt in der Sortimentspositionierung äußern kann (z.B. Forcierung von Mehrwegverpackungen mit entsprechenden filialseitigen Services bezüglich Reinigung, Ersatzverpackung u.ä.)
- eher indirekt durch Services im engen Sinne zum Ausdruck kommt (beispielsweise Vereinfachung der Vorbestellung durch Einsatz neuer Kommunikationstechnologien).

Vor allem der zweite Bereich, nämlich die Serviceunterstützung durch neue Informations- und Kommunikationstechnologien (IuK), bildet für den Handelsbereich die Entsprechung zur industriebetrieblichen FuE-Politik. Sie unterstützen weiterhin das Filialcontrolling selbst.[198] Zur Beurteilung der IuK-Intensität in einem Handelskonzern und in einer Filiale eigenen sich spezielle **IuK-Portfolios**. Abbildung 84 zeigt einige solcher IuK-Portfolios beispielhaft auf.

> Die verschiedenen IuK-Portfolios und -Portfoliodimensionen zeigen dem Handels- und Filialcontroller Innovationsschwerpunkte, die den IuK-gestützten Servicegrad sowie weiterhin auch das Unternehmens- und Filialimage verbessern können. Die hier dargestellten handelsspezifischen IuK-Portfolios sind als Pilotversuche im praktischen Einsatz. Exemplarisch sind einige Portfoliopositionen eingezeichnet.

Die **Vielzahl moderner IuK-Technologien** führt im Filialeinsatz zu einer gewissen Unsicherheit des Filialmanagement, ob nämlich dadurch nicht nur filialinterne, sondern auch zusätzlich und tatsächlich kundenbezogene Servicevorteile erreichbar sind bzw. ob die IuK-Komponenten kundenseitig akzeptiert werden. So hat sich in manchen Filialen der Einsatz von Scannersystemen nicht bewährt, mit denen die Kunden noch vor der Kassenzone die Preisdatenbank auf Richtigkeit überprüfen können. Im Gegensatz dazu gibt

---

[198] *Meffert* 1988b, 241 f., der Handelscontrolling stark mit IuK verbunden sieht. Ebenso *Leismann* 1990, Kapitel B.IV-B.VII; *Simmet* 1990; *Nussbaum* 1985.

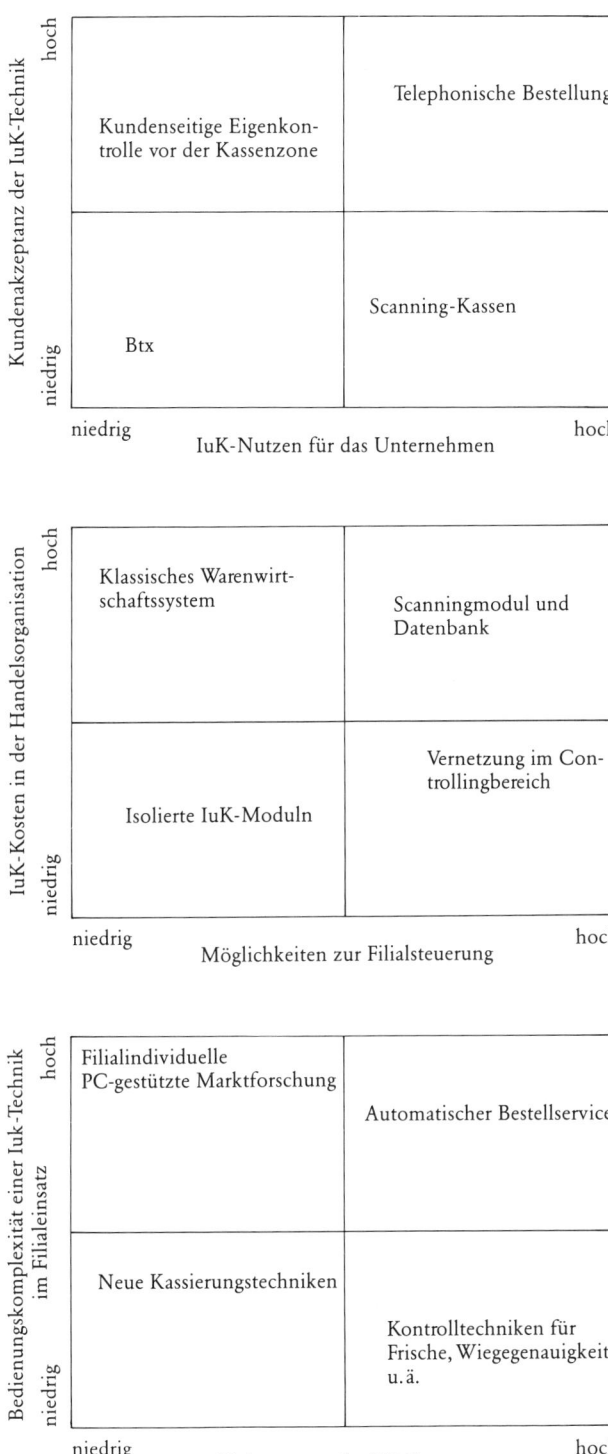

Abb. 84: Beispiele für IuK-Portfolios im Rahmen des Servicecontrolling

es durchaus vielversprechende Ansätze, den Warenfluß durch abholfertige Vorbereitung von Btx- oder Fax-vorbestellter Ware zu vereinfachen („Quasi-Bedienung"), den abholenden Kunden aber durch geschickte – meist räumliche – Positionierung gleichwohl noch zum direkten Kontakt zum Ladenlokal („Schnuppern von Erlebnisatmosphäre") zu veranlassen und dabei auch Kaufverbundeffekte auszunutzen. Der Filialcontroller muß daher mit Hilfe solcher IuK-Portfolios abwägen, wie sehr er eine IuK-Technik für sinnvoll hält – auch und gerade angesichts der verschiedenen Möglichkeiten zur serviceorientierten Kundenbindung.

Mit Hilfe der Bubblegröße (= Kreisumfang) der im IuK-Portfolio positionierten Objekte wird z. B. das vermutete Kostengewicht verdeutlicht. Durch diese monetäre Komponente kommt die Nähe der servicebezogenen IuK-Betrachtung zum Investitionscontrolling zum Ausdruck, das gerade im Handel sehr marketingnah ist. Denn aufgrund des vergleichsweise hohen Anteils des **Marketinginvesting** – z. B. mit dem Unterfall der serviceorientierten Investitionen – am gesamten Investitionsvolumen im Handel besteht eine enge Verzahnung zwischen Markterfolg und Investing. So gibt es beispielsweise – als strategische Investitionsenscheidungen – bestimmte Standortinvestitionen zur Erschließung neuer räumlicher Märkte bzw. zur Kundenbindung. Darüber hinaus sind etwa Umgestaltungen von Ladenlokalen in ihrer designdominierten Präsentation eher operativ einzustufen und zeigen damit die Bandbreite des serviceorientierten Handelsinvesting und speziell des Filialinvesting auf. In diesem Zusammenhang sind einige Besonderheiten des **Investitionscontrolling im Handel** zu nennen, so nämlich:
- das bereits geschilderte marketingnahe Investing
- die damit verbundene Marktunsicherheit bei der Abschätzung des Investitionserfolges (etwa mit Hilfe monetärer Investitionskalüle), so daß man regelmäßig nur innerhalb von großen Bandbreiten Investitionserfolgswerte angeben kann und eine Investitionsentscheidung vielmehr stärker durch qualitative Tools (etwa Portfolios) stützen muß
- ein Pilotinvesting aufgrund des Ziels, spezifische Filialstandards zu schaffen, die auf andere Filialen übertragbar sind, so daß auf diese Weise dann eine Erstentscheidung nun auch hohe Bedeutung aufgrund ihrer Lenkungsfunktion besitzt und häufig von einem isolierten Low-Level-Investing zu einer größeren Investitionskette aufgewertet wird, die mehrere Folgefilialen (= „Kettenglieder") umfaßt
- ein relativ unausgeprägtes Projektmanagement im Handel, das solche Investitionen begleitet und dann mit der Konsequenz eines zentralen oder zumindest regionalen Projektcontrollers verbunden ist, der evtl. in Konkurrenz zum Filialcontroller agiert.

Um generell solche Investitionsentscheidungen mit einer adäquaten Datenbasis besser zu fundieren, findet sich in größeren Handelsorganisationen immer häufiger eine **Hierarchisierung der Marktforschung**, die sich insbesondere auch in einer stellenbeschreibungsbezogenen Aufgabenteilung niederschlägt, so etwa in der Differenzierung in strategische und operative Marktforschung:
- Die strategische Marktforschung schätzt beispielsweise auf der Basis eigener zentraler Abteilungen, die für scannergestützte Datenerhebung und -analysen zuständig sind,[199] Imagewirkungen, Servicepotentiale und -notwendigkeiten, Erlöspotentiale und deren Zusammenhang zu Absatzmengen und Vertriebsplänen.

---

[199] Siehe das *Mars*-Beispiel bei *Raithel* 1988.

- Die operative (Filial)marktforschung bezieht sich hingegen eher z. B. auf die Abschätzung von Sonderaktionserfolgen und der Effizienz einzelner Detailservices. Die bereits mehrfach angesprochene Controllingunterstützungsfunktion der Marktforschung wird damit noch einmal besonders eindringlich deutlich und durch entsprechende organisatorische Maßnahmen in ihrem Gewicht bestätigt, die manche Handelshäuser derzeit einleiten bzw. gerade durchgeführt haben.

Aufgrund der irradiierenden Wirkung des Handels- und Filialpersonals kommt dem **Personaleinsatz** nicht nur filialinterne, sondern auch eine kundennahe Bedeutung zu. Der Filialcontroller muß daher zunächst mit Hilfe von Kennzahlen die generelle sowie die **serviceorientierte Personalproduktivität** abzuschätzen versuchen. Dazu kommen übliche Kennzahlen in Frage, so insbesondere:

- Umsatzklassen-Vorgabe (z. B. y % Umsatz aus Preisklasse P) je Mitarbeiter
- Weitere Abverkaufsvorgaben je Abteilung oder je Mitarbeiter (z. B. zeitliche Segmentierung von Mengendurchsätzen)
- Packzeiten und Nicht-Verkaufszeiten einschließlich Servicezeiten
- Sonstige Verteilzeiten
- Warteschlangen-Länge an der Kassenzone
- Anzahl spezifischer Arbeitsgänge pro Stunde
- Anzahl Kundenreklamationen
- Fehlzeiten
- Überstunden und -minuten
- Fehlbesetzung und Leerzeiten einer Abteilung
- Verhältnis „Umsatz : Personalkosten", differenziert nach Warengruppen und anderen Kalkulationsobjekten
- Gesprächs- und Bedienzeit je Kunde.

Damit wird bereits ein grobes **Zeit- bzw. Mengengerüst** aufgestellt, wie dies beim Prozeßmanagement Anwendung findet. Darüber hinaus muß der Filialcontroller den Personaleinsatz hinsichtlich seiner Wirkung auf die Kundschaft durch eine entsprechende Personalschulung – und im Vorfeld: auch Personalauswahl – steuern. Insbesondere bei der strategisch wichtigen Mitarbeiterauswahl werden im Handel im Rahmen des Lower-Management – also z. B. auf der Filialleiterebene – häufig nur rudimentäre Personalauswahlverfahren eingesetzt. Wenn auch der Filialcontroller zwar mit der Auswahl eines Filialleiters überfordert ist, so kommt dem zentralen Handelscontroller oder evtl. auch bereits dem Regionalcontroller doch eine wichtige Mitwirkungsfunktion zu. Für die **Auswahl von Filialmanagern** kann ein solcher Controller insbesondere an den Aufgaben für ein **Assessment-Center** mitarbeiten, mit dem die Kandidaten für die Filialmanagerposition anhand von realitätsgerechten Mini-Aufgaben und -arbeitsproben von den Assessoren beurteilt werden.[200]

---

[200] Siehe zum Filialassessing ausführlich Abbildung 34 in Kapitel 3.2.

6.4 Sonderaktionscontrolling

Wenn man sich artikelbezogen die Nutzung von Sonderangeboten – bzw. umgekehrt aus
Handelssicht: die artikelbezogenen Abverkaufsraten via Sonder- vs. Normalangebot –
anschaut, so erkennt man sehr schnell die hohe Bedeutung von Sonderaktionen, die artikelbezogen bis zu 95 % ausmachen kann[201] (= Sonderaktionsumsatz). Beim Sonderaktionscontrolling geht es primär darum, die Effizienz von Sonderaktionen anhand
ausgewählter Indikatoren zu beurteilen. Regelmäßig werden dabei verschiedene rechnungswesennahe Auswertungen durchgeführt, indem beispielsweise Deckungsbeitrags-
kennzahlen, Abverkaufszahlen etc. für Artikel, Warengruppen, einzelne Aktionstage gebildet werden. Ein **rechnungswesenorientiertes Sonderaktionscontrolling** steht und fällt
deshalb mit der Auswahlgüte der herangezogenen Kalkulationsobjekte. Der Idealfall einer umfassenden Grundrechnung ist in der Praxis in bezug auf einzelne Filialen kaum
anzutreffen. Daher ist ein breit angelegtes Sonderaktionscontrolling meist nicht möglich.
Im Sinne einer „second-best"-Lösung, die sich an den Praxisgegebenheiten ausrichtet, ist
jedoch eine **filialspezifische Grundrechnung** sinnvoll. Abbildung 85 zeigt exemplarisch
eine solche Filialgrundrechnung, wie sie in der Praxis im Einsatz ist und speziell auch das
Sonderaktionscontrolling unterstützt. Die wesentliche Abweichung von einer umfassenden Grundrechnung besteht darin, daß

- die Kalkulationsobjekte gröber zusammengefaßt sind und damit auch eine Gratwanderung zwischen Vollkosten- und Einzelkosten- bzw. Vollerlös- und Teilerlösbetrach-
  tung vorgenommen wird. Diese Gratwanderung ist ein Zugeständnis an die Praktika-
  bilität.
- ausgewählte einzelne Leitkalkulationsobjekte, die repräsentativ sind, herausgegriffen
  und detailliert kontiert werden können, um auf diese Weise Stichproben zu unterstützen. Andere Artikel und Warengruppen werden hingegen zusammengefaßt betrachtet
  und daher auch nur pauschal bebucht („Sammelkontenprinzip").

Das filialspezifische Sonderaktionscontrolling greift sinnvollerweise auf eine im Vergleich
zur generellen Handelsgrundrechnung (siehe Abbildung 2) vereinfachte Filialgrundrechnung zurück, in der
- die Kalkulationsobjekte gröber zusammengefaßt sind, gleichwohl aber eine Vollkosten-
  und Vollerlösbetrachtung vermieden wird (= Verzicht der Schlüsselung auf noch kleinere
  Einheiten als die per Kontenrahmen vorgesehenen und damit bebuchbaren Kalkulationsobjekte)
- einzelne Kalkulationsobjekte, die filialtypisch sind und zudem auf Sonderaktionseinflüsse
  entsprechend reagieren, tiefergehend betrachtet, d. h. hinsichtlich der Kontierung (=
  Datenerfassung für die Filialgrundrechnung) bebuchbar gemacht werden („Leitartikel").

Neben dem rechnungswesengestützten Sonderaktionscontrolling geht es gleichrangig
auch um eine Beurteilung von Sonderaktionen anhand ausgewählter **Kennzahlen**, die
meist mit Hilfe kleinerer, abgegrenzter Marktforschungsaktivitäten gewonnen werden
müssen. Wenn auch eine Vielzahl solcher Kennzahlen im Zuge von scannergestützten

---

[201] Vgl. die artikelbezogene Übersicht bei *Bürger / Berlemann* 1987, 283; generell auch *Eckardt*
1976.

	Waren Leitartikel 1 Leitartikel 2 Leitartikel 15	Abteilungen	Prozesse	Zeit
	• Verbund- gruppe • Preisgruppe • Plazierungs- gruppen • Umschlags- gruppen	• Food 1 • Food 2…7 • Nonfood 1 • Nonfood 2…9	• Bedienung • Regal • Verkauf • Verwaltung • Einkauf	• Saison 1 • Saison 2 • Monat 1…12 • Jahr 1… n
Investition • Instandhaltung • Neuinvestition				
Marketing • Preispolitik • Werbung • Sonstiges				
Erlöse • Normalerlöse • Aktions- (zusatz)- erlöse				
Kostentyp • Leistungskosten • Bereitschaftsk. anteil.Gemein- kosten Filiale • Regionalumlage durch Zentrale				
Kostenarten • Personal, allg. • Sonderaktions- personal • Werbekosten • Wareneinsatz				

Abb. 85: Filialgrundrechnung

Warenwirtschaftssystemen relativ leicht verfügbar ist (z. B. artikel- und tagesgenaue Abverkaufszahlen), so gibt es weitere wichtige Kennzahlen, die nicht direkt aus dem Datengerüst von Warenwirtschaftssystemen ableitbar sind und die daher nur mittels individueller Sonderabfragen oder durch ergänzende Marktforschungsaktivitäten offengelegt werden können. Abbildung 86 zeigt exemplarisch einige Untersuchungsinhalte, die scannergestützt erhebbar sind.[202] Darüber hinaus verdeutlicht Abbildung 86 am Beispiel eines Waschmittels, welche alternativen Preis/Werbung-Kombinationen zu welchem Mehrabsatz führten, um auf diese Weise den mittels Scannereinsatz erreichbaren Detaillierungsgrad zu veranschaulichen. Neben solchen Einzelanalysen geht es im **scannergestützten Filialcontrolling** namentlich um die drei Analysebereiche[203]

- Preisresponses (etwa Ermittlung von Preis/Absatz-Funktionen)
- Plazierungspolitik (beispielsweise Wirkung unterschiedlicher Frontstückzahlen und Doppelplazierungen)
- Sonderaktions- und Verbundpolitik (Effizienz von Sonderaktionen, Verbundstärkenmessung, notwendige Sortimentsbreite und -tiefe sowie daraus evtl. resultierendes Outlisting etc.).

Die längerfristige Analyse einzelner Kennzahlen, die speziell auch scannergestützt aufdatiert werden, ist nicht nur aus rein betriebswirtschaftlicher Perspektive wichtig. Wenn nicht schon der einzelne Filialcontroller, so muß doch zumindest das Zentralcontrolling einer Handelsorganisation bestimmte wettbewerbsrechtliche Aspekte beachten, die eng mit Sonderaktivitäten verbunden sind.[204] So führen beispielsweise neue gesetzliche Vorschriften dazu, daß der Handel seine Sonderaktivitäten etwas anders positioniert (etwa Laufzeitverkürzung einer einzelnen Sonderaktion) und daß dies wiederum – wenn auch z.Zt. wettbewerbsrechtlich zulässig – durchaus langfristig zu weiteren, dadurch induzierten Gesetzesänderungen führen kann. Exemplarisch zeigt Abbildung 87 die verschiedenen und empirisch in ihrer Bedeutung erhobenen **Händlerverhaltensweisen bei Sonderaktionen**. Die dabei auftretenden qualitativen Aspekte sind keineswegs eindeutig zu operationalisieren, sondern werden – verständlicherweise – von verschiedenen Personenkreisen unterschiedlich eingeschätzt. Im Rahmen des Sonderaktionscontrolling sind solche „parallelen" Bewertungen allein schon aus der originären betriebswirtschaftlichen Perspektive sinnvoll, so daß der Aspekt „wettbewerblich konformes Verhalten" lediglich ein Add-on-Argument für die Notwendigkeit solcher Kennzahlensysteme darstellt.

Die Vielzahl möglicher Untersuchungsinhalte reduziert sich für das filialspezifische Sonderaktionscontrolling auf wenige ausgewählte Fragestellungen (Teil A). Diese sind in der Abbildung gesondert markiert. Weiterhin zeigt Teil B von Abbildung 86 beispielhaft auf, welche Preis/Werbung-Mixes zu welchem Mehrabsatz führen (Basis: linkes oberes Matrixelement mit 0 % Preissenkung und 0 % Werbung, so daß sich die dazugehörige Ausgangsmenge ergibt, die den Wert 1,0 als Ausgangsindex erhält).[205] Der Filialcontroller hat darauf zu achten, daß vordergründig exorbitante Absatzsteigerungen (etwa das 11,8 fache Absatzvolumen bei intensiver Werbe- und aggressiver Preispolitik, vgl. diagonal das rechte untere Matrixfeld) nicht zu einseitigen Aktionismus führen, wenn man nämlich allzu einseitig den „Mehreffekt" lediglich ohne sein zeitliches Nachlassen („Overactioning") sieht und ihn fälschlicherweise als längerfristig konstant betrachtet. Man darf also die positiven Mengeneffekte aggressiver Preis/Werbe-Kombinationen nicht überschätzen und muß überdies auf mögliche Preisniveauverschlechterungen achten, die evtl. zu mit der Mehrmenge gegenläufigen tendenziellen Erlöseinbußen und Imageverschiebungen führen.

---

[202] Die Abbildung geht zurück auf *Simon* 1987, 66 f.
[203] Siehe auch *Heidel* 1990, Kapitel 4–7.
[204] Siehe überblicksartig z.B. *Ahlert / Schröder* 1989, 236–239.
[205] Die Daten der Abbildung basieren auf dem *Nielsen National ScanTrack* für die USA, wo der Scannereinsatz vergleichsweise weiter fortgeschritten ist und sowohl die Scannercoverage als auch die Auswertungsvielfalt größer sind.

Teil A

Abhängige Variable	Unabhängige Variable	Mögliche Untersuchungsinhalte
Absatz / Marktanteil eines Artikels A	– Marketingmix (Preis, Werbung, Verkaufsförderung etc.) des Artikels A	– Responsefunktion – Elastizitäten – sowie deren Dynamik
	– Marketingmix konkurrierender Artikel	– Kreuzresponse – Kreuzelastizitäten – sowie deren Dynamik
	– Kundenzahl	– Verteilung der Absätze/Umsätze über Personen und Kunden– gruppen – Betriebsvergleiche
	– Zeit des Kaufes	– saisonale, wochentägliche, tageszeitliche Schwankungen – Abnutzung (Wear Out) von Maßnahmen
	– Absatz anderer konkurrierender Artikel	– Wechselverhalten – Konkurrenzintensität – Marktanteilsdynamik – Competitive Maps
	– Absatz anderer nicht konkurrierender Artikel	– Verbundkäufe – Warenkorbanalysen
	– Kundenkategorien (mit zusätz- licher scanner-lesbarer Identi- fikationskarte; Haushaltspanel)	– Marktsegmentierung
	– frühere Käufe des gleichen Artikels (mit ID-Karte)	– Markentreue, Wechselverhalten – Variety Seeking
	– Tatsächliches Fernsehverhalten bei Werbung für Artikel A	– Werbewirkung – Dynamik der Werbewirkung – Verzögerungseffekte, Wear Out
	– Geschäft / Geschäftstyp	– Betriebsvergleiche – Standortvergleiche – Distributionssegmentierung
Preis des Artikels A (bzw. andere Marketing- instrumente)	– Preis von Konkurrenzartikeln	– Reaktionsfunktion der Konkur- renz bzw. Reaktionselastizitäten
	– Werbung des Artikels A	– Marketingmix-Interaktion
	– Werbung / andere Instrumente konkurrierender Artikel	– Kreuzreaktionsfunktionen bzw. -elastizitäten
Kaufverhalten des einzelnen Haus- haltes (mit zusätz- licher, scanner- lesbarer ID-Karte)	– Marketingmix (Preis, Werbung etc.)	– haushaltsindividuelle Responsewerte, Elastizitäten – Marktsegmentierung
	Soziodemographische, psycho- logische, Life-Style-Variable	– Marktsegmentierung
	Käufe bestimmter Artikel	– Verbundverhalten – Variety Seeking – Konsummuster

Teil B

Werbliche Unterstützung	Preissenkung					
	0 %	5 %	10 %	15 %	20 %	25 %
Keine	1,0	1,1	1,2	1,4	1,5	1,7
Normale Anzeige	1,3	1,6	2,0	2,5	3,1	3,8
Hervorgehobene Anzeige	1,3	1,6	2,1	2,5	3,2	3,9
Sonderplazierung	2,0	2,5	3,1	3,9	4,8	6,0
Sonderplazierung und normale Anzeige	3,3	4,1	5,2	6,4	8,0	9,9
Sonderplazierung u. hervorgehobene Anzeige	4,0	4,9	6,2	7,7	9,5	11,8

Abb. 86: Scannergestützte Untersuchungen im Filialcontrolling

Die Abbildung stellt ein weitgefaßtes, z. T. sehr qualitativ ausgerichtetes und daher nur durch Befragung bzw. Schätzung mit Daten füllbares Kennzahlensystem dar. Daraus hat der Filialcontroller „seine" spezifischen Kennzahlen herauszuziehen, wobei er dabei allerdings auch auf solche Kennzahlen achten sollte, die ihm – in langfristiger Zeitentwicklung – speziell das Wettbewerbsverhalten seiner Filiale – zumindest als Beitrag für die Analyse der gesamten Handelsorganisation – transparent machen. Abbildung 87 verdeutlicht daher ein solches Kennzahlensystem, das ursprünglich anläßlich einer empirischen Studie entstanden ist, die das Sonderangebotsverhalten aufgrund der Einführung des § 6d UWG (= Verbot der Mengenbeschränkung, d. h. der üblichen „haushaltsüblichen Menge" bei Sonderaktionsartikeln) untersuchte. Wie sich bei dieser Studie ergab, führt die Interdependenz rechtlicher Vorschriften (hier: § 3 UWG, der eine Mindestvorratspflicht von Sonderaktionsartikeln vorsieht) u. a. dazu, daß Händler diese Vorschriften gegeneinander ausspielen, indem z. B. Sonderaktionszyklen verkürzt werden. Die einzelnen Tabellenübersichten in Abbildung 87 zeigen deshalb unterschiedliche Kennzahlen auf, die eine solche Vermutung nahelegen. Denn die prozentualen oder zumindest die tendenziellen Veränderungen der einzelnen Kennzahlen im Vergleich vor und nach der betreffenden UWG-Novelle kolorieren ein eindeutiges Bild hinsichtlich der entsprechenden Händerverhaltensweisen. Dieses ursprünglich zur wettbewerbsrechtlichen Analyse eingesetzte Kennzahlensystem wird derzeit von mehreren Handelsunternehmen in bezug auf ihre eigene Imagepositionierung gegenüber Kunden und Lieferanten fortgeschrieben.

Als Konkretisierung der strategischen Erfolgsfaktoren[206] konnten für den Bereich des Sonderaktionscontrolling **spezifische Sonderaktionserfolgsfaktoren** im LEH-Sektor empirisch identifiziert werden. Dabei handelt es sich um folgende Dimensionen, wobei die sich insgesamt zu 100 addierenden prozentualen Bedeutungsgewichte der einzelnen Faktoren jeweils in Klammern angegeben und je Faktor einige Einzelvariablen, die durch den jeweiligen Faktor gebündelt werden, aufgelistet sind:

- Preisimage (31 %)
  - Preisabstand zur Normalsituation bezüglich der Aktionsware
  - Preispositionierung der Filiale
  - Preisempfindlicher Stammkundenanteil
- Werbepräsentation (28 %)
  - Generelle Werbeintensität für die Sonderaktion
  - Artikelgenaue Werbeintensität
  - Tageszeitungswerbung
  - Warenpräsentation der Sonderaktionsartikel
- Unternehmens- und Filialimage (22 %)
  - Standortgünstigkeit
  - Warenqualität der Sonderaktionsartikel
  - Ladenatmosphäre
- Timing (11 %)
  - Regelmäßigkeit von Sonderaktionen
  - Sonderaktionsfrequenz
  - Zeitverschiebung zur am Standort positionierten Konkurrenz
- Sonstiges (8 %)
  - Serviceimage und Beschwerdehandling
  - Anzahl der Sonderaktionsartikel.

---

[206] Siehe Kapitel 2.1.2.

Beobachtetes Händlerverhalten	Kriterienveränderung nach der UWG-Novelle	
	(Basis 100% vor UWG-Novelle bei direkt quantifizierbaren Kriterien (gerundet))	Änderung Skala: +; 0; –
Regalplatzgröße je Sonderangebot (SA)	− 9%	−
SA-Werbung		
− Werbefläche für das SA außerhalb	+ 3%	+
− Werbefläche für das SA innerhalb	− 4%	−
− SA-Werbefläche außerhalb: Gesamtwerbefläche außerhalb	+ 2%	+
− SA-Werbefläche innerhalb: Gesamtwerbefläche innerhalb	− 5%	−
SA-Hindernisse beim „Physical-Selling"		
− Anzahl Selbstbedienungsmöglichkeiten	+ 1%	+
− Personaleinsatz an Bedienungstheken mit SAs	− 6%	−
Aliud-Präsentationen		
− Anzahl von „Parallelangeboten" mit konkurrierendem Aliud-Charakter	+ 11%	+
− Anzahl der überhaupt (= a priori) nicht präsentierten SAs	+ 5%	+
Güte des SA-Plazierungsorts	− 3%	−
Anzahl der Schein-SAs	+ 1%	+
Zeitliche Bestimmtheit und Gültigkeit des SA in der Werbung		
− Anzahl der „von ... bis ..."-Formulierungen	− 10%	−
− Anzahl der „Gültig ab ..."-Formulierungen	+ 2%	+
Einengen der SA-Geltungszeit		
− durch explizite Einengung mittels Zeitnennung (Anzahl)	+ 0%	0
− durch andere Maßnahmen (z.B. später als SA-Aktionsbeginn verteilte Handzettel) (Anzahl)	+ 3%	+
SA-Dauer		
− Tatsächliche Dauer: Angekündigte Dauer	− 3%	−
− Absolute tatsächliche Dauer	− 7%	−
Anzahl der Regalnachfüllungen		
− je Tag	+ 2%	+
− je SA-Aktion	+ 1%	+
Mengenumfang der präsentierten SA-Ware		
− je SA-Aktion	− 15%	−
− je Regalbefüllung	− 18%	−
Zeit zwischen Räumung und Nachfüllung eines Regals während der SA-Aktion	+ 7%	+
Anzahl der SA-Aktionen im Monat	+ 4%	+
Gesamtangebot von SAs je Jahr (hochgerechnet)		
− Menge	+ 0%	0
− Umsatz	+ 8%	+
Beobachtete Kundenreaktion		
Suchzeit bei nicht-vorhandener SA-Ware	nicht quantifiziert	+
Griff zum Substitut (bei nicht-vorhandenem SA)	+ 6%	+
Gesamtnachfragemenge je Kaufakt (einschl. Nicht-SA-Ware)	− 0%	0
Gesamtnachfragewert je Kaufakt (einschl. Nicht-SA-Ware)	+ 3%	+
Durchschnittliche Mengennachfrage nach SA-Ware je Kaufakt und Kunde	+ 5%	+
Kundenanzahl im Ladenlokal je Monat	− 0%	0
Ladenverlassen ohne Kauf bei nicht-vorhandenem SA	+ 0%	0
Konsumentenmeinung über eigenes Kaufverhalten und Anbieterverhalten		
Dauer einer SA-Aktion	nicht quantifiziert	−
Häufigkeit („Frequenz") von SA-Aktionen	nicht quantifiziert	+
Zeitraum bis zum Ausverkauf eines SA	nicht quantifiziert	+
Anzahl der erworbenen Artikel je Kaufakt (einschl. Nicht-SA-Ware)	nicht quantifiziert	−
Ladenverlassen ohne Kauf bei nicht vorhandenem SA	+ 5%	+
Durchschnittlich geplante Kaufmenge eines SA	+ 13%	+
Griff zum Substitut		
− im selben Ladenlokal und sofort	− 0%	0
− bei der Konkurrenz und „relativ sofort"	+ 5%	+
− zeitverzögert (im selben Ladenlokal bei folgenden Kaufakten)	+ 2%	+
Kundenunzufriedenheit bei ausverkauftem SA	+ 7%	+

Abb. 87: Handelsverhalten bei Sonderaktionen nach Einschätzung sowie gemäß Beobachtung (nach Witt 1987a, 592, 595)

Der Filialcontroller ist aufgrund solcher Erfolgseinflußgrößen in der Lage, Sonder-
aktionspositionierungen vorzunehmen und ein **Sonderaktionsimage** der Filiale aufzubauen – in welche Richtung dieses Aktionsimage auch tendieren mag: Innovativ vs.
preisaggressiv vs. Pseudoaktionismus u. ä.

6.5 Positionierungscontrolling mit Fremdinformationen

Es gibt verschiedene Controllingbereiche, die sich sinnvollerweise nur durch den externen
Zukauf von Fremdinformationen und -beratungen erschließen lassen, weil die handelsbe-
triebs- und/oder die filialinterne Controllingabteilung – teilweise aufgrund von Know-
how-Mangel – überfordert ist. Bei solchen „Buys" handelt es sich speziell auch um Markt-
forschungsinformationen, mit denen sich ein Handelsunternehmen oder eine Filiale
innerhalb des Konkurrenzumfelds positionieren kann. Weiterhin geht es bei den als Ergänzung der internen Controllingaktivitäten zugekauften Services ebenfalls um Ansätze, die
auf eine **Anderspositionierung** konkreter einzelner Marketingaktivitäten von und/oder für
Filialen zielen. Gerade hier liegt häufig eine große Controlling-, d. h. Beratungsaufgabe seitens des Handelscontrollers vor, ohne daß er meist indes hinreichende Kenntnisse aufweist.
Deshalb kommt ihm in solchen Fällen eher die Schnittstellenaufgabe zu, externe Dienste in
das interne Handels- und Filialmanagement einzubringen; der Controller übernimmt eher
Anregungs- und Koordinationsfunktionen. Im folgenden werden exemplarisch einige kurze Beispiele skizziert, die solche extern zukaufbaren Dienstleistungen umschreiben, die
wiederum meist mit Marktforschungsaktivitäten gekoppelt sind.

Im ersten Beispiel geht es darum, sich mit besonderen werblichen Aktivitäten von der
Konkurrenz abzusetzen und beispielsweise eher in die Richtung einer „ungewöhnlichen",
weil nämlich eher „realistischen" Werbung zu positionieren. Eine solche **Realismuswerbung**[207] will also weniger euphorische Werbeaussagen präsentieren, sondern eher eine
Identifikation des Werbeadressaten mit Hilfe von „alltäglichen", nachvollziehbaren Aussagen und natürlich wirkenden präsentierten Personen erreichen. Gerade im Zuge der
Werbedezentralisierung, d. h. der Werberegionalisierung und -lokalisierung aufgrund
von spezialisierten Medien (Privatrundfunk und -TV, regionenspezifische Tageszeitungen und vor allem Zeitschriften) sind solche werbeklimatischen **Ansätze** durchaus erwä-
genswert, daß sich nämlich z. B. mehrere Filialen einer Filialkette je Standort ein gemein-
sames Image aufbauen und kooperativ in der Lage sind, lokale TV-Werbung zu betreiben.
Im folgenden sind exemplarisch einige Detailaspekte und -ergebnisse ausschnittsweise
wiedergegeben:
- Einen wesentlichen Effizienzindikator der Realismuswerbung[208] findet man im **Involvement,** das heutzutage häufig als sehr dominantes Werbeziel in der Praxis Anwendung findet, um die Werbewirkungsforschung etwas operationaler zu unterstützen.
  Zur Involvement-Messung
     – wurde zum einen ein sich aus mehreren Teilindikatoren zusammensetzender In-
       volvement-Indikator gebildet

---

[207] Siehe *Witt / Witt* 1991c. Eher generell zur Handelswerbung etwa *Pflaum / Eisenmann* 1988;
Barth / Theis 1991.
[208] Siehe allgemein zur Effizienzkontrolle statt vieler und exemplarisch *Infratest Medienforschung*
1982.

– wurden zum anderen jeweils noch separate Indikatoren für den Aufmerksamkeits-
sowie ebenfalls für den Recalling-Effekt aufgestellt.

Beide Indikatorengruppen wurden jeweils mit ihren entsprechenden Pendants verglichen, die bei vorher seitens des Anbieters durchgeführter
– normaler Werbung (= eher futuristisch anmutend)
– pseudorealistischer Werbung (= erkennbar gestellte Situationen, die eher als Mini-
Spielszenen und Aufmerksamkeits„aufhänger" konzipiert waren)
auftraten.

• Abbildung 88 zeigt exemplarisch, wie sich im Zeitverlauf der **Aufmerksamkeitsindex**
und der **Recallingindex** für ein Hygeniprodukt entwickeln, das im Laborexperiment
durch TV-Spots umworben wurde. Dabei ist Abbildung 88 so zu lesen: Zum Zeitpunkt Null hat der Index den Wert 100, so daß seine zeitlich nachfolgenden Werte
dann die Differenz zu den jeweiligen Werten des Vergleichsindex für die Normalwerbung ausweisen. Die in Abbildung 88 dargestellten Indizes sind also gewissermaßen
„Differenzindizes", weil sie zu einem bestimmten Zeitpunkt jeweils z.B. den Unterschied zwischen dem Aufmerksamkeitsgrad bei Normalwerbung und bei Realismuswerbung darstellen. Aus Abbildung 88 wird ersichtlich: Beide Differenzindizes liegen
insgesamt deutlich über dem Wert 100, so daß dadurch – zumindest innerhalb des auf
der Abszisse aufgetragenen Zeitraums – eine größere Effizienz der Realismuswerbung
im Vergleich zur konventionellen Werbung signalisiert wird. Selbstverständlich unter-
liegt auch die Realismuswerbung – zumindest mit Einzelspots und Einzelschaltungen,
also mit bestimmten Ausprägungen – einer natürlichen Abnutzung. Diese Abnutzung
spricht indes nicht gegen das Konzept der Realismuswerbung als solches, sondern fordert nur immer wieder erneut zu innovativen Realismusansätzen auf, die der Filialcontroller mitentwickeln muß. Denn die dabei als Maßstab anzusetzende „Realität" ist im
Zeitablauf einem starken Wandel bzw. einem Abnutzungseffekt unterworfen, so daß
sich speziell die Realismuswerbung sehr flexibel darstellen muß. In Abbildung 88 ist
der Effekt aufgezeigt, der sich in der derzeitigen Werbelandschaft – mit vergleichsweise äußerst wenigen echten Realismuswerbungen – einfangen läßt. Bei einem grundle-
gend veränderten Realismusniveau – mit entsprechend geringerer Differenzierung beispielsweise eines Einzelspots von anderen Spots – können sich durchaus gewisse
strukturelle Verschiebungen ergeben. Z.Zt. scheint indes der Realismuswerbung ein
hohes Effizienzpotential innezuwohnen.

Die Effizienz wird mit Hilfe von Indizes gemessen, die – ausgehend vom Basiswert 100 zum
Anfangszeitpunkt der Betrachtung – die zeitliche Entwicklung von Aufmerksamkeit und Recalling anzeigen.

• Daneben können **weitere Indizes** gebildet werden, so z.B. ein Glaubwürdigkeitsindex
für
– verschiedene Zielgruppen
– verschiedene Realismus-Werbeinhalte
– ein Involvement-Index für einzelne Warengruppen.
Dazu liegen konkrete empirische Erkenntnisse vor.[209]

---

[209] *Witt / Witt* 1991c.

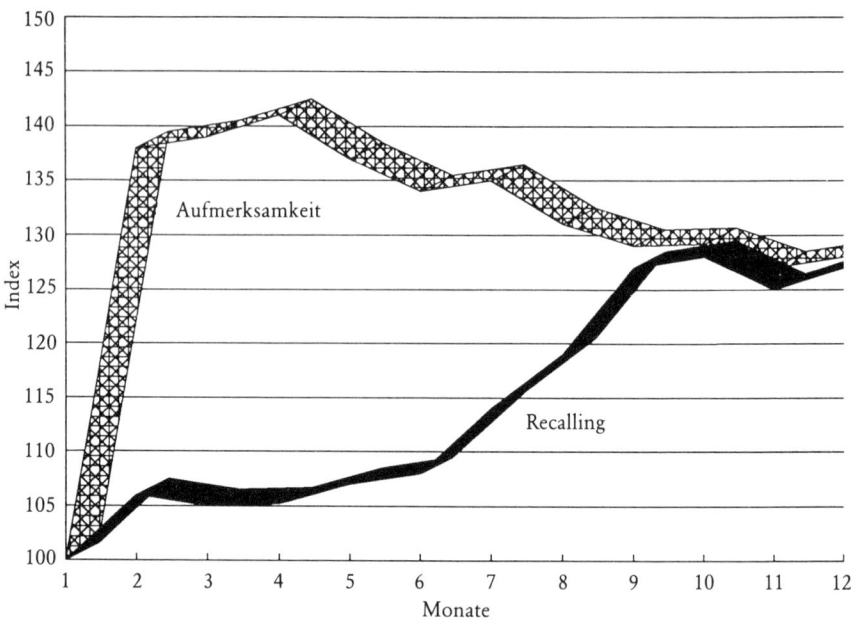

Abb. 88: Effizienzindikatoren für eine Realismuswerbung im Handel

Das zweite Beispiel zur differenzierenden Werbung bezieht sich ebenfalls auf einen Ansatz, der sich durch andersartige Effekte von der Normalwerbung abheben will, indem der Werbeadressat irritiert, d. h. zunächst verunsichert wird und daher der Werbung eine besonders hohe Aufmerksamkeit schenkt. Eine solche **Irritationswerbung**[210] läßt es zur Gratwanderung zwischen hoher Aufmerksamkeit und gutem Recalling einerseits sowie evtl. aufgrund der Irritation verschlechterter Einstellung beim Werbeadressaten andererseits kommen. Wiederum sind im folgenden einige ausgewählte Einzelergebnisse aufgezeigt, die auf empirischem Wege bei der Analyse von irritierender Werbung in – präparierten – lokalen TV-Spots und Zeitungen/Zeitschriften – also in für den Handel gängigen Werbeträgern – gewonnen wurden:

• Eine **Segmentierung** gab Aufschluß darüber, wie einzelne Segmente unterschiedlich auf Irritationswerbung reagierten. Dabei gab es selbstverständlich Abweichungen hinsichtlich der verschiedenen Irritationsformen, die in divergierendem Ausmaß auf einzelne Segmente wirkten. Gleichwohl ließ sich ein recht aussagekräftiger Durchschnitt über die verschiedenen Irritationsinstrumente bilden. Dies bedeutet: Relativ unabhängig von der spezifischen Irritationsform zeigte jedes Segment bzw. Konsumentencluster im Vergleich zu anderen Segmenten ein spezielles Verhalten. Es konnten hinsichtlich verschiedener Irritationsbedeutungen insgesamt drei TV-Typen herausgearbeitet werden, nämlich

   – ein „Medienkonsument", der „alles" – so insbesondere auch Werbung – anschaut
   – ein „Selektierer", der ausgewählte Angebote wahrnimmt
   – ein „Sporadiker", der recht ungeplant – aber nicht unbedingt wenig – TV-schaut.

---

[210] Vgl. *Witt / Witt* 1990a; weitere Beispiele bei *Witt* 1991b.

Im Zeitschriftenbereich waren die Typen etwas weniger eindeutig abgrenzbar, so daß in diesem zusammenfassenden Überblick auf eine Darstellung bewußt verzichtet wird.

- Im einzelnen ergaben sich für spezifische **Differenzierungs- bzw. Segmentierungskriterien** aber durchaus bestimmte Erkenntnisse, von denen einige wichtige im folgenden dargestellt sind:
  - Je älter eine Person ist, desto eher nimmt sie die Irritierung als eigenständig (= nicht in den Spot bzw. in die Anzeige integriert) wahr und reagiert negativer. Als markante „Alterssprünge" zeichneten sich für beide Medien die Bereiche 23 – 26 Jahre sowie 47 – 50 Jahre ab.
  - Die **schulische bzw. akademische Vorbildung** zeigte einen schüsselförmigen graphischen Verlauf in bezug auf den Aufmerksamkeitsgrad. Auffallend ist dabei, daß das Involvement bei sehr hohem Bildungsgrad beinahe überproportional wieder zunimmt.
  - Eine merklich veränderte **Einstellung** war – segmentübergreifend – hingegen erst nach etwa vier bis sechs inhaltlich verschiedenen Irritationsschaltungen zu verzeichnen. Da nun gerade bei der TV- und Zeitschriftenwerbung ein Werbeadressat spätestens nach dem zweiten oder dritten Mal den „Irritationsgag" erkennt und demgemäß deutlich weniger als beim ersten Betrachten irritiert ist, ist eine aus der Irritation selbst heraus resultierende negative Einstellungsänderung längerfristig kaum gegeben. Dies zeigte die empirische Studie recht deutlich.
  - In bezug auf den **Lifestyle** kristallierten sich zwei Pole heraus: der lässig-lockere und jüngere Konsument sowie der konservative ältere Mensch. Das Involvement war bei beiden Gruppen – sowie auch bei weiteren Personengruppen innerhalb dieser Pole – etwa gleichgroß. Jedoch konnte bei der konservativen älteren Personengruppe doch noch eher eine längerfristig wirksame Negativeinstellung gegenüber dem Werbeobjekt (z. B. Produkt) und gegenüber dem Werbeträger (beispielsweise der vermeintlichen Sendeanstalt) festgestellt werden.
  - Die **soziale Schicht** korrelierte auf einem Signifikanzniveau von a = 0,99 recht hoch mit den Ergebnissen bezüglich des Bildungsniveaus (0,86).
  - Zwischen **Käufern und Nichtkäufern** eines spezifischen Produkts konnte hinsichtlich dieses jeweils speziellen Produkts zwar durchaus ein Unterschied bei Involvement, Einstellung und positiver/negativer Aufnahme der Irritationswerbung unterschieden werden. Daraus ließen sich indes keine allgemeinen, produktübergreifenden Schlußfolgerungen ziehen.
  - Die Unterscheidung zwischen produktspezifischer und allgemeiner Betrachtung einer Konsumenteneinstellung und eines -involvement wird schon deutlich geringer, wenn man von der Käufer- zur **Verwenderbetrachtung** übergeht: Manchen Personen ist nicht bewußt, daß sie eine spezielle Produktmarke verwenden. Dies führt dazu, daß die spezifische Produkt-Irritationswerbung kaum die grundlegende Meinung eines solchen Verwenders und sein Wahrnehmungsverhalten im Vergleich zur allgemeinen Irritationswerbung ändert.
  - Das **Jahresbruttoeinkommen** korrelierte etwas weniger eng mit dem Bildungsniveau (0,68 auf dem Signifikanzniveau a = 0,99). Von der Tendenz her zeigen sich hier auch keine einkommensspezifischen „Sonderergebnisse".
  - Es war nur bei etwa 17 % der TV-Seher ein **Negativinvolvement** in bezug auf den Werbeträger, der die Ausstrahlung „erlaubt" hatte und nur bei 25 % der Seher ein Negativinvolvement in bezug auf den Werbetreibenden selbst festzustellen. Länger-

fristige negative Einstellungseffekte sind in ihrer quantitativen Bedeutung noch deutlich geringer als das nur kürzerfristig gültige Negativinvolvement anzusetzen. Für den Printbereich lagen diese Werte eines Negativinvolvement bei 5 % und 7 %.

– Insofern sind **rechtliche Bedenken** gegen eine irritierende Werbung, die etwa einen Defekt des TV-Geräts vortäuscht, zwar formal-juristisch selbstverständlich wichtig, aus Sicht des Konsumentenschutzes indes weniger angebracht – zumal wenn der vermeintliche Fehler schon nach Sekunden geklärt ist (abhängig davon, ob im Spot selbst eine Auflösung der Irritation, d. h. eine Erklärung erfolgt). Die empirische Studie zeigte, daß bei direkt anschließender Irritationsauflösung, d. h. -erläuterung die vorgenannten Involvement-Werte im TV-Bereich noch geringer ausfallen und eher ins Positive umschlagen (können).

• Die hier diskutierte Irritationswerbung will aktiv irritieren und unterscheidet sich also von z. B. produktinhärenten Irritationskomponenten. Die Irritation soll also aufmerksamkeitsfördernd und zumindest einstellungsneutral bzw. sogar -positiv wirken. Dazu wurden für den TV- und für den Printbereich verschiedene Irritationsmöglichkeiten in der Studie untersucht. In Abbildung 89 sind solche verschiedenen **Irritationsformen** (evtl. durch ein Beispiel zum besseren Verständnis der jeweiligen Irritationsform ergänzt) mit artikel-übergreifenden Ergebnissen wiedergegeben. Im einzelnen wurden vier Kategorien unterschieden, nämlich:

[1] das kurzfristige Involvement des Betrachters beim Erstkontakt
[2] beim Viertkontakt
[3] das Recallverhalten
[4] die längerfristige Einstellung.

In Abbildung 89 bedeuten demnach Werte < 1 irritationsbedingte Verschlechterungen, Werte > 1 hingegen Verbesserungen in bezug auf das Referenzprodukt (= ein normalbeworbenes spezifisches Foodproduct, das den Wert 1 erhält).

TV-Bereich	[1]	[2]	[3]	[4]
– **Tonstörung**	5,7	1,9	4,9	1,05
– **Bildstörung**	7,3	2,8	5,2	1,02
– **Totaldefekt** des TV-Geräts (z. B. bei der Bildröhre)	8,1	2,9	5,4	0,95
– **Asynchronität** von Ton und Bild	2,0	1,8	1,1	1,10
– **Verkehrte Inhaltsreihenfolge** mit daher notwendiger Wiederholung	1,7	1,3	1,1	1,00
– **Neuansetzen eines Spots** nach anderen geschalteten Spots	1,9	1,6	1,1	1,03
– **Direkte Spotwiederholung**	2,5	1,2	1,2	1,04
– **Mehrmaliger „Ansetzversuch"** innerhalb eines Spots	2,6	1,8	1,9	1,04
– **Unterbrechung** (durch pseudorichtige und -neutrale Nachrichten, so daß der Spot zunächst als „richtige" Nachricht aufgefaßt werden soll)	2,9	2,4	1,3	0,96
– **Optische Spezialeffekte** (etwa eine Flüssigkeit, die bei der Aufnahme die gesamte Kameralinse überfließt und entsprechende Effekte beim TV-Screen erzeugt)	3,9	2,7	2,1	1,24

– Akustische Sondereffekte (etwa Tonhöhenschwankung, Lautstärken-änderung, Geschwindigkeitsanpassung)	4,2	1,9	1,8	1,13
– Temporäre Bild-/ Übertragungsstörung (Farb-, Helligkeitsschwankungen u. ä.)	5,6	2,7	1,4	1,01
– Fading (schwächer werdender Sender, d. h. z. B. erste Hinweise auf mögliche Gerätestörung)	4,9	2,4	1,3	0,97
– Besonders irritierender Inhalt (wie z. B. jetzt schon in der TV-Werbung üblicher werdend)	1,2	1,0	1,1	1,03

Printmedien	[1]	[2]	[3]	[4]
– Verschnitt (hervorstehende Ecken u. ä.)	1,7	1,6	1,2	1,00
– Inkorrekte Heftung und Falzung	1,4	1,2	1,2	0,99
– Dufteffekte	4,5	3,2	3,1	1,21
– Vertauschte Bilder in bezug zum Text	1,3	1,0	1,0	1,00
– Schreibfehler, insbesondere vertauschte Buchstaben	1,2	1,1	1,00	1,01
– Gedrehte Anzeige (z. B. 180° in bezug zur üblichen Betrachtungsweise einer Zeitschrift)	2,6	1,3	1,4	1,02
– Fehldruck (Farbverschiebung, unsauberer Rand)	3,0	1,2	1,3	1,00
– Schnitteffekte (z. B. Vortäuschen eines bereits herausgeschnittenen Coupons bei einer gerade erworbenen Zeitschrift)	3,9	2,6	1,8	1,02

Einzelne Irritationsmöglichkeiten können durch
[1] das kurzfristige Involvement des Betrachters beim Erstkontakt
[2] beim Viertkontakt
[3] das Recallverhalten
[4] die längerfristige Einstellung
beurteilt werden (vgl. die entsprechend numerierten Abbildungsspalten). Je mehr ein spezifischer Index den Wert 1 überschreitet, desto höher ist die irritationswerbungsbedingte Verbesserung und umgekehrt. Damit stehen dem Handelscontroller gewisse Beurteilungskriterien zur Verfügung, mit denen er innovative Werbeaktivitäten einschätzen kann. Dies ist vor allem auch bei regional- oder sogar nur filialbezogener Werbung wichtig, die vom „üblichen Standard" abweichen will und die beispielsweise von einer regionalen externen Werbeagentur konzipiert und angeboten wird. Hier zeigt sich noch einmal die besonders bunte Aufgabenpalette des Handels- und auch des Filialcontrollers.

Abb. 89: Exemplarische Werbe-Irritationsformen im TV- und Printbereich mit ihren verschiedenen Wirkungen auf den Werbeadressaten

Das dritte Beispiel zur filialbezogenen Kommunikation bezieht sich auf **musikgestütze Werbung**. Im Bereich der Musikpsychologie hat man inzwischen zwar recht umfassende, empirisch abgesicherte Kenntnisse über die Wirkung der Musik auf den Menschen. Gleichwohl muß man in der Werbepraxis immer wieder und nicht selten feststellen, daß die Musik nur als Beiwerk eingesetzt wird und dann ohne jegliche „Feineinstellung" auf den Werbeadressaten lostönt. Insofern kommt es häufig z. B. in Werbeagenturen zu unabgesicherten Spontanentscheidungen, wie die zielgerechte Musikuntermalung denn im Einzelfall zu klingen hat. Im Kern geht es dabei um das Problem, daß Musik in der Werbung oft den anderen Gestaltungselementen eines Werbespots inhaltlich folgt und mitunter die Eigenwirkung des Musikeinsatzes zu wenig beachtet wird. Insofern klingt es zwar etwas paradox, aber dennoch plausibel: Trotz der Musikdominanz in der Werbung wird sie bei der Werbegestaltung untergewichtet, so daß der Handelscontroller hier beurteilend eingreifen muß, wenn es beispielsweise um eine **Handelswerbung in Lokalradio oder -TV** geht. Darüber hinaus kommt der **Ladenlokalbeschallung** – also der Filialebene – besondere Bedeutung zu. Das Handelscontrolling wird dazu z. B. die Werbewirkung abzuschätzen haben. In diese Richtung geht daher auch der Einsatz von **Expertensystemen (XPS)**, die dem Praktiker eine Hilfestellung zur Beurteilung solcher Werbekonzeptionen, vielleicht sogar aber auch schon eine Hilfe zur Selbst- oder Miterstellung von Werbemaßnahmen (etwa Musikjingle für das Ladenlokal) geben wollen.[211] Vor diesem Hintergrund interessieren empirisch gewonnene Erkenntnisse, wie einzelne Musikbausteine wirken, so etwa:

- Tonart
- Tonhöhe
- Takt, Rhythmus und Tempo
- Melodieführung
- Musikstil
- Vokale und instrumentelle Gestaltung
- Arrangement und Instrumentierung
- Musikanteil und -dauer im Gesamtspot
- Musikunterbrechung und -ende
- Einsatz bekannter Melodien vs. werbeeigene Melodien
- Personenpräsentation (z. B. Künstler)
- Klangexperimente
- Effizienzvergleich von musikfreier und musikalischer Werbung.

Für solche Fragestellungen gibt es inzwischen erste empirische Ergebnisse, die aufgrund ihrer speziellen Ausrichtung hier nicht weiter referiert werden.[212] Es sollte lediglich grundsätzlich ein wenn auch vom klassischen Controlling recht weit entferntes, so doch für die Handels- und speziell für die Filialpraxis wichtiges Wirkungsgebiet kurz angestrahlt werden.

---

[211] Vgl innerhalb dieses bislang noch recht unbearbeiteten Bereichs in bezug auf Printmedien *Neibecker* 1990, in bezug auf Audiowerbung *Hillebrand* 1990; *Witt et al.* 1992.
[212] Siehe dazu *Witt* 1989f m. w. N.; *Tauchnitz* 1990.

7 Handels- und Filialcontroller's Reporting

In diesem Kapitel werden einige Reportingstandards für das Handels- und Filialcontrolling aufgezeigt. Dabei stehen
- Handlungsempfehlungen
- und speziell auch empirische Ergebnisse zum Controllerreporting

im Vordergrund, so daß ein Vergleich der eigenen Reportingaktivitäten in bezug auf Durchschnittswerte möglich wird.

Darüber hinaus werden Softwarebausteine vorgestellt, die für das Controlling und Reporting wichtig sind.

7.1 Notwendigkeit von Reportingstandards

Das Berichtswesen genießt derzeit den besonderen Ruf, ein wesentlicher Controllingbaustein zu sein, der als „Controller's Shape" bezeichnet werden kann. Denn durch das Reporting wird vielfach der formale Controllingstandard als „Frame" abgesteckt, der in einem Unternehmen vorherrscht. Gerade aufgrund von Reportingusancen, die aus US-amerikanischen und -amerikanisierten Unternehmen bekannt sind, wird der Controller häufig an seiner **Reportingqualität** – als eine wesentliche Ausprägung seiner Controllerperformance – gemessen. Sieht man eine Controllerfunktion gerade auch darin, im Rahmen der Managementberatung

- die Ausgleichs- und Kommunikationsfunktion wahrzunehmen (etwa zwischen verschieden „denkenden" Unternehmenseinheiten)
- und weiterhin komplexe Controllingerkenntnisse verständlich zu vermitteln,[213]

so wird die „kommunikative Bedeutung" von Reports sofort einsichtig. Die **Vorteile von Reportingstandards** im Handels- und Filialcontrolling liegen auf der Hand, nämlich generell die Vergleichsmöglichkeit aufgrund des Standards, so etwa:

- Übersichtlichkeit im Objektvergleich (z. B. zwischen Filialen)
- Übersichtlichkeit im Zeitvergleich (beispielsweise verschiedene Quartalsberichte einer Filiale im Zeitablauf)
- verbesserte Managementakzeptanz der Controllerfunktion aufgrund nachvollziehbarer, wiedererkennbarer und damit „lesbarerer" Standards
- Handelskonzern- bzw. filialübergreifendes Reporting mit verringerten Verständlichkeits- und Einarbeitungsproblemen
- Übertragbarkeit des Reportstandards auf neue Filialen, damit die Flexibilität des Controllingsystems steigt
- Trading-up der Managementinformation, so daß bei eingefahrenen Reportingstandards der Controller mehr Informationen – die weiterhin aufgenommen werden! – „'rüberbringen" kann, um es auf diese Weise zwar nicht zum „Overreporting", wohl aber zum „Best-Reporting" hinsichtlich des Berichtsumfangs kommen zu lassen. Abbildung 90 zeigt beispielhaft den managementseitig jeweils als optimal erklärten Reportumfang in einem bundesdeutschen Handelskonzern und unterstützt damit dieses Behauptung, daß durch Reportingstandards ein Overreporting trotz zunehmender Informationsdichte – bis hin zu einem gewissen Punkt – vermieden wird.

Aufgrund eingefahrener Reportingstandards kommt es trotz im Zeitablauf verdichteter Reports nicht zum Overreporting, sondern das Management sieht – bis zum gewissen Grad – ein Mehrreporting jeweils als nutzbringend an. Die Reportzunahme im Zeitablauf wurde operationalisiert, indem die am Basisreport gemessenen prozentualen Veränderungen von Reportzeilen allgemein, die Anzahl der Kommentarzeilen, die Anzahl der Kennzahlen und der Tabellen sowie die Graphikanzahl als gewogenes arithmetisches Mittel eine durchschnittliche Umfangsveränderung ergaben, die sich auf den Ausgangsindexwert 100 beziehen. Dieser so verstandene Reportumfang wurde bei den Managern des betreffenden Handelshauses auf seine Zufriedenheit hinterfragt (= Zufriedenheitsindex). Die zeitliche Indexentwicklung ist in Abbildung 90 dargestellt, wobei in dem betrachteten Konzern im Zu-

---

[213] Statt mancher *Deyhle* 1991.

ge eines Projekts zur Controllingaufwertung und -entwicklung sichergestellt werden sollte, daß die Managerzufriedenheit mit dem veränderten Report ungefähr gleich blieb. Insofern deutet der dargestellte Umfangsindex zugleich auch auf eine veränderte Reportingqualität – also auf das Trading-up des Reports – hin, da die Controlling- und Reportingakzeptanz und das entsprechende -Know-how im Management stiegen. Die Abbildung zeigt, daß ab einem bestimmten Umfang, der auch das Ende einer „Lernphase" darstellt, keine höhere Zufriedenheit mehr erreicht wird und sich daher gewissermaßen – zumindest für eine bestimmte Zeit – ein optimaler Report entwickelt hat.

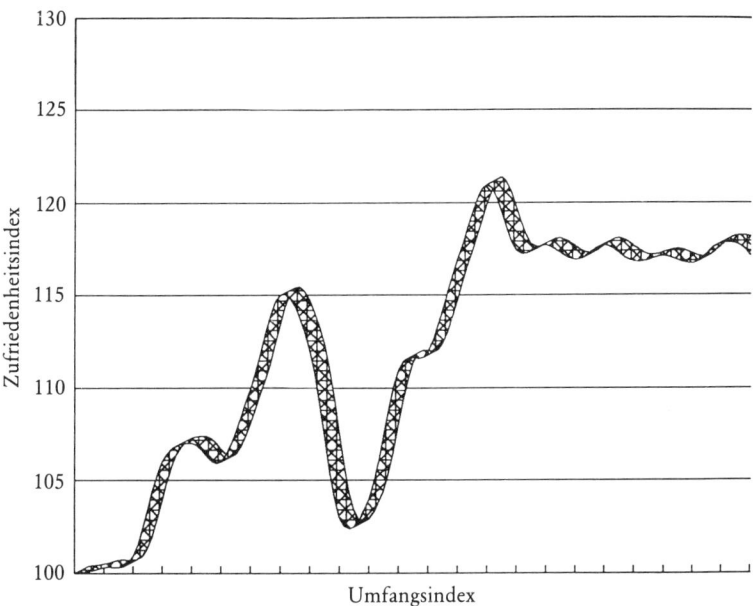

Abb. 90: Reportumfang und Managers's Reportingzufriedenheit am Beispiel eines Handelskonzerns

Die **Nachteile von Reportingstandards** sind im Handel – wie auch in anderen Branchen – zwar theoretisch durchaus gegeben. Jedoch wiegen sie im Vergleich zu den Reportingvorteilen meist erheblich weniger bzw. sind durch geringfügige Reportindividualisierungen behebbar oder einschränkbar. Solche Nachteile können etwa sein:

• Vernachlässigung von Filialbesonderheiten aufgrund einer allzu großen zentralen Reportstandardisierung
• Mangelndes Filial-Know-how zur Einhaltung und inhaltlichen Ausfüllung von Reportingstandards
• Overreporting, um vorgegebene Reporting„hülsen" trotz mangelnden Inhalts zu füllen.

Insgesamt führen jedoch Reportingstandards zur verbesserten Controllingqualität und Controllerperformance, so daß sie – in welchem Ausmaß auch immer – generell zu empfehlen sind.

7.2 Formale Reportingbausteine

Die formalen Reportingstandards weisen für den Handel und insbesondere für die Filialebene keine wesentlichen Charakteristika auf, die sie von generellen Reportingstandards unterschieden.[214] Daher werden hier nur noch einmal zusammenfassend einige wichtige grundsätzliche Formalstandards stichwortartig dargestellt. Abbildung 91 zeigt zusammenfassend, welche formalen Reportingbausteine
• generell vom Handelsmanagement
• speziell von Filialleitern

für notwendig gehalten werden.

Wesentliche formale Reportingstandards werden gemäß ihrer praktischen Bedeutung aufgelistet, indem sie nach einer in einer empirischen Erhebung bei Praktikern ermittelten Nennungshäufigkeit geordnet sind. Die Bewertung erfolgte anhand einer gängigen 7er Ratingskala mit dem Höchstwert 7 (= sehr große Bedeutung). Im Vergleich von durchschnittlicher Meinung im Handelsmanagement (linke Spalte) zur spezifischen Filialleitersicht (rechte Spalte) fällt ein gewisses fehlendes „spirit of reporting" in der Filialebene auf. Dies liegt zum überwiegenden Teil an einem generell dort noch unterentwickelten „spirit of controlling" – wobei allerdings hier in der Praxis Fortschritte zu verzeichnen sind.

- Wegweisung innerhalb des Reports etwa durch
  - Kopfzeilen   6,6   4,9
  - Schriftartendifferenzierung / Schriftunterlegung   6,7   6,7
  - Grobcharakterisierung der wichtigsten Ergebnisse in einer Summary   6,8   6,8
  - Schnellübersicht im Reportvorspann über Begriffe und Methoden
    (etwa Umrechnungs- und Bewertungsverfahren bei international
    tätigen Händlern)   6,7   6,7
- Definierte und einheitliche Sprach- und vor allem Begriffsstandards   5,8   5,8
- Graphik- und Textparallelität, um eine gewollte (Teil)redundanz zu schaffen 6,9   6,9
- Vernünftige Kommentar„längen"   6,8   4,2
- Vermeidung von Graphik- und Farbspielereien   6,4   3,1
- Ständige Pflichtkommentierungen für abgesprochene Positionen   6,5   2,9
- Pflichtlektüre seitens des Management und Pflicht-Feedback durch
  - im Rahmen eines üblichen „Controller's jour fixé"   5,5   2,4
  - Reportingkonferenzen- und -gespräche   5,4   2,1
  - eher simple Abzeichnungspflicht   4,5   4,9
- Festlegen eines (Mindest)verteilerschlüssels   6,3   3,9
- Termingerechte Bereitstellung des Reports   6,8   5,8
- Trennung von Faktendarstellung und Interpretation   6,7   5,1
- Trennung von Überblicks- und Detailreporting   6,1   3,9

Abb. 91: Praktische Bedeutung formaler Reportingstandards aus Sicht der Handelspraxis

---

[214] Siehe dazu etwa *Michel* 1989, der aus dem Projektcontrolling heraus auch generell einsetzbare Reportingvorschläge unterbreitet. Siehe zu einem Beurteilungsbeispiel eines Reports anhand verschiedener – auch formaler – Kriterien mit Hilfe eines Stärken/Schwächen-Profils *Deutsch* 1991, 42.

7.3 Inhaltliche Reportingbausteine

Inhaltliche Reportingstandards lassen sich kaum generalisieren, da spezifische Unternehmensbesonderheiten eine große Rolle spielen (etwa Coverage, Sortimentsbreite, Zentralisationsgrad der Filialführung, internationale Aktivitäten, Kundenschwerpunkte). Daher werden sich Controllerreports im Handel bei der Berichtsgliederung regelmäßig an strategischen Erfolgsgrößen orientieren, so z. B. an den **„Key-Performance-Areas"**

• Filialen
• Regionen
• Schwerpunkt-Warengruppen,

also letztlich an einigen strategischen Kalkulationsobjekten. Weiterhin stehen bei der Reportgliederung zugleich gewisse übliche **funktionale Standards** im Vordergrund, wie beispielsweise

• Hervorhebung einzelner Kennzahlen, wie etwa Rohertrag oder durchschnittliche Handelsspanne
• Personalkosten
• Einstandspreisentwicklung u. ä.

Trotz der Vorbehalte, generelle Inhalt-Reportingstandards aufstellen zu können, gibt es gleichwohl einige handels- und filialtypische Aspekte, die stets im Reporting enthalten sein sollten. Man darf indes aber nicht vergessen, daß sich das Controllerreporting weiterhin auch in einzelne Teilberichte aufspaltet und daß sich deshalb bereichsspezifische Reports entwickeln.[215] Reportingstandards müssen also auch für einen „Rahmen" sorgen, in den sich solche Teilberichte noch einpassen müssen. In Abbildung 92 sind solche inhaltlichen Reportingkomponenten aufgelistet. Ihre Rangfolge ergab sich aus einer entsprechenden empirischen Erhebung bei rd. 100 Handelshäusern, die nach ihren inhaltlichen und formalen Reportingvorstellungen befragt wurden.

Trotz der Schwierigkeit, allgemeine Standards für den inhaltlichen Reportingaufbau zu entwickeln, gibt es immerhin einige durch Unternehmensbefragung gewonnene Anhaltspunkte, welche Standards seitens des Handelsmanagement gewünscht werden. In Abbildung 92 sind solche inhaltlichen Reportingbausteine gelistet, indem sie nach der prozentualen Nennhäufigkeit geordnet sind (Mehrfachnennungen möglich). Darüber hinaus sind bei komplexeren Reportingbereichen einzelne Kennzahlen, Indizes u. ä. exemplarisch – dann jedoch ohne eigene Häufigkeitsnennung – zusätzlich als „Unterfälle" angegeben. Überdies wurde in der Fragestellung danach differenziert, welche Bausteine
• in jedem Fall vorhanden
• zweitrangig, d. h. „auch" eingebaut
sein müßten. Aus einer entsprechenden Gewichtung dieser beiden Kategorien in Verbindung mit der prozentualen Nennhäufigkeit, die in der Abbildung je Baustein angegeben ist, ergibt sich dann das aufgezeigte Baustein-Ranking. Aus Abbildung 92 wird die starke monetäre Orientierung deutlich, die sich manchen eher qualitativen Aspekten („soft facts") nicht so zugänglich zeigt. Hier scheint eine deutliche Schwachstelle beim Managerbedarf und spiegelbildlich auch beim derzeitigen typischen Handelscontrollerreport zu liegen. So werden produkt- und zeitbezogene Effekte (Carry- und Spill-overs) eher unterdurchschnittlich beachtet.

---

[215] Vgl. das Beispiel des Logistikreports in Kapitel 4.4.

• Generelle Unternehmensdaten in zeitlicher Entwicklung	100
• „Horizont"planungen anhand von vier Basis-Kennzahlen für die nächsten x Monate und y Jahre	98
• Vorangestellte Highlights der Reportingperiode	93
• Graphisch aufbereitete Unternehmens- und Filialzielhierarchie als Reportvorspann	93
• Gesprächs-/Themenvorschläge für das anschließende mündliche Reporting	87
• Bandbreitenvorgabe für „ungefährliche" Kennzahlenentwicklungen	86
• Zusammengefaßte und vorangestellte Aktionsvorschläge	81
• Deckungsbeitragsanalyse	80
• Erlösabweichungsanalyse und allgemeines Umsatzreporting	79
• Prokopf-Umsatz	79
• Kostenreporting	78
• Einstandspreise	
• Logistikkosten	
• Unternehmensimage	78
• Schlüsselkunden-Analyse	76
• Sonderaktionsanalyse durch monetäre Erfolgskennzahlen	74
• Durchschnittspreis und Preisziel	
• Durchschnittserlös	
• Ausgewogenheit des Preissortiments	
• Preisspannweite in bezug auf die Sortimentsbreite und -tiefe	
• Kundenfrequenz in einzelnen Abteilungen und Häusern	66
• Sonderaktionsanalyse durch Beachtung von Spill- und Carry-over-Effekten	62
• Preiscontrolling	50
• Preisimage und Preisgünstigkeitsbeurteilung	
• Zeitliche Preiskonstanz	
• Anteil des preisaktiven Sortiments (wo liegen Schwerpunkte?)	
• Anteil und Verteilung des Sortiments in bezug auf den Preisspielraum und das Preispotential	
• Beschwerdeanzahl	36
• Anzahl von Fehltagen bzw. -zeiten	36
• Filialimage	30
• Thekensauberkeit	
• Kundenbeurteilung	

Abb. 92: Rangfolge inhaltlicher Reportingstandards aus empirisch erhobener Sicht der Handelspraxis

Weiterhin kann man **bereichsspezifische Reports** aufstellen. So ist z. B. das in Abbildung 55 aufgezeigte Kennzahlenschema derzeit auch – in reduzierter Form – als spezifischer Reportingbaustein im Einsatz. Das Problem besteht dann allerdings in der Vorgabe von Standards für solche Detailreports, damit sie sich in übergeordnete Reports eingliedern lassen. In der praktischen Anwendung hilft man sich dabei durch den Gesamtscoringindex (vgl. Abbildung 83 mit dem Beispiel des Foodcontrolling), der in übergeordnete Reports zusammenfassend eingeht. Wenn dabei Detailinformationen doch stark aggregiert werden, so ist das Bemühen um möglichst auch qualitative Reportingaspekte sicherlich ein erster Fortschritt. Ein solches Foodcontrolling ist beispielsweise also in keiner Weise für das Gesamtreporting einer Handelsorganisation geeignet. Für die Filial- und Regionalebene können auf diese Art jedoch gewisse Reportingstandards geschaffen werden.

7.4 Software für das Filialcontrolling und -reporting

Für das Handelsreporting generell und das Filialreporting im besonderen ist keine eigenständige Nur-Reportingsoftware, sondern vielmehr eine mit der Controllingsoftware unter einer einheitlichen Oberfläche verbundene Berichtssoftware zu empfehlen, um auf diese Weise Schnittstellenprobleme beim Datentransfer zu vermeiden. Da im Zuge sich durchsetzender verteilter und offener DV-Systeme künftig **ebenenspezifische Datenhinterlegungen** erfolgen werden (etwa unterschiedlich aggregrierte Daten für die Zentral- vs. die Filialebene), kann das softwaregestützte Filialcontrolling auf eine verbesserte – und vor allem: besser zugängliche – Datenbasis zurückgreifen. In diesem Zusammenhang kommt relationalen Datenbanken, die mit entsprechenden Abfrage- und Auswertungsmöglichkeiten unterstützt sind, eine wesentliche Bedeutung zu (vgl. auch das flexible Konzept in Abbildung 3). Darüber hinaus ist es sinnvoll, verschiedene **betriebswirtschaftliche Funktionalitäten** zu unterscheiden, die durch die Software abgedeckt werden. So ist beispielsweise eine Unterscheidung in die Softwarebereiche[216]

- Filialmarketing
- Filial-Cashmanagement und -Finanzen
- Logistik und Warenwirtschaft
- Kommunikation einschließlich Marktforschung
- Berichtsgenerator

sinnvoll. Deshalb sind Kauf- und Anwendungsentscheidungen hinsichtlich einer Reportingsoftware eng und dominant mit generellen **Entscheidungen für Controllingsoftware** – meist auf PC-Ebene – verknüpft.[217] Dabei wiederum werden als produktbezogene Entscheidungskriterien vor allem die in Abbildung 93 gelisteten Elemente im Vordergrund stehen.

Die Fülle solcher Spezifika relativieren damit die Einsatzmöglichkeiten von **Tabellenkalkulationsprogrammen** – auch wenn diese derzeit generell noch große Akzeptanz im Controlling zuungunsten spezifischer Controllingsoftwares genießen.[218]

Die unterschiedlichen und heterogenen Anforderungen aus Handelscontrollersicht – in etwa auch deckungsgleich zur etwas gröberen Perspektive des typischen Filialcontrollers – lassen sich in eine Rangfolge bringen. Dieses Ranking wurde durch entsprechende Befragung in der Handelspraxis erhoben. Auf einer Skala von 1 bis 7 zeigt das Polaritätsprofil die Wichtigkeit der einzelnen Moduln, und zwar
- für eine Kaufentscheidung, die der Handelscontroller zwar stark mitbeeinflußt, aber nicht alleine trifft)
- für die Anwendungswichtigkeit der einzelnen Moduln.
Offensichtlich sind beide Perspektiven nicht ganz deckungsgleich. Mit anderen Worten: Die tatsächliche Softwareanwendung läßt andere Kriteriengewichtungen auftreten als bei der (Erst)kaufentscheidung, die oftmals ohne allzu großes Know-how erfolgt (= faktischer Verkäufer- statt Käufermarkt aufgrund von Know-how-Divergenzen).

---

[216] Ähnlich auch *Back-Hock / Kirn* 1991.
[217] Vgl. dazu *Witt* 1988e; *Witt* 1989e; *Witt* 1991a, 95–125. Siehe zur Systemeinführung etwa *Braun* 1980; *Kuhn* 1982; *Kuhn* 1983; *Kuhn* 1984. Vgl. zur DV-Entwicklung im Handel etwa *Sova / Piper* 1985, 14–16; *Pruska* 1989.
[218] Siehe zu einem Anwendungsbeispiel von Spread-Sheets etwa *Routil* 1986, 14–17; *Budde* 1987.

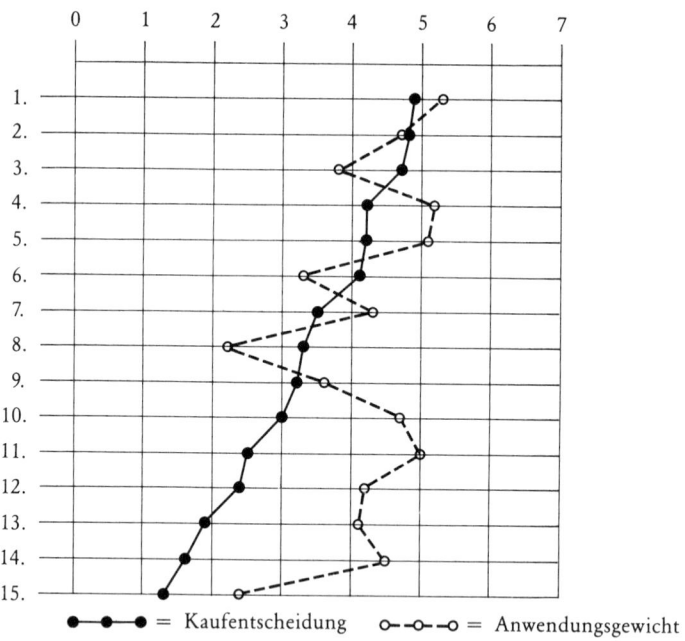

	0	1	2	3	4	5	6	7

●—●—● = Kaufentscheidung   o--o--o = Anwendungsgewicht

1. Güte der (relationalen) Datenbank sowie Einfachheit der Abfragesprache

2. Bedienfunktionen der Oberfläche einschließlich Eingabefunktionen

3. Hierarchisierungsfähigkeit von Kalkulationsobjekten zu „Top-on-the-line" Kennzahlen

4. Reportinggenerator mit entsprechenden Detailfunktionen (Texteditor, Graphikeinbindung, Standardlayout, Tabellengenerierung, innerhalb des Reportingmoduls direkter Zugriff auf die Abfragesprache etc.)

5. Sonstige betriebswirtschaftliche Moduln (etwa zur Portfolioplanung, zur Limitplanung, Simulationsrechnung)

6. Schnittstellen zum Datentransfer und LAN-Fähigkeit

7. Integrierte Pakete (Textverarbeitung, Charting/Graphics, Kommunikations-/Organisationsmodul)

8. Parallelität von gängigen Auswertungsrechnungen (z.B. verschiedenen Deckungsbeitragsrechnungen)

9. Add-on-Möglichkeit innerhalb der Standardsoftware mit deutlichem Bezug zur Warenwirtschaft, so z.B. Artikelverwaltung, Warenzugangserfassung, Etikettierung und Rechnungskontrolle, (Tagesabschluß)statistiken einschließlich Rückstandskontrolle, Preiswartung, Erfolgsrechnung, Kreditlimitprüfung, Inventur

10. Parallelität von Kalkulationsobjekten

11. Moduln zum Marketingcontrolling (z.B. Erlöscontrolling)

12. Schnittstelle zur Warenwirtschaftssoftware

13. Marktforschungshilfe (etwa Umfang der integrierten Software oder zumindest Güte der Softwareschnittstellen zu Datenanalysepaketen, wie etwa SPSS/PC +)

14. Artikelgenaue Datenerfassung

15. PC-Lösung mit eventuellen Schnittstellen zu Großrechnern

Abb. 93: Handelscontroller's Anforderungsprofil an Controlling- und Reportingsoftware

8 Ausblick: Entwicklungslinien im Handels- und Filialcontrolling

Dieses abschließende Kapitel soll dem Handelscontroller als Anreiz und Spiegelbild dienen!

8 Ausblick: Entwicklungslinien im Handels- und Filialcontrolling

Die bisher aufgezeigten möglichen und z. T. in der Handelspraxis bereits auch schon realisierten Controllingbausteine werfen die Frage auf, in welche Richtung sich das Handels- und Filialcontrolling entwickeln werden. Die Entwicklungsmöglichkeiten sind durch folgende **Besonderheiten** vorgezeichnet:

- Teilweise herrschen unkontrollierte Expansion in neue Marktgebiete und Kundengruppen mit kurzfristig sehr guten Erfolgen vor, die eine Controllingnotwendigkeit – vermeintlich – in den Hintergrund treten lassen.
- Organisatorische Umstrukturierungen in größeren Handelsorganisationen sind für die Institutionalisierung des Controlling mit unterschiedlichen Chance/Risiko-Kombinationen verbunden, welchen Stellenwert das Handelscontrolling dabei nämlich je Unternehmen erhält.
- Dezentralere Führungskonzepte betonen die größere Managementbedeutung der Regional- und Filialebene, so daß das Controlling diesem flexibleren „Lean Management" folgen sollte.
- Sortimentsausgliederungen in räumlich und/oder rechtlich eigenständige Units bedingen, daß die jeweils spezifische Kundengruppen anzuvisieren und damit hinsichtlich ihres Erfolgs zu controllen sind.

Da es bislang noch kein so ausgeprägtes und längere Zeit schon etabliertes Handelscontrolling in praktischem Einsatz gibt, fallen Prognosen über längfristige Entwicklungsrichtungen schwer. Die in Abbildung 94 veranschaulichten Teilentwicklungen sind daher z. T. auch eher als Wunschdenken der Handelspraxis zu verstehen. Immerhin handelt es sich dabei um Aspekte, die von Seiten der Handelspraktiker selbst sowie teilweise auch von einschlägig auf den Handel spezialisierten Beratern als nächstmögliche und -sinnvolle Entwicklungsbereiche genannt wurden. Diese konkreten **Entwicklungslinien** ergänzen daher die bereits in Abbildung 4 dargestellten grundsätzlich innovativen Bausteine des Handelscontrolling nun um die Perspektive des „First-to-come". Sie sollen als Anregung für die eigene Weiterarbeit verstanden werden!

Wesentliche und vorwiegend kürzer- bis mittelfristig umsetzbare und sinnvolle Trends sind so in eine Rangfolge gebracht, wie sie derzeit seitens der Handelspraxis eingestuft werden. Dahinter steht die Vermutung, daß sich – wenn zunächst auch nur ansatzweise – so etwas wie eine „Controllingkultur" entwickelt. In der Abbildung wurde das Ranking auf der Basis von ratingskalen-gestützten Praktikereinstufungen vorgenommen (7er Ratingskala mit der Höchst- bzw. Bestnote 7). Es sind jeweils die Ratingmittelwerte je Teiltendenz dargestellt.

• Stärker qualitativ orientiertes Controlling	5,7
• Organisatorische Funktionsbeschreibung bzw. Aufgabenprofile für Handels- und Filialcontroller	4,6
• Linien/Stab-Verwischung auf Filialebene: Aufkommen eines „Standort"controllers	4,9
• Spezifische, nicht nur rechnungswesenahe Handelscontrolling-Software	6,2
• Parallelität von Kalkulationsobjekten	6,1
• Ökonomisierung, d. h. Enttechnisierung von Warenwirtschaftssystemen als Controlingtool	5,5
• Handelsgrundrechnung	4,9
• Controlling des Handels- und Filialmarketing als wesentliche Controlleraufgabe	5,1
• Organisatorische Generierung von Controllingstellen	5,4

Abb. 94: Entwicklungslinien im Handels- und Filialcontrolling

Literaturverzeichnis

Aehringhaus, D.: Controlling im Handel: Es gibt viel zu tun!. Controller Magazin 1990, 151–152

Ahlert, D. (Hg.): Vertragliche Vertriebssysteme zwischen Industrie und Handel. Wiesbaden 1981

Ahlert, D.: Vertikale Kooperationsstrategien im Vertrieb. Zeitschrift für Betriebswirtschaft 1982, 62–93

Ahlert, D.: Evolutionäres Handelsmanagement. Die controllinggestützte Evolution erlebnisorientierter Betreibungskonzepte des stationären Einzelhandels. Arbeitspapier, Universität Münster 1989

Ahlert, D.: Evolution von Erlebniskonzepten. Lebensmittel-Zeitung 1991/36, 91–94

Ahlert, D. / Schröder, H.: Rechtliche Grundlagen des Marketing. Stuttgart et al. 1989

Ahlert, D. / Schröder, H.: ‚Erlebnisorientierung' im stationären Einzelhandel. Marketing-ZFP 1990, 221–229

Albers, S.: Ein System zur IST-SOLL-Abweichungs-Ursachenanalyse von Erlösen. Zeitschrift für Betriebswirtschaft 1989a, 637–654

Albers, S.: Der Wert einer Absatzreaktionsfunktion für das Erlös-Controlling. Zeitschrift für Betriebswirtschaft 1989b, 1235–1242

Albers, S.: Gewinnorientierte Neuproduktpositionierung in einem Eigenschaftsraum. Zeitschrift für betriebswirtschaftliche Forschung 1989c, 186–209

Albers, S.: Ursachenanalyse von marketingbedingten IST-SOLL-Deckungsbeitragsabweichungen. Manuskripte aus dem Institut für Betriebswirtschaftslehre der Universität Kiel, Nr. 254, Kiel 1990

Algermissen, J.: Der Handelsbetrieb – Eine typologische Studie aus absatzwirtschaftlicher Sicht. Frankfurt/M. / Zürich 1985

Back-Hock, A.: Lebenszyklusorientiertes Produktcontrolling. Berlin et al. 1988

Back-Hock, A. / Kirn, Th.: Executive Information System zum Funktionsbereichscontrolling im Einzelhandel. Kostenrechnungspraxis 1991, 213–218

Balling, R.: Der Markengedanke reift. Lebensmittel-Zeitung 1991/14, J14-J15

Banning, Th. E.: Lebensstilorientierte Marketing-Theorie. Heidelberg 1987

Barth, K.: Entwicklungsmöglichkeiten eines Kontenrahmens für den Handel. Jahrbuch 1972 der Betriebswirtschaftlichen Beratungsdienste für den Einzelhandel, hrsg. v. *Leihner, E.*, Köln 1973

Barth, K.: Rentable Sortimente. Sonderheft der Mitteilungen des Instituts für Handelsforschung, Nr. 26, Göttingen 1980

Barth, K.: Betriebswirtschaftslehre des Handels. Wiesbaden 1988

Barth, K. / Theis, H.-J.: Werbung des Facheinzelhandels. Wiesbaden 1991

Batzer, E. / Greipl, E. / Täger, U. C.: Kooperation im Einzelhandel. Berlin 1982

Bauer, H. H.: Die Entscheidung des Handels über die Aufnahme neuer Produkte. Berlin 1980

Behrends, C.: Betriebswirtschaftliche Grundlagen des ISB-DPR-Modells. DPR ‚88, hrsg. v. *Institut für Selbstbedienung und Warenwirtschaft (ISB* bzw. heute: *DHI = Deutsches Handelsinstitut)*, Köln 1988, 6–17

Behrends, K. C.: Versuch einer Systematisierung der Betriebsformen des Einzelhandels. Der Handel heute, hrsg. v. *Behrends, K. C.*, Tübingen 1962, 131–142

Berekoven, L.: Erfolgreiches Einzelhandelsmarketing. München 1990

Bergmann, G.: Strategisches Absatzkanalmanagement in Märkten mit hoher Nachfragemacht des Handels. Frankfurt/M. et al. 1988

Bernhardt, P. / Maximow, J.: Strategisches Marketing im Handel. Strategisches Marketing, 2. Aufl., hrsg. v. *Wieselhuber, N. / Töpfer, A.*, Landsberg/L. 1986, 569–580

Biehl, B.: Die Warengruppe als Keimzelle der Kooperation. Lebensmittel-Zeitung 1991/14, J4-J8

Biel, A.: Controlling im Handel. Controller Magazin 1984, 69–73

Bielefeld, K. W.: Lifecycle und Lebensstil im Handel. Harvardmanager 1987/4, 82–90

Böcker, F.: Die Analyse des Kaufverbundes. Zeitschrift für betriebswirtschaftliche Forschung 1975, 290–306

Böcker, F.: Die Bestimmung der Kaufverbundenheit von Produkten. Berlin 1978

Bost, E.: Ladenatmosphäre und Konsumentenverhalten. Heidelberg 1987

Bost, E.: Dem Kunden Profil zeigen. Lebensmittel-Zeitung 1991/11, J18-J22, 1991/12, J17-J21

Boyens, F. W.: Standardisierung als Element der Marketingpolitik von Filialsystemen des Einzelhandels. Thun / Frankfurt/M. 1981

Braun, D.: Die Implementierung der Plankosten- und Deckungsbeitragsrechnung in einem filialisierenden Handelsunternehmen. Plankosten- und Deckungsbeitragsrechnung in der Praxis, hrsg. v. *Kilger, W. / Scheer, A.-W.*, Würzburg / Wien 1980, 301–323

Brockmann, M.: Das Geheimnis der Zielkostenrechnung. Impulse 1991/10, 128–132

Budde, R.: Vertriebs- und Sortiments-Steuerung mit dem PC im Handelsbetrieb. Controller Magazin 1987, 125–133

Bürger, J. H. / Berlemann, F. R.: Merchandising. Landsberg/L. 1987

Bürkler, A.: Kennzahlensysteme als Führungsinstrument – Ein Lösungsvorschlag für den gewerblichen Detailhandel in der Schweiz, Zürich 1977

Bullinger, H.-J. et al.: Warenwirtschaftssysteme für den Großhandel. Baden-Baden 1990

Dambmann, K.: Strategische Planung im Einzelhandel. BAG-Nachrichten 1986/11, 17–21

Derz, K. / Brenker, H. / Goer, N.: Kosten unter Kontrolle – Filial- und Betriebsabrechnung im Lebensmittelhandel, Köln 1976

Deutsch, C.: Zurück in die Gegenwart. Management Wissen 1991/8, 40–44

Deyhle, A.: Controller's Aufgabenprofil im Prozeßkostenmanagement. Aktivitätscontrolling und Prozeßmanagement, hrsg. v. *Witt, F.-J.*, Stuttgart 1991, 89–105

Dichtl, E.: Gerichte können sich irren. Lebensmittel-Zeitung 1991/30, 33

Diller, H.: Der Preis als Qualitätsindikator. Die Betriebswirtschaft 1977, 219–234

Diller, H.: Strategische Grundlagen des Preis-Marketing im Einzelhandel. Handelsmarketing, hrsg. v. *Hasitschka, W. / Hruschka, H.*, Berlin / New York 1984, 237–250

Diller, H.: Preispolitik. Stuttgart et al. 1985

Diller, H.: Erlebnishandel. Lebensmittel-Zeitung 1987/11, F4-F8

Diller, H.: Das Preiswissen von Konsumenten. Marketing-ZFP 1988, 17–24

Drexel, G.: Strategische Unternehmensführung im Handel. Berlin / New York 1981

Drexel, G.: Strategische Entscheidungen im Einzelhandel. Entwicklung zum strategischen Denken im Handel, hrsg. v. *Krulis-Randa, J. S. / Ergenzinger, R.*, Bern et al. 1990, 133–153

Ebert, K.: Warenwirtschaftssysteme und Warenwirtschaftscontrolling. Frankfurt/M. / Bern / New York 1986

Eckardt, K.: Sonderangebotspolitik in Warenhandelsbetrieben. Wiesbaden 1976

Engelhardt, W. H.: Erscheinungsformen und absatzpolitische Probleme von Angebots- und Nachfrageverbunden. Zeitschrift für betriebswirtschaftliche Forschung 1976, 77–90

Engelhardt, W. H.: Produkt-Lebenszyklus- und Substitutionsanalyse. Handwörterbuch der Planung, hrsg. v. *Szyperski, N. / Winand, U.*, Stuttgart 1989, 1591–1602

Engelhardt, W. H. / Kleinaltenkamp, M.: Marketing-Strategien des Produktionsverbindungshandels. Arbeitspapiere zum Marketing 23, Universität Bochum 1988

Falk, B. / Wolf, J.: Handelsbetriebslehre. 8. Aufl., Landsberg/L. 1988

Fehr, G.: Die Kosten der Handelslogistik. 2. Aufl., Köln 1987

Fehr, G. / Gossen, W.: Der Einkauf und seine Organisation in Handelsbetrieben. Köln 1982

Fontaine, J.: Computer-gestützte Warenwirtschaft im Facheinzelhandel. Köln 1986

Frerich-Sagurna, R. / Jodin, D.: Logistikreserven ausschöpfen. Dynamik im Handel 1988/12, 56–59

Fritz, F. / Förster, F. / Raffée, H. / Silber, H.: Unternehmensziele in Industrie und Handel. Die Betriebswirtschaft 1985, 375–394

Gaitanides, M. / Westphal, J.: ,Nachfragemacht' und Erfolg. Zeitschrift für Betriebswirtschaft 1990, 135–153

Gerken, G.: Die Zukunft des Handels. Controlling-Berater (Loseblatt-Sammlung), hrsg. v. *Mayer, E.*, Freiburg 1989, 9/415–9/422

Gerstung, F.: Die Servicepolitik als Instrument des Handelsmarketing. Göttingen 1987

Geßner, H.-J.: Zur Bestimmung von Einzugsgebieten im Einzelhandel. Operationale Entscheidungshilfen für die Marketingplanung, hrsg. v. *Haedrich, G.*, Berlin / New York 1977, 143–165

Gluth, H.: „Profit Centers" im Einzelhandel? Controller Magazin 1987, 173–176

Göppert, K.: Teures Schnäppchen. Wirtschaftswoche 1991/22, 157–159

Gümbel, R.: Handel, Markt und Ökonomie. Wiesbaden 1985

Gümbel, R. / Brauer, K. M.: Neue Methoden der Erfolgskontrolle und Planung in Lebensmittel-filialunternehmungen – Deckungsbeitragsrechnung und Mathematische Hilfsmittel. Unternehmensforschung im Handel, hrsg. v. *Gümbel, R. et al.*, Rüschlikon / Zürich 1969, 50–76

Günther, J.: Handelscontrolling. Frankfurt/M. et al. 1989

Häberle, H.: Die Kalkulation im Einzelhandel als Instrument der Betriebsführung. Absatzwirtschaft, hrsg. v. *Hessenmüller, B. / Schnaufer, E.*, Baden-Baden 1964, 629–643

Haedrich, G. / Kreilkamp, E.: Ziele und Strategien im Handels-Marketing. Handelsmarketing, hrsg. v. *Hasitschka, W. / Hruschka, H.*, Berlin / New York 1984, 157–175

Häusel, M.: Die Bonanalyse. Diplomarbeit an der FH Furtwangen 1990 (Erstreferant: *Witt, F.-J.*)

Hahn, D.: Deckungsbeitragsrechnung in Großhandelsunternehmungen. Betriebswirtschaftliche Forschung und Praxis 1972, 1–32

Hansen, U.: Absatz- und Beschaffungsmarketing des Einzelhandels. 2. Aufl., Göttingen 1990

Hartmann, K.: Zur Einführung eines integrierten Warenwirtschaftssystems in einem Handelsunternehmen. Zeitschrift für Organisation 1990, 185–188

Hasenauer, R.: Kostenrechnung im Handel, *AFH*-Mitteilungen 1970/9, 2–23

Hauzeneder, R.: Der Sortimentsverbund im Einzelhandel. München 1975

Hay, C.: Die Verarbeitung von Preisinformationen durch Konsumenten. Heidelberg 1987

Hecker, W.: Kurzfristige Erfolgsrechnung im Einzelhandel. Stuttgart 1968

Hedderich, R. / Hedderich, B.: Leistung und Kapazität im Handelsbetrieb. Zeitschrift für Betriebswirtschaft 1987, 793–815

Heege, F.: Lieferantenportfolio. Nürnberg 1987

Heemeyer, H.: Psychologische Marktforschung im Einzelhandel. Wiesbaden 1981

Heidel, B.: Scannerdaten im Einzelhandelsmarketing. Wiesbaden 1990

Heidel, B. / Müller-Hagedorn, L.: Plazierung nach dem Verbundkonzept im stationären Einzelhandel. Marketing-ZFP 1989, 19–26

Heinemann, G.: Betriebstypenprofilierung und Erlebnishandel. Wiesbaden 1989

Henning, G. et al.: Kostenrechnung im Handel. Leipzig / Berlin 1976

Herstatt, J. D.: DPR – Verbraucher setzen Grenzen. Lebensmittel-Zeitung 1991/11, J14-J15

Hillebrand, R.: Einsatz werblicher Kommunikation beim Einzelhandel unter besonderer Berücksichtigung des Hörfunks als Kommunikationsform. Berlin 1990

Hruschka, H.: Systematisierung von Instrumenten und Objektbereichen der Handelsforschung. Handelsmarketing, hrsg. v. *Hasitschka, W. / Hruschka, H.*, Berlin / New York 1984a, 91–107

Hruschka, H.: Betriebsorientierte Handelsforschung. Handelsmarketing, hrsg. v. *Hasitschka, W. / Hruschka, H.*, Berlin / New York 1984b, 127–150

Hruschka, H.: Bestimmung der Kaufverbundenheit mit Hilfe eines probabilistischen Meßmodells. Zeitschrift für betriebswirtschaftliche Forschung 1991, 418–434

IFUA GmbH (Hg.): Prozeßkostenmanagement. München 1991

Infratest Medienforschung (Hg.): Effizienzkontrolle bei ausgewählten Kampagnen der Verkehrsmittelwerbung. München 1982

Issler, R.: Die Deckungsbeitragsrechnung. Management Zeitschrift io 1986, 557–560

Kaas, K. P.: Empirische Preisabsatzfunktionen bei Konsumgütern. Berlin et al. 1977

Kaas, K.-P. / Hay, C.: Preisschwellen bei Konsumgütern. Zeitschrift für betriebswirtschaftliche Forschung 1984, 333–346

Kempe, H.: Die Plankosten- und Deckungsbeitragsrechnung in einem Großunternehmen des Einzelhandels. Plankosten- und Deckungsbeitragsrechnung in der Praxis, hrsg. v. *Kilger, W. / Scheer, A.-W.*, Würzburg / Wien 1980, 338–355

Kirchner, D. / Zentes, J.: Führen mit Warenwirtschaftssystemen. Düsseldorf / Frankfurt/M. 1984

Krulis-Randa, J. S. / Ergenzinger, R. (Hg.): Entwicklung zum strategischen Denken im Handel. Bern et al. 1990

Kühn, F. M. / Monitor, P.: Arbeitsgestaltung und Personalplanung mittels rechnergestützter MTM-Verfahren. Handbuch Moderne Datenverarbeitung 1989/149, 114–127

Küper, A.: Kostenrechnung. Der Filialbetrieb als System, hrsg. v. *Nieschlag, R. / v. Eckardstein, D.*, Köln 1972, 373–397

Kube, C.: Erfolgsfaktoren in Filialsystemen. Wiesbaden 1991

Kuhn, H. E.: Ertragsorientiertes Verkaufsstellen-Management im Handel. Controller Magazin 1982, 93–100

Kuhn, H. E.: Controlling-Kriterien für EDV-Einsatz im Handel. Controller Magazin 1983, 31–33

Kuhn, H. E.: Controlling mit EDV in Filialbetrieben des Handels. Controller Magazin 1984, 239 ff.

Kuhn, H. E.: Filialbetriebs-Controlling in der Systemgastronomie. Controller Magazin 1985a, 293–297

Kuhn, H. E.: Neuere Ergebnisse zur Sortimentsausdünnung im Handel. Markenartikel 1985b, 34–39

Leismann, U.: Warenwirtschaftssysteme mit Bildschirmtext. Berlin et al. 1990

Lenzen, W.: Preisgünstigkeit als hypothetisches Konstrukt. Zeitschrift für betriebswirtschaftliche Forschung 1983, 952–962

Leven, W.: Das Konstrukt „Soziale Schicht" zur Erklärung der Betriebstypenpräferenz von Konsumenten. Zeitschrift für Betriebswirtschaft 1979, 18–38

Liessmann, K.: Bestimmungsfaktoren und Varianten der Controller-Organisation. Handbuch Controlling, hrsg. v. *Mayer, E. / Weber, J.*, Stuttgart 1990, 511–534

Lorentz, N.: Controlling in Europas größtem Versandhaus. Unternehmensführung und Controlling, hrsg. v. *Küpper, H.-U. / Mellwig, W. / Moxter, A. / Ordelheide, D.*, Wiesbaden 1990, 67–86

Männel, W.: Die Berücksichtigung von Erlösschmälerungen bei der Erlösplanung und Erlöskontrolle. Zeitschrift für betriebswirtschaftliche Forschung 1977 (Sonderheft 6), 86–96

Marquard, J.: Der Verkauf unter Einstandspreis als strategisches und wettbewerbsrechtliches Problem. Bochum 1984

Marzen, W.: Die „Dynamik der Betriebsformen des Handels" aus heutiger Sicht. Marketing-ZFP 1986, 279 285

Meffert, H.: Erfolgsfaktoren im Einzelhandelsmarketing. Marketingerfolgsfaktoren im Handel, hrsg. v. *Bruhn, M.*, Frankfurt 1987, 13–45

Meffert, H.: Erfolgsfaktoren im Einzelhandelsmarketing. Strategische Unternehmensführung und Marketing, hrsg. v. *Meffert, H.*, Wiesbaden 1988a, 201–228

Meffert, H.: Marketingstrategien der Warenhäuser. Strategische Unternehmensführung und Marketing (Aufsatzsammlung des Herausgebers), hrsg. v. *Meffert, H.*, Wiesbaden 1988b, 229–244

Meffert, H. / Bruhn, M.: Markenstrategien im Wettbewerb. Wiesbaden 1984

Merkle, E.: Die Erfassung und Nutzung von Informationen über den Sortimentsverbund in Handelsbetrieben. Berlin 1981

Metz, G.: Das Rechnungswesen als Führungsinstrument in Großverteilorganisationen des Handels. Winterthur 1976

Michel, R. M.: Projektcontrolling und Reporting. Heidelberg / Zürich 1989

Müller, S. / Beeskow, W.: Einkaufsstättenimage und Einkaufsstättenwahl. Jahrbuch der Absatz- und Verbrauchsforschung 1982, 400–426

Müller-Hagedorn. L.: Handelsmarketing. Stuttgart et al. 1984

Mura, C.: Optimale Zeitpunkte für Preisänderungen. Wiesbaden 1990

Neibecker, B.: Werbewirkungsanalyse mit Expertensystemen. Heidelberg et al. 1990

Neubürger, K. W.: Controlling-Instrumentarien in einem internationalen Handelshaus. Handbuch Revision, Controlling, Consulting (Loseblatt-Sammlung), hrsg. v. *Haberland, G. / Preißler, P. R. / Meyer, C. W.*, 19. Nachlieferung 1988, Kap. B.3.1

Nussbaum, R.: Einsatz neuer Medien in der Warenwirtschaft und Unternehmensführung in Filialsystemen. Markenartikel 1985, 460–465

Oehme, W.: Handels-Marketing. München 1983

O. V.: Geworben wird meist über Preis. Lebensmittel-Zeitung 1991/14, 59

Overtheil, W.: Standardisierung versus Differenzierung in Filialsystemen des Einzelhandels. Frankfurt/M. 1983

Pade, K.: Deckungsbeitragsrechnung im Sortimentshandel. Berlin 1979

Passardi, A.: Kostenrechnung und Kalkulation im gewerblichen Detailhandel. Bern 1971

Patt, P.-J.: Strategische Erfolgsfaktoren im Einzelhandel. Frankfurt/M. et al. 1988

Peemöller, V.: Controlling. Herne / Berlin 1990

Petri, C.: Externe Integration der Datenverarbeitung – Unternehmensübergreifende Konzepte für Handelsunternehmen. Berlin et al. 1990

Pfeiffer, S.: Die Akzeptanz von Neuprodukten im Handel. Wiesbaden 1981

Pflaum, D. / Eisenmann, H.: Einführung in die Handelswerbung. Stuttgart et al. 1988

Pruska, E.: Scannereinsatz in einem C + C-Großhandels-Unternehmen. Controlling-Berater (Loseblatt-Sammlung), hrsg. v. *Mayer, E.*, Freiburg 1989, 9/453–9/510

Radke, M.: Handbuch der Budgetierung. Landsberg/L. 1989

Raithel, H.: Mars macht mobil. Manager Magazin 1988, 234–239

Riebel, P.: Deckungsbeitragsrechnung im Handel. Handwörterbuch der Absatzwirtschaft, hrsg. v. *Tietz, B.*, Stuttgart 1974, 433–437 (verkürzt wiederabgedruckt in *Riebel* 1990, 399–408)

Riebel, P.: Einzelkosten- und Deckungsbeitragsrechnung. 6. Aufl., Wiesbaden 1990

Röhrenbacher, H.: Die Kosten- und Leistungsrechnung im Handelsbetrieb. Berlin 1985

Rominiski, D.: Kooperationen im Vergleich. absatzwirtschaft 1991/6, 79–83

Routil, E. C.: Controlling im Handelsunternehmen. Handbuch Revision, Controlling, Consulting (Loseblatt-Sammlung), hrsg. v. *Haberland, G. / Preißler, P. R. / Meyer, C. W.*, 15. Nachlieferung 1986, Kap. B.3

Schach, H.: Logistik und Controlling im Handel. Controlling-Berater, hrsg. v. *Mayer, E.*, Freiburg 1987/3, 9/357–9/393

Schach, H.: Controlling im Groß- und Einzelhandel. Handbuch Revision, Controlling, Consulting (Loseblatt-Sammlung), hrsg. v. *Haberland, G. / Preißler, P. R. / Meyer, C. W.*, 24. Nachlieferung 1989a, Kap. B.3.2

Schach, H.: PC-Einsatz im Controlling-Werkzeugkasten des Handels. Controlling-Berater (Loseblatt-Sammlung), hrsg. v. *Mayer, E.*, Freiburg 1989b, 9/423–9/452

Schenk, H.-O.: Marktwirtschaftslehre des Handels. Wiesbaden 1991

Schiffel, J.: Warenwirtschaftssysteme im Einzelhandel. Augsburg 1984

Schinnerl, R.: Die Integrationsfunktion von Warenwirtschaftssystemen (WWS). Zeitschrift für Organisation 1986, 124–129

Schmidt, M.: Controlling im Handel. Lebensmittel-Zeitung 1985/9, F22-F26

Schmitz, G.: Die Deckungsbeitragsrechnung als Instrument der Handelsbetriebsführung. Dortmund 1974

Schneider, J.: Die Kostenrechnung im Einzelhandel. Freiburg 1968

Schneider, K.-H.: Die Preisstellung unter Einstandspreis im Einzelhandel. Berlin 1982

Schöler, K.: Das Marktgebiet im Einzelhandel. Berlin 1981

Schulte, C.: Kosteninformation für das Komplexitätsmanagement. Tagungsband „Kostenrechnung ’91, 6./7. November 1991", hrsg. v. *Männel, W.*, Lauf 1991, 105–116

Schulte, K. / Steckenborn, I. / Blasberg, L.: Systeme der Warenwirtschaft im Handel. Köln 1981

Schwarz, R.: Anleitung für die kurzfristige Erfolgsrechnung im Einzelhandel. Köln 1972

Seidenschwarz, W.: Target Costing. Controlling 1991, 198–203

Simmet, H.: Neue Informations- und Kommunikationstechnologien im Marketing des Lebensmitteleinzelhandels. Stuttgart 1990

Simon, H.: Entscheidungsunterstützung mit Scannerdaten. Marketing im technologischen Wandel, hrsg. v. *Simon, H.*, Stuttgart 1987

Sova, O. / Piper, J.: Computergestützte Warenwirtschaft im Handel. Köln 1985

Specht, G.: Distributionsmanagement. Stuttgart et al. 1988

Stahl, P.: Verbundwirkungen im Sortiment. Münster 1977

Strohmeyer, K.: Warenhäuser – Geschichte, Blüte und Untergang im Warenmeer. Berlin 1980

Sundhoff, E.: Die Handelsspanne. Köln 1953

Tauchnitz, J.: Werbung mit Musik. Heidelberg et al. 1990

Tietz, B.: Plankosten- und Deckungsbeitragsrechnung im Handel. Plankosten- und Deckungsbeitragsrechnung in der Praxis, hrsg. v. *Kilger, W. / Scheer, A.-W.*, Würzburg / Wien 1980, 253–300

260 *Literaturverzeichnis*

Tietz, B.: Der Handelsbetrieb. München 1985
Tietz, B.: Binnenhandelspolitik. München 1986
Trommsdorff, V.: Konsumentenverhalten. Stuttgart et al. 1989

Vikas, K.: Grenzplankostenrechnung als Instrument des Controlling im Dienstleistungsbereich. Wiesbaden 1988
Voss, A. O.: Controlling und Kontrolle im Handel. Controller Magazin 1979, 283–287
Voßschulte, A. / Baumgärtner, J.: Controlling im Handel. Controlling 1991, 252–261

Wahle, P.: Erfolgsdeterminanten im Einzelhandel. Frankfurt/M. et al. 1991
Weber, J.: Logistik-Controlling. 2. Aufl., Stuttgart 1991
Wehrle, F.: Planung von Sortimentsstrategien mit der Portfoliomethode. *BAG*-Nachrichten 1981/9, 15–18
Wehrle, F.: Strategische Marketingplanung in Warenhäusern. 2. Aufl., Frankfurt/M. / Bern 1984
Weinberg, P.: Erlebnisorientierte Einkaufsstättengestaltung im Einzelhandel. Marketing-ZFP 1986, 97–102
Weis, K. H.: Risko und Sortiment. Wiesbaden 1985
Witt, F.-J.: Konzeptionelle Marktbearbeitungsstrategien. Markenartikel 1985a, 210–213
Witt, F.-J.: Verknappungsmarketing. Markenartikel 1985b, 213–218
Witt, F.-J.: Kaufverhalten bei No-Name-Produkten. Lebensmittel-Zeitung 1985c/38, F21-F23; 1985c/40, F26-F30
Witt, F.-J.: Was bewirkt der Scanner? – Arbeitswissenschaftliche und Verbraucheraspekte. Lebensmittel-Zeitung 1985d/39, 97–99
Witt, F.-J.: Werbung und Konsumentenakzeptanz im Bereich der No-name-Güter. planung und analyse 1985e/11–12, 518–524
Witt, F.-J.: No-name-Produkte und Anbieterpolitik im Spiegel einer empirischen Analyse des Verbraucherverhaltens. Zeitschrift für Markt-, Meinungs- und Zukunftsforschung 1985/1986a, 6313–6326
Witt, F.-J.: Odd- und Even-Pricing aus sozio-ökonomischer Sicht. Zeitschrift für Markt-, Meinungs- und Zukunftsforschung 1985/1986b, 6349–6364
Witt, F.-J.: Produktrückzug aus marktstrategischer Sicht. Markenartikel 1986a, 63–67
Witt, F.-J.: Direktmarktforschung – Make-or-Buy. Lebensmittel-Zeitung 1986b/7, F14-F16
Witt, F.-J.: Strukturveränderungen im Sortiment. Lebensmittel-Zeitung 1986c/8, F22
Witt, F.-J.: Low-Interest-Products. planung und analyse 1986d/3, 115–123
Witt, F.-J.: Sieben Thesen zur Werbung im Jahresverlauf. Lebensmittel-Zeitung 1986e/22, F18
Witt, F.-J.: Der räumlich relevante Markt eines Filialisten. Lebensmittel-Zeitung 1986f/37, F24-F26
Witt, F.-J.: Beschaffungsportfolios als strategisches Instrument. Beschaffung aktuell 1986g/11, 33–35
Witt, F.-J.: Arbeitsbelastungsverschiebung durch On-line-Tätigkeit. Personal 1986h, 327–329
Witt, F.-J.: Das Einzelhandelsmarketing im Spannungsfeld zwischen § 3 UWG und § 6d UWG. Wettbewerb in Recht und Praxis 1987a, 588–596
Witt, F.-J.: Zur Garantiepolitik im Rahmen des Beschwerdemanagement – die „Geld-zurück-Garantie". Markenartikel 1987b, 545–548
Witt, F.-J.: Die Typologisierung unternehmensinterner Leistungen. Zeitschrift für Betriebswirtschaft 1988a, 660–682
Witt, F.-J.: Verkäufertypen. Lebensmittel-Zeitung 1988b/28, F18
Witt, F.-J.: Das Verbot der vertikalen Preisbindung nach §§ 15 ff. GWB auf dem „Effizienzprüfstand" seiner Praxiswirkung. Wettbewerb in Recht und Praxis 1988c/7–8, 417–422
Witt, F.-J.: Persönliche Produktivität: Food-Controlling, Lebensmittel-Zeitung 1988d/42, F20
Witt, F.-J.: Informatikgestütztes Controlling. Kostenrechnungspraxis 1988e, 213–218
Witt, F.-J.: Preisgewöhnung. planung und analyse 1989a/2, 60–68
Witt, F.-J.: Preis- und Einkaufsverhalten in deutschen Urlaubsgebieten. Lebensmittel-Zeitung 1989b/12, J22-J25
Witt, F.-J.: Empirische Studie zum ländlichen Angebots- und Einkaufsverhalten: Fehler vom Lande. Lebensmittel-Zeitung 1989c/19, J30-J31
Witt, F.-J.: Navigationshilfen für das Handelsmanagement. Lebensmittel-Zeitung 1989d/28, J20
Witt, F.-J.: Software für den Marketingcontroller. Controller Magazin 1989e, 314–317
Witt, F.-J.: Musik in der Werbung. planung und analyse 1989f/10, 377–380

Witt, F.-J.: Heimaturlauber: Der Verbraucher von Balkonien. Lebensmittel-Zeitung 1989g/41, 154–155

Witt, F.-J.: Führung mit Subportfolios. Zeitschrift Führung + Organisation 1989h, 38–41

Witt, F.-J.: Tagungsband zur Freiburger Tagung „Handelscontrolling", 1990a

Witt, F.-J.: Relativkosten und Relativerlöse im Lebensmittelbereich. Kostenrechnungspraxis 1990b, 18–22

Witt, F.-J.: Einkäufer- und Einkaufsleiter-Assessments. Beschaffung aktuell 1990c, 52–55

Witt, F.-J.: Käuferschicht-bezogene Abgrenzung des relevanten Marktes und Marktanteilsbetrachtung nach §§ 22 GWB ff. bei Handelsunternehmen. Wettbewerb in Recht und Praxis 1990d, 149–153

Witt, F.-J.: Personalauswahl: Probe für Filialmanager. Lebensmittel-Zeitung 1990e/7, J18-J19

Witt, F.-J.: Praxisakzeptanz des Erlöscontrolling: Symptom- versus Ursachenanalyse. Zeitschrift für Betriebswirtschaft 1990f, 443–450

Witt, F.-J.: „Grenz-Konsum". planung und analyse 1990g, 380–383

Witt, F.-J.: Deckungsbeitragsmanagement. München 1991a

Witt, F.-J.: Kommunikationspolitik mit polaren Zielgruppen. planung und analyse 1991b, 13–17

Witt, F.-J.: Beim Preis ist Köpfchen gefragt: Freiburger Studie zum Verhältnis von „Preisgedächtnis" und Produktverwendung. Lebensmittel-Zeitung 1991c/11, 82–84

Witt, F.-J. (Hg.): Aktivitätscontrolling und Prozeßkostenmanagement, Stuttgart 1991d

Witt, F.-J.: Erlöscontrolling und Erlösmanagement. Handbuch Finanz- und Rechnungswesen (Loseblatt-Sammlung), hrsg. v. *Tanski, J.*, Nachlieferung 3/1991, Landsberg/L. 1991e, VII.3.1, 1–47

Witt, F.-J.: Kurzportrait des Steinbeis-Transferzentrums „Controlling & Management – Freiburg". Handbuch Finanz- und Rechnungswesen (Loseblatt-Sammlung), hrsg. v. *Tanski, J.*, Nachlieferung 4/1991, Landsberg/L. 1991f, I.1.2, 1–19

Witt, F.-J.: Strategisches und operatives Erlöscontrolling. Controlling 1992a, 72–83

Witt, F.-J.: PC-gestütztes Portfoliomanagement. Controller Magazin 1992b (im Druck)

Witt, F.-J.: Handelscontrolling. Betriebswirtschaft heute, hrsg. v. *Witt, F.-J.*, Wiesbaden 1992c, 183–213

Witt, F.-J. / Witt, K.: Kundeneinschätzung im Handel. Lebensmittel-Zeitung 1987a/15, F19-F22

Witt, F.-J. / Witt, K.: DV-gestützte Inhaltsanalyse zur Personalauswahl – Filialleiter als Führungspersonen. Lebensmittel-Zeitung 1987b/16, F20-F22

Witt, F.-J. / Witt, K.: Logistisches Qualitätsmanagement für Frischwaren. Lebensmittel-Zeitung 1987c/35, F24-F26; 1987c/38, F22-F24

Witt, F.-J. / Witt, K.: Irritationswerbung. planung und analyse 1990a, 132–135

Witt, F.-J. / Witt, K.: Frauen sind planungsfreudiger: Feldstudie zur konsumtiven Einkaufsplanung. Lebensmittel-Zeitung 1990b/44, 94–95

Witt, F.-J. / Witt, K.: Controllernutzen. Controller Magazin 1990c, 250–254

Witt, F.-J. / Witt, K.: Controllerperformance. Controller Magazin 1991a, 43–46

Witt, F.-J. / Witt, K.: Preisgedächtnis: Der Kunde kauft häufig preisblind. Lebensmittel-Zeitung 1991b/10, 51–53

Witt, F.-J. / Witt, K.: Erlösabweichungen. Betriebswirtschaft heute, hrsg. v. *Witt, F.-J.*, Wiesbaden 1992, 49–94

Witt, F.-J. / Witt, K.: Eine Studie zur Realismuswerbung. Lebensmittel-Zeitung 1991c, 132–134

Witt, F.-J. et al.: Werbewirkungs-XPS im A-Bereich. planung und analyse 1992, 42–50

Wurth, R.: Die Bewertung der Filialstandorte von Einzelhandelsfilialunternehmungen. Köln / Opladen 1970

Zentes, J.: Tendenzen der Entwicklung von Warenwirtschaftssystemen. Marketing-ZFP 1985, 91–98

Zentes, J.: Nutzeffekte von Warenwirtschaftssystemen im Handel. Information Management 1988/4, 58–67

Zentes, J. (Hg.): Strategische Partnerschaften im Handel. Stuttgart 1992

Ziegler, F.: Die Kosten- und Leistungsrechnung des Handels in der Marktwirtschaft. Die Unternehmung im Strukturwandel der Wirtschaft, Bd. II, hrsg. v. der *Deutschen Gesellschaft für Betriebswirtschaft*, Berlin 1967, 125–167

Sachverzeichnis

Es sind jeweils nur die Seitenzahlen genannt, bei denen die Behandlung eines Stichwortes beginnt.